国家棉花市场监测系统

- 国家电子政务工程重点项目
- 中国棉花行业市场监测与信息发布权威渠道
- 中储棉花信息中心有限公司承担建设与运行管理任务

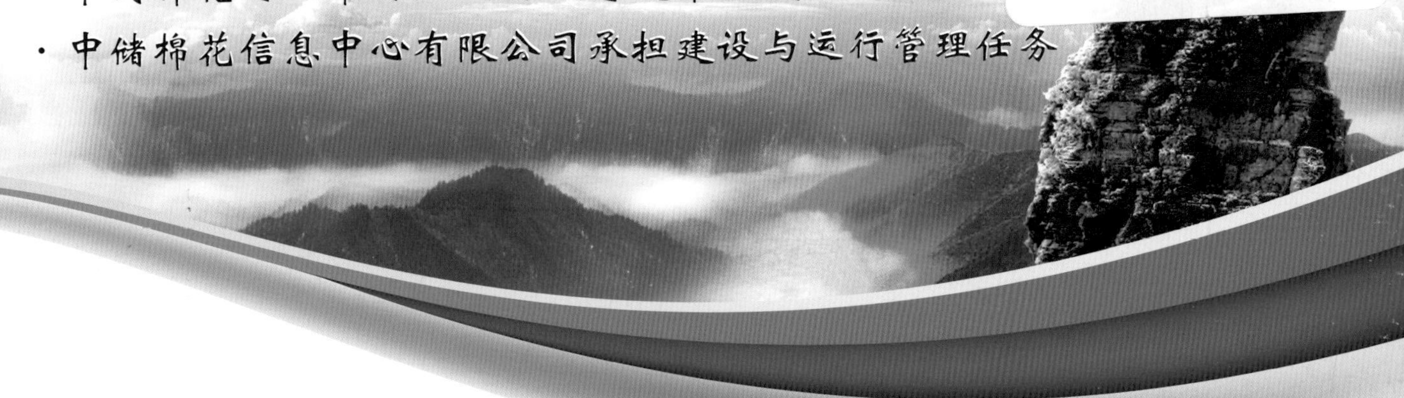

监测系统依托监测网络体系开展监测工作。目前监测网络体系包括国家棉花监测网络信息中心（即中储棉花信息中心有限公司）、22个区域办事处、181个监测站及2430个典型农户四个层次。为进一步提升监测工作水平，监测网络体系仍在不断扩展中。

现有监测指标体系包括棉花价格、生产、购销、库存、国际市场、进出口、纺织品市场七个方面，通过23张监测报表（包括日报、周报表、月报表和专题调查报表）及动态信息监测平台开展监测。经过不断努力，目前监测系统已经能够有效地反映市场变化，积极开展各项监测工作，形成了丰富的监测成果，监测质量在国内外同类机构中处于领先水平。监测系统在不断扩大监测范围、完善数据采集方式、强化数据应用与共享，以主动适应宏观经济环境和国内外棉花市场格局的变化。

地址：北京市海淀区紫竹院路116号嘉豪国际中心B座15层　　网址：http://www.cncotton.com
电话：010-58931122-267　　传真：010-58931133　　邮政编码：100097

中国储备棉管理有限公司
China National Cotton Reserves Ltd. Company

中国储备棉管理有限公司（简称中储棉公司）于2003年3月成立，2016年11月整体并入中国储备粮管理总公司，注册资金10亿元。在国家宏观调控和监督管理下，实行自主经营、统一核算、自负盈亏。中国储备棉管理有限公司负责对中央储备棉经营管理系统的人、财、物实行垂直管理，公司所属储备库主要分布于全国各主要棉花产销区，初步形成了布局合理、设施先进、管理规范的棉花仓储体系。

自成立以来的14年间，在国家有关部门的支持和指导下，中储棉公司发扬艰苦创业的精神，脚踏实地，扎实工作，充分利用国内、国际两个市场、两种资源，卓有成效地完成国家下达的各项棉花市场调控任务。公司改革发展取得长足进步，管理日趋规范，规模稳步扩大，核心竞争力不断增强，已经成为在国内、国际棉花行业具有较强影响力的企业。

经营范围
BUSINESS SCOPE

国家储备棉的购销、储存、运输、加工业务；仓储设施的租赁、服务业务；棉花储备库的建设、维修、管理；相关的信息咨询服务，自营和代理各类商品和技术的进出口；棉花国营贸易进出口。

经营宗旨
BUSINESS AIM

遵守国家法律法规，执行国家棉花政策，强化管理，搞活经营，不断提高企业经营管理水平和经济效益，确保国家储备棉存储安全，质量良好，调运通畅，促进国有资产的保值增值，完成国家宏观调控任务。

全资子企业
SUBSIDIARY COMPANY

中储棉徐州有限公司
中储棉盐城有限公司
中储棉阜阳有限公司
中储棉绍兴有限公司
中储棉漯河有限公司
中储棉武汉有限公司
中储棉岳阳有限公司
中储棉九江有限公司
中储棉西安有限公司
中储棉兰州有限公司
中储棉花信息中心有限公司
中储棉新疆有限责任公司
中储棉阿克苏有限责任公司
中储棉四川有限责任公司
中储棉菏泽有限责任公司
中储棉乌鲁木齐有限责任公司
中储棉襄阳有限责任公司
华远盈盛有限公司
中储棉永安有限公司
中储棉如皋有限公司
中储棉山东诸城有限公司

控股公司
HOLDING COMPANY

中储棉库尔勒有限责任公司
中储棉青岛有限公司
中储棉广东有限责任公司
天津中储棉有限公司
中储棉德州有限责任公司

地址：北京市西城区华远街17号
邮编：100032
电话：010-83326505
网址：www.cncrc.com.cn

华远盈盛有限公司

HUAYUAN YINGSHENG Corporation Limited

华远盈盛有限公司是中储棉管理有限公司为了适应棉花产业新时代，更好服务国家棉花宏观调控政策，引领中国棉花行业发展采取的新举措，是中储棉管理有限公司继续保持和提升在国内外棉花市场核心竞争力的新引擎，也是中储棉管理有限公司为广大棉纺企业精心打造的高效优质综合服务平台。

有朋自远方来，不亦乐乎！我们愿以真诚的态度，专业的知识，热情的服务，与海内外的合作伙伴们携手，互惠共赢，共同谱写美好的胜利篇章。

华远盈盛有限公司全资隶属中国储备棉管理有限公司，是以国内外棉花购销为主营业务的棉花类经营企业。公司成立以来，充分依托其在政策和资源优势，积极利用国际和国内两个市场，积极创新进取，以高效、优质的服务，赢得了广大新老客户的关注和信赖。

一、棉花购销

公司秉承中国储备棉管理有限公司“两保一稳”的企业宗旨，始终以服务市场为中心。通过设立新疆子公司，增强市场资源掌控能力，利用自身优势，建立采购渠道，搭建销售平台，服务纺织企业，并根据客户要求，提供量身定做式服务。公司期待与国内外广大客户资源共享、渠道共建，合作共赢！

二、进口业务

公司充分利用国内、国际两种资源，通过国内、国际两个市场，为客户提供多国别、多品种、多形式的贸易服务，同时，公司代办报关商检、仓储运输等业务，满足客户进口过程的各种需求，提供“一条龙”服务。

三、棉花代购代销

公司依托中储棉公司遍布全国的仓储网络和监管体系，竭诚为广大涉棉企业提供低成本、高质量、个性化的全面服务和物流解决方案。

业务联系方式：010-66016959 / 66015600

联系人：乔　争　安晓北　易群杰　薛力诚

新疆鲁泰丰收棉业有限责任公司

XINJIANGLUTAIFENGSHOUMIANYE CO.,LTD

总经理：李景泉先生

ABOUT US
企业简介

新疆鲁泰丰收棉业有限责任公司成立于2003年6月，是阿瓦提县委、县人民政府通过招商引资渠道，引进鲁泰纺织股份有限公司参与原阿瓦提县丰收三场的改制，共同组建的一家农、工、贸一体化经营的综合型企业。公司注册总资本2.5亿元，主要从事棉花育种、种植、皮棉及棉副产品的生产、加工、销售及棉纱的生产销售。公司现有棉花基地面积19万亩，有3座棉花加工厂和23万锭精梳纺纱厂，具有年产皮棉2万吨和高支纱1万吨的能力。

公司引进推广鲁泰集团公司先进的管理理念和优秀的企业文化，完整引进工作计划、全面预算、绩效管理、6S目视化管理等先进的管理方法，并通过良好棉花体系认证、ISO9000质量管理体系认证、安全生产标准化三级企业，促进公司管理制度化、规范化、标准化。

公司现已被中国特产之乡推荐及评审委员会命名为“中国长绒棉之乡”“中国红提子葡萄之乡”，被国家农业部评为“全国诚信守法乡镇企业”“全国乡镇企业创名牌重点企业”，被国家工商行政管理总局认定为“守合同重信用企业”，被中国科协、国家发展改革委、科技部、国务院国资委、全国总工会联合评为“全国‘讲理想、比贡献’活动先进集体”，被自治区确定为“农业产业化重点龙头企业”“扶贫开发重点龙头企业”“自治区就业先进企业”“自治区民营企业‘千企帮千村’精准扶贫行动先进单位”，连续被阿克苏地委、行署确定为地区“重点扶优扶强企业”。公司生产的“丰海”牌长绒棉已连续五届被评为“新疆农业名牌产品”，并荣获“第十届国际农产品交易会金奖”，“丰海”牌长绒棉、精梳纱被自治区名牌战略推进委员会认定为“新疆名牌”产品，“丰海”商标连续五届被评为“新疆著名商标”。

为充分利用长绒棉资源优势，拉长棉花产业链，向棉花深加工、精加工要效益，推动公司经济持续稳步发展，公司先后累计投资8.5亿元，建成了23万锭精梳纺纱厂，累计吸纳安置就业人员1100余名，为解决当地富余劳动力就地就近就业，进一步为当地经济发展和社会稳定发挥积极作用。

棉花新品种

农业全程机械化

棉花滴灌节水技术

高产棉田

皮棉加工车间

优质长绒棉

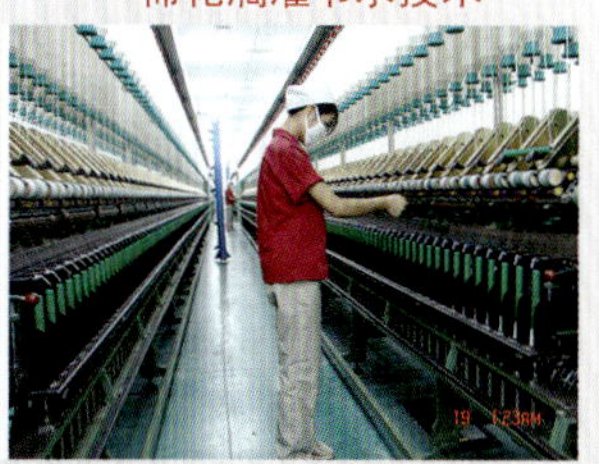
纺纱车间

优质精梳纱

公司办公区外景

室内游泳馆

业余文化丰富多彩

中国长绒棉之乡

全国诚信守法乡镇企业

全国乡镇企业创名牌重点企业

全国“讲理想、比贡献”先进集体

新疆著名商标

中国农产品交易会金奖奖牌

新疆名牌（棉花）

新疆名牌（棉纱）

新疆农业名牌产品

质量管理体系认证证书

安全生产标准化—证书

全国产品和服务质量示范企业

全国质量检验稳定合格产品

单位地址：新疆阿克苏地区阿瓦提县丰收三场　　邮政编码：843202

联系电话：0997-5229000/5229006　　传真：0997-5229113

河北星宇纺织原料有限公司

公司以“诚信服务、永续经营”为宗旨，以构建新疆棉购、运、销大通道为己任，年经营棉花近20万吨，年销售额近30亿元，下设冀州恒通棉花仓储有限公司、新疆中纺锦华棉业有限公司、尉犁县恒通棉业有限公司、河北恒星科技设备检测有限公司、山东星辉国泰物流有限公司。

冀州恒通棉花仓储有限公司，位于河北省衡水市冀州南工业区106国道东侧，皮棉室内仓容45万吨，散货垛台5万平方米，皮棉总储存能力50万吨。地理位置优越，实力雄厚，信誉优良。作为当地棉花购销集散中心，可辐射河北、山东、河南，是全国棉花交易市场指定交割仓库、中国储备棉管理总公司质押监管仓库，现又成为出疆棉公路运输核查点。

我仓库已经成为新疆棉运费补贴核查点，希望广大纺织厂、贸易商、新疆地区轧花厂客户通过我们核查渠道，我们将尽心尽力为您提供一站式服务，让您省时省心省费用。

我们承诺：

效率高，秉承7X24小时全天候服务（装卸车，融资打款）的理念，专人负责，随时满足您的需求。

费用低，核查后就地存储，省时省运费，仓库费用包干30元/吨/半年，含出入库费、保管费、保险费。

服务全，可提供仓储、物流、融资以及销售渠道，购销双方都可以在库免费吃住；购销双方可以直接现场对接业务。

销售快，依托河北星宇纺织原料有限公司的销售渠道，提供近2000人关注的网络销售平台，近20人的销售团队为您线下推销，给您提供销售建议，甚至我方可以直接买断。河北星宇销售能力有保障，拍储量全国居前，销售进度快，销售队伍可24小时为广大客户服务，并为每个客户配备专职客户经理，希望来我仓库的客户都能享受增值服务，让轧花厂能享受内地销售价，让纺织厂可以直接对接轧花厂买到货物。

融资易：自新疆上站到销售完毕，任意时间点可随时融资，手续便捷，当日可付款，按日计息，免服务费，同时还可垫付运费、代领运费补贴。

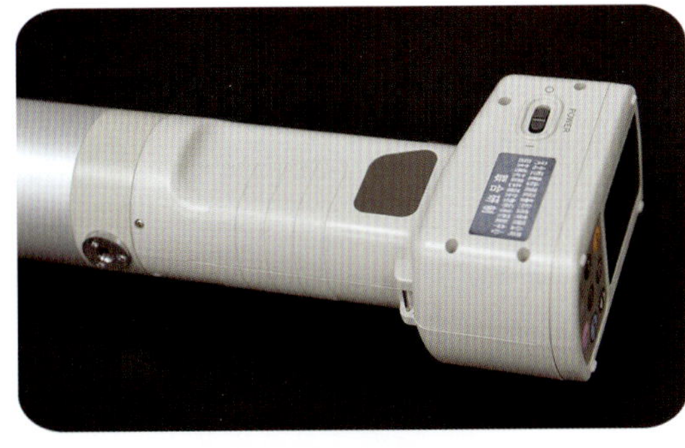

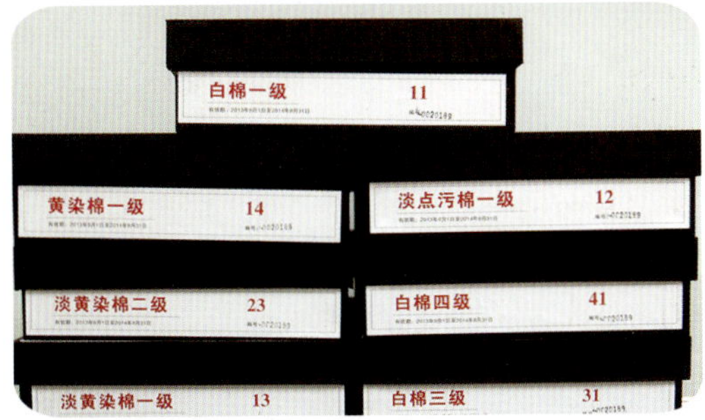

星宇总经理：郭超 13573184321
恒通总经理：顾 杰 18603185379
恒通副总经理：侯俊宏 15127819958
物流联系人：顾辉 18631802156
新疆联系人：顾志严 13131261525
徐鹏 13899089988

客户经理：
王新月：18631216101
王安全：18631216108
刘铁山：18931261585
宋 涛：18603298286
李俊书：18031882602
保金生：18031882601
刘国勇：18031882614
郁风龙：18831837778
高国中：18031882604
耿世铖：18031882607

欢迎关注河北星宇服务号
点击放大后，长按点识别
可查报价，查证书，看新闻，算成本

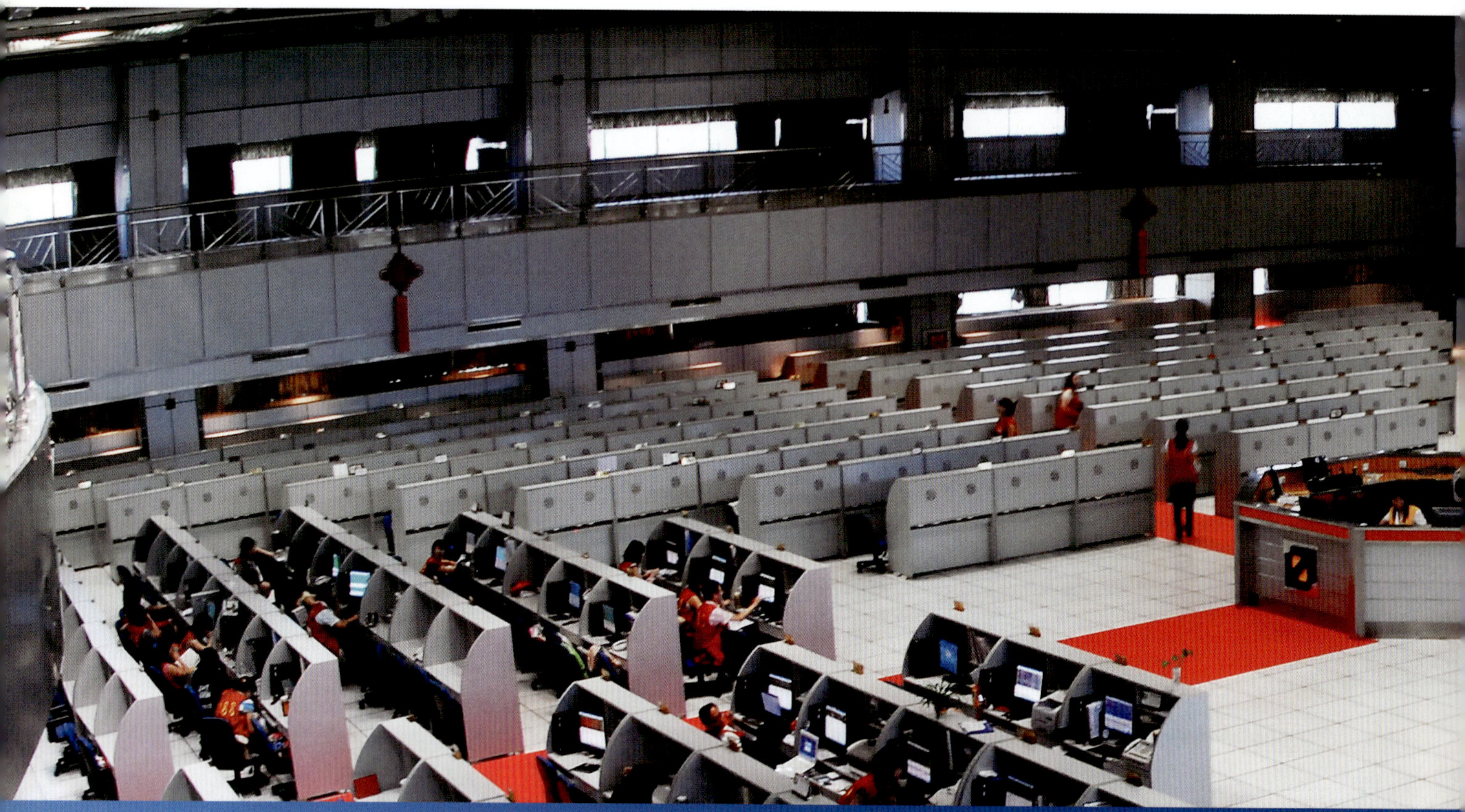

郑州商品交易所简介

郑州商品交易所（以下简称“郑商所”）是经国务院批准成立的我国首家期货市场试点单位，郑商所隶属中国证券监督管理委员会管理。

郑商所按照《期货交易管理条例》和《期货交易所管理办法》履行职能。依据《郑州商品交易所章程》《郑州商品交易所交易规则》及其实施细则和办法实行自律性管理。遵循公开、公平、公正和诚实信用的原则，为期货合约集中竞价交易提供场所、设施及相关服务，对期货交易进行市场一线监管，防范市场风险，安全组织交易。

郑商所实行会员制。会员大会是郑商所权力机构，由全体会员组成。理事会是会员大会常设机构，下设战略发展、品种、监察、交易、交割、会员资格审查、调解、财务、技术、结算10个专门委员会。截至2014年6月底，郑商所共有会员202家，分布在全国27个省（市）、自治区。其中，期货公司会员161家，占会员总数的80%；非期货公司会员41家，占会员总数的20%。

郑商所总经理为法定代表人。根据工作需要，内设办公室、理事会办公室（监事会办公室）、党委办公室、纪检监察室、农产品部、非农产品部、期货衍生品部、交割部、结算部、市场监察一部、市场监察二部、法律及审计部、新闻信息部、技术规划与开发部、系统运行部、技术服务部、财务部、人力资源部、行政部（安全保卫部）19个职能部门。全资易盛信息技术有限公司、郑州商品交易所期货及衍生品研究所有限公司，以及北京研发中心等5个下属机构。

郑商所目前上市交易期货品种有小麦（包括优质强筋小麦和普通小麦）、早籼稻、粳稻、棉花、油菜籽、菜籽油、菜籽粕、白糖、动力煤、甲醇、精对苯二甲酸、玻璃等，基本形成的综合性品种体系覆盖农业、能源、化工、建材等国民经济重要领域。

“公开、公平、公正”

郑商所实行保证金制、每日涨跌停板制、每日无负债结算制、实物交割制等期货交易制度。积极适应市场创新发展要求，不断优化制度安排。

郑商所拥有功能完善的交易、交割、结算、风险监控、信息发布和会员服务等电子化系统。会员和投资者也可以通过远程交易系统进行期货交易。期货交易行情信息通过路透社、彭博资讯、世华信息等多条报价系统向国内外同步发布。

郑商所注重加强对外交流与合作。1995年6月，加入国际期权（期货）市场协会；2012年10月，加入世界交易所联合会。先后与美国芝加哥期权交易所、芝加哥商业交易所、纽约—泛欧交易所集团、印度多种商品交易所、尼日利亚证券与商品交易所、香港交易及结算所有限公司、墨西哥衍生品交易所、泰国农产品期货交易所等多家期货交易所签订了友好合作协议，定期交换市场信息，进一步扩大了郑商所在国际上的影响力。

面向未来，郑商所将始终坚持“公开、公平、公正”原则，牢牢把握服务实体经济根本要求，加强市场一线监管，充分发挥市场功能，切实保护投资者特别是中小投资者合法权益，努力将郑商所建设成为在国内和国际市场上具有重要地位和影响力的期货交易所。

联系方式 contact

- 通讯地址：河南省郑州市未来路69号
- 邮政编码：450008
- 电话：0371-65610069
- 传真：0371-65613068
- E-mail：czce@czce.com.cn

新疆国泰棉业有限公司

新疆国泰棉业有限公司成立于2010年，位于新疆自治区沙雅县海楼乡（210省道67千米处）。企业注册资金2420万元，资产总额2亿元，年产值10亿元；棉花经营总量达到5万吨以上，销售额突破10亿元。总公司占地面积约200亩，各个分公司占地面积均为100亩。现共有员工1000人左右，其中专业技工50人，专业技师10人。公司于2015年10月被中国棉花协会认定为“中国棉花”标志挂牌企业。

公司名下基地企业有：

1、新疆大可国泰国际贸易有限公司

2、新疆大可智库农业有限公司

3、新疆国泰棉业有限公司

4、沙雅国泰棉花有限公司

5、沙雅银泰棉业有限公司

6、且末县新垦棉业有限责任公司

7、库车盛华棉业有限公司

8、新疆生产建设兵团棉麻沙雅分库

9、沙雅民安仓储物流有限公司

公司是集棉花收购、加工、销售、仓储、流通于一体的现代化企业，采取“企业+农户+专业合作社+种植基地”产业化经营模式，始终遵守“内强素质、外树形象”的办厂宗旨，拥有先进的管理经验和技术，争取在企业管理、生产经营方面有新的突破，以求取得更大的经济效益。目前主要生产成包皮棉，年产量5万吨。公司把质量作为企业发展的根基，多方面采取措施，提升产品质量，仅2014年至2017年就累计投入4000余万元对加工厂实施提升产品质量的一系列技术改造，2018年，已计划再投入3000万元对加工厂生产设备工艺及场地的升级系列进行改造，使公司每条生产线均达到国内最高水平，并全部配备自动喂花系统、三丝挑拣机。籽棉收购加工期间，还为每个加工厂配备大量人员专门挑拣“三丝”。公司皮棉优质品率和质量一直位居同行前列，尤其是异性纤维含量低，品牌被业内广泛认可。2017年，投入2000余万元升级机采设备及购买先进机采机，公司名下5家加工厂设备工艺可达到年加工10万吨皮棉的产量。特别是在2014年10月初，投资成立新疆生产建设兵团棉麻沙雅分库，给当地企业带来了很大的便利，节省运输成本，同时就业岗位增加，更给沙雅县树立产业链条效应。

目前，公司销售网络已遍及上海、浙江、江苏、河南、河北、山东、湖南、湖北、广东、四川、安徽、福建、江西等国内各大纺织城市和省份，与国内100余家客户建立了合作伙伴关系，并与国内30余家大型纺织企业建立了长期固定合作关系。

公司奉行“诚信经营、顾客至上”的经营理念，以“谋发展、求创新、守诚信、优服务、重质量、增效益”的企业精神，在历年的棉花销售中，售后服务均得到客户的一致好评，在棉花行业中给公司树立了良好形象。我们承诺：追求“客户满意”是我们的目的，打造“服务品牌”是我们的目标！

中储棉库尔勒有限责任公司

中储棉库尔勒有限责任公司位于新疆自治区库尔勒市火车西站，由中国储备棉管理有限公司和新疆农资（集团）有限责任公司共同出资设立的专业棉花仓库。注册资本1000万元，其中中国储备棉管理有限公司占55%，新疆农资（集团）公司占45%，董事长戴民中。

主要经营项目：棉花收购，批发零售棉花、化肥、塑料薄膜、其他化工产品、其他农畜产品，仓储服务，机械设备租赁，铁路运输代理服务，货物进出口业务，经济贸易咨询。

公司于2011年9月建成并投入运营。占地348.09亩，有4幢共8000平方米的钢结构库房，2条铁路专用线，1.5万平方米的钢罩棚站台，9万平方米的混凝土场坪和5万平方米的观察场。可露天存放棉花15万吨，室内存放1.6万吨，年货物吞吐量达25万吨。

公司下设5个职能部门，现有员工54人。公司仓储设施设备先进，消防监控系统完备，管理经验丰富，连续多年实现安全无事故。公司成立以来，多次受到中储粮集团公司、中储棉公司、地方政府及有关部门的表彰。2015年被国家安全生产监督管理总局评为安全生产标准化一级达标企业（仓储物流），是目前新疆自治区仓储物流行业唯一的安全生产标准化一级达标企业。

公司作为目前在新疆建成的唯一储备棉中央储备库，承担着国家储备棉在新疆地区的收储和中转工作，在3年棉花临时收储期间发挥了“蓄水池”功能，并将在未来国家宏观调控任务中继续发挥作用。公司自2014年成为自治区棉花目标价格改革试点专业监管仓库以来，已与全国棉花交易市场、各中国储备棉管理有限公司直属企业、路易达孚等贸易商及一大批纺织企业建立了战略合作，已开展储备、中转、质押、监管等多项业务，持续保持着与棉花供应链上下游诸多企业的良好互动，实现了互利共赢。

2017年，公司通过党建与经营有机融合，以保稳定、求发展为中心目标，找准贯彻中央及地方政策，适合企业融合发展的新路子。在全公司积极开展员工素质专业化、现场作业流程化、学习交流多样化、设施设备规范化、经营业务市场化、安全管理准军事化的“六化工作法”。员工队伍活力得到激发，精气神得到提升，安全管理再上台阶，创造了经营业务持续飞跃。公司2017年度监管棉入库量达20万吨，创新疆地区实施棉花目标价格改革4年来的最高峰，比2016年增长41.8%，位居巴州7家监管棉仓库第一位，新疆地区42家监管棉仓库前列，同时，综合、安全和党建工作也分别获得中储棉系统的年度表彰。成功实现了以党建为引领，年年安全无事故，管理基础扎实，员工作风过硬，内部秩序和谐稳定的良好氛围，走上了一条强化管理、提质增效、创新发展之路。

新疆利华棉业股份有限公司

XIN JIANG LIHUA COTTON INDUSTRY CO.,LTD.

农业产业化

国家重点龙头企业

中华人民共和国农业部

有效期至：2018年12月31日

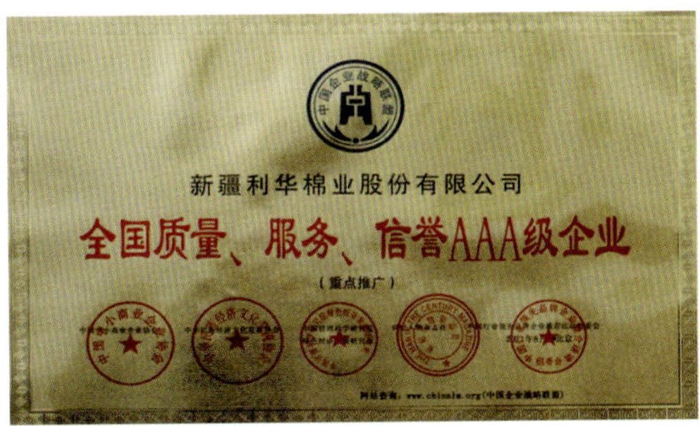

新疆利华棉业股份有限公司是新疆地区一家以棉花种植、收购加工、纺织为主业的拟上市公司，也是国内棉花行业最大的企业和唯一一家国家级农业产业化重点龙头企业，成立于2004年8月，现注册资本1.58亿元。自治区最大的国有企业新疆中泰（集团）有限责任公司和全国纺织龙头企业中国境内上市公司安徽华茂纺织股份有限公司是公司两大实力股东。

公司现在新疆（巴州、昌吉、乌鲁木齐、阿克苏、塔城）、上海、中国香港等地及美国、塔吉克斯坦控股19家公司、参股1家公司，经营规模已经发展为在国内外拥有超过150万亩种植基地、合计经营55个棉花加工厂。

公司产品有皮棉、棉油、纱线、棉粕、短绒、棉壳、大米、小麦。其中主要产品皮棉“三丝”含量低，质量一直位居同行前列，品牌被业内广泛认可，销售网络已遍及河南、河北、山东、湖南、湖北、安徽、福建、江西等国内各大中纺织城市，与国内260余家客户建立了合作伙伴关系，并与安徽华茂、华纺集团、华孚集团、利泰集团、舞钢银河、项城纺织、焦作海华、百隆东方在内30余家大型纺织企业建立了长期固定合作关系。公司多次被评定为“中国棉花行业十大质量信得过品牌”“全国质量服务信誉AAA级企业”“国家级‘守合同、重信用’单位”等荣誉。

企业在自身发展的同时，积极发挥龙头企业的经济带动作用，每年促进当地8000余人参与到棉花的种植、收购、加工各个环节，实现年人均收入2万余元。同时，公司通过上缴税收、包联帮扶、捐资助学，对建档立卡的贫困户给予资金支持、优先就业、农产品高价收购等多种方式，为新疆地区的经济发展和社会稳定作出了积极贡献。

现阶段，公司正加快实施“产业链延伸战略”“并购重组战略”“国际化发展战略”，加快推进企业上市工作，不断提升企业的整体实力和国际市场的竞争能力，努力实现利华成为国际一流企业的梦想，进而为中国和世界棉花产业的发展作出更大贡献！

塔吉克斯坦总统拉赫蒙为公司在塔国轧花厂剪彩

公司农业规模化种植

公司农业规模化种植所使用的大型喷灌设施

公司机采棉采摘

公司所属昌吉区域轧花厂

公司主营产品皮棉

公司皮棉质量检验

公司现代化纺织生产线

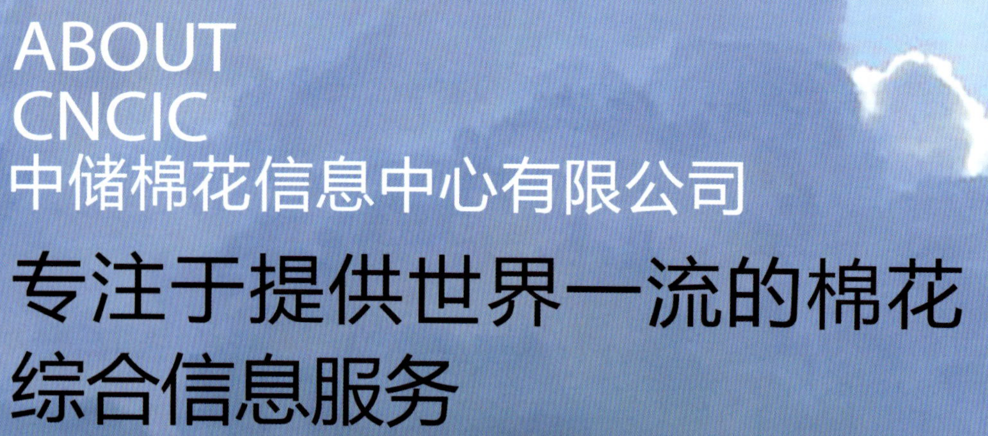

Devote to provide world's first-rate integrative cotton information service

中储棉花信息中心有限公司是中央直属企业中国储备棉管理有限公司的全资子企业，成立于2004年，主要业务是建设和维护国家棉花市场监测系统（该系统是国家“金宏工程”中唯一一个棉花专业监测信息系统），监测和研究国内外棉花市场，为国家有关部门棉花宏观调控决策提供信息参谋服务，同时为国内外涉棉企业提供市场资讯、商务信息、专业咨询等服务。

信息中心全体员工始终坚持“共享价值，创新未来”的企业价值观，秉承“志向高远、脚踏实地，朝气蓬勃、胸怀宽广，勇担责任、务实创新”的企业精神，专注于提供世界一流的棉花综合信息服务。

Founded as a wholly-owned subsidiary of China National Cotton Reserves Corporation in 2004, China National Cotton Information Center (CNCIC) is mainly in charge of the construction and maintenance of National Cotton Market Monitoring System (NCMMS), the only professional cotton market information monitoring system of China's Macroeconomic Management Information System. NCMMS monitors and analyzes the cotton market in and outside of China, assists Chinese government in macroeconomic regulation decision making, and provides market information, trade information and consulting service for all cotton-related entities around the world.

CNCIC's staff will always adhere to the value sense of "shared value, creative future" and persist in the corporate spirit of "lofty ideal with down-to-earth efforts, vigorous, broad-minded, responsible, practical and creative".

中国棉花网是中储棉花信息中心有限公司下属的全球权威的棉花专业信息网站和专业网络媒体之一，秉承“及时、准确、全面、权威”的服务宗旨，与国内外主要涉棉机构、企业均建立了长期稳定的合作伙伴关系，在国内外棉花行业颇具影响力。

中国是全球棉花生产和消费大国，生产和消费均占世界总量的三分之一左右。同时，棉花关系着广大棉农收益、纺织就业和经济增长，在我国一直深受政策青睐和呵护。在党的十八届三中全会提出“市场将在资源配置中起决定性作用”精神指导下，中国棉花产业正在步入完全市场化、全球一体化轨道。中国棉花网作为专注于棉花的专业媒体，将亲历产业转型升级的点滴业绩，见证产业蓬勃向上的辉煌成就。

品牌优势：

※ 凝练十余年的行业口碑和品牌影响力

※ 覆盖全国的棉花市场监测网络体系

※ 详实、全面而有效的专业数据库

※ 专业团队打造独一无二的前瞻性报告

※ 遍布上下游快速而有针对性的资讯传播

※ 细致入微的商务服务和个性化企划宣传

※ 不断突破的技术与持久追求的创新力

As a subsidiary platform of CNCIC, CNCOTTON is one of most authoritative professional cotton information websites and Internet media in the world. With timely, accurate, comprehensive and authoritative service principle, CNCOTTON enters into partnership with major cotton-related organizations and entities worldwide and has strong influence in the world's cotton industry.

As the largest cotton producer and consumer in the world, both cotton production and consumption of China account for one-third of world's total. Meanwhile, cotton relates to the income of growers, the job opportunity of textile sector as well as the growth of national economy, the cotton industry has been enjoying the protection from policy in China. The 3rd Plenary Session of 18th CPC Central Committee points out that the market should plays decisive role in resource allocation. In light with the spirit, China's cotton industry will be completely marketized and globalized. As a professional cotton media, CNCOTTON will experience the progress of industry transition and upgrading, and witness the great success of China's cotton industry in the future.

2016/2017

中国棉花年鉴

CHINA COTTON ALMANAC

中储棉花信息中心有限公司　编

中国出版集团
中译出版社

编 写 说 明

2016/2017年度全球棉花产量明显增加的概率较大，中国棉花产需缺口略有收窄，中国以外市场棉花供给较为充沛。世界经济有望温和增长，金融政策及市场层面存在较多不确定性，棉花、棉纱市场格局面临多重复杂局面。《中国棉花年鉴2016/2017》全面系统客观地反映了2016/2017年度中国棉花市场运行情况，主要涵盖行业发展概况、主要产棉省区概况、年度报告、统计资料、大事记、政策文件和附录七个部分。

《中国棉花年鉴》（以下简称《年鉴》）是至今我国唯一一部集中反映棉花行业年度发展与趋势的工具书，《年鉴》集权威性、史实性、研究性、收藏性为一体，主要面向国内外棉花加工流通、纺织企业，金融与投资、贸易与咨询、科研与教育机构，以及各级政府管理部门和行业社团组织发行。

本书涉及大量统计数据和史实资料，总体上按照棉花年度计算（2016年9月1日至2017年8月31日）。除国家棉花市场监测系统外，统计数据主要来源于国家统计局、棉花主产省（市、自治区）统计局、中国海关总署、中国纺织品进出口商会、郑州商品交易所、美国农业部（USDA）、国际棉花咨询委员会(ICAC)和美国洲际交易所（ICE）等相关涉棉机构。

为增强可读性，我们在编写过程中对部分数据进行了二次整理，相应部分的原始数据以原出版单位为准，年度报告中所涉及的数据、资料、观点均由文章作者提供，政策文件部分均采用相关部门的政策原文，未标明来稿单位的文章均由《年鉴》编辑部编撰。书中所涉及的计量单位，在使用法定计量单位的原则下，因历史沿革及行业惯用等原因，也采用了部分传统计量单位，如公顷等。

在编写过程中，相关部门给予我们大力支持，各相关单位、地方有关机构也给予了热情帮助，我们在此表示诚挚的感谢。

由于编写时间较紧，书中难免有不足之处，望各位读者不吝赐教，我们将认真改进，把《年鉴》做得更好，为推动中国棉花行业发展贡献微薄之力。

《中国棉花年鉴》编委会

2018年2月

目录

第一部分 行业发展概况

第二部分 主要产棉区概况

第三部分　年度报告

第四部分　统计资料

第五部分　大事记

第六部分　政策文件

第七部分　附录

第一部分

行业发展概况

棉　花　生　产

2016/2017年度，我国棉花面积、产量双下降，但由于有较大规模库存，棉花供给较为充足，不过较上年度宽松程度明显收窄。棉花进口受政策影响大幅下滑。国内外市场棉花需求整体变化不大，纺织品服装出口额同比下滑。受供需形势变化影响，国内外棉花价格走出低谷，出现恢复性上涨，国内外棉花价差回归正常。

面积、产量双下降　2016年，我国棉花播种面积预计为3100千公顷，比2015/2016年度调减167千公顷。2016年西北内陆棉区天气正常，温度适宜，棉花长势明显好于上年，尤其新疆南疆地区。棉花质量明显好于上年（长江流域除外）。2016年，棉花单产每公顷1523千克，比上年度提高13千克。棉花产量为472万吨，比上年度减产21万吨。

供给较为充足　尽管国内棉花产量下降，但由于有较大规模库存，棉花供给较为充足。2016年5月，为缓解市场棉花需求，国家正式出台储备棉出库计划。截至9月30日，储备棉轮出累计成交265.9万吨，其中进口棉29.6万吨，成交率98.2%，国产棉236.3万吨，成交率87.5%。

棉　花　收　购

2016/2017年度，储备棉轮出延期，国内开秤价格普遍偏高，棉农对收购价格也有较高期望，企业经营风险加大，多数棉花加工企业持观望态度，收购进度慢于去年同期。

籽棉收购价格高开高走　开秤初期，内地籽棉平均收购价为6.97元/千克，同比上涨15.6%，棉籽销售价格在2.8—3.24元/千克，同比上涨14.5%。新疆产区出现抢收情况，籽棉价格快速上涨，已从开秤初期的6.5元/千克上涨到7.5元/千克左右，较开秤初期上涨20%，同比上涨33%，棉籽销售价格2.61元/千克。皮棉价格也水涨船高，成本已达到16000元/吨左右，运到内地价格普遍达到16500元/吨左右。2016年度收购后期籽棉价格面临回调压力，一是后续新棉供应量增加，二是企业储备棉库存相对充足。纺企对新棉的需求有所减弱，加之后期补库已进入新棉集中供应期，在终端需求无明显好转的情况下，价格回调压力较大。

新疆棉出现“三升三降”特点　总体上，2016年度新疆棉呈现出“三升三降”特点。“三升”即单产升、价格升、质量升。今年新疆棉花单产普遍提高，北疆略有下降，兵团的产量略低，但比去年稳定。新疆籽棉价格大幅上升，收购价格远高于预期。新疆棉花质量上升，长度28—29毫米以上的比重大，马值也有好转。“三降”是面积降、出疆比例降和销售下降。今年新疆棉销售下降和运力有一定关系，但也有惜售问题，新疆棉出疆运输同比也下降了六成。此外出疆量下降和就地消化量增加有关。从2016年开始，随着新疆纺织产能不断扩大，新疆本地用棉量发生了很大变化，预计接近100万吨。

棉 花 加 工

随着新疆生产建设兵团深化团场综合配套改革的稳步推进，作为兵团植棉团场重要经济来源的棉花加工企业，只有真正实现棉花交售、加工的信息化管理，利用技术手段解决改革过程中存在的问题，才能够确保团场综合配套改革科学、有序地推进。经过4年持续研究与探索，棉花加工科研院所的一卡通籽棉收购信息管理系统，实现了籽棉收购与皮棉加工信息实时采集、农资信息精准管理、连队信息管理与查询等功能，实现了棉花交售信息网络化管理。随着一卡通籽棉收购信息管理系统的进一步推广与应用，必将助推兵团团场综合配套改革的实施。

货场棉包码垛机械化探索中求发展 在我国棉花加工行业，棉花加工工艺中籽棉喂花、籽棉清理、轧花、皮棉清理、皮棉成包等环节的机械化、自动化水平得到了较快的发展。然而，棉花加工的最后一环节——货场棉包码垛仍然完全依靠夹包车人工码包，人工成本高，夹包车利用效率低，成为我国棉花加工行业最薄弱的一个环节。

籽棉预处理工艺不断优化与完善 针对近几年来异性纤维含量高、棉花纤维长度普遍下降的现状，棉花加工设备生产企业在现有异性纤维清理技术、籽棉清理技术的基础上，进行技术再创新，研制的新型异性纤维清理机和复式籽棉清理机相继推向市场。

棉花调湿智能化控制初见成效 棉花回潮率是影响籽棉清杂效率与轧花质量的重要参数，是影响棉花加工质量的关键因素之一。长久以来，受困于棉花回潮率在线检测技术的缺失、棉花调湿控制方式落后，棉花调湿完全依赖于人工，造成控制精度低、控制结果不稳定，棉花加工质量一致性差。通过棉花加工科研院所加大科研投入，先进科研技术引进消化再创造，棉花回潮率在线检测技术逐渐成熟，棉花调湿智能化控制方法通过不断的优化升级，2016/2017年度，棉花调湿智能化控制已经在新疆生产建设兵团第七师、第八师部分棉花加工企业应用示范。

棉 花 质 量

2016/2017年度，全国新体制棉花细绒棉公证检验涉及的产棉省（自治区、直辖市）及新疆生产建设兵团共10个，比上一年度减少3个，涉及加工企业987家，比2015/2016年度减少10.27%，检验量1835万包、415.7万吨，分别比上一年度增加15.48%、15.56%，检验量有所回升，分布进一步集中。

新疆作为我国棉花最主要产区，检验量所占全比重仍在进一步扩大，达到95.39%，较上一年度增加4.28个百分点，其中，新疆地方检验量增幅较为明显，增长36.21%。内地棉区检验量进一步萎缩，黄河流域棉区同比下降39.69%，长江流域棉区同比下降49.77%。其中，山西、浙江、江西三省在2016/2017年度没有检验量。

2016/2017年度，全国新体制棉花细绒棉各项质量指标表现差异较大。从颜色和轧工质量来看，颜色级指标区域化差异较为明显。近年来，各区域检验量占比逐渐趋于稳定，因此颜色级指标变化不大，以白棉为主，且绝大多数都集中在白棉2级与白棉3级两档。其中，黄河流域及长江流域棉区颜色级指标下降较多，淡点污棉及淡黄染棉占比大幅提升，全国棉花颜色级指标也稍有下降。轧工质量主要集中在中档，中档及以上占比达到97.29%；除天津外，全国各省份轧工质量为中档及以上的棉花比例均占到95%以上，安徽、湖南达到100%。从纤维长度来看，平均长度大幅提升，平均长度整齐度指数也显著提高。其中，长度指标体现在30—32毫米长度级与28—29毫米长度级的棉花占比均大幅增加，逐包检验平均长度较上一年度增加0.52毫米；长度整齐度指数指标表现在高及以上档的棉花占比大幅增加，低及以下档的棉花也略有减少，平均长度整齐度指数再攀新高，有关纤维长度的两项指标均表现良好。从纤维内在品质来看，马克隆值和断裂比强度两项指标表现一般。其中，马克隆值指标较上一年度有所提升，A级占比增加，C2档过成熟棉占比大幅减少，但总体来说并不尽如人意，与五年平均水平相比还有一定差距；平均断裂比强度指标明显下降，为五年最低水平，差及以下占比几乎为上一年度两倍。新疆作为全国最大棉花产区，2016/2017年度棉花各项质量指标与2015/2016年度相比，平均长度提高0.52毫米、长度整齐度增加0.23个百分点、马克隆值A+B级占比增加了17.56个百分点、平均断裂比强度降低0.32cN/tex，总体质量状况略好于2015/2016年度。

棉花进出口

2016/2017年度，我国棉花进口量同比增长15.79%，出口量同比下降22.98%。

一、棉花进口量同比增长15.79%

1．按国别和地区统计

2016/2017年度，我国累计进口棉花119.43万吨，同比增长15.14万吨，增幅15.79%。

表1–1　2016/2017年度中国棉花进口分国别统计表

（单位：万吨）

国别	数量	国别	数量
合计	109.43	希腊	1.41
美国	50.45	墨西哥	0.88
澳大利亚	21.56	喀麦隆	0.86
印度	15.36	多哥	0.85
乌兹别克斯坦	6.86	以色列	0.73
巴西	4.33	布基纳法索	0.66
贝宁	2.75	科特迪瓦	0.56
苏丹	1.72	其他	1.60

数据来源：中国海关总署（不含已梳的棉花）。

2．按时段统计

2016 年 12 月，我国棉花进口量骤增，从 2016 年 11 月的 5.5 万吨增加至 14.4 万吨；2016 年 9 月—2017 年 8 月，我国棉花平均进口量在 9.3 万吨左右。

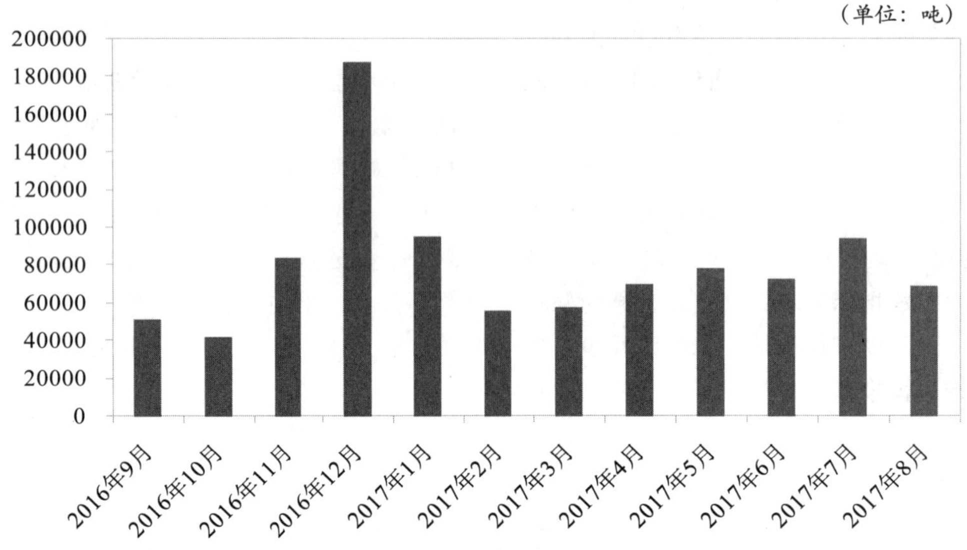

图 1–1　2016/2017 年度我国棉花进口量分月统计

二、棉花出口量同比减少 22.98%

2016/2017 年度，我国棉花累计出口量为 1.31 万吨，同比减少 0.39 万吨，减幅 22.98%。

表 1–2　2016/2017 年度中国棉花出口分国别统计表

（单位：吨）

国别	数量	国别	数量
合计	13092	阿尔及利亚	510
越南	7275	巴基斯坦	505
印度尼西亚	1571	孟加拉国	476
朝鲜	1559	泰国	298
印度	799	韩国	99

数据来源：中国海关总署（不含已梳的棉花）。

国 际 市 场

一、概述

根据美国农业部（USDA）的数据，2016/2017年度全球棉花期初库存减少14.2%，产量增加11%，进口量增加2.2%，消费量增加6.2%，出口量增加6.4%，期末库存下降8%。由于全球产量增长大大超过消费的增长，2016/2017年度全球棉花产需缺口明显收窄，为174.5万吨，同比减少50%。

2016/2017年度，ICE棉花期货近月合约平均价72.99美分/磅，同比上涨9.91美分/磅，涨幅15.7%；国际棉花指数（M）平均价82.73美分/磅，同比上涨11.26美分/磅，涨幅15.8%。2017年8月31日，ICE棉花期货主力合约（2017年12月合约）收盘价为71.48美分/磅，同比上涨6.16美分/磅。

表1–3 2016/2017年度全球产销存预测表

（单位：万吨）

年度	期初库存	产量	进口量	消费量	出口量	期末库存
2016/2017	2075.4	2325.2	818.7	2499.7	812.8	1909.4
2015/2016	2417.9	2094.6	771.2	2445	763.7	2075.4
同比（±）	-342.5	+230.6	+47.5	+54.7	+49.1	-166

数据来源：美国农业部。

二、产需状况

1．产量

2016/2017年度，除乌兹别克斯坦产量略减以外，全球其他主产棉国的产量普遍大幅增加，其中中国增加16.3万吨，为495.3万吨；印度增加24万吨，为587.9万吨；美国增加93.2万吨，为373.8万吨；巴基斯坦增加15.2万吨，为167.6万吨；巴西增加23.9万吨，为152.4万吨；土耳其增加12万吨，为69.7万吨；西非增加1.5万吨，为111.7万吨；澳大利亚增加26.1万吨，为88.2万吨，乌兹别克斯坦减少1.5万吨，为81.2万吨。

表1–4 2016/2017年度主要国家和地区棉花产量同比对比表

（单位：万吨）

年度	中国	印度	美国	巴基斯坦	乌兹别克斯坦	巴西	土耳其	澳大利亚	西非
2016/2017	495.3	587.9	373.8	167.6	81.2	152.4	69.7	88.2	111.7
2015/2016	479.0	563.9	280.6	152.4	82.7	128.5	57.7	62.1	110.2
同比（±）	+16.3	+24	+93.2	+15.2	-1.5	+23.9	+12	+26.1	+1.5

数据来源：美国农业部。

2．消费量

2015/2016 年度，主要棉花消费国中，印度和土耳其的消费量分别减少 16.9 万吨和 4.4 万吨，为 522 万吨和 141.5 万吨。中国、孟加拉国、越南和印尼的消费量分别增加 54.5 万吨、8.7 万吨、21.8 万吨和 6.5 万吨，为 816.5 万吨、145.9 万吨和 71.8 万吨。巴基斯坦消费量稳定在 224.3 万吨。

表 1–5　2016/2017 年度主要国家棉花消费量同比对比表

（单位：万吨）

年度	中国	印度	巴基斯坦	孟加拉国	土耳其	越南	印尼
2016/2017	816.5	522	224.3	145.9	141.5	117.6	71.8
2015/2016	762.0	538.9	224.3	137.2	145.9	95.8	65.3
同比（±）	54.5	-16.9	0	8.7	-4.4	21.8	6.5

数据来源：美国农业部。

3. 进口量

2016/2017 年度，全球主要棉花进口国中，土耳其和巴基斯坦的进口量减少，其中土耳其减少 11.7 万吨，为 80.1 万吨；巴基斯坦减少 19.5 万吨，为 52.3 万吨；中国、孟加拉国、越南、印度尼西亚和印度的进口量增加，其中中国增加 13.7 万吨，为 109.6 万吨；孟加拉国增加 6.6 万吨，为 145.9 万吨，越南增加 21.7 万吨，为 119.7 万吨，印度尼西亚增加 9.8 万吨，为 73.8 万吨，印度增加 36.3 万吨，为 59.6 万吨。

表 1–6　2016/2017 年度主要国家棉花进口量同比对比表

（单位：万吨）

年度	中国	孟加拉国	越南	土耳其	印度尼西亚	印度	巴基斯坦
2016/2017	109.6	145.9	119.7	80.1	73.8	59.6	52.3
2015/2016	95.9	139.3	98.0	91.8	64.0	23.3	71.8
同比（±）	13.7	6.6	21.7	-11.7	9.8	36.3	-19.5

数据来源：美国农业部。

4. 出口量

2016/2017 年度，除美国和澳大利亚棉花出口量增加以外，其他国家和地区的出口量同比有不同程度的减少。美国棉出口量增加 125.5 万吨，为 324.8 万吨，澳大利亚出口量增加 19.5 万吨，为 81.1 万吨。印度、巴西、西非和乌兹别克斯坦出口分别减少 26.4 万吨、33.2 万吨、7.6 万吨和 21.7 万吨，分别为 99.1 万吨、60.7 万吨、98.4 万吨和 28.3 万吨。

表 1–7　2016/2017 年度主要国家和地区棉花出口量同比对比表

（单位：万吨）

年度	美国	澳大利亚	印度	巴西	西非	乌兹别克斯坦
2016/2017	324.8	81.1	99.1	60.7	98.4	28.3
2015/2016	199.3	61.6	125.5	93.9	106	50.0
同比（±）	125.5	19.5	-26.4	-33.2	-7.6	-21.7

数据来源：美国农业部。

5．期末库存

2016/2017 年度，中国、美国和巴基斯坦期末库存减少，印度、巴西和澳大利亚期末库存增加。其中中国减少 212.9 万吨，为 1054.2 万吨，美国减少 22.8 万吨，为 59.9 万吨，巴基斯坦减少 7.6 万吨，为 49.3 万吨；印度增加 25.8 万吨，为 242.3 万吨，巴西增加 29.4 万吨，为 165.7 万吨，澳大利亚增加 9.5 万吨，为 52.1 万吨。

表 1–8　2016/2017 年度主要国家棉花期末库存同比对比表

（单位：万吨）

年度	中国	印度	巴西	美国	巴基斯坦	澳大利亚
2016/2017	1054.2	242.3	165.7	59.9	49.3	52.1
2015/2016	1267.1	216.5	136.3	82.7	56.9	42.6
同比（±）	-212.9	25.8	29.4	-22.8	-7.6	9.5

数据来源：美国农业部。

三、价格走势

2016/2017 年度，ICE 棉花期货走势分为两个阶段，第一个阶段是 2016 年 9 月 1 日至 2016 年 5 月中旬，这段时间 ICE 期货稳步上涨；第二个阶段是 2016 年 5 月中旬至年度末期，这段时间 ICE 期货从年度高点迅速回落并在 70 美分附近盘整。

2016/2017 年度，ICE 期货近月合约最高价是 2017 年 5 月 15 日的 85.32 美分，比 2015/2016 年度高 8.68 美分，最低价是 2017 年 7 月 13 日的 66.54 美分，较 2015/2016 年度高 9.95 美分，年度平均价为 72.99 美分，较 2015/2016 年度高 9.91 美分。

2016/2017 年度，代表进口棉中国主港到岸均价的国际棉花指数（M）与 ICE 棉花期货近月合约走势保持一致，最高价是 2017 年 5 月 16 日的 94.48 美分，较 2015/2016 年度高 8.38 美分，最低价是 2016 年 9 月 1 日的 74.69 美分，较 2015/2016 年度高 10.51 美分，年度平均价为 82.73 美分，较 2015/2016 年度高 11.26 美分。

第二部分

主要产棉区概况

新疆维吾尔族自治区

一、棉花生产

1．棉花面积、总产量和单产

据国家统计局统计数据显示，2016/2017 年度新疆棉花种植面积为 2155 千公顷，总产量 420 万吨，单产 2046 千克 / 公顷，棉花种植进一步向宜棉区集中。

2．种植成本及收益

2016/2017 年度，新疆维吾尔族自治区棉花生产呈现植棉面积上涨、产量上涨的特点。据国家棉花市场监测系统数据显示，2017 年新疆棉农租地费用平均 6150 元 / 公顷，除租地费用外，新疆地方手摘棉种植成本 28185 元 / 公顷，机采棉种植成本 17850 元 / 公顷，新疆兵团机采棉种植成本 21750 元 / 公顷。

3．种植品种

2017 年，新疆维吾尔族自治区通过审定的棉花品种 295 个，农作物良种覆盖率达到 97% 以上，优良品种对农作物增产的科技贡献率已达 43% 以上，其中北疆地区生产的棉花品种，80% 以上是新疆培育的棉花品种，这些品种更加适合本土生长环境，是棉花稳产高产的有力保障。全区“新陆中”系列品种种植面积达到 80% 以上，北疆“矮、密、早”和南疆的“晚熟”品种基本被淘汰。

二、棉花收购和加工

棉花收购加工企业构成及变化情况

2016/2017 年度，新疆维吾尔族自治区共有 626 家 400 型加工企业参与棉花收购并送检，检验量为 269 万吨。

三、纺织生产与棉花消费

1．纺织生产

2017 年，新疆维吾尔族自治区纺织服装产业主营业务收入 300 万元以上的纺织企业完成工业增加值 108.01 亿元，增长 20.3%；纱产量 152.74 万吨，增长 36%；布产量 2.6 亿米，增长 1.2 倍；服装产量 4522.30 万件，增长 37.9%；化纤产量 71.33 万吨，增长 5.5%，企业经济效益进一步提高。

2．纺织行业经济运行的特点

2016/2017 年度，新疆纺织服装产业集聚发展优势明显。“三城七园”重点纺织服装园区总产值 352.8 亿元，占全疆纺织服装产业总产值的 80%。其中，库尔勒经济开发区纺织服装企业完成工业总产值 122.03 亿元，增长 46.8%；阿克苏纺织工业城 27.79 亿元，增长 67.5%；喀什经济开发区 10.19 亿元，增长 94.8%；阿拉尔、沙湾、巴楚等重点纺织服装产业园区年增长率均在 30% 以上，超过全区平均增长率。

四、2016/2017 年度新疆维吾尔族自治区棉花产业链整体特点

一是以市场供需为基础的价格形成机制建立，各个主体的市场意识明显增强；二是新疆棉花产量、质量双提升；三是机采棉成本优势尽显，为新疆推广机械化全面推广奠定基础；四是在“一带一路”和新疆棉纺扶持政策引导下，新疆纺织发展被业内成为“纺织奇迹”。

（国家棉花市场监测系统）

新疆生产建设兵团

一、棉花生产

1．棉花面积、总产量和单产

2016/2017 年度，兵团棉花种植面积 15456 千公顷，同比增加 1484 千公顷，增长 10.6%；皮棉总产量 167.9 万吨，同比增加 18 万吨，增长 12.2%；单产 2444 千克 / 公顷，同比增加 35 千克 / 公顷，增长 1.4%。

2．棉花购销顺畅

2016/2017 年度，棉花销售基本顺利。各师棉麻公司累计收购皮棉 148.9 万吨，同比增加 19.4 万吨，增长 15%；销售签约量 145.4 万吨，同比增加 20.5 万吨，增长 16.4%，其中实际销售量 139.5 吨，同比增加 18.6 万吨，增长 15.3%；库存 9.47 万吨，基本为已签订销售合同未出库的棉花或为纺织企业预留的纺棉。

3．棉花质量稳中有升

兵团各师及相关部门认真贯彻落实兵团党委关于加强棉花质量管理的要求和工作部署，突出抓好棉花优化区域布局，狠抓关键环节、关键技术的落实，棉花质量总体上保持平稳，轧花质量、平均长度、平均断裂比强度、白棉 1—3 级比率四项指标与上年度同期相比继续上升，马克隆值、长度整齐度指标与上年接近。兵团棉花纤维平均长度为 29.3 毫米，同比上升 0.7 毫米。二、四、六、七、八、十、十三师棉花平均长度均达到或超过兵团棉花平均长度，28 毫米以上的棉花占比均超过 99%。兵团棉花断裂比强度 28.5cN/tex，同比提高 0.4cN/tex。马克隆值 A、B 级比例 87.7%，较上年下降 0.1%。白棉 1—3 级比例为 94.1%，同比增长 5.6%。轧工质量 P1、P2 比率 97.8%，提高了 1.5%。平均长度整齐度值为 82.4，同比减少了 0.5%。

二、推进新疆棉花目标价格改革试点工作

兵团认真落实棉花目标价格改革工作部署。一是为提高棉花质量，增强棉花市场竞争力，积极研究探索新型棉花补贴方式，进一步体现优质优价，制定了《兵团棉花目标价格改革补贴与质量挂钩的试点方案》。二是制定《兵团棉花目标价格改革加工企业公示暂行管理办法》，推进棉花加工企业棉花目标价格改革公示。2017 年，139 家棉花加工企业参与兵团棉花目标价格改革，58 家棉花加工企业经兵地联合公示后参与自治区棉花目标价格改革。三是制定《兵团棉花加工企业诚信经营评价暂行管理办法》，推动植棉师对收购加工兵团棉花的加工企业进行公示、监管和诚信经营评价，并对评价结果公示。

三、纺织生产与棉花消费

截至 2017 年底，兵团已形成棉纺 492 万锭（含气流纺）、对扩大就业、聚集人口和促进棉花就地转换发挥了重要作用。2017 年，纺织企业开工生产情况较好，棉纺织业设备开工率达到 90%。纺织业增加值增长 9.4%。全年纱产量达到 48.88 万吨，同比增加 8.14 万吨，增长 20%；布产量 1.5 亿米，同比增加 3440 万米，增长 30.4%；服装产量 756.18 万件，同比增加 82.54 万件，增长 12.3%。

四、深化改革，增强产业发展活力

1．取消“五统一”，推进棉花生产、购销市场化

兵团党委在六师开展整师推进团场综合配套改革试点，落实承包职工生产经营自主权是改革试点的重要举措，明确取消“五统一”，土地承包职工种什么、不种什么，买谁的农资、不买谁的农资，用谁来服务、不用谁来服务，把农畜产品卖给谁、不

卖给谁，都由职工说了算，任何单位、任何个人都不得干预。此项改革措施充分发挥市场机制作用，打破了兵团长期以来统购统销的棉花购销体制，赢得了承包职工的拥护。

2．推进放管服，取消棉花加工资格认定行政许可

为贯彻落实国务院《关于第三批取消中央指定地方实施行政许可事项的决定》（国发〔2017〕7号）和国家质检总局、国家发展改革委《关于取消棉花加工资格认定行政许可后加强棉花质量事中事后监管的通知》（国质检纤联〔2017〕137号）文件精神，结合兵团实际，兵团发展改革委、自治区质监局、自治区工商局和兵团公安局于8月21日联合印发了《关于取消棉花加工资格认定行政许可后加强棉花质量事中事后监管的通知》（兵发改经贸发〔2017〕432号），明确全面取消棉花加工资格认定行政许可，不得另行设立棉花加工行业行政许可事项。同时，通过建立棉花加工业技术条件验收制度、完善监督检查机制、诚信经营机制和目标价格改革公示制度等系列措施，维护棉花加工市场秩序，加强棉花质量事中事后监管。

（新疆生产建设兵团发展和改革委员会）

山东省

一、棉花生产

1．种植面积、总产量和单产

2016/2017年度，山东植棉面积为465.2千公顷，皮棉单产1179千克/公顷，总产54.8万吨。山东省棉花种植面积继续收缩，单产、总产量及植棉效益较2015/2016年度有所增加。

2．植棉成本及收益

2016/2017年度，山东棉花生产成本继续呈上涨态势，其中增加的部分主要表现在人工成本，由于2016/2017年度籽棉价格回升，农民收益较前几年明显增加。

据山东省物价部门统计，2016/2017年度，山东种植总成本为2363.14元，同比增加115.42元，增幅5.13%。生产成本为2126.42元，同比增加5.88%。其中，物质与服务费用445.04元，同比减少7.51元，减幅1.66%；人工成本1681.38元，同比增加125.59元，增幅8.07%。

具体来看，物质与服务费用的各项支出中，除农家肥有所增加、种子费基本持平外，其他各项主要支出项目均有不同程度减少。人工成本持续增加的局面仍未改善，达到1681.38元，较2015/2016年度的1555.79元增加8.07%。由于产量、价格双双走高，尽管总成本增加，2016/2017年度山东棉花生产收益仍然大幅增加，现金收益1112.68元，同比增加368.01元，净利润为–795.78元。

3．目标价格补贴政策落实

据山东省财政厅《关于拨付2016年棉花目标价格改革补贴资金的通知》的补贴方案，2016/2017年度，山东棉花目标价格改革补贴对象为纳入补贴范围的2016年棉花种植农户，补贴依据是2016年棉花种植面积；补贴标准为150元，兑付参照2015年工作程序及操作方式，补贴资金直接发放至种棉农民“齐鲁惠民一本通”账户。

4．生产特点

2016/2017年度，山东省棉农种植意愿低，棉花种植面积减少。由于种植棉花费时费力且连续亏损，许多棉农弃棉种粮，棉花种植面积进一步减少。棉花生长期间虽然受到连续阴雨天气的影响，但在吐絮时阳光充足，没有影响棉花衣份率与开桃期，棉花的品质与产量均高于2015/2016年度。

二、棉花收购和加工

1．棉花收购加工企业构成及变化情况

2016/2017 年度，山东省共有 110 家 400 型企业参与全国新体制棉花加工，同比减少 38 家。由于棉花价格上涨，企业生产热情有所上升，但加工企业送检棉花数量 10.78 万吨，仍然大幅低于山东省棉花加工能力，难以实现饱和生产。

2．棉花收购、加工及销售特点

2016/2017 年度，山东省棉农植棉意愿不足，棉花种植面积处于历史低位，同时新棉生产阶段天气状况欠佳，新棉产量受到影响。新棉上市之前储备棉竞拍十分积极，下游纺织企业需求稳步回升，助推现货皮棉价格走强。在新棉上市后，产量不足以引发棉花加工企业抬价、抢收。山东省籽棉价格自上市初期的 6.6 元 / 千克上升至 7.6 元 / 千克左右，布局地区优质籽棉高价接近 8.0 元 / 千克。虽然棉花价格有所回升，但山东地区天气欠佳，棉花产量下滑，棉农净利润仍然不足。加工企业方面，虽皮棉价格有所上涨，但加工成本随籽棉价格上涨走高，企业利润空间仍然不足，企业存在售棉压力。

三、纺织生产与棉花消费

2016 年 1—8 月，山东省 4057 家规模以上纺织服装企业实现主营业务收入 6099.54 亿元，同比增长 2.62%；实现利润总额 328.09 亿元，同比增长 3.06%；实现出口 139.1 亿美元，同比增长 2.55%，高于全国同期 8.5 个百分点。其中，服装、家纺、产业用三大终端纺织品占比达到 30.82%。

四、纺织企业面临的主要问题

2016 年，在全球经济低迷、市场需求偏弱的复杂形势下，我国纺织行业深入推进转型升级，积极落实供给侧结构改革，纺织行业全年实现平稳增长，行业盈利能力稳定，运行质量持续改善，但企业成本负担依然较重，行业面临较大发展压力。

规模效益平稳趋缓。据国家统计局数据，2016 年纺织行业规模以上企业工业增加值同比增长 4.9%，低于上年同期增速 1.4 个百分点；实现主营业务收入 73302.3 亿元，同比增长 4.1%，增速较上年同期放缓 0.9 个百分点；实现利润总额 4003.6 亿元，同比增长 4.5%，增速较上年同期放缓 0.9 个百分点；固定资产投资完成额 12838.7 亿元，同比增长 7.8%，增速较上年同期降低 7.2 个百分点。

市场压力较为突出。2016 年，全国限额以上服装鞋帽针纺织品零售额同比仅增长 7%，较上年同期放缓 2.8 个百分点；全国网上穿着类商品零售额同比增长 18.1%，较上年同期下降 3.3 个百分点。全年累计出口纺织品服装 2701.2 亿美元，同比下降 7.2%，较上年同期降幅加深 2.4 个百分点。

行业质效稳中趋好。2016 年，规模以上纺织企业销售利润率为 5.5%，总资产周转率 1.6 次 / 年，均与上年同期持平；产成品周转率为 21.98 次 / 年，较上年同期加快 1.2%；三费比例为 6.1%，较上年同期下降 0.1 个百分点。

转型升级取得进展。2016 年，产业用纺织品行业工业增加值、利润总额同比分别增长 9.1% 和 8.3%，销售利润率为 6.2%，均显著高于行业平均水平，继续发挥产业链新增长点作用。服装、家纺行业品质提升与品牌建设工作取得成效，全年销售利润率分别达 5.8% 和 6.2%，好于全行业水平。

（国家棉花市场监测系统）

河　南　省

一、棉花生产

1. 棉花面积、总产量和单产

2016/2017年度，河南省植棉面积为1800千公顷，同比减少450千公顷；总产量8.70万吨，同比减少1.05万吨。

2016/2017年度，河南省播种期气温正常，前期棉花出苗正常，但夏季干旱严重，棉花生产受到一定影响；随后天气转好，雨水稀少，气温较高，日照充足，有利于棉花的正常生长；8月底至9月上旬吐絮初期遇连续低温阴雨天气，影响晚秋桃成铃，并造成部分早桃烂铃。吐絮中期的10月上中旬又出现连续阴雨低温15天左右，影响棉花正常吐絮。总体上，棉花产量略低于正常年分，品质也有所下降。

2. 植棉面积继续下滑

2016/2017年度，河南省棉花种植仍向分散化方向发展，大面积、成片连方的棉田很少看到。利用黄河滩涂土地的优势种植棉花以及利用麦瓜棉、蒜棉套等多熟套种等高效种植，仍是当前河南棉花种植的主要方式。春白地和传统的麦棉套种植模式越来越少。

3. 棉花生产主要问题

棉农植棉积极性进一步下降、棉田管理不精细是当前棉花生产中存在的突出问题。

2016/2017年度，河南省种植棉花的农民，对棉花种植、采摘过程中需要大量的人工表示很无奈，植棉积极性也逐步受挫。

因地制宜，根据当地独特的地理位置、种植习惯、技术服务等综合因素，也能够适度发展棉花生产。河南省济源市邵原镇，在丘陵岗地充分发挥棉花耐旱的特点，面对因为玉米等农作物大幅下降，当地企业及时提供技术、物资方面的支持，使当地棉花生产出现较大程度的发展。只有政策、技术、服务等诸多条件满足要求，河南棉花生产才会出现一定程度的恢复性发展。

二、棉花收购和加工

2016/2017年度，河南棉花市场的总体态势是棉花资源充裕，高等级棉花价格相对坚挺，但棉花市场弱势形态一直没有改变。棉纺企业随用随购，存货意愿不强。

上半年，市场大多追捧高等级储备棉，棉花价格在16500—15500元/吨运行，多数企业关注新棉上市后国家政策的调控，关注国家是否轮入棉花。下半年，随着新棉逐步上市，市场棉花资源更为充裕，受新年度国家不用新疆棉轮入、下年度3月储备棉准时拍储等诸多消息影响，棉花销售价格逐步走低，形成收购、销售价格倒挂的局面。

市场上棉花价格的特点：两极分化严重。高等级棉花价格在16000元/吨附近震荡；低等级内地棉花销路不畅，价格与新疆棉悬殊较大。棉纺企业对这些棉花比较挑剔，根据质量情况，确定接收价格。一些贸易企业反映，需要内地棉花的企业，大多是规模相对较小的棉纺企业，需要看样定价。

今年竞拍国储棉比较理性。棉纺企业主要根据生产品种决定是否竞拍，据了解，棉纺企业热衷于竞拍高等级新疆棉。企业不再像去年那样大量库存棉花。一些贸易企业反映，今年竞拍的棉花很难销售，竞拍积极性总体不高。从全年情况看，棉花市场仍维持疲软的态势。

1. 棉花收购加工企业构成及变化情况

众多棉花收购加工企业面临关门的窘境。根据国家要求，河南100多家企业完成了400型更新改造，但是随着河南棉花种植面积萎缩、产量大幅下滑，相对于河南棉花加工能力而言，收购加工量明显偏少，棉花加工企业难以有足够的棉花资源维持正常的加工生产，普遍存在着产能闲置的问题，加大了企业负担。从2016/2017年度情况看，由于资源严重不足，绝大多数400型加工厂处于停产状态。

2．棉花收购、加工及销售的特点

由于河南本地棉花资源减少，远远满足不了棉花加工企业的需要，同时河南在棉花吐絮成熟的9—10月，雨量集中，造成棉花不能正常开裂吐絮，棉花内在质量差，成熟性差、一致性不好，棉纺企业大多不愿购买本地棉花，严重影响收购加工企业收购积极性；而棉农对棉花价格又有着过高的期望，普遍存在惜售心理。棉花收购加工企业无法维持正常的收购加工经营。多数企业随收购、随销售，基本不库存棉花。

三、纺织经济运行

1．生产增长趋缓

2016/2017年度，河南省棉纺织行业生产较为平稳，大部分企业生产正常。受环保压力传递，部分印染企业市场继续受到影响。纱线企业平均纱支水平维持在45支以上。面料生产以销定产居多，差异化产品占主流。纺织品服装继续保持增长，质量继续改善。据估计，规模以上企业2017年1—12月生产纱线646万吨，同比下降3.87%。

2．出口负增长

2017年1—12月，河南省累计纺织品服装出口17.33亿美元，同比下降2.14%，其中纺织品出口7.90亿美元，服装出口7.95亿美元；纺织品服装进口1.35亿美元，其中纺织品进口0.50亿美元，服装进口0.85亿美元。

河南省纺织品服装出口间接出口居多，受到国际市场需求有所提升等因素的影响，今年以来我国纺织品服装出口单价较上年有明显改善。总体来看，我国纺织品服装出口增长的势头继续保持，对河南省纺织品生产起到支撑作用。

3．内销市场继续回暖

2017年1—12月，河南省限额以上服装鞋帽针纺织品零售额13969.20亿元，同比增速为7.6%，同时今年零售额增速也维持的增长态势；同期，全国网上穿着类商品零售额同比增长为26%，较上年同期增长4.8个百分点。

4．投资增长趋缓

河南省纺织企业投资继续加大。重点企业的技术改造和规模扩张，为行业发展增加了动力。许昌裕丰纺织有限公司10万锭自动化生产流水线等重点企业扩容，为行业增加了新动能。2017年1—12月，河南纺织全行业累计完成投资1139亿元，同比继续萎缩。

在全国增速放缓的大背景下，河南内部结构调整优化，效益增长得到驱动。据了解，纺织行业固定资产投资延续趋缓态势。

5．质效表现平稳

运行质量稳中趋好，主营业务收入及利润总额增长较快。2017年1—12月，累计实现主营业务收入4520亿元，同比增长6.8%，增速较上年同期低1.4个百分点；累计实现利润293亿元，同比增长6.9%，增速较上年同期提高1.2个百分点。规模以上纺织企业销售利润率为5.15%；产成品周转率为22次/年，较上年同期加快3.5%；总资产周转率为1.6次/年，较上年同期加快1.8%；三费比例为5.5%，较上年同期下降0.12个百分点。内部行业结构来看，2017年以来，纺织全产业链中，棉纺织对行业的新增利润贡献尤为突出。而纺机行业实现利润同比增长22%的高速水平，显示了纺织全产业链有所回暖，对设备配套、技术更新等方面的需求有所提升。

四、纺织行业面临的主要问题

1．成本负担较重，国内外棉花价差缩小

纺织企业的成本负担仍然较重。由于国际市场棉花价格上扬，12月，棉花市场国内外价差继续缩小，对棉纺织行业下一步的经营带来利好。进口纱线进口速度趋缓。燃料动力成本、人工成本、原料成本等都在逐渐提升，是我国纺织行业普遍面临的重要问题。成本压力加大也是造成纺织企业在国内投资的积极性下降，部分企业将新增投资转向海外的重要原因。

2．行业面临的金融环境、环保政策不容乐观

经济下行压力下，银行等金融机构的信贷周期，实行的还本不贷款或者还本后再贷款，对企业经营压力影响巨大。过高的融资成本蚕食了行业的利润，不利于行业扩大再生产和稳定经营。棉纺织企业大面积存在银行贷款续贷和再贷款的压力。

印染环节受到环保压力影响，商丘部分企业把印染环节做成了外协，由于河南很多企业限产停产，成为纺织全行业发展的瓶颈环节。

（河南省棉花协会　魏　勇）

河　北　省

一、棉花生产

1. 棉花面积、总产量和单产

2016/2017 年度，河北省棉花生产总体情况是“三减”，即面积减，总产减，单产减。据统计部门数据，2016/2017 年度，河北省棉花种植面积继续大幅度下滑，预计完成播种面积 6493 千公顷，同比减少 1591 千公顷，减幅 19.68%，是 2000 年以来棉花面积最低的一年。预计皮棉单产 1028 千克 / 公顷，同比减少 11 千克 / 公顷，减幅 1.08%；总产量 29.67 万吨，同比减少 7.67 万吨，减幅 20.55%。

2. 种植成本及收益

2016/2017 年度河北省棉花平均产值 27348 元，其中主产品产值 21406 元，副产品产值 5943 元。总成本 35576 元，其中生产成本 30563 元（包括物质及服务费用 5968 元，人工成本 24595 元），土地成本 5013 元（包括流转地租金 654 元，自营地折租 4359 元）。净利润 –8228 元。

3. 种植品种

良种普及率稳定提高，优种率达到 97% 以上。国欣 3 号、鲁棉研 28、冀棉 169、农大 601、国欣 9 号、冀棉 958、石抗 126、冀棉 1 号、邯棉 559、GK99-1、冀棉 616、农大棉 8 号、冀杂 2 号、邯杂 429、国欣 4 号、冀杂 1 号等一批优良品种被广大棉农所认可。

4. 生产特点

播种期提前。2016/2017 年度，河北省棉花主产区没有出现明显的降雨和降温过程，气温比常年同期偏高，地温回升较快，播种期提前，普遍比常年提早 2—3 天。由于洇地造墒耗时和棉农犹豫观望等原因，播种进度较慢，相对往年播种期相对拉长。

造墒播种面积大。2016/2017 年度，河北省棉花播种期一直未有有效降雨，气温回升快，为了不误农时，棉农普遍提早着手洇地造墒，播种棉田基本上都是造墒播种。

优良品种得到普及推广。随着科技植棉意识的增强，棉农自留种逐步减少，购买商品棉种数量增加，从而确保了棉种质量，良种普及率稳定提高，冀棉 169、国欣棉 9 号、冀棉 958 等一批优良品种被棉农所接受并得到普及推广，优种率达到 96% 以上。

出苗情况较好。由于河北省大部分棉田是造墒播种，出苗期间天气适宜，出苗情况好于常年，苗全、苗齐、苗壮。

苗病发生较轻，苗蚜危害重于常年。棉花出苗后河北省棉区普遍降雨少，苗期病害发生较轻，苗蚜普遍发生且重于常年。

伏前桃多，伏桃少。由于前期降水少，光照充足，利于生殖生长，普遍早发，伏前桃多。中期降雨较多，脱落率高，伏桃少。据河北省田间考察，今年伏前桃平均 3.2 个 / 株，是近 10 年来最多的一年。

普遍发生早衰。一是棉苗早发伏前桃座桃多，二是夏季干旱少雨，从而影响了营养生长，棉田长

势较弱。

5. **棉花目标价格补贴实施情况**

中央下达河北省2016/2017年度棉花补贴资金为58212万元，加上上年结余417万元（折合1940.4元/吨），按照财政部和国家发改委的通知要求，河北省发改委、河北省农业厅、河北省财政厅联合制定下发了河北省的棉花补贴实施方案。各级有关部门统计上报了2016/2017年度的棉花种植面积4932.45千公顷，测算平均每公顷补贴2685元。河北省统一按2685元/公顷的标准对农户进行补贴，补贴资金已全部落实到棉农手中。

二、棉花收购和加工

1. 棉花收购加工企业构成及变化情况

由于2016/2017年度取消了资格认定审核，实际参与收购的企业预计有118家左右400型企业及40家左右200型企业，参与公检的企业数量是60家，送检比例较小，送检棉花合计172143包，约合38713.7953吨。

2. 棉花收购、加工及销售情况

河北省棉花收购企业数量比上年度进一步减少，收购企业收收停停，收购进度缓慢，从2016年9月开始到2017年3月底，河北唐山收购进度达93%以上，邢台在70%左右，邯郸在70%左右，衡水在75%左右，沧州在80%左右，各地收购进度虽不均衡，总体交售量在75%左右，尚有近25%的籽棉没有收购上来。

各主产棉区从2016年9月开始收购，开秤籽棉价格在6.5—7.0元/千克，稍高于上年度的籽棉均价6.0—6.5元/千克。河北区域由于受到环保压力较大，收购加工企业和中小纺织开机不正常，收购价格全年整体没有太大变化。

2016/2017年度，河北地产皮棉售价从9月初的15300—15800元/吨，到3月底，价格变化不大。5月价格有小幅增长，基本稳定在15600—16200元/吨。国家储备棉轮出工作准备充分，对市场的稳定起到了一定作用，全地产皮棉价格有小幅增长基本稳定。

3. 棉花质量

据河北省纤维检验部门统计，2016/2017年度河北省有60家加工企业送检棉花合计172143包，约合38713.7953吨。综合比较，2016/2017年度河北省棉花质量特点是长度较好、马值偏大、强度很好、色泽中等。

从送检的棉花质量检验结果分析，长度分布在30毫米2904包占1.67%、29毫米49829包占28.95%、28毫米87966包占51.1%、27毫米29700包占17.25%、26毫米1710包占0.99%，28毫米和29毫米是主体长度。颜色级中，白棉总体占45.7%，其中白棉3占29.7%、白棉4占15.4%，将近一半是白棉3和白棉4；淡点污棉占48.4%，淡黄染棉占5.8%。轧工质量96.6%为P2档。马克隆值C2档和B2档是主体，A档（3.7—4.2）3925包、占2.28%，B1档（3.5—3.6）34包、占0.02%，B2档（4.3—4.9）105518包、占61.3%，C1档（≤3.4）54包、占0.03%，C2档（≥5.0）62412包、占36.37%。断裂比强度中，差（24.0—25.9）占0.34%、中等（26.0—28.9）占29.98%、强（29.0—30.9）占53.05%、很强（≥31.0）占16.62%，断裂比强度平均强度达到29.65，强级及以上的占69.67%、中等级及以上占99.65%。

三、纺织经济运行情况

1. 生产维持低速增长，增加值增速到达2017年谷底

2017年1—12月河北省纺织行业增加值增速1.21%，全年增速持续下滑。2017年1—12月累计完成增加值903.98亿元，同比增长1.21%，基本也是近几年的最低点。2017年1—12月，累计完成工业总产值4025.64亿元，同比增长3.85%；累计完成工业销售产值3945.86亿元，同比增长3.69%；累计完成出口交货值196.41亿元，同比减少1.35%。

2017年1—12月，规模以上企业主要大类产品产量中，毛机织物、毛纱、化纤、轻革、绒线、纱和服装增速继续保持增长，同比增幅分别21.36%、10.78%、9.46%、9.02%、7.05%、4.69%和4.42%。

2. 投资增速放缓速度基本持平，增速仍维持低位

2017年1—12月，河北纺织工业投资完成997.24亿元，同比下降1.2%，投资增速持续下行。

从产业链角度看，其中纺织业完成投资514.26亿元，同比增长5.1%。纺织服装、服饰业完成投资145.19亿元，同比下降16.7%，皮革、毛皮、羽毛及其制品和制鞋业完成投资220.8亿元，同比下降7%，化学纤维制造业完成投资116.98亿元，同比增长8%。

在建项目数1135个，同比减少214个，同比下降15.9%，完成投资997.24亿元，完成计划的51.23%，同比下降1.2%。其中技术改造项目数869个，同比减少114个，同比下降11.6%，技术改造项目完成投资763.55亿元，完成计划的53.77%，同比增长9.4%。

3．出口形势好于全国水平

2017年，纺织行业出口整体呈现缓中趋稳态势，环比增速波动较大，全年累计增速达13.77%，恢复到较好水平，高于全国纺织服装出口12.17个百分点。1—12月河北省纺织品、服装累计出口60.65亿美元。同比13.77%，增速较上年同期提高15.63个百分点。其中纺织品18.78亿美元，同比13.65%，增速较上年同期提高10.69个百分点。服装41.87亿美元，同比13.83%。增速较上年同期提高17.71个百分点。2017年累计出口额在全国31个省市自治区中位列第八位，出口额增速位列全国第五位。

4．运行质效低速提升

纺织企业效益低速增长增速下滑。亏损额大幅下降。

2017年1—12月规模以上入统企业1659家，比2016年底增加33家。1659家规上企业2017年1—12月完成主营业务收入3910.74亿元，占全省规上工业主营业务收入的7.54%；同比增长2.4%。利润总额281.6亿元，占全省规模以上工业的9.03%。同比增长3.2%。亏损企业103家，同比增加18家，纺织业增加10家，纺织服装、鞋帽增加4家，皮革裘皮增加5家，化学纤维业减少1家。亏损企业数同比上升21.2%。亏损总额5.24亿元，与同期下降3.1%。用工人数45.28万人，同比增长2.5%。

（国家棉花市场监测系统石家庄办事处　王彦章）

天　津　市

一、棉花生产

种植面积、总产量和单产

据国家统计局统计，2016/2017年度天津市植棉面积为18.60千公顷，同比减少2.8千公顷，减幅13.08%；总产量2.80万吨，同比增加0.1万吨，增幅3.70%；籽棉平均单产1492.8千克/公顷，同比增长224.5千克/公顷，增幅17.70%。

二、棉花收购和加工

1．收购情况

2016/2017年度，天津市植棉面积继续下滑，农民弃棉种粮为主。新棉上市初期籽棉收购价格6.2—6.4元/千克，农民存在惜售，后续受轧花厂抢收带动籽棉价格上涨1.0—1.2元/千克。由于籽棉价格上涨明显，且本年度粮食价格偏低，农民植棉比较收益尚可。天津当地籽棉资源以白棉四级为主，衣分率为36%—38%。

2．加工情况

2016/2017年度，天津市共有5家400型加工企业参与棉花收购并送检，较2015/2016年度减少14家，加工企业送检棉花数量430.8吨。

三、纺织经济运行

据国家统计局统计，2016年1—8月，天津市棉纱产量8.21万吨，同比增长1.56万吨，增幅23.46%；棉布产量1.70亿米，同比增长0.07亿米，增幅4.29%。

（国家棉花市场监测系统）

山　西　省

一、棉花生产

1．种植面积、总产量和单产

据山西省统计局数据，2016/2017 年度山西省棉花种植面积 7.1 千公顷，同比减少 3.5 千公顷，减幅 33.02%；皮棉总产量 1.0 万吨，同比减少 0.45 万吨，减幅 31.03%；平均单产 1463.3 千克 / 公顷，同比增长 98.6 千克 / 公顷，增幅 7.23%。

近年来，棉花价格接连走低，农民植棉比较收益不足，加之种棉费时费力，而内地补贴规模有限，农民植棉热情受到较大影响。

2．种植成本及收益

2016/2017 年度，山西省棉花单产较去年继续增加，籽棉收购价格受全国价格波动影响，初期开秤价格略低，后期出现一定幅度的上涨，但因人工成本继续上升，植棉效益较去年同期增长有限。

据国家棉花市场监测系统数据显示，2016/2017 年度山西省籽棉收购价格为 6.8 元 / 千克，同比增加 0.6—0.8 元 / 千克。

二、棉花收购、加工及销售

2016/2017 年度，山西省天气状况适宜棉花生长，当地皮棉平均在 1463.3 千克 / 公顷，较去年小幅增加。

2016/2017 年度，山西省无 400 型企业参与全国新体制棉花加工。

三、纺织经济运行

据国家统计局产量数据显示，2016/2017 年度，山西省纱产量 3.59 万吨，同比减少 0.98 万吨，减幅 21.44%；布产量 0.35 亿米，同比减少 0.03 亿米，减幅 7.89%。

2016/2017 年度，山西省纺织业发展缓慢，棉纺织品产量出现不同幅度下降。

（国家棉花市场监测系统）

陕　西　省

一、棉花生产

1. 棉花面积、总产量和单产

据陕西省统计局统计，2016/2017 年度全省棉花种植面积为 17 千公顷，同比减少 7.07 千公顷，降幅 29.37%；总产量 2.3 万吨，同比减少 1.08 万吨，减幅 31.95%；平均单产 1367.9 千克 / 公顷，同比减少 36.34 千克 / 公顷，降幅 2.59%。

据调查 2016/2017 年度当地棉农植棉物化投入及其他成本 18613.05/ 公顷比去年减少 743.85 元 / 公顷，减少 3.84%。植棉物化投入为 6568.5 元 / 公顷，下降 26.40%；人工及直接费用成本为 10938 元 / 公顷，增加 4.85%。

按照当地籽棉收购均价每千克 6.30 元、平均籽棉产量 3428 千克 / 公顷计算，毛收入 21600 元，去除植棉总成本 18613 元，利润 2985 元。比起其他（西瓜、苹果、冬枣等）作物效益差 10—20 倍，当地近几年植棉面积下降，以改种瓜、果的较多。

2. 植棉品种

2016/2017 年度陕西植棉的主要品种是中棉 41 号以及棉农自留棉种。

3. 生产特点

2016/2017 年度，陕西当地棉农大多小面积套种、自己务做为主，自用棉比重大。今年棉花播种比上年早 3—5 天，但棉田墒情适宜，气温好于往年，出苗率齐。虽然个别田块有轻度黄萎病发生，主要虫害仍以蚜虫为主，但危害程度轻微，药物防治一般 7—10 天进行一次，比往年少。陕西棉区前期有轻微旱，中期雨水正常，气候湿润，适宜棉花正常生长，后期天气以晴间多云为主，气温适宜，气候干燥，棉花吐絮顺畅，较去年提前 3—5 天进入吐絮、采拾期。采拾期雨水偏多，影响了棉花质量，今年采拾的籽棉一致性不是太好，部分可达白棉三级以上，籽棉含水小，棉花等级差于往年。

二、棉花收购加工与销售利润

1. 棉花收购加工企业构成及变化情况

2016/2017 年度，全国棉花收购价格资格证分开以后，陕西省内具有收购加工能力的 400 型棉花加工企业实际进行收购加工的只有一两家，当地棉花主要由 200 型企业进行收购加工。棉企收购、加工的棉花，均未通过仪器化公检，全部由小型纺企及当地自由市场零星消化。

2. 棉花收购、加工和销售成本及利润情况

当地棉企自 10 月初开秤收购，收购量不大，收购均价 6.3 元 / 千克，收购加工企业除去加工费每吨 800—1000 元，加工销售 3128B 级皮棉每吨毛利 200—300 元，保本微利经营。

3. 棉花收购、加工及销售的特点

由于一般棉农产量不大，今年收购价格偏低，销售比较一般。由于棉企对后期加工出的皮棉销售前景持谨慎态度，收购采取包包测水，进度缓慢；企业真正开秤收购的少，收购量不大，加工企业基本上采取收购一定量在开机生产。销售边加工随销售，加工企业基本存货很少。

三、纺织生产与棉花消费

1. 棉花消费增加

据统计，2016/2017 年度陕西棉花消费量达到 29.5 万吨，同比增长 9.14%。

2. 主要产品布、服装产量大幅度增长，纱产量平稳增长，化学纤维产量大幅下降

据陕西省统计局统计 1—12 月，陕西省规模以上纺织工业主要产品产量：生产纱 42.60 万吨，比同期增长 7.0%；化学纤维 13948.00 吨，比同期降低 31.3%；生产布 92169.5 万米，比同期增长 23.9%，服装 3240.40 万件，比同期增长 33.4%。

表 2–1　2017 年 1—12 月全省规模以上纺织工业产品产量

指标名称	计量单位	生产量		比同期增长（%）	
		本月	累计	本月	累计
化学纤维	吨	892.00	13948.00	–46.6	–31.3
纱	万吨	4.53	42.60	13.92	7.0
布	万米	9608.80	92169.50	19.9	23.9
服装	万件	369.10	3240.40	42.1	33.4

3. 纺织行业完成工业总产值低于全省工业总产值5.9个百分点

据陕西省统计局统计1—12月，全省累计完成工业总产值24854.43亿元；同比增长18.8%，较去年同期提高11.4个百分点。

纺织行业完成403.66亿元，同比增长12.9%，较去年同期提高6.5个百分点。

表2–2 2017年1—12月全省规模以上纺织工业产值

（单位：亿元、%）

	工业总产值		
	1—12月累计	上年同期	同比增长
纺织行业	403.66	357.45	12.9
纺织业	307.75	278.00	10.7
纺织服装、鞋、帽制造业	78.76	62.02	27.0
化学纤维制造业	17.15	17.43	–1.6

4. 全省纺织行业主营业务收入低于全省规模以上企业主营收入9.5个百分点。

据陕西省统计局统计1—11月，全省规模以上企业6099户。主营业务收入20316.60亿元，去年同期主营业务收入17325.50亿元，同比增长17.3%，较去年提高11.6个百分点。

纺织业完成主营业务收入262.64亿元，同比增长7.8%，低于全省9.5个百分点；纺织服装、服饰业完成主营业务收入57.7亿元，同比增长30%，高于全省12.7个百分点；化学纤维制造业完成主营业务收入13.3亿元，同比增长10.8%.

5. 全省纺织行业实现利润低于全省工业实现利润水平46.5个百分点，其中纺织业低于全省工业实现利润水平46.5个百分点

据陕西省统计局统计1—12月，全省规模以上企业5415户。实现利润2185.70亿元，同比增长49.3%，较上月提高3.9个百分点，较去年同期提高4.1个百分点，低于全国4.5个百分点。纺织行业实现利润33.20亿元，同比增长2.8%。其中：纺织业实现利润26.20亿元，同比下降3.3%，纺织服装、鞋、帽制造业实现利润6.00亿元，同比增长33.3%，化学纤维制造业实现利润1.00亿元，同比增长42.9%。

（国家棉花市场监测系统陕西办事处 易建祥）

江 苏 省

一、棉花生产

1. 棉花面积、总产量和单产

据国家统计局统计，2016/2017年江苏省棉花面积约63.40千公顷，为历史最低，平均单产77.62千克，同比减少5.08千克，减幅6.1%。单产下降主要是种植面积下降，技术和劳动投入减少所致。江苏省总产量为7.38万吨，同比减少4.32万吨，减幅

36.92%。总产在全国排名第9位，占全国产量比重1.4%，同比下降0.7个百分点。

2．种植成本及收益

据江苏省农业厅统计，2016/2017年度，种植成本约17400元/公顷，同比下降2520元/公顷。成本构成中，人工成本占比最高，其次是肥料成本、再次是农药和种子成本，占比分别为67%、19%、7%和4%。据统计分析，全省籽棉（3128级，衣分37%、水分12%）平均收购价约7.2元/千克，同比提高18.2%。最低收购价约6.9元/千克、最高收购价7.5元/千克。

种植成本下降和籽棉销售价格提高，两个因素促使种植收益明显提升。2016/2017年度平均产值为22650元/公顷，同比增加4470元/公顷，平均效益5250元/公顷，同比增加4620元/公顷。

与水稻、玉米的生产成本相比，植棉成本高，收益相对低，在成本中，人工投入最多，特别是籽棉采收环节，约占总人工的4—5成，所以降低植棉成本的根本出路是机械化。江苏省耕地面积相对少，又是经济相对发达地区，现代高效农业发展较快，时新蔬菜、水果收益远好于传统的粮食、棉花，从近几年的发展趋势看，棉花和传统粮食的种植面积将持续减少趋势。

3．种植品种

2016/2017年度，江苏省棉花种植品种主要包括苏杂、南农、泗杂、盐杂系列等省内品种，以及中棉、鲁棉、冀杂、湘杂系列等外省品种，仍然表现为多乱杂。

4．生产特点

*麦油蔬后茬口面积比重继续扩大。*从面积构成来看，江苏省营养钵育是主体育苗类型。从茬口布局来看，仍以套栽为主，麦油蔬后茬口面积进一步增加。

*生育进程主要指标总体好于上年，表现为“四个高”。*一是单株成铃数高；二是伏桃比重高；三是优质桃比重高；四是平均成铃率高。江苏省平均种植密度1658株，同比基本持平。

*施肥量同比持平略减。*由于棉花生长中后期高温干旱，肥料投入困难，肥效难以发挥，本年度肥料用量同比略有下降，上部果枝生长发育受阻，根据这一情况，相应减少了化调次数和缩节安用量。

*气象条件与生育特点。*2016/2017年度，江苏省棉花生育期间总体农业气象条件是一波三折。前期天气晴好、中期连阴雨、后期高温富照、收获时雨水偏多。苗期温高光足，播栽顺利，出苗率高、活棵快。江苏省棉花播种育苗期间以晴天为主，主产区升温平稳，光照充足，雨日较少，对棉花播种出苗有利，基本实现一播全苗，平均出苗率约86%，同比基本持平。蕾期受持续大范围强降雨影响，生长发育受阻。花铃期高温富照，补偿效应显现。出梅后以晴热高温富照天气为主，田管措施及时到位，棉花加快恢复生长，现蕾开花加快，成铃强度提升，苗情各项指标明显转好，均超过同期水平。裂铃吐絮期雨水偏多，棉纤维品质受到影响。进入10月以后，降雨量较常年同期明显偏多，主产区持续半个月降雨，棉花裂铃吐絮的速度明显放慢、受雨水的反复浸蚀，黄烂桃的比例增加，色泽下降，品级质量受到较大影响。

二、棉花收购、加工与销售

1．棉花收购加工企业构成及变化情况

2016/2017年度，由于资源大幅减少，参加收购加工企业的总量也同步减少，收购加工企业组成上，400、200、小打包均有参加，以400为主，由于小包棉一致性差、销售不如400包，整体缺少赚钱效应，今年200及小打包企业参与数减少。

2．棉花收购、加工和销售成本及利润情况

2016/2017年度，江苏省棉区开秤收购普遍较晚且不同企业差异较大，主要有两个原因，一是吐絮期间雨水多，上市晚；二是开秤较早的新疆、山东河北等地上市新棉销售不好，收购加工企业不敢盲目入市收购。江苏400型企业开秤普遍在10月底到11月初，收购主体呈现多元化，400型、200型和小轧花厂都有参加。由于棉花面积大幅减少，棉花资源减少，实际参与收购企业的数量也大为减少，收购企业为维持生产，大多到安徽、江西、湖北组织籽棉资源。籽棉的混轧，导致皮棉质量不稳定和总体下降，原有的江苏优质棉品牌已基本消失。据中国棉花公证检验网统计，截至2017年8月31日，江苏参加公检企业8家，公检皮棉数量4798吨，同比减少 343 吨。

3．棉花收购、加工及销售特点

2016/2017 年度，收购价格呈现低开高走，波动较大，期货盘面出现二次明显的套保机会，加工企业注册仓单销售的比例大幅较提高，部分企业注册仓单率接近 100%，由于期货盘面二次出现高于 16000 元 / 吨的机会，参与套保和仓单销售企业的利润可观。直接现货销售的企业销售量受限，销售利润率相对低，整体收益明显低于参与仓单销售的企业。除了仓单销售以外，一些规模较小的企业销售主要集中在江苏省内，小厂销售主要集中在周边熟识的纱厂，由于纱厂资金紧张，新棉集中上市期间阶段性供大于求，赊欠现象比较普遍。

三、纺织生产与棉花消费

1．纺织生产及销售情况

据江苏省统计局数据，2016 年纱产量 536.86 万吨，同比下降 5.6%，布产量 91.46 亿米，同比下降 4.4%，服装 477074.35 万件，同比下降 1%。纺织企业产销率有所提高，价格维持高位，企业效益相对改善。

2．棉花消费

2016/2017 年度，江苏省纺织企业用棉以当年新疆棉和储备新疆棉为主，地产棉、进口棉作为补充。以涤纶、粘胶为代表的非棉纤维使用比例逐年增加。棉花消耗总量延续下降趋势。少数资金实力强的纺织企业棉花库存 1—2 个月，大部分企业库存 5—15 天。

终端衣着类消费增长乏力。2016 年江苏省居民人均消费支出 22130，增长 7.7%，衣着类 1453 元，仅增长 2.7%，八大类中增长最低，衣着类消费在总消费中的比重 6.6%，呈持续下降，居食品、居住、交通通讯、教育文化娱乐、医疗保健之后。

3．纺织行业经济运行特点

纺织服装是劳动密集型行业，劳动强度大，工作环境差，平均工资水平又明显低于其他行业，招工越来越困难，在岗职工普遍年龄较大，一般在 35—55 岁，30 岁以下的基本没有，纺织服装行业呈现萎缩趋势，资金、人才等要素资源呈现向大企业集中趋势，中小企业淘汰加快。2016/2017 年度，在进口压力减轻的大形势下，江苏省纺织行业整体盈利能力有所改善，但盈利水平仍然很低，由于棉花价格波动幅度较大，企业间棉花采购时点不同，成本差距大。行业整体运行仍比较困难，行业盈利能力差造成三个直接不良结果，一是员工收入低，产生用工难；二是融资困难，造成融资成本居高不下；三是没有能力进行设备升级改造、产品研发创新。摆脱困境的主要做法有三大类：一是将产能转移到生产成本更低的地区，主要去向是国外的东南亚、非洲等国家，国内的保税区、新疆、宁夏等电费便宜、政策优惠多的地区；二是避开常规品种竞争，生产差别化纤维、特殊规格、高支高技术、色纺的小品种；三是转型其他产业，传统制造业整体需要去产能、去库存，新兴产业技术含量高、风险大。对传统制造业的纺织行业来说，从人才、资金、装备的积累看，可转、能做的行业并不多，成功案例很少。

（江苏省农垦棉业有限公司 何银官）

安 徽 省

一、棉花生产

1．棉花面积、总产量和单产

据安徽省统计局数据，2016/2017 年度安徽棉花种植面积约 183.44 千公顷，较 2015/2016 年度的 232.5 千公顷减少 49.06 千公顷，减幅 21%；棉花总产量为 18.46 万吨，较 2015/2016 年度的 23.37 万吨减少 4.91 万吨，减幅 27%；棉花单产 1006 千克 / 公顷，同比持平。

2. 种植成本及收益

据安徽省物价局统计，棉花总成本29440元/公顷，较2015/2016年度的28524元/公顷增加916元/公顷，增幅3.21%。其中，生产成本26883元/公顷，较2015/2016年度的25940元/公顷增加943元，增幅3.63%。生产成本增加的主要原因是物质与服务费用及人工成本均有不同程度的增加，尤其人工成本增加较快，增幅达4.49%。

2016/2017年度，安徽省棉花净利润亏损额为8651元/公顷，较2015/2016年度的8954减少303元，减幅3.39%。现金收益13443元/公顷，较2015/2016年度的12294元/公顷增加1149元/公顷，增幅9.34%。主要原因是今年棉花品质较去年有所提高，出售价格提高，棉花产值增加，农民现金收益增加。

3. 棉花收购加工企业情况

2016/2017年度，安徽仅有4家400型企业参与棉花公证检验，2015/2016年度为15家。主要原因为棉花资源减少，企业经营亏损等因素，部分200型企业开始参与市场收购加工。

二、纺织生产与棉花消费

1. 纺织企业构成及变化情况

2017年，安徽省棉纱加工企业为1064家，棉织加工企业363家，印染企业224家，服装生产加工企业4818家，服装零售企业2224家，与2016年相比企业数量都有不同程度的增长。同时企业规模也有了一定扩大，2017年安徽省规模以上纺织企业近2000户，安徽省纺织工业增加值553亿元，同比增加2.6%。

2. 纺织生产及销售情况

据安徽省统计局数据，2017年安徽省纺织企业纱产量为100.97万吨，同比减少4.6%；布产量为14.08亿米，同比减少14.87%。

3. 纺织行业经济运行的特点

2017年，安徽省纺织服装行业发展平稳，全国排名一直位列前十左右，但总量难以突破，无论是在产业基础还是增速上，安徽省纺织服装发展任重道远，需要通过精准对接，积极承接产业转移；“两化融合”，加速由“单纯制造”跨步“供应链协同”绿色制造；重点发展服装家纺及产业用纺织品；产城融合，打造纺织服装创意设计中心等措施，振兴安徽棉纺产业。

（国家棉花市场监测系统）

湖 北 省

一、棉花生产

1. 棉花面积、总产量和单产

据湖北省统计局统计，2016/2017年度湖北省植棉面积202.51千公顷，同比减少62.19千公顷，减幅23.5%；皮棉总产量18.85万吨，同比减少10.95万吨，减幅36.7%；皮棉单产931千克/公顷，同比下降193千克/公顷，降幅17.17%。

2. 生产特点

2016/2017年度，湖北省棉花生产呈现出面积、产量双下降的特点。传统主产棉区调增明显，分散棉区调减幅度较大，说明传统产棉区农民植棉热情不减，出现了农民自发流转土地集中植棉的情况，显示农民有了规模种植的意识。产量、质量双下降，一方面是棉花生长期出现持续高温天气，棉田旱情严重，随后又出现持续连阴雨，影响棉花质量；另一方面是棉农田间管理不足，采摘后籽棉未进行“四分”。

二、棉花收购加工与销售利润

1. 棉花收购加工企业构成及变化情况

2016/2017年度，湖北共有14家400型加工企业参与棉花收购并送检，检验量为1.25万吨。

2. 棉花收购、加工和销售成本及利润情况

2016/2017年度，湖北省籽棉收购价格在5.8—7.2元/千克不等，200型企业收购价格较低。400型企业严把质量关，但有限的资源和低品质棉比例过大，导致400型企业的收购热情遇冷，不得不放缓收购进度，寻求数量规模与品质效益的平衡。反之，200型企业拉低品质门槛的需求使其在收购数量上优势显现，其落后的加工设备再次拉低皮棉质量，造成一定程度的资源浪费，也使全省棉花加工品质降低。

3. 棉花收购、加工及销售的特点

湖北地产棉销售不畅，棉企虽坚持快加快销的策略，但纺织企业对地产棉采购兴趣不高。湖北省内地产棉主流销售报价在14500元/吨左右。虽然成本已高出此价位，企业无利润可言，销售依旧冷清。

三、纺织生产与棉花消费

1. 纺织企业经济运行情况

2017年，湖北省规模以上纺织工业增加值同比增长6.0%，高于全国纺织工业1.2个百分点。其中服装、服饰业增长4.0%，皮毛制品和制鞋业增长6.3%，化学纤维制造业增长10.2%。主导产品纱、服装、无纺布产品产量同比增长17.3%、4.9%、6.5%，坯布产量同比下降1.1%。

2. 纺织行业经济运行的特点

*经济效益稳步提升。*湖北纺织行业主营业务收入同比增长9.3%，高于全国5.2个百分点。其中纺织业增长10.9%，服装、服饰业增长5.6%，皮毛制品和制鞋业增长12.9%，化学纤维制造业增长11.9%。利润总额同比增长4.8%，其中纺织业增长6.7%，服装、服饰业增长1.3%。税金总额增长2.5%，其中纺织业增长5.5%，皮毛制品和制鞋业增长5.7%，化学纤维制造业增长15.1%。

*出口创汇稳步运行。*2017年，全行业实现出口30.2亿美元，其中纺织品出口7.4亿美元，同比增长0.3%。一些重点出口企业出口额明显增长，新港服饰出口增长176.3%，顺富牛仔出口增长71%，金龙非织造布在新投产项目拉动下，出口增长87.3%。

*技术创新引领发展动能转换。*全行业自主创新能力逐步提高，关键性和公共技术的研发有所突破。全年共获得中国纺织工业联合会科学技术奖3项，获得省科学技术奖3项。其中武汉纺大等单位的“牛仔服装环境友好智能化生产关键技术开发与集成”和宜昌经纬纺机的“K3502A大卷装高效地毯丝加捻机”2个项目获二等奖，武汉金运等单位的“牛仔服装三维激光雕花机”项目获三等奖；咸宁农科院等单位的“苎麻纤维收获技术与装备”“苎麻生物脱胶清洁生产高品质精干麻及废水治理循环利用推广和应用”3个项目分别获湖北省科技进步、技术发明、科技成果推广三等奖。

*绿色发展构建发展新动能。*大力构建绿色制造体系，清洁生产水平不断提高。金环新材料入选首批《粘胶纤维行业规范条件》生产企业名单。雅新家纺利用高效数码印花机，提高生产效率和产品质量的同时也减少了污染、降低了成本。顺富纺织对污水处理厂进行升级改造，公司集浆染、织布、后整理为一体，跻身全国牛仔面料纺织行业前五位。荆州纺织印染循环经济产业园实现集中供水、集中供气、集中治污，集聚了天友达、奥达等大批印染企业，成为我省承接印染企业退城入园和产业转移的集聚区。

（国家棉花市场监测系统）

湖　南　省

一、棉花生产

1. 棉花面积、总产量和单产

根据湖南省统计局数据统计，2016/2017 年度，湖南省棉花种植面积约 2331 千公顷，同比增加 381 千公顷，增幅为 19.54%；皮棉产量 12.3 万吨，同比增加 1.3 万吨，增幅为 11.82%

2. 种植成本及收益

湖南省棉花种植主要集中在洞庭湖区域，以常德、岳阳、益阳市为主，衡阳、怀化市有少量分布。2016/2017 年度，由于天气较好，有利于棉花生长，加之棉花病虫害影响较轻。棉花产量增加。每公顷产值为 24300 元，其中物化成本 6000 元 / 公顷，人工成本 16500 元 / 公顷，总成本 22500 元 / 公顷；棉花籽棉约 3375 千克 / 公顷左右，籽棉平均收购价为 7.2 元 / 千克。实际种植棉花收益 1800 元 / 公顷，略有微利。

3. 设立棉花保护区有关情况

据湖南省农委经济作物处了解，湖南省申报国家棉花保护区项目中，棉花保护区暂定 15 个县区，设定保护面积 1500 千公顷或以上。在棉花与粮食等其他耕地面积未冲突的前提下，湖南省 15 个棉花生产县区均可以申报。此申报项目分三年完成，今年首先在华容县试点实行，明年全面铺开。建立保护区，财政暂设立工作经费为每公顷 352.5 元。

二、棉花收购和加工

1. 棉花收购加工企业构成及变化情况

国家棉花质检体制改革部署湖南省的 60 家 400 型轧花厂已全部建成投产，可加工皮棉 35 万吨左右，基本与湖南省棉花总产相适应。但湖南省目前另有上百家 200 型轧花厂未退市，还有近千家小型皮辊加工作坊。2016/2017 年度，企业加工的成包皮棉有 400 型大包棉和 200 型小包棉，其中小包皮棉和皮辊棉为主，占全省产量的 80% 以上。收购价格前高后低，加工销售跟随市场，边收边加工边销售，基本上略有微利。

2. 棉花收购、加工及质量特点

2016/2017 年度，湖南省棉花品质整体次于 2015/2016 年度，颜色级、长度等主要品质指标略低于全国平均值。从仪器化检验数据看，颜色级以淡点污棉为主，占 75.61%，白棉占 21.32%；平均长度 28.68 毫米，其中 28 毫米级占 56.34%，27 毫米级占 10.73%，29 毫米级占 31.56%；马克隆值级以 B 级为主，其中 B2 级占 61.79%，C2 级占 35.01%；平均长度整齐度 82.31%，以中、高档为主；平均断裂比强度 29.77 cN/tex，以强和很强档为主。

三、纺织生产与棉花消费

从湖南省纺织行业了解，2016 年湖南省规模纺织运行整体略微下滑，月用棉量有所减少，各纺织产销环比均有下降，纱线、坯布库存增加。企业经营效益不佳，对原料采购谨慎，国内现货棉价稳中小落。

（国家棉花市场监测系统湖南办事处　潘爱武）

江 西 省

一、棉花生产

1．种植面积、总产量和单产

据国家统计局数据显示，2016/2017 年度江西省棉花种植面积 7.64 千公顷，同比减少 0.47 千公顷，减幅 5.8%；皮棉总产量 11.2 万吨，同比减少 0.4 千克 / 公顷，减幅 3.4%；平均单产 1472 千克 / 公顷，同比增加 44 千克 / 公顷，增幅 3.1%。

2．种植成本及收益

江西是全国优质棉产区和商品棉生产基地，棉花也是江西省三大主要农作物之一，其种植面积常年稳定在 8 千公顷，仅次于水稻和油菜。据《江西统计年鉴》，2016 年江西棉花面积首次低于 8 千公顷，棉花总产也随面积缩减而逐渐减少。

棉花种植总成本主要由物质费用和人工成本构成。据江西省农业厅市场处提供的数据，2016 年，单位面积棉花种植总成本为 21589.5 元 / 公顷，整体呈上涨态势；单位面积棉花种植物质费用为 6289.5 元 / 公顷，走势平稳，年均物质费用为 6618 元 / 公顷；单位面积人工成本为 15306 元 / 公顷，该成本持续增加。2016 年，人工成本占总成本的 70.9%，远远超过 50%。江西棉花种植中人工成本占比最大，且增速较快，是导致江西棉花种植成本不断上涨的主因。

江西棉花种植以家庭为主，人工成本主要取决于家庭用工数量和家庭用工日工价。家庭用工数量 23.73 个，呈下降趋势，这得益于植棉机械化不断发展，在一定程度上节约了劳动力。随着农村劳动力老龄化严重，农村用工价格不断上涨，日工价上涨至 43 元，用工价格的快速上涨成为人工成本居高不下的主因。受多种因素影响，江西棉花纯收益和总产值波动一致，呈直线下降趋势，棉花纯收益下跌至 2386.65 元 / 公顷，总产值下跌至 23981.85 元 / 公顷。

二、棉花收购、加工及销售

2016/2017 年度，在棉花采摘收购初期，江西地区天气适宜棉花采摘。据国家棉花市场监测系统调查，江西籽棉收购价格在 7.0—7.4 元 / 千克（衣分 38.5%），由于籽棉品质优良加上今年棉花数量少，当地棉农大多选择存棉惜售，轧花厂每天收购量有限。随着江西棉花采摘结束，籽棉交售进入旺期，棉农惜售情况逐渐有所松动，棉企收购销售进展顺利，当地棉市一度活跃。在收购中后期，当地籽棉收购价格小幅上涨，籽棉到厂价 7.3—7.4 元 / 千克，较前期上涨 0.06 元 / 千克左右。当地纺企临时补库较为积极，其中 4129 级售价 15500 元 / 吨左右，3129 级提货价 16000 元 / 吨。

三、纺织经济运行

据国家统计局数据显示，2016 年江西省纱产量为 162.7 万吨，低于 2015 年的 166.91 万吨。2016 年，江西省纺织行业发展环境较为严峻，订单大量向东南亚、印度等地区转移，使得出口额增长面临一定压力。此外企业在用工、融资、产品等方面也面临着不小的经营压力，需要企业通过技术创新、延伸产业链等措施来化解这些难题和挑战。

（国家棉花市场监测系统）

浙　江　省

一、棉花生产

1. 种植面积、总产量与单产

根据国家统计局统计，2016/2017 年度种植面积 11.24 千公顷，同比减少 16.1%；总产量 1.65 万吨，同比减少 13.2%；平均单产 1468.0 千克 / 公顷，同比增加 5.8%。

作为零星产区，棉花种植依然是黄土丘陵、河滩沙地（盐碱地）等土壤质量相对较差的区域。

2. 种植品种、成本及收益

2016/2017 年度，浙江省棉花主要种植品种为湘杂棉 8 号、中棉所 87、中棉所 63，还有少量的农民上年自留种籽。

相对于经济作物，种棉效益偏低；而且较种粮（水稻、鲜食大豆、鲜食玉米）、蔬菜的效益也偏低，种棉的收益大约在 600 元 / 公顷左右，因此仅是不计工本的一些老年人在参与种棉。

二、棉花收购和加工

由于浙江省棉花多数市县的加工企业因加工数量不能达到规模化生产的要求和无力承担质检体制改革的目标，2016/2017 年度，浙江省没有一家棉花加工企业按照棉花质量检验体制改革方案的要求加工棉花并进行公证检验。

由于棉花数量少、皮棉加工水平低，全省没有形成完善的收购市场。本省加工企业中尚有部分皮辊棉加工，呈现“散、小、弱”的特征，由于生产量小且分布在多个市县，并且浙江省棉农的植棉收入占总收入的比例较小，因此习惯在棉花收获后立即交售，一般在 12 月底前就能全部售完。

三、纺织经济运行

据浙江省统计局统计数据显示，2016 年 12 月，浙江省 393 家纺纱企业工业生产总值 710.39 亿元，同比增加 0.8%；1065 家织造企业工业生产总值 1361.96 亿元，同比下降 0.8%。

2016 年，393 家纺纱企业纱产量 215.8 万吨，同比增加 1.0%；其中纯棉纱 74.12 万吨，比去年同期下降 1.2%；棉混纺纱 50.39 万吨，同比下降 0.2%；化纤纱 91.3 万吨，同比增加 3.6%。

2016 年，1065 家棉织造企业生产布 149.2 亿米，同比减少 0.3%。其中纯棉布 35.97 亿米，同比增长 6.7%；棉混纺布 22.27 亿米，同比下降 10.8%；化纤布 90.96 亿米，同比持平，化纤布占布总产量的 61.0%。

2016 年，538 家规模以上纺纱企业累计实现主营业务收入 636.42 亿元，同比下降 0.05%；利润总额 27.71 亿元，同比增加 11.86%。946 家规模以上织造企业累计实现主营业务收入 1267.41 亿元，同比下降 2.5%；946 家以上织造企业利润总额 66.62 亿元，同比企业减少 2.94%。纺纱企业利润增长远高于织造企业。

2016 年，393 家纺纱企业出口交货值 69.10 亿元，比去年同期下降 10.1%。1065 家织造企业出口交货值 197.58 亿元，比去年同期下降 2.8%。

总体看来，浙江省纯棉纱与棉混纺纱产量下降，化纤纱有所增加，说明了用棉量占比减少、化纤用量占比上升的趋势；纺织盈利增长较高，织造企业盈利下降，其中也得益于企业的税负相对减少；全行业出口交货值下降幅度较大；劳动力成本继续上涨，一些棉纺企业为此正在大踏步推进数字化生产。

表 2–3　2016 年浙江省规模以上纺纱企业产量及产值指标

指标名称	单位	2016 年累计	同比（%）
纱产量	万吨	215.80	1.0
其中：纯棉纱	万吨	74.12	–1.2
棉混纺纱	万吨	50.39	–0.2
化学纤维纱	万吨	91.30	3.6
工业总产值	亿元	710.39	0.8
工业销售产值	亿元	690.12	1.6
出口交货值	亿元	69.10	–10.1

表 2–4　2016 年浙江省规模以上纺纱企业主要经济指标

指标名称	单位	2016 年累计	同比增长（%）
主营业务收入	亿元	636.42	–0.05
利润总额	亿元	27.71	11.86
税金总额	亿元	14.95	–6.21
应收账款	亿元	79.57	–3.36
产成品存货	亿元	50.69	–15.3
应付职工薪酬	亿元	36.56	0.74
从业人员平均人数	人	76640	–6.87
职工平均工资	万元	4.77	8.17
企业单位数	家	538	—
其中：亏损企业数	家	102	6.25

表 2–5　2016 年浙江省规模以上织造企业产量及产值指标

指标名称	单位	2016 年累计	同比（%）
布产量	亿米	6.0	–0.3
其中：棉布	亿米	11.7	6.7
棉混纺布	亿米	7.7	–10.8
化学纤维布	亿米	3.4	0.0
工业总产值	亿元	14.6	–0.8
工业销售产值	亿元	12.8	–1.4
出口交货值	亿元	0.6	–2.8

表 2-6　浙江省 2016 年规模以上织造企业主要经济指标（四）

指标名称	单位	2016 年累计	同比增长（%）
主营业务收入	亿元	1267.41	–2.5
利润总额	亿元	66.62	–2.94
税金总额	亿元	34.80	–2.53
应收账款	亿元	148.16	–0.53
产成品存货	亿元	99.33	–1.46
应付职工薪酬	亿元	57.64	0.88
从业人员平均人数	人	113683	–4.56
职工平均工资	万元	5.07	5.70
企业单位数	家	946	*
其中：亏损企业数	家	73	28.07

（数据来源：《国家统计局关于 2016 年棉花产量的公告》《2016 年浙江统计年鉴》《浙江省商务厅统计数据》、中国棉花公证检验网）。

（国家棉花市场监测系统浙江办事处　张建华）

甘　肃　省

一、棉花生产情况

1. 种植面积、总产量和单产

受棉花市场供大于求的影响，继 2014 年、2015 年棉花播种面积减少后，2016 年全国棉花播种面积继续减少，甘肃棉花主产区棉花种植面积也继续大幅减少。据甘肃省统计局统计，2016/2017 年度甘肃省棉花种植面积 298.2 千公顷，同比减少 48.43%；总产量 1.99 万吨，同比减少 53.18%；单产 1502.25 千克 / 公顷，同比减少 9.16%。

2. 种植成本及收益

2016/2017 年度，甘肃棉花生产总体呈现生产成本、土地成本、产值收益“二减一增”的特点。据甘肃省发展和改革委统计，2016/2017 年度甘肃棉花种植总成本平均 26358.45 元 / 公顷，同比减少 3414.4 元 / 公顷，下降 11.25%。其中，生产成本 23254.5 元 / 公顷，同比减少 3051.15 元 / 公顷，下降 11.60%；土地成本 3103.95 元 / 公顷，同比减少 290.25 元 / 公顷，下降 8.55%。棉花主产品产值 25935.75 元 / 公顷，同比增加 1729.05 元 / 公顷，增长 22.04%；副产品产值 6819.45 元 / 公顷，同比增加 1147.5 元 / 公顷，增长 20.23%。

3. 棉花品质

2016/2017 年度，受多方面气候环境条件影响，致使棉花部分品质有所下降。甘肃棉花白棉比例为 92.80%，较 2015/2016 年度降低 4.51 个百分点；逐包检验平均长度 28.63 毫米，较 2015/2016 年度增加0.64毫米；马克隆值A级棉比例12.40%，较2015/2016年度提高1.29个百分点；断裂比强度中等及以上级所占比例达到99.97%，较2015/2016年度提高0.11个百分点。2016/2017年度甘肃棉花品质在全国产棉省区中依然属较好水平，部分质量指标居全国前列。其中，甘肃棉花白棉比例居全国第2位，白棉平均颜色级居全国第1位，马克隆值A级棉比例居全国第4位，平均长度整齐度指数居全国第1位，平均断裂比强度居全国第6位。

二、棉花加工销售情况

2016/2017年度，由于受棉花上市推迟、纺织企业预期新旧棉价差扩大，加之全国棉花产量下降、质量较好等多种因素影响，籽棉收购价格大幅高于往年。12月，全国白棉3级籽棉月均收购价7.4元/千克，折合皮棉每吨14230元，同比上涨29.8%。甘肃棉花价格以酒泉市为例，籽棉收购价格为7元/千克，折合皮棉收购价格13782元/吨，同比上涨23.89%

三、纺织经济运行情况

2016/2017年度，我国纺织行业总体处于运行压力加大、增长动力转换、转型任务艰巨的发展阶段。2016年，甘肃纺织行业规模以上工业企业22个，比上年减少10个，实现工业总产值28.81亿元，比上年下降7.63%；工业销售产值24.22亿元，下降9.08%，其中出口交货值6165万元，增长84.36%；全省纺织行业实现利润总额4640万元，同比增加5812万元。

2016年，甘肃纺织行业规模以上工业企业总资产贡献率5.31%，比上年提高3.72个百分点；产品销售率84.05%，比上年降低1.36个百分点。

（国家统计局甘肃调查总队　徐英花）

年 度 报 告

第三部分

2017 年度棉花市场形势预警报告

国家棉花市场监测系统　冯梦晓

【作者单位简介】国家棉花市场监测系统是国家有关部门批准建立的棉花市场信息监测、发布与预警系统，为国家电子政务工程重点项目之一。由中国储备棉管理有限公司与国家发改委价格监测中心共同建设，中国储备棉管理有限公司为项目法人，中储棉花信息中心有限公司具体负责系统建设与运行维护管理。系统的建设目标是密切跟踪国内外棉花市场变化，准确反映市场供求趋势；为国家宏观调控决策提供可靠的决策依据；为涉棉企业经营决策提供信息参考，正确引导国内棉花生产与消费。

2017 年度的北半球棉花陆续进入收获季，全球棉花产量明显增加的概率较大，中国棉花产需缺口略有收窄，中国以外市场棉花供给较为充沛。世界经济有望温和增长，金融政策及市场层面存在较多不确定性。2017 年度棉花、棉纱市场格局面临多重复杂局面。

一、世界经济回暖向纵深推进　金融市场有待重新定价

1. 全球主要经济体 10 年来首次实现同步增长

经济合作与发展组织追踪的 45 个国家，2017 年都有望实现经济增长，这是 2007 年以来 45 个国家首次全都实现经济增长，也是 2010 年以来经济增速加快国家数量最多的一次。巴西经济从下行转向复苏；希腊失业率不断下降，经济增长有望达到 1%，为 10 年来最佳；意大利 6 月出口增长 8%，实现贸易顺差；日本经济截至 6 月底的近三个月增长 4%。美国 8 月 30 日公布，今年第二季度美国经济增长 3%，为两年多来的新高。美国家庭已停止减少借贷，开始恢复正常消费模式。欧元区 8 月经济景气指数升至 111.9，为 2007 年 7 月以来最高。8 月财新中国制造业采购经理人指数 PMI，录得 51.6%，高出 7 月 0.5 个百分点，为 2 月以来最高。中国国家统计局公布的 8 月制造业 PMI 为 51.7%，为年内次高点，比 7 月上升 0.3 个百分点，高于去年同期 1.3 个百分点。第二季度中国 GDP 同比增长 6.9%，增速与第一季度持平。在基建稳增长力度不减的背景下，中国有望全年实现 6.7% 左右的增速。国际货币基金组织预计，2017 年全球经济增长率为 3.5%，2016 年为 3.2%，2018 年预测增长率将上升到 3.6%。

2. 金融市场面临货币政策正常化修正

随着经济回暖，2017 年，主要经济体央行启动或准备货币政策正常化，世界开始回收流动性或进一步控制金融风险。不过，受通胀指标偏离预期等因素牵制，未来货币政策存在较高不确定性。金融资产重新定价的序幕尚未拉开，估值普遍偏高，金融杠杆较高。目前，除美国房地产市场经历出清外，其他主要国家房地产市场有待调整，中国压力较大。传统产能过剩，里程碑意义的科技创新仍旧青黄不接。传统市场依然是最稀缺资源，贸易摩擦有增无减，中美经贸关系紧张。金融市场风险聚集，动荡的概率较大。7 月末，我国广义货币 M2 同比增长 9.2%，比上月末回落 0.2 个百分点，比上年同期低 1 个百分点。5 月为 9.6%，6 月为 9.4%。2017 年棉花年度，预计中国货币政策相对中性，金融强监管态势不减，去杠杆方向不改。传统企业资金紧张问题难以从根本上消除。

二、纺织经济向好　发展后劲略显不足

1. 国内外需求回暖，但投资扩张趋缓

2017年1—8月，全国限额以上服装鞋帽针纺织品零售额同比增长7.3%，较上年同期加快0.1个百分点；全国网上穿着类商品零售额同比增长19.6%，较上年同期加快2.7个百分点；我国纺织品服装累计出口额为1754.69亿美元，同比增长0.8%，增速与上年同期比由负转正。其中纺织品累计出口额为721.01亿美元，同比增长1.97%；服装累计出口额为1033.68亿美元，同比增长0.01%。投资方面，据国家统计局数据显示，2017年1—8月，规模以上纺织业工业增加值同比增长4.4%，增速较上年同期放缓2.2个百分点；固定资产投资（不含农户）4321亿元，同比增长6.8%，增速较上年同期放缓2.7个百分点。

2. 纺织经济收入增长加快，但利润增速放缓

1—7月，规模以上纺织企业实现主营业务收入23970亿元，同比增加8.8%，增速较去年同期加快4.6个百分点，其中纺织服装、服饰业实现主营业务收入13578亿元，同比增长7.5%。增速较去年同期加快1.5个百分点。1—7月，规模以上纺织企业实现利润总额1163.7亿元，同比增长5.4%，增速较上年同期放缓0.7个百分点，其中纺织服装、服饰业利润767.9亿元，同比增长12%。增速较去年同期加快5.5个百分点。

3. 棉纺织业经济回暖后走弱

总体来看，2016年度棉纺景气程度高于上年度，不过，值得注意的是，4—7月综合订单、开机及库存情况看，比上年同期出现不同程度下滑。与同期我国整体制造业采购经理人指数相比，呈现背离走势。国家统计局公布的8月制造业PMI为51.7，为年内次高点，比7月上升0.3个百分点，高于上年同期1.3个百分点。8月财新中国制造业采购经理人指数PMI51.6，高出7月0.5个百分点，为2月以来最高。

4. 国储棉规模性轮出，进一步抵御外纱侵蚀，我国棉纺织业国际竞争优势增强

截至2017年7月，2016年度我国累计进口面纱178.1万吨，同比减少4.48%；累计出口棉纱33.45万吨，同比增加11.37%。

5. 下游传导不畅，抑制棉价上涨

2016年10月至2017年4月，国内棉价上涨4.62%，棉纱价格上涨7.54%，棉布价格上涨3%，期间，纱棉价差扩大幅度1000元/吨。4月以后棉花下游环节销势不佳，但企业尽量争取开机运行，导致纱、布产销率持续下降，库存明显增加。9月初纱、布产销率比3月初分别下降9.6个百分点、11.9个百分点，库存天数分别增加57.7%、45.8%。下游运行不畅，并反作用于上游。5月以来国内棉花整体走弱势，棉价下跌0.22%，棉纱价格下跌1.98%，棉布价格下跌1.72%，棉纱、棉布价格下滑速度快于棉价，棉纺织业利润空间收窄。

三、后期棉籽价格有望小幅上涨

1. 三大油脂市场供求局面支撑棉籽价格

据美国农业部预计，2017年度全球大豆减产，大豆、豆油、豆粕油库存消费比分别下降0.84个、0.35个、0.45个百分点。全球油菜籽消费增加期末库存趋紧，菜籽油库存消费比下降2.69个百分点。从世界三大油脂的供求情况来看，2017年度豆油的供求小幅收紧，菜油供求将进一步收紧。唯一对世界油脂价格产生压力的是棕榈油的产量大增，但棕榈油消费预期提升空间不大，10月后东南亚棕榈油将进入减产季，这也意味着后期棕榈油对油脂价格压力不会太大。近几年，我国大豆和其他油脂油料进口已形成持续增长态势，对国际油脂油料依赖性不断增强，新年度国内临储菜油被消化后，市场存在缺口，大豆产需缺口预计将进一步扩大，国内油脂市场供求关系的紧张程度提高，对后期棉油、棉籽市场形成一定支撑。

2.2017年集中收购期棉籽价格具备一定上涨动力

2017年下半年，传统节日较为集中，居民对肉禽蛋奶以及油脂需求将全面恢复，油脂类、饲料类需求将会增加，棉油、棉粕购销将全面活跃，另外，随着节日订单的到来，纺织企业产销形势将随之好转，

由此带动棉短绒需求增加，后期棉副产品市场的回暖走势对棉籽价格形成支撑。

3. 综合评价

我国油脂油料供应比较有限，对大豆和其他油脂的进口依赖度越来越高，鉴于全球豆油、菜籽油消费增速可能大于棕榈油，对国内棉油、棉籽的影响或是支撑大于压力，目前籽棉价格处于相对低位，收购中后期将跟随外围市场逐渐活跃，预计 2017 年度内地籽棉价格的上轨在 2.4—2.5 元 / 千克，新疆棉籽价格的上轨可能在 2—2.1 元 / 千克。

四、2017 年度国内外棉花产需格局分析

1. 2017 年度北半球棉花丰收在望

根据 9 月美国农业部和国家棉花市场监测系统发布的数据，预计 2017 年度全球棉花产量为 2679 万吨，全球消费量 2564 万吨，期末库存 2065 万吨，期末库存消费比为 80.5%，比上年度增加 1.74 个百分点；按美国农业部数据 2017 年度期末库存消费比为 78.6%，比上年度下降 0.2 个百分点。假设后期不发生大的灾害，2017 年度全球棉花丰收概率较大。据国家棉花市场监测系统，中国面积 71359.5 千公顷，扩大 8.5%，产量约 584 万吨，增加 14%，比 USDA 预测的产量多 51 万吨。目前，天气对产量的影响尚未尘埃落定。

2. 全球棉花产大于需，中国以外地区供给极为宽松

若后期天气正常，2017 年度全球棉花产大于需 115 万吨，2015 年和 2016 年两年产不足需格局得以逆转，中国以外地区棉花供给将极为宽松，中国产需缺口明显收窄。

表 3–1　近三个年度国内外棉花供需格局比较

（单位：万吨、%）

年度	2015	2016	2017
全球产大于需	–316	–156	65
中国以外产大于需	–33	166	370
中国产大于需	–283	–321.2	–194
全球库存消费比	87.40	78.8	78.6
中国以外库存消费比	51.17	54.62	66.96
中国库存消费比	135.96	104.13	84.68

3. 轮入将缓解市场压力，提高国内纺织用棉保障能力

假如 2017 年度轮入进口棉超过 100 万吨、一定量国产棉，初步预计中国以外地区期末库存消费比有可能降至 57% 左右，市场压力将大为缓解。由此，内外棉价差有望明显收敛，中国纺织企业竞争力将得以提振，国储棉在保障纺织企业用棉方面的能力也将得到增强。

五、2017 年度棉花市场趋势

1. 行情弹性面临有所收敛压力

2017 年度，世界经济小幅回暖，有利于部分缓解棉花产业链物流、资金流压力，但年度后期支持宏观经济保持增速的动力有可能面临弱化，全球主要经济体经济发展态势可能再度分化。鉴于美国、中国、加拿大等货币政策回归正常化已缓慢拉开序幕，目前金融市场流动性依然充裕，资本市场面临调整。需要警惕国际金融市场可能出现的风险，例如，

利率、汇率、股指及经济摩擦等。2017年度，中国货币政策在中性基础上，金融监管有望保持从严态势，传统实体企业融资环境短期不易改善。2017年度，经济大环境给予国内棉花市场行情的弹性与2016年度基本相似，考虑到边际递减效应，纺织品市场竞争有所加剧，鉴于环保整治等政策实施的力度，下游支撑相对弱化，行情弹性或将略为偏紧。

2. 全球棉花供需关系有望进一步走向平衡

天气对产量的影响仍有待观察。若后期不出现灾害性天气，2017年度，国内外棉花市场供求格局与中储棉花信息中心有限公司此前的预期基本一致，即2016年12月举办的中国棉花精英论坛发布的预测报告——全球棉花产大于需，中国产需缺口有所收窄，海外市场极为宽松。若2017年度，储备棉进行轮储，即轮入和轮出，有利于中国棉花消费，全球棉花供需关系有望进一步走向平衡，库存消费比将有所下降。这是支撑棉花市场重心向上移动的原动力。目前，棉籽价格较低，新年度籽棉规模上市后，整体来看，2017年度棉籽价格不利于收购企业降低成本，客观上对皮棉销售价格产生了一定上浮的力量。与2016年度相比，棉花产业政策是年度后期棉价走势的关键。若年度后期基本面格局相对清晰之后，国内外货币政策、金融市场环境对棉花产业的影响或将有所凸显。

3. 国内外市场彼此影响、互为牵制

由于区域性分化加剧，理论上，目前，2017年度，即使中国海外轮入120万吨，海外市场供求水平仍较2016年度显著宽松。中国则库存下降。供求关系及格局有可能导致国内外市场彼此影响、互为牵制的拉锯战。一个重要的不确定因素是，2017年度是棉花产业供给侧结构性改革的深化之年，市场普遍希望在2017年度国家轮入一定规模的储备棉。对后期政策的不同理解、预期，市场或出现不同变化形式。

目前，收购企业众多，市场资源相对不足，棉花收购及销售价格存在上涨压力，一旦出现年度棉花市场高起点持续，或将抑制后期上涨空间。另外，鉴于国际地缘政治、页岩油气的开发以及新能源技术和政策的不断推进，预计国际石油价格难以突破60美元/桶，制约了化纤价格上涨幅度，进而在一定程度上对棉价构成牵制。此外，后期棉纺织企业的承受能力相对有限，将成为制约棉价上涨的关键力量。假设，2018年国内外宏观经济和金融不出现大的调整，年度后期，棉花市场具备一定上涨动力，但其上涨幅度具有明显边界。若国际资本市场坍塌或人民币汇率、国内杠杆风险等不利因素集中显现，金融政策收紧幅度加大，宏观经济回暖受阻，棉花市场重心将随之下降。

储备棉去库存对我国棉花产业影响评价

国家棉花市场监测系统　程　杰

【作者单位简介】国家棉花市场监测系统是国家有关部门批准建立的棉花市场信息监测、发布与预警系统，为国家电子政务工程重点项目之一。由中国储备棉管理有限公司与国家发改委价格监测中心共同建设，中国储备棉管理有限公司为项目法人，中储棉花信息中心有限公司具体负责系统建设与运行维护管理。系统的建设目标是密切跟踪国内外棉花市场变化，准确反映市场供求趋势；为国家宏观调控决策提供可靠的决策依据；为涉棉企业经营决策提供信息参考，正确引导国内棉花生产与消费。

以2016年4月15日《关于国家储备棉轮换有关安排的公告2016年第9号》文件发布为标志，我国启动了有序消化储备棉库存工作。去库存两年来，储备棉规模已趋近合理水平，国内棉价运行平稳，纺织企业国际竞争力增强，盈利水平提升。

储备棉去库存工作是产业宏观调控政策理念和机制创新的有效实践　本轮储备棉去库存政策制定过程中，国家有关部门深入贯彻让市场在资源配置中发挥决定作用和让政府更好发挥作用的精神，积极转变宏观调控思维，努力遵循市场规律，在建立市场化去库存机制方面，取得较大突破和创新。一是采取国内外市场联动的轮出底价形成机制；二是明确不对称轮换机制；三是建立常态化轮出决策机制，稳定市场预期。政策理念和机制的创新，为储备棉去库存取得的一系列成效奠定了决定性作用。

有关部门以政治使命高度坚决执行储备棉去库存政策　国家储备棉去库存是落实中央有关供给侧结构性改革战略部署和实施棉花市场宏观调控的重要举措。中国纤维检验局和中国储备棉管理总公司讲政治，讲大局，不断健全沟通协调机制，优化工作流程，攻坚克难，保障储备棉去库存工作顺利推进。

中纤局积极按照承储库点布局，持续优化公检力量配置，多次组织全国范围出库督导检查，重点区域实验室长期加班加点，确保检验进度；中储棉总公司作为储备棉调控的重要执行主体，按照“计划周密、环节顺畅、措施配套、责任分明”的要求，全系统齐心推进储备棉出库，增加储备棉有效供给：建立奖惩机制，“一库一策”量化管理；加大督导检查力度，多次组织全国范围出库督导检查，各直属单位定期组织巡查、驻库督导；针对部分不配合或不具备公检条件的储承储库，安排专项经费移库公检；推出储备棉出库自助服务信息平台，创新出库单电子认证，缩短提货时间。

2016—2017年，累计完成2700多万包储备棉出库公检作业，日均检验量5万包，涵盖中储棉总公司所有直属库和社会承储单位。总挂牌量737万吨，总成交量近590万吨，日成交率平均为80%；成交企业逾1200家，合同49611个，90%合同到款当日开具出库单，75%当日下发出库单认证码。

有效弥补产需缺口，保障纺织用棉供应　自2014年目标价格政策实施以来，国内棉花生产向新疆集中，内地生产缩减，国内产需缺口增大，储备棉发挥了市场供应主力军作用。据统计，2016年储备棉出库成交265万吨，占当年国内棉花用量35%，2017年储备棉出库成交322万吨，占国内棉花用量41%。从成交价看，2017年储备棉成交折3128B价为15962元/吨，与同期商品棉均价15926元/吨持平略有升水，受到用棉企业认可。

有效缩小内外棉价差，为国内棉纺织产业转型升级赢取宝贵时间　储备棉去库存期间内外价差由之前2000元/吨以上降到900元/吨平均水平，有效地提升了国内棉纺产业竞争力，企业经营状况明显好转。据国家棉花市场监测系统监测，储备棉去库存两年来，棉花、棉纱价差平均为7300元/吨和7500元/吨，分别较去库存前4年平均水平（7039元/吨）高261元/吨和461元/吨，纱线企业盈利能力处于近年来较高水平，国内棉纱产销率止跌回升。2016年、2017年分别达到99.83%和98%，较去库存前3年平均水平提高约2个百分点。

产不足需常态化背景下，如何确保纺织用棉供应和市场平稳，是储备棉政策面临的新课题　受制新疆生态承受能力及内地棉花种植模式制约，在国内棉花种植技术及内地集约化生产没有得到突破性进展前，国内棉花产不足已成常态，保守估计未来几年国内产需缺口在220万吨以上。

历史经验表明，大量依赖进口对国内棉纺产业形成冲击的风险较大，去库存后如何保障国内纺织用棉供应和市场平稳运行，成为储备棉政策面临的新课题。

2016/2017 年度储备棉轮出情况概述

国家棉花市场监测系统

【作者单位简介】国家棉花市场监测系统是国家有关部门批准建立的棉花市场信息监测、发布与预警系统，为国家电子政务工程重点项目之一。由中国储备棉管理有限公司与国家发改委价格监测中心共同建设，中国储备棉管理有限公司为项目法人，中储棉花信息中心有限公司具体负责系统建设与运行维护管理。系统的建设目标是密切跟踪国内外棉花市场变化，准确反映市场供求趋势；为国家宏观调控决策提供可靠的决策依据；为涉棉企业经营决策提供信息参考，正确引导国内棉花生产与消费。

2017 年 3 月 6 日至 9 月 29 日，2016/2017 年度储备棉轮出工作历时 7 个月，中国储备棉管理有限公司计划出库销售储备棉 437.8 万吨，实际成交 322 万吨，成交率为 74%，其中储备新疆棉成交 183 万吨，储备地产棉成交 139 万吨。从储备棉所属的年度来看，2011 年度储备棉累计成交 13.9 万吨，2012 年度储备棉累计成交 140.6 万吨，2013 年度储备棉累计成交 167.5 万吨，累计成交家数 901 家。从成交价格看，成交平均价格 14754 元 / 吨，成交平均价格折标准级（3128）价格 15951 元 / 吨。

中储棉系统各承储库责任重大，出库任务主要集中于山东、河北、湖北、河南四省。本次储备棉轮出期间，竞拍企业对中储棉各直属库的工作十分认可，称其服务意识高、公检速度快、出库效率高，加班加点、克服一切苦难配合公检、出库，一切为用棉企业考虑，为储备棉轮出做出了卓越贡献。同时，纺织企业反馈本次轮出的储备棉质量好，可纺性高，储备棉性价比优势突出，有利于提高我国国产纱的竞争能力，国产纱市场份额占有率逐步提升。

本次储备棉轮出保持均衡稳定投放，切实保证了纺织用棉需求，稳定了市场棉价走势，促进了棉花行业、纺织行业的健康发展，为完善储备棉调控机制、推进农产品供给侧改革发挥了重要作用。

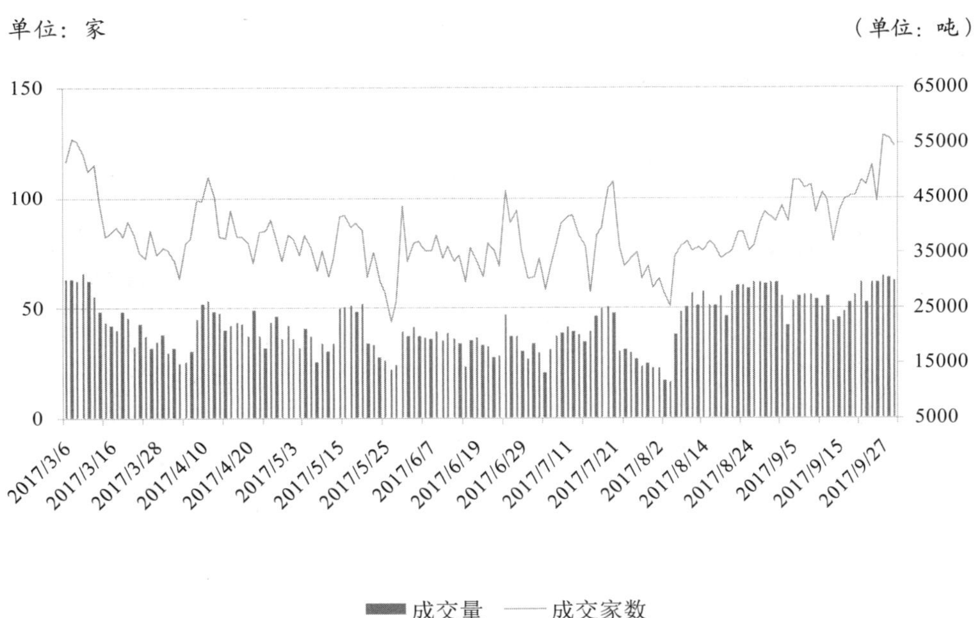

图 3–1 2016/2017 年度储备棉轮出每日成交的纺织企业家数及成交量对比图

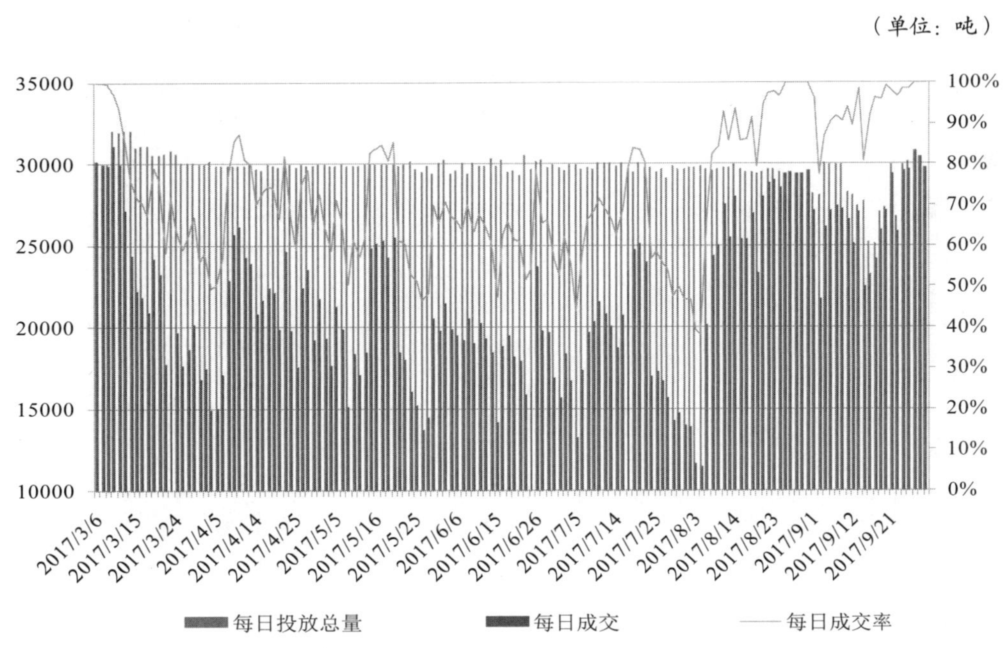

图 3–2 2016/2017 年度储备棉轮出每日成交量情况走势图

（单位：元/吨）

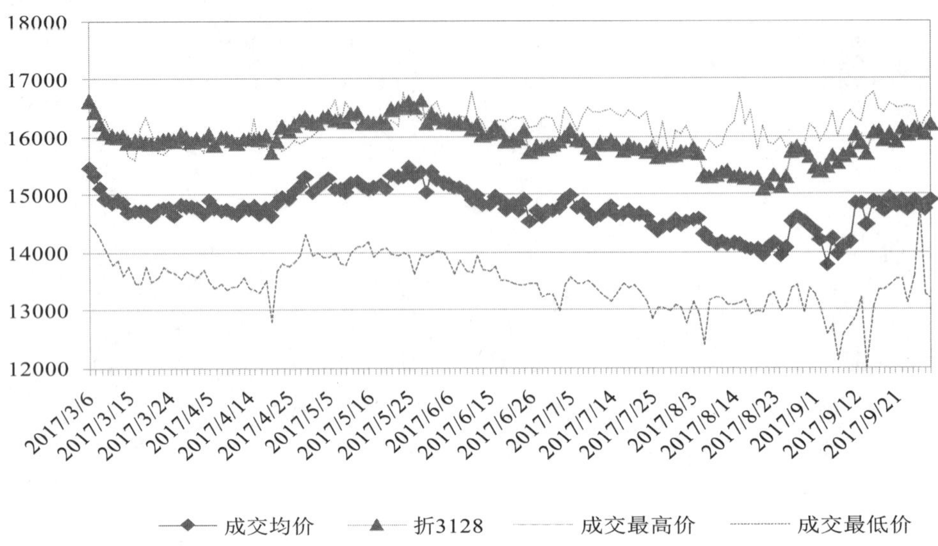

图 3–3 2016/2017 年度储备棉轮出每日成交均价走势图

表 3–2 2016/2017 年度储备棉出库销售主要省份累计成交表

（单位：吨）

序号	省份	成交量	新疆棉	地产棉
	合计	**3221757**	**1831739**	**1390018**
1	山东	735530	357853	377677
2	河北	705697	456115	249582
4	湖北	473157	129071	344086
3	河南	329709	232237	97473
5	江苏	272682	227737	44945
6	湖南	157494	51508	105985
7	江西	105068	38524	66544
8	安徽	86600	33285	53314
9	陕西	70132	58980	11152
10	天津	56284	29926	26358
11	甘肃	54442	44679	9763
12	山西	43761	43761	-
13	福建	37331	37331	-
15	四川	29946	29946	-
14	浙江	29791	26653	3138
16	广东	22833	22833	-
17	宁夏	9950	9950	-
18	新疆	1350	1350	-

备注：以上信息是按照承储库所在地进行分省统计，数据来自中国储备棉管理有限公司，按四舍五入计整数的方式统计。

2016/2017 年度棉花产业分析及后期趋势展望

农业部农村经济研究中心 翟雪玲

【作者单位简介】农业部农村经济研究中心于 1990 年 7 月成立，是农业部直属的政策研究咨询机构，其前身是国务院农村发展研究中心。在建制上，农村固定观察点办公室与农研中心实行统一管理，共同接受农业部和中央有关部门的直接领导。农研中心的主要任务是为国家制定农村经济政策、农村经济发展战略和深化农村经济体制改革提供决策咨询和对策建议。

2016/2017 年度，我国棉花面积、产量双下降，但由于有较大规模库存，棉花供给较为充足，但较 2015/2016 年度宽松程度明显收窄。棉花进口受政策影响大幅下滑。国内外市场棉花需求整体变化不大，纺织品服装出口额同比下滑。受供需形势变化影响，国内外棉花价格走出低谷，出现恢复性上涨，国内外棉花价差回归正常。

一、国内棉花市场供求形势

1. 面积产量双下降，但供给较为充足

2016 年，我国棉花播种面积预计为 3100 千公顷，比 2015/2016 年度调减 167 千公顷。2016 年西北内陆棉区天气正常，温度适宜，棉花长势明显好于上年，尤其新疆南疆地区。棉花质量明显好于上年（长江流域除外）。2016 年棉花单产每公顷 1523 千克，比 2015/2016 年度提高 13 千克。棉花产量为 472 万吨，比 2015/2016 年度减产 21 万吨。

尽管国内棉花产量下降，但由于有较大规模库存，棉花供给较为充足。2016 年 5 月，为缓解市场棉花需求，国家正式出台储备棉出库计划。截至 9 月 30 日，储备棉轮出累计成交 265.9 万吨，其中进口棉 29.6 万吨，成交率为 98.2%，国产棉 236.3 万吨，成交率为 87.5%。

2. 棉花消费变化不大

一是国内消费总体平淡但略有起色。2016/2017 年度，国内棉花市场变化不大，纺织品服装消费较为低迷，纺织服装品出口同比下降，纺织企业产成品库存较高，去库存压力较大。据国家统计局统计，2016 年，我国累计纺纱量 4222.5 万吨，同比增长 4.5%。从国内看，前半年纺织服装零售持续低迷，10 月以后有所好转，但效果不明显，我国纺织服装内销依旧不景气。

二是纱线价格上涨明显。实行目标价格改革政策以来，国内外棉花价格联动性大大增强，进口棉纱优势下降，棉纱进口规模下降，棉纱生产能力回流国内。2016 年，我国纱线进口 197.2 万吨，较上年下降 15.9%。由于后期棉花价格涨幅较大，棉纱价格也出现了较明显的上涨，但棉纱价格上涨幅度小于棉花价格上涨幅度。这表明，棉纱价格上涨很大程度上是原料价格的推动而不是需求的拉动。2016 年 1—12 月，32 支纯棉普梳纱线月均价每吨从 19192 元上涨到 23189 元，上涨 20.8%。2016 年 1—12 月，32 支纯棉普梳纱线均价每吨 24313 元，同比涨 19.0%。

三是纺织品服装出口萎缩。2016 年我国纺织品服装出口持续出现同比负增长。据海关数据显示，2016 年我国纺织品服装出口累计 2676.1 亿美元，

同比减 5.7%。

根据国内消费和出口消费状况，预计 2016 年我国棉花消费规模为 754 万吨，与上年基本持平。消费结构变化不大，仍然以纺织工业用棉为主。

3. 棉花进口规模大幅下降

2016 年，我国棉花进口规模大幅下降。2016 年，我国累计进口棉花 89.7 万吨，同比减 39.1%。美国、澳大利亚、乌兹别克斯坦、印度和巴西是主要的棉花进口国，进口量分别占进口总量的 29%、27.4%、12.3%、7.7% 和 9.3%。棉花进口规模大幅下降的原因如下：一是国内棉花价差大幅缩小，二是滑准税进口配额收紧。由于国内棉花库存规模较大，棉花去库存压力较大，我国收紧了滑准税配额发放，只发放了 1% 以内的进口配额。

（单位：万吨）

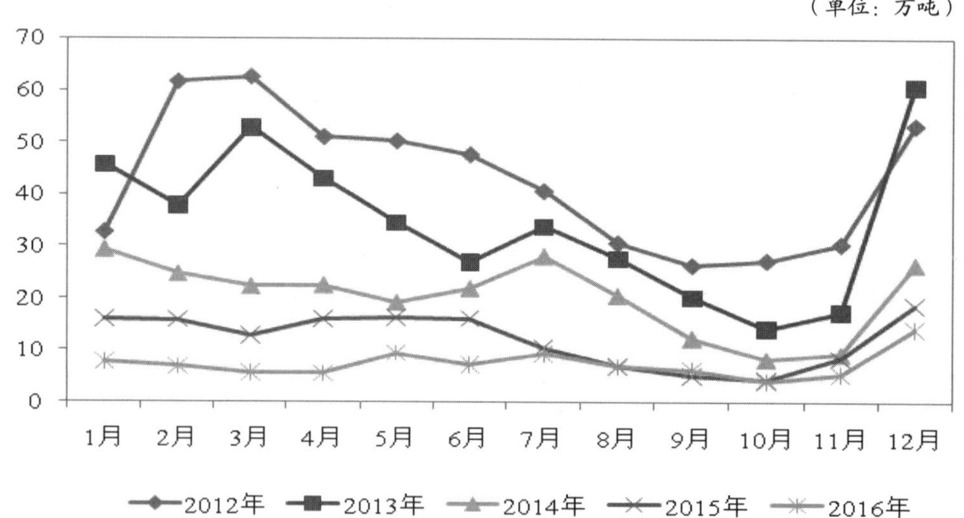

数据来源：中国海关

图 3-4　2012—2016 年我国棉花月度进口图

4. 棉花价格恢复性上涨

由于 2016 年国内棉花产量下降，棉花进口规模收紧，棉花价格理顺后棉花需求变化不大，棉花价格开始走出低谷，出现恢复性上涨。2016 年 1—12 月，国内 3128B 级棉花月均价格每吨从 11760 元上涨到 15893 元，上涨 35.1%。从月度变化看，第一季度，国内棉花市场依旧低迷，棉花价格继续下降。第二季度以后，由于国内棉花减产预期增强，棉花进口收紧，棉花消费略有恢复，市场上棉花流通较为紧张，棉花价格开始走出低谷出现反弹。5 月以后，国家储备棉开始投放，但由于日投放数量有限、出库速度较慢等原因，国内棉花价格出现了较快上涨。籽棉价格也同样出现上涨。2016 年 9—12 月，全国 3 级籽棉月均价平均每千克 7.2 元，同比上涨 21.6%。

5. 国内外棉花价差扩大

我国实行棉花目标价格补贴试点政策后，国内棉花价格大幅下滑，国内外棉花价差快速缩小。但后期，由于国内棉花价格涨幅大大快于国际棉价，国内外棉花价差又呈扩大趋势。2016 年 1—6 月，1% 关税下国际棉花价格与国内棉花价格价差在 –57—800 元之间，滑准税下国际棉花价格一直高于国内棉价；2016 年 7—12 月，1% 关税下国际棉花价格与国内棉花价格价差在 700—2000 元之间，滑准税下国际棉花价格又开始低于国内棉价。

二、国际棉花市场特点

1. 面积下降产量略增

2016年国际棉花面积持续下滑，为近五年的最低点。单产增加，总产小幅上涨。据美国农业部（USDA）预测，2016年度全球棉花收获面积为2949万公顷，同比减3.5%，比2012/2013年度减少14.3%，棉花总产量为2249万吨，同比增7.0%，棉花单产为762.4千克/公顷，同比增10.9%。印度、中国和美国是位列世界前三的棉花生产国，2016年度3个国家的棉花收获面积和产量分别占世界的59%和62.1%。2016年度美国棉花面积和单产均增加，产量同比增长25.4%，增至352万吨。印度棉花收获面积同比减少10.1%，但由于单产提高，棉花产量增加至588万吨，同比增加2.3%。中国棉花受目标价格补贴试点政策实行、产业结构调整等因素影响，棉花生产持续大幅下滑，产量同比减少4.5%，降至457万吨，比2014年减少30%。澳大利亚棉花产量增幅较大，同比增长53.8%，增至87万吨，巴基斯坦和巴西棉花产量增加，乌兹别克斯坦棉花产量小幅下降。

2. 国际棉价波动走高

2016年，国际棉花价格在经历了一年多的低谷徘徊后逐渐走出低谷，呈现波动走高态势，尤其在3月以后，国际棉花价格回暖态势明显。2016年1—12月，Cotlook A指数月均价每磅从68.75美分上涨至79.65美分，上涨15.9%。2016年Cotlook A指数年均价74.23美分，同比上涨5.5%。但月度间变化不一。1—3月，受供需基本面宽松、大宗商品价格整体低迷、中国需求减弱及储备棉投放传闻等因素影响，国际棉价持续震荡下行，Cotlook A指数（相当于国内3128B级棉花）月均价从每磅68.75美分下跌至65.46美分，降幅为5%。4月开始受美棉出口形势较好，美元走弱等因素影响，国际棉价止跌反弹，连续5个月上涨，8月Cotlook A指数月均价上涨至每磅80.26美分，与3月相比上涨了22.6%。9月，受中国延长储备棉投放时间，新棉陆续上市，全球经济形势无明显改观等因素影响，国际棉花价格承压较大，棉花价格小幅回落，后期由于美棉出口利好支撑、国际大宗商品价格指数上涨、中国棉价持续上涨、印度新货币政策导致印度棉供应短期偏紧，出口延迟等多重因素影响，国际棉价震荡加剧，小幅上涨。

表3–3　2015年种植棉花各项费用情况表

（单位：元/公顷）

	全国	长江流域	黄河流域	西北内陆
物质成本	7710.15	6999.00	7596.30	11427.90
直接费用	7414.80	6802.05	7189.50	11090.70
间接费用	295.35	196.95	346.80	337.20
人工成本	15000.60	17606.55	13086.00	10588.20
土地成本	5416.05	3990.00	6236.55	5137.50
总成本	28126.80	28595.55	26918.85	27153.60

3. 全球棉花消费保持稳定

2016/2017年度，世界经济增长速度仍然在低位徘徊，美联储进入了“加息”周期，全球宏观经济形势较为严峻，一些新兴市场经济体发展面临货币贬值、资本外流、债务负担加重等多种问题，欧元区经济虽然有所好转但尚未走出泥潭。因此，在这种宏观经济影响下，全球棉花消费仍然没有大的起色。据美国农业部（USDA）数据，2016/2017年度，全球棉花量为2423万吨，与2015/2016年度基本持平。中国、印度、巴基斯坦、土耳其、孟加拉、越南是世界主要的棉花消费国。其中，中国、土耳其、孟加拉、越南棉花消费量同比增加，分别为762万吨、145万吨、133万吨和96万吨，印度和巴基斯坦棉花消费量略有下降，分别为528万吨和224万吨。中国仍然是世界第一大棉花消费国，2016/2017年度消费量占全球棉花消费的31.4%。

4. 全球棉花贸易规模小幅下降

2016/2017年度，由于中国收紧滑准税配额，中国棉花进口量大幅下滑，导致2016年全球棉花贸易规模下降。据USDA数据，2016/2017年度全球棉花出口766.5万吨，同比增0.2%。美国、印度、巴西、澳大利亚和乌兹别克斯坦是世界主要棉花出口国，其出口量占世界出口总量的70%左右。2016/2017年度5个棉花出口大国中，美国、巴西出口量分别增加31.1%和36.7%，印度、澳大利亚和乌兹别克斯坦的出口量分别减少27.2%、32.8%和12.0%。孟加拉、越南、中国、土耳其和印度尼西亚是世界主要棉花进口国，其进口量占世界进口总量的比重接近70%。2016/2017年度孟加拉、越南和中国棉花进口量分别增加1.6%、6.6%和2.2%。土耳其和印度尼西亚的棉花进口同比下降12.2%和3.4%。

表3–4　2015/2016—2016/2017年度棉花主要出口国棉花出口情况

（单位：万吨、%）

国别	2015/2016	2016/2017	同比变化
世界	765.0	766.5	0.20
美国	199.3	261.3	31.1
印度	125.5	91.4	–27.2
巴西	62.1	84.9	36.7
澳大利亚	93.9	63.1	–32.8
乌兹别克斯坦	54.4	47.9	–12.0

数据来源：USDA

表3–5　2015/2016—2016/2017年度棉花主要进口国棉花出口情况

（单位：万吨、%）

国别	2015/2016	2016/2017	同比变化
世界	768.1	766.5	–0.2
孟加拉国	135.0	137.2	1.6
越南	98.0	104.5	6.6
中国	95.9	98.0	2.2
土耳其	91.8	80.6	–12.2
印度尼西亚	65.3	63.1	–3.4

数据来源：USDA

5. 国际棉花库存明显下降

2016/2017年度，由于全球棉花产量连续三个年度下降，而棉花消费量略微恢复，因此全球棉花去库存速度加快。据USDA数据，2016/2017年度，全球棉花期末库存为1909.4万吨，较2015/2016年度下降8.0%，库存消费比从2015/2016年度的84.9%下降到76.4%。其中，中国的棉花库存消费比为129.0%，中国以外地区的棉花库存消费比为50.8%。

三、2017年我国棉花产业发展趋势展望

生产规模略有恢复。展望2017年，全国棉花播种面积有可能稳中略升。主要原因如下：一是棉花价格有所恢复。2016年，国内外棉花价格都走出低谷出现恢复。国内3级籽棉价格7.0—7.4元/千克之间，同比提高20%左右。二是棉花比较效益提高。2016年我国农产品市场价格调控政策发生了大的变化，玉米退出了临时收储政策，改成市场化收购加定额补贴，而且只对主产区实行。油菜取消了临时收储政策，目前尚没有明确的支持政策。这些政策实行以来，2016年玉米、油菜籽价格都在下行，种植效益下降。比较玉米、油菜等，棉花种植效益较高。这有可能会刺激农户的种植积极性。

棉花价格弱势震荡。2017年，国内棉花价格大幅波动可能性不大，很可能呈弱势震荡格局。一是从供给角度看，2016年度国内棉花产量继续下降，进口规模受限，国内棉花供给量在600万吨左右，小于国内棉花需求量。但国内尚有较大规模库存，且国家发展改革委已经明确了下一年度棉花抛储政策，明确表示，如果市场有需求将加大棉花抛储规模。因此，从供给角度看，2017年国内棉花供给较为充足，不具备支撑棉花价格大幅上涨的可能性。但是从市场需求角度看，新年度国内棉花质量较好，尽管国储棉数量有保证，但国储棉质量难以满足市场需求，在进口棉规模受限的情况下，新棉仍然普遍受市场欢迎，从而支撑国内棉花价格。综上分析，2017年国内棉花价格很可能呈弱势震荡格局，大幅波动可能性不大。

棉花消费规模变动不大。2017年，全球经济增长速度复苏乏力，仍然维持在较低水平，棉花消费量大幅增长可能性不大。从国内看，国内经济正处于转型升级阶段，经济增长速度下降，结构转型压力加大，带动棉花消费增长动力不足。综合分析，2017年我国棉花消费仍将维持目前水平，总规模变化不大。

棉花进口继续保持低位。2016年由于过高的库存我国收紧了滑准税配额发放，只发放了1%以内的进口配额。2017年我国棉花库存规模仍然较高，仍将处在去库存的背景下，因此对于棉花进口政策将继续收紧棉花滑准税配额，预计棉花进口量将保持在100万吨左右。

2016/2017年度中国棉花加工行业运行状况

中华全国供销合作总社郑州棉麻工程技术设计研究所　史书伟

【作者单位简介】中华全国供销合作总社郑州棉麻工程技术设计研究所是我国棉花加工行业唯一的国家级科研机构，于1978年经国务院批准成立，隶属中华全国供销合作总社。是集棉花加工新技术新工艺的研究开发和推广应用、棉机和棉检仪器研制生产、行业电子信息技术开发和系统集成、喷码标识产品和技术研制生产、开展信息技术交流、提供工艺设计和综合技术服务为一身的综合性科学事业单位。

一、中国棉花加工设备及技术现状

1. 籽棉交售信息网络化逐步成熟，助推兵团团场综合配套改革

随着新疆生产建设兵团深化团场综合配套改革的稳步推进，作为兵团植棉团场重要经济来源的棉花加工企业，只有真正实现棉花交售、加工的信息化管理，利用技术手段解决改革过程中存在的问题，才能够确保团场综合配套改革科学、有序地推进。经过4年持续研究与探索，棉花加工科研院所的一卡通籽棉收购信息管理系统，已经在新疆生产建设兵团第一师、第六师和第八师推广应用，实现了籽棉收购与皮棉加工信息实时采集、农资信息精准管理、连队信息管理与查询等功能，实现了棉花交售信息网络化管理。随着一卡通籽棉收购信息管理系统的进一步推广与应用，必将助推兵团团场综合配套改革的实施。

2. 货场棉包码垛机械化探索中求发展

在我国棉花加工行业，棉花加工工艺中籽棉喂花、籽棉清理、轧花、皮棉清理、皮棉成包等环节的机械化、自动化水平得到了较快的发展。然而，棉花加工的最后一环节——货场棉包码垛仍然完全依靠夹包车人工码包，人工成本高，夹包车利用效率低，成为我国棉花加工行业最薄弱的一个环节。

2017年，通过技术创新与发展，已经在新疆生产建设兵团第八师141棉花加工厂和伊犁州棉麻公司棉花加工厂出现了两种不同的棉包码垛机械化设备。目前，两种设备采用技术路线不同，棉包码垛方法不同，均存在着码垛方法与货场码垛实际不相适应、自动化水平低、成本高等不足，相信产品在实践中进一步的升级与优化，必将推动我国棉花加工货场棉包码垛技术的快速发展。

3. 籽棉预处理工艺不断优化与完善

针对近几年来异性纤维含量高、棉花纤维长度普遍下降的现状，棉花加工设备生产企业在现有异性纤维清理技术、籽棉清理技术的基础上，进行技术再创新，研制的新型异性纤维清理机和复式籽棉清理机相继推向市场。其中，新型异性纤维清理机在新疆生产建设兵团第八师、复式籽棉清理机在新疆生产建设兵团第七师得到了普及推广应用。新型异性纤维清理机在剔除异性纤维的同时，新增了籽棉含杂的清理功能，增加了籽棉清理次数，提高了籽棉清杂效率。复式籽棉清理机是在一台籽棉清理设备中完成两次籽棉清理的设备，并可改变设备参数，实现籽棉清理次数的调整。通过复式籽棉清理机的推广使用，丰富了籽棉与处理加工工艺，在原有最多4次籽棉清理的基础上，通过设备改造，最多可实现7次籽棉清理，并可通过调整籽棉清理设备参数，实现清理次数从2次到7次的自主组合，提高了籽棉清理可调可控的水平，为籽棉预处理精细化加工奠定了基础。

4. 棉花调湿智能化控制初见成效

棉花回潮率是影响籽棉清杂效率与轧花质量的重要参数，是影响棉花加工质量的关键因素之一。长久以来，受困于棉花回潮率在线检测技术的缺失、棉花调湿控制方式落后，棉花调湿完全依赖于人工，造成控制精度低、控制结果不稳定，棉花加工质量一致性差。通过棉花加工科研院所加大科研投入，先进科研技术引进消化再创造，棉花回潮率在线检测技术逐渐成熟，棉花调湿智能化控制方法通过不断的优化升级，2016/2017年度，棉花调湿智能化控制已经在新疆生产建设兵团第七师、第八师部分棉花加工企业应用示范。目前，虽然棉花回潮率在线检测精度与棉花调湿智能控制控制效果仍需进一步提升，但是，棉花调湿智能化控制已有较大的突破，控制效果已初见成效，随着棉花回潮率在线检测与棉花调湿智能化控制的技术水平不断提高，棉花调湿智能化控制的推广与应用，棉花精细化加工指日可待。

二、中国棉花加工取得的科研创新新技术

1. MJHM-II型门架式棉花回潮率检测系统

MJHM-II型门架式棉花回潮率检测系统结合我国棉花加工行业籽棉收购的特点，而研制的适合于车载籽棉收购过程中的籽棉回潮率快速检测设

备。该系统解决了手持插针式棉花回潮率检测方式存在的劳动强度大、检测位置单一、检测深度有限、检测准确性受人为因素影响大以及检测速度慢等问题。

MJHM-II型门架式棉花回潮率检测系统，更好地提高了我国棉花加工行业的自动化水平，便于籽棉加工单位对籽棉收购环节进行科学有效的管理，实现棉花收购过程中棉花回潮率检测的公平、公正、公开。

2．双锯筒复式轧花机

我国棉花加工行业通过30多年的发展，锯齿轧花机从MY-80发展到MY-199，棉花加工片时处理量和台时处理量均得到了极大的提升，棉花加工技术得到了质的飞跃，有效地解决了棉花加工能力低所带来的堆垛籽棉变质、阴燃的问题。但是，通过比较各类锯齿轧花机可以看到，不同型号的轧花机加工能力的提升均是通过增加轧花机主轴长度、增加锯片数量来实现的。然而，2016/2017年度，通过棉花加工企业的技术创新，成功研发了双锯筒复式轧花机。双锯筒复式轧花机是在不改变锯片滚筒长度与直径的情况下，通过双锯齿辊筒的相互协同，达到疏松态籽棉快速成卷，并成倍提升籽棉卷转动速度，单台设备锯片配置数量高，设备生产效率提高，产品在技术、工艺方法上有较大突破。

双锯筒复式轧花机的成功研制，实现了轧花技术创新与突破，开拓了我国轧花技术发展方向，丰富了我国棉花加工技术，对我国棉花加工技术的发展起到了极大的推动作用。

3．集棉回潮率再平衡及预压缩装置

我国棉花加工企业为了保证产量和籽棉的清理效果，普遍存在对籽棉过度烘干的现象，导致成包皮棉回潮率过低；部分新疆棉区气候干燥，也是导致皮棉回潮率过低一大因素。过低的回潮率造成打包困难，甚至产生“崩包”现象，在棉包在储存和运输过程中带来了极大的火灾隐患。过低的回潮率在棉花商品交易时也会使加工企业蒙受“亏重”的损失。

MJYJ-160型集棉预压缩及回潮率再平衡装置的研制，将皮棉回潮率再平衡与预压缩功能整合到了一台设备中，使平衡后的皮棉随即进行预压缩，使进入打包机的棉层弹性阻力降低，从而降低了打包机的负荷，提高了成包质量，采用热风强制穿透式皮棉再平衡方式，平衡能力强，皮棉回潮均匀，减少或避免了在运输和长期储存时发生“崩包”的现象，推广应用价值极高。

三、中国棉花加工设备及技术发展趋势

1．棉花加工设备清洁、环保型

2017年是《国务院关于印发大气污染防治行动计划的通知》落实实施的关键之年，全国各地相继颁发了环境污染防治的文件，例如新疆生产建设兵团在一年之内先后发布《兵团办公厅关于印发兵团控制污染物排放许可制实施计划的通知》和《新疆生产建设兵团关于进一步加强大气污染防治工作的实施意见》的环境污染防治文件。随着环境保护力度的增大，我国在用的棉花加工工艺、加工设备势必发生较大的变革。

目前，在用的大风量伴随式棉花调湿设备，在现有燃煤热风炉提供热源的前提下，棉花调湿效果满足机采棉棉花加工要求，然而，随着燃煤热风炉的逐步取缔，大风量伴随式棉花调湿设备将面临极大的挑战。另外，目前市场上在用的旋风式沙克龙棉花除尘设备以其价格低廉、维护简单等特点，得到了广发应用与推广，但是，由于旋风式沙克龙棉花除尘设备除尘效果与输送气体含尘量、风量关系较大，除尘效果波动较大，在含尘量、风量发生较大变化时，粉尘排放量将不满足环保要求。

因此，为了保障我国棉花加工在清洁、环保条件下顺利开展，今后一个时期内，棉花加工清洁、环保将成为一大发展趋势。在这一要求下，我国棉花加工行业需要针对棉花加工工艺粉尘排量大的相关设备，通过调整加工工艺和优化设备研发与制造的途径，进行工艺创新与设备创新，提升清洁、环保的加工能力，推动棉花加工更好的发展。

2．棉花加工设备网络化、智能化

目前，我国棉花加工设备处于自动化控制阶段，

检测设备的检测精度、加工设备的控制精度均不高，棉花精确加工的提升空间很大，加工设备的网络化、信息化水平低，棉花加工质量的可追溯能力差，整体棉花加工设备的网络化、智能化水平较低。为了贯彻落实创新、协调、绿色、开放、共享的发展理念，引导棉花加工产业集聚发展，促进人工智能在棉花加工领域的推广。棉花加工设备的网络化、智能化是我国棉花加工设备技术提升的又一大趋势。

棉花加工设备的网络化、智能化，即采用智能控制技术和网络信息技术，提升单机设备的检测精度与控制精度，增强单机设备的网络化、信息化加工能力，确保棉花加工单机设备的网络化、智能化；采用人工智能技术，对棉花加工工艺中设备产生的设备运行信息、棉花加工质量信息进行数据挖掘，建立设备运行信息大数据和棉花加工信息大数据，建立棉花加工设备运行状态追溯体系和棉花加工质量追溯体系，提升棉花加工智能化、网络化水平。

四、棉花加工企业经营效益情况及结构变化

1.《新疆棉花目标价格改革试点工作实施方案》的实施，推动棉花种植集聚、产业优化

2014 年实施《新疆棉花目标价格改革试点工作实施方案》，在市场机制发挥作用的基础上，国家相关部门设立一个可以保障棉农基本收益的目标价格。当棉花市场价格低于目标价格时，国家对棉农给予补贴，当市场价格高于目标价格时，不予发放补贴。随着 3 年《新疆棉花目标价格改革试点工作实施方案》的实施，市场机制发挥的作用日益明显，具有市场竞争力、生产质量好、品牌好的棉花加工企业，其生产能力、生产规模进一步增大，而对于生产规模小、抵御市场竞争能力差的中小型企业，自主关闭或停产。

自 2014/2015 年度《新疆棉花目标价格改革试点工作实施方案》实施第 1 年，公证检验棉花加工企业数量由实施前的 1789 家减少到 1542 家，以后每年逐渐减少，截至 2016/2017 年度，公正检验棉花加工企业数量减少到 987 家。随着《新疆棉花目标价格改革试点工作实施方案》的逐步推进，三大棉区的棉包送检量西北内陆棉区略有下降，但减少力度不大，西北内陆棉区的主体地位逐步被确立，而黄河流域棉区与长江流域棉区棉包送检量锐减，一些传统植棉省份的棉花种植加工逐渐萎缩，甚至消失。

2. 新疆地方棉区机采棉需求较大

随着人工成本的逐年增加，且招工难的局面进一步加剧，新疆地方棉区手摘棉种植、加工的市场竞争力逐渐削弱。据统计，新疆地方手摘棉与机采棉植棉成本对比信息如表 3–6 所示。

表 3–6 新疆地方手摘棉与机采棉植棉成本表

（单位：元 / 公顷）

成本类别	手摘棉	机采棉
生产成本	10065	10065
人工成本	15120	1965
机械作业	2295	5115
其他成本	705	705
植棉成本总计	28185	17850

从表 1 中可以看出，新疆地方手摘棉的植棉成本为 28185 元 / 公顷，而新疆地方机采棉的植棉成本为 17850 元 / 公顷，植棉成本相差 10335 元 / 公顷。而 2016/2017 年度，在机采棉和手摘棉的差价 200—

300元/吨的状况下，手摘棉的劣势进一步凸显。在经济利益的推动下，新疆地方棉区机采棉逐步替代手摘棉已经成为趋势。目前，新疆地方棉区棉花加工企业仍然以手摘棉加工工艺为主，机采棉加工工艺的缺口十分巨大。为了适应新疆地方棉区机采棉加工的发展，增强新疆地方棉区棉花加工企业市场竞争力，在未来的一定时期内，新疆地方机采棉加工工艺建设与改造将成为我国棉花加工行业的一大趋势。

五、工作建议

品质高、一致性好的棉花是我国棉纺织企业的主流需求，随着机采棉技术的推广与应用，解决了手摘棉用工成本、人力资源短缺的客观难题，但也提出了提质增效新的课题。

1. 重视棉纺织企业需求，加快棉花全产业链协调发展

提质增效是增强我国棉花加工企业核心竞争力的重要保障，是我国机采棉健康发展的根本之路。然而，棉花加工质量的提升是一个系统工程，牵涉到棉花育种、种植、采收、加工、纺织的各个环节，因此，我国棉花加工行业的发展，应着眼于棉纺织企业的实际需要，加强与棉花育种行业的交流与沟通，建立棉花全产业链协调发展机制，确保棉花育种、加工与棉纺织企业的实际需要有机结合，做到有的放矢。针对棉花加工行业，作为棉花全产业链的中间环节，建立棉花精细化加工体系，掌握不同棉花品种、不同棉花品质的加工工艺与加工参数，保障棉纺织企业高品质用棉需求。

2. 加大科研投入，加强技术创新，提升机采棉加工品质

针对我国机采棉棉花加工过程中存在的问题，国内科研院所、棉花加工设备生产企业应围绕机采棉“提质增效”这一目标，以提升棉花加工网络化、智能化为抓手，在现有关键技术基础上，加大科研投入，加强技术创新，对影响我国棉花加工清洁、环保发展的关键技术和共性技术进行技术攻关，研制棉花交售、加工过程中的检测设备与仪器，提升现有检测设备与仪器的检测精度，研发棉花加工智能化检测与控制装备，解决我国机采棉发展过程中存在的技术难题，确保我国棉花加工产业快速发展。

2016/2017年度中国棉花质量情况分析

中国纤维检验局 熊宗伟 赵倚天

【作者单位简介】依据《国务院关于加强专业纤维检验工作的通知》（国发〔1985〕92号）和《棉花质量监督管理条例》（国务院令第314号），原国家标准局纤维检验局改为中国纤维检验局。1994年经国家人事部批准，中国纤维检验局实施公务员制度。2010年国家质量监督检验检疫总局对中国纤维检验局的职责、内设机构和人员编制重新进行了核定。中国纤维检验局直属国家质量监督检验检疫总局领导，负责全国纤维质量监督管理工作。

棉花是关系国计民生的重要物资，是我国主要的经济作物和纺织工业的主要原材料，在国民经济发展中具有重要地位。棉花产业涉及生产、加工、流通和纺织等多个行业，解决了我国大量的城乡劳动力就业问题，不仅是纺织工业发展的重要支撑，还是棉区农民增收的重要途径。棉花质量关系到产、供、需各方利益，贯穿于整个棉花产业链，对纺织工业和国民经济的发展有着重要影响。全面、准确地反映我国棉花质量状况，对加强宏观调控，维护市场稳定，引导棉花产业健康有序发展，是十分必要的。

为保证我国棉花流通质量，稳定市场交易秩序，促进棉花产业健康发展，我国进行了棉花质量检验体制改革，将棉花质量检验方式由人工感官检验逐步转变为全部采用仪器化快速检验。改革推行十余年来，我国仪器化公证检验工作不断深入，检验量稳步上升，检验数据能比较真实地反映当年度我国棉花质量情况。《2016/2017 年度中国棉花质量分析报告》以本年度新体制棉花加工企业收购加工细绒棉（重点是新疆监管棉花）的公证检验数据为基础进行统计、分析，以期得到有价值的信息，为涉棉的政府职能部门、行业组织和相关企业分析棉花形势、研究棉花政策、扶持棉花产业提供重要依据。

一、数据来源

2016/2017 年度中国棉花质量分析报告，依据 GB 1103.1—2012《棉花第 1 部分：锯齿加工细绒棉》[①] 国家标准，对颜色级、轧工质量、长度、马克隆值、断裂比强度、长度整齐度指数等主要指标进行汇总统计，并综合生产、市场和政策等多方因素进行分析和评价而成。

本报告所称的新体制棉花，是指按照棉花质量检验体制改革方案要求进行生产、加工，并在棉花产地经过仪器化公证检验的成包皮棉。

本报告所称的棉花年度，起止时间为当年 9 月 1 日至次年 8 月 31 日，2016/2017 年度即为 2016 年 9 月 1 日至 2017 年 8 月 31 日。

按照品种及纤维长度，我国棉花分为细绒棉和长绒棉，长绒棉仅在新疆有种植，占全国棉花总量的比例极低，其检验依据为 GB 19635—2005《棉花长绒棉》，与细绒棉的检验依据不同。细绒棉按加工方式的不同分为锯齿加工细绒棉和皮辊加工细绒棉，皮辊加工细绒棉占全国棉花总量的比例极低，其检验依据为 GB 1103.2—2012《棉花第 2 部分：皮辊加工细绒棉》。因此，本文所统计的质量指标数据，均以当年度新体制棉花锯齿加工细绒棉的公证检验数据为基础计算而来。

二、检验数量

2016/2017 年度，全国新体制棉花细绒棉公证检验涉及的产棉省（自治区、直辖市）及新疆生产建设兵团共 10 个[②]，比一上年度减少 3 个，涉及加工企业 987 家，比一上年度减少 10.27%，检验量 1835 万包，415.7 万吨，分别比上一年度增加 15.48%、15.56%，检验量有所回升，分布进一步集中。

对比近 5 个年度的新体制企业检验数量，新疆作为我国棉花最主要产区，检验量所占全国比重仍在进一步扩大，达到 95.39%，较上一年度增加 4.28 个百分点，其中，新疆地方检验量增幅较为明显，增长 36.21%。内地棉区检验量进一步萎缩，黄河流域棉区同比下降 39.69%，长江流域棉区同比下降 49.77%。

三、指标结果

1. 颜色级[①]

颜色级指标是 GB 1103.1—2012《棉花第 1 部分：锯齿加工细绒棉》引入的棉花质量指标，它依据棉花的黄色深度（+b）确定类型，依据反射率（Rd%）反映出的明暗程度确定级别，通过类型和级别在颜

① 2012 年 11 月 21 日，国家标准化委员会发布了新修订的棉花国家标准 GB 1103.1-2012《棉花第 1 部分：锯齿加工细绒棉》和 GB 1103.2—2012《棉花第 2 部分：皮辊加工细绒棉》，并从 2013 棉花年度（2013 年 9 月 1 日）起开始实施，取代 GB 1103—2007《棉花细绒棉》国家标准。

② 新疆维吾尔族自治区地方及生产建设兵团所产棉花因其在品种、生产方式、管理模式上的差异，而在一些质量指标上各具特点，因此，本报告中对其分别统计分析，并分别简称新疆地方、新疆兵团。

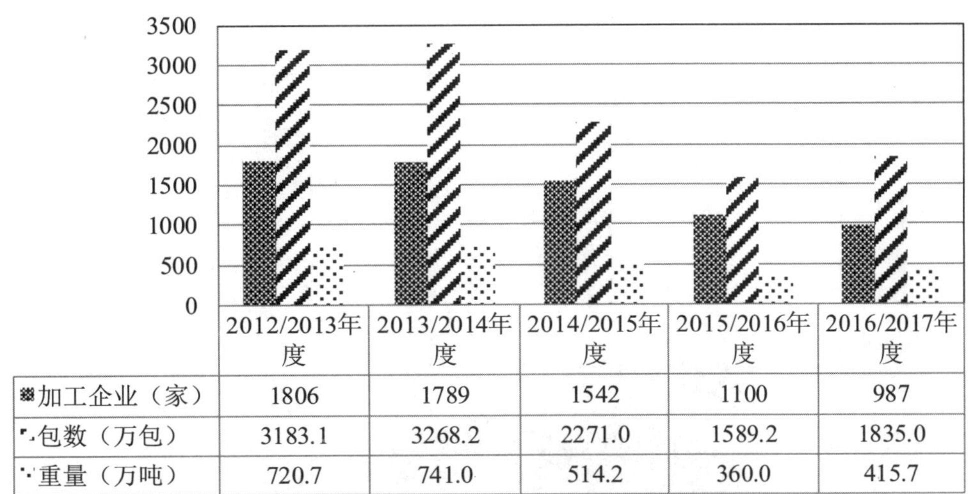

	2012/2013年度	2013/2014年度	2014/2015年度	2015/2016年度	2016/2017年度
加工企业（家）	1806	1789	1542	1100	987
包数（万包）	3183.1	3268.2	2271.0	1589.2	1835.0
重量（万吨）	720.7	741.0	514.2	360.0	415.7

图 3–5　2012/2013 年度—2016/2017 年度全国新体制棉花检验量情况对比图

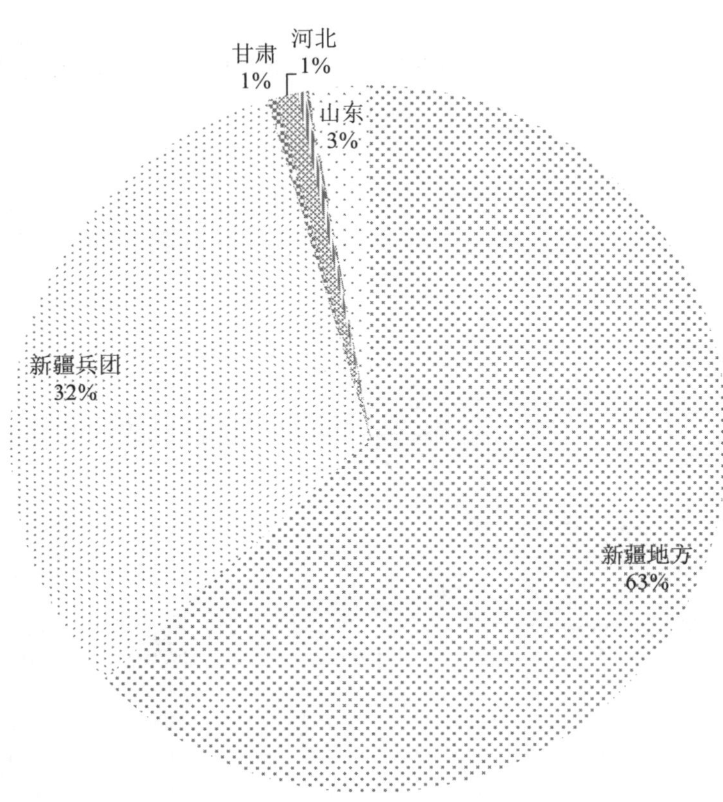

图 3–6　2016/2017 年度全国各产棉省份检验数量占比分布图

（单位：万包）

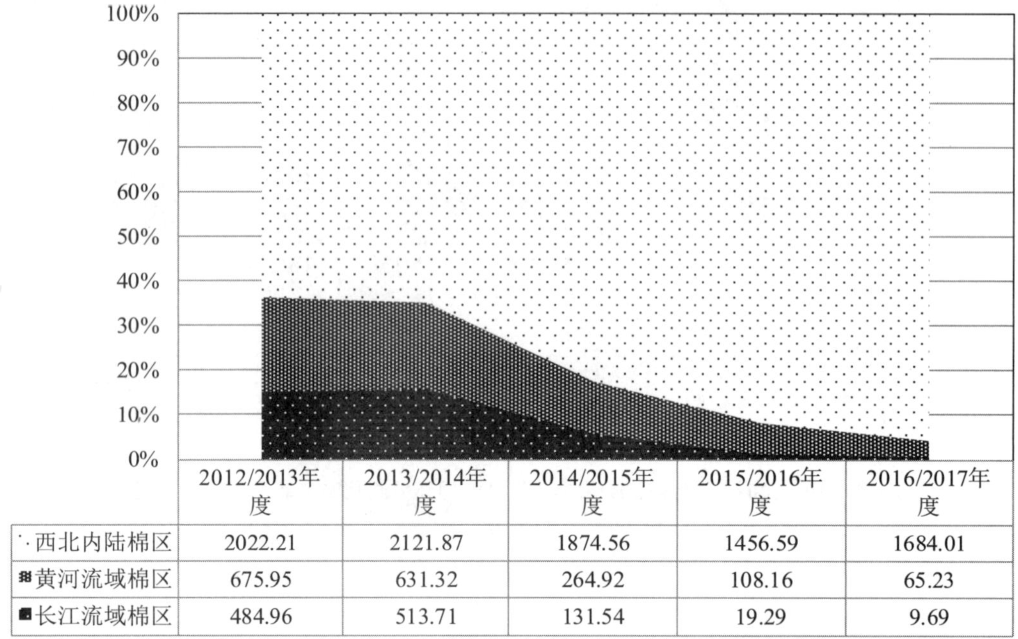

	2012/2013年度	2013/2014年度	2014/2015年度	2015/2016年度	2016/2017年度
西北内陆棉区	2022.21	2121.87	1874.56	1456.59	1684.01
黄河流域棉区	675.95	631.32	264.92	108.16	65.23
长江流域棉区	484.96	513.71	131.54	19.29	9.69

图 3–7 2012/2013 年度至 2016/2017 年度三大产棉区检验量占比变化图

（单位：万包）

300
250
200
150
100
50
0

	2012/2013年度	2013/2014年度	2014/2015年度	2015/2016年度	2016/2017年度
江苏	39.24	41.72	13.13	3.86	2.12
浙江	6.11	6.73	1.66	0.87	0.00
安徽	67.17	55.64	23.49	5.27	0.89
江西	36.03	43.21	6.22	0.18	0.00
湖北	256.47	281.50	65.09	6.98	5.58
湖南	79.94	84.91	21.95	2.13	1.10

图 3–8 2012/2013 年度至 2016/2017 年度长江流域棉区各产棉省份检验数量变化趋势图

（单位：万包）

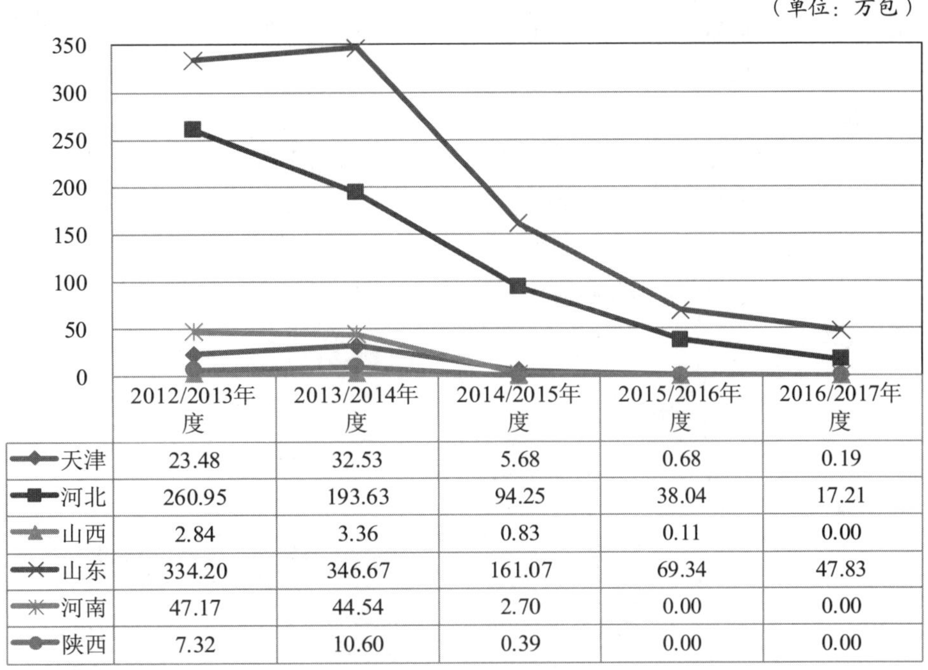

	2012/2013年度	2013/2014年度	2014/2015年度	2015/2016年度	2016/2017年度
天津	23.48	32.53	5.68	0.68	0.19
河北	260.95	193.63	94.25	38.04	17.21
山西	2.84	3.36	0.83	0.11	0.00
山东	334.20	346.67	161.07	69.34	47.83
河南	47.17	44.54	2.70	0.00	0.00
陕西	7.32	10.60	0.39	0.00	0.00

图 3–9　2012/2013 年度至 2016/2017 年度黄河流域棉区各产棉省份检验数量变化趋势图

（单位：万包）

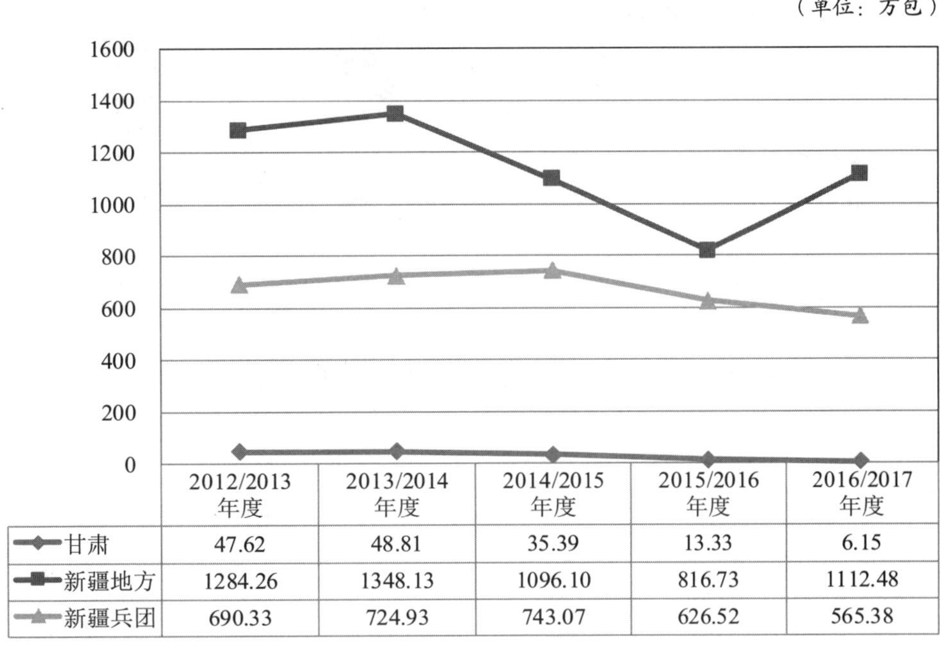

	2012/2013年度	2013/2014年度	2014/2015年度	2015/2016年度	2016/2017年度
甘肃	47.62	48.81	35.39	13.33	6.15
新疆地方	1284.26	1348.13	1096.10	816.73	1112.48
新疆兵团	690.33	724.93	743.07	626.52	565.38

图 3–10　2012/2013 年度至 2016/2017 年度西北内陆棉区各产棉省份检验数量变化趋势图

色分级图中对应的区域确定棉花的颜色级。按照中国棉花颜色分级图，我国锯齿加工细绒棉共分为4种类型、13个颜色级，其中白棉3级为标准级。从类型来讲，白棉和淡点污棉使用价值较高；淡黄染棉由各种僵瓣棉和部分晚期次棉、污染棉、烂桃棉，或是淡点污棉变异而来，使用价值较低；黄染棉是在特殊情况下才会出现的，因多年存储变异，或回潮率大的籽棉未及时晾晒而变黄，这类棉花品质极低。各个类型中，1级为最好。

从2016/2017年度新体制棉花检验情况来看，西北内陆棉区的棉花颜色级指标最好，白棉所占比例最高，达到97.04%。黄河流域棉区整体颜色级指标介于西北内陆棉区和长江流域棉区水平之间，但本年度白棉比例反较长江流域低，白棉占比大幅下滑。长江流域棉区颜色级指标也出现大幅滑坡，各省份淡点污棉占比均超过一半，其中安徽淡点污棉3级占比达到75.6%。

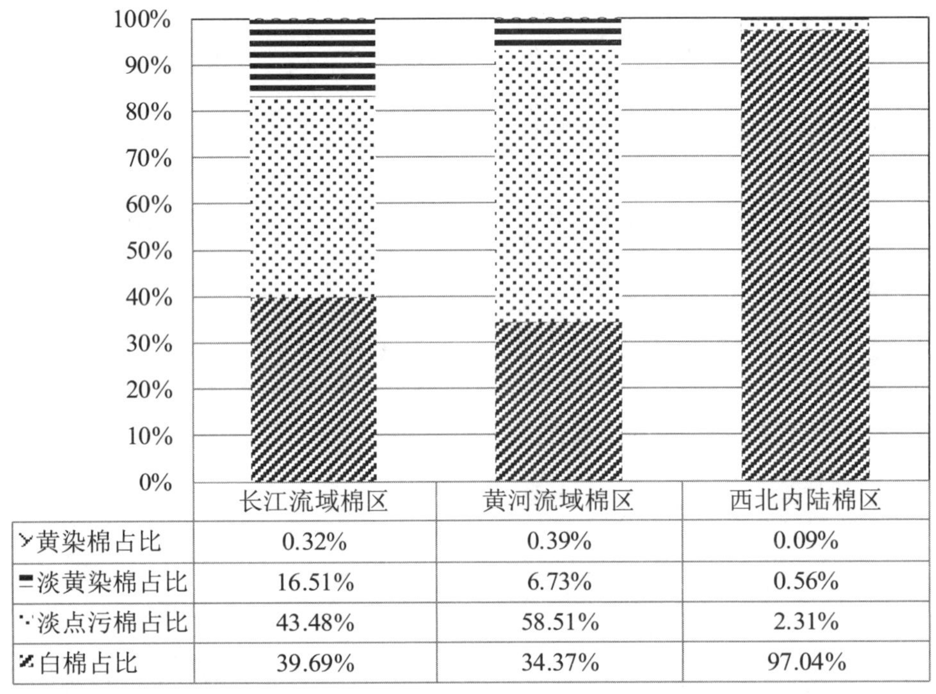

	长江流域棉区	黄河流域棉区	西北内陆棉区
黄染棉占比	0.32%	0.39%	0.09%
淡黄染棉占比	16.51%	6.73%	0.56%
淡点污棉占比	43.48%	58.51%	2.31%
白棉占比	39.69%	34.37%	97.04%

图 3–11　2016/2017 年度三大产棉颜色级占比分布情况对比图

① 棉花的颜色级指标与原标准中的品级指标并无对应关系。根据现行棉花国家标准，颜色级分为白棉、淡点污棉、淡黄染棉、黄染棉四个类型，其中白棉分为1级到5级，代号分别用11、21、31、41、51表示；淡点污棉分为1级到3级，代号分别用12、22、32表示；淡黄染棉分为1级到3级，代号分别用13、23、33表示；黄染棉分为1级和2级，代号分别用14、24表示。

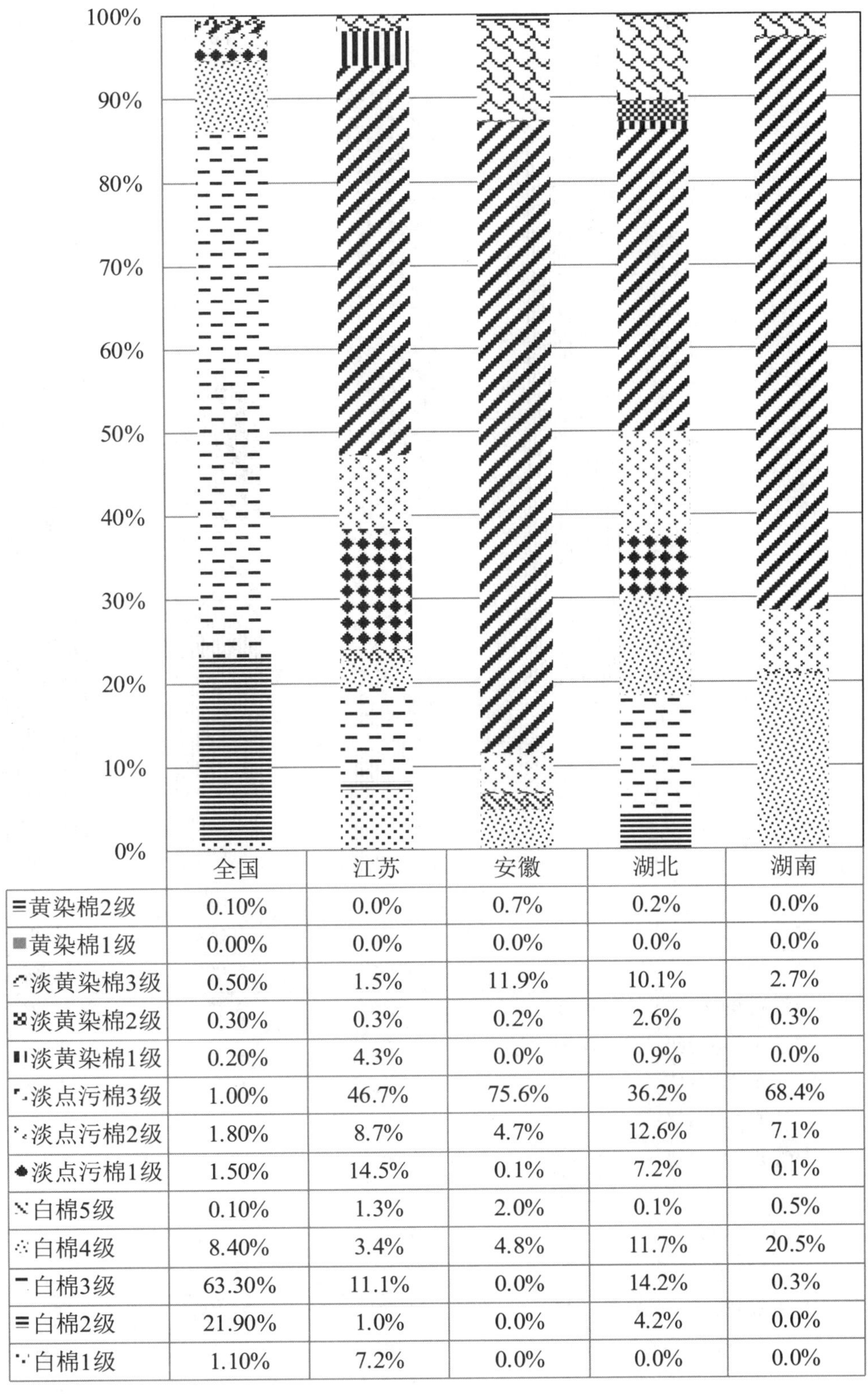

	全国	江苏	安徽	湖北	湖南
黄染棉2级	0.10%	0.0%	0.7%	0.2%	0.0%
黄染棉1级	0.00%	0.0%	0.0%	0.0%	0.0%
淡黄染棉3级	0.50%	1.5%	11.9%	10.1%	2.7%
淡黄染棉2级	0.30%	0.3%	0.2%	2.6%	0.3%
淡黄染棉1级	0.20%	4.3%	0.0%	0.9%	0.0%
淡点污棉3级	1.00%	46.7%	75.6%	36.2%	68.4%
淡点污棉2级	1.80%	8.7%	4.7%	12.6%	7.1%
淡点污棉1级	1.50%	14.5%	0.1%	7.2%	0.1%
白棉5级	0.10%	1.3%	2.0%	0.1%	0.5%
白棉4级	8.40%	3.4%	4.8%	11.7%	20.5%
白棉3级	63.30%	11.1%	0.0%	14.2%	0.3%
白棉2级	21.90%	1.0%	0.0%	4.2%	0.0%
白棉1级	1.10%	7.2%	0.0%	0.0%	0.0%

图 3–12　2016/2017 年度长江流域棉区颜色级占比分布图

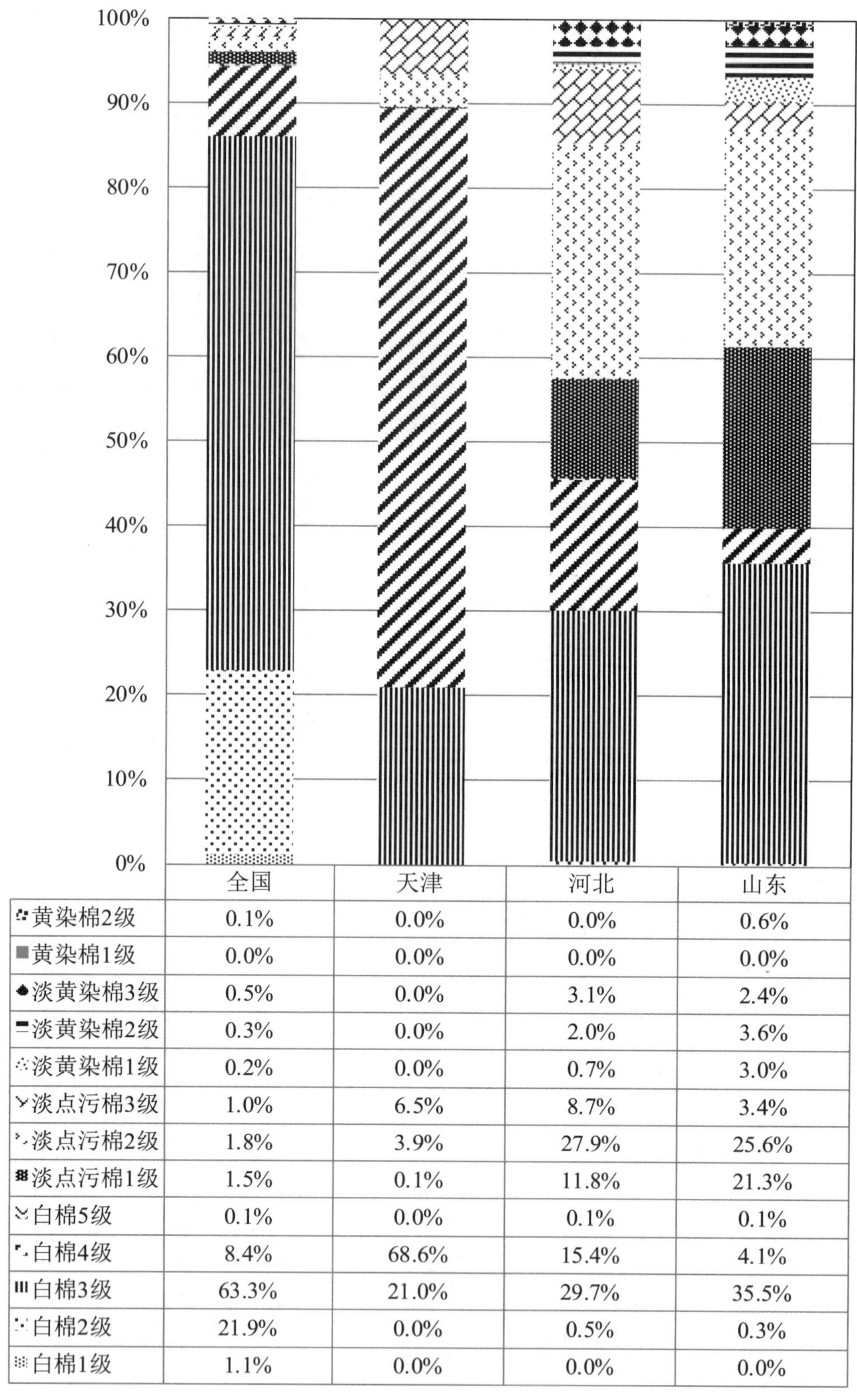

	全国	天津	河北	山东
黄染棉2级	0.1%	0.0%	0.0%	0.6%
黄染棉1级	0.0%	0.0%	0.0%	0.0%
淡黄染棉3级	0.5%	0.0%	3.1%	2.4%
淡黄染棉2级	0.3%	0.0%	2.0%	3.6%
淡黄染棉1级	0.2%	0.0%	0.7%	3.0%
淡点污棉3级	1.0%	6.5%	8.7%	3.4%
淡点污棉2级	1.8%	3.9%	27.9%	25.6%
淡点污棉1级	1.5%	0.1%	11.8%	21.3%
白棉5级	0.1%	0.0%	0.1%	0.1%
白棉4级	8.4%	68.6%	15.4%	4.1%
白棉3级	63.3%	21.0%	29.7%	35.5%
白棉2级	21.9%	0.0%	0.5%	0.3%
白棉1级	1.1%	0.0%	0.0%	0.0%

图 3–13 2016/2017 年度黄河流域棉区颜色级占比分布图

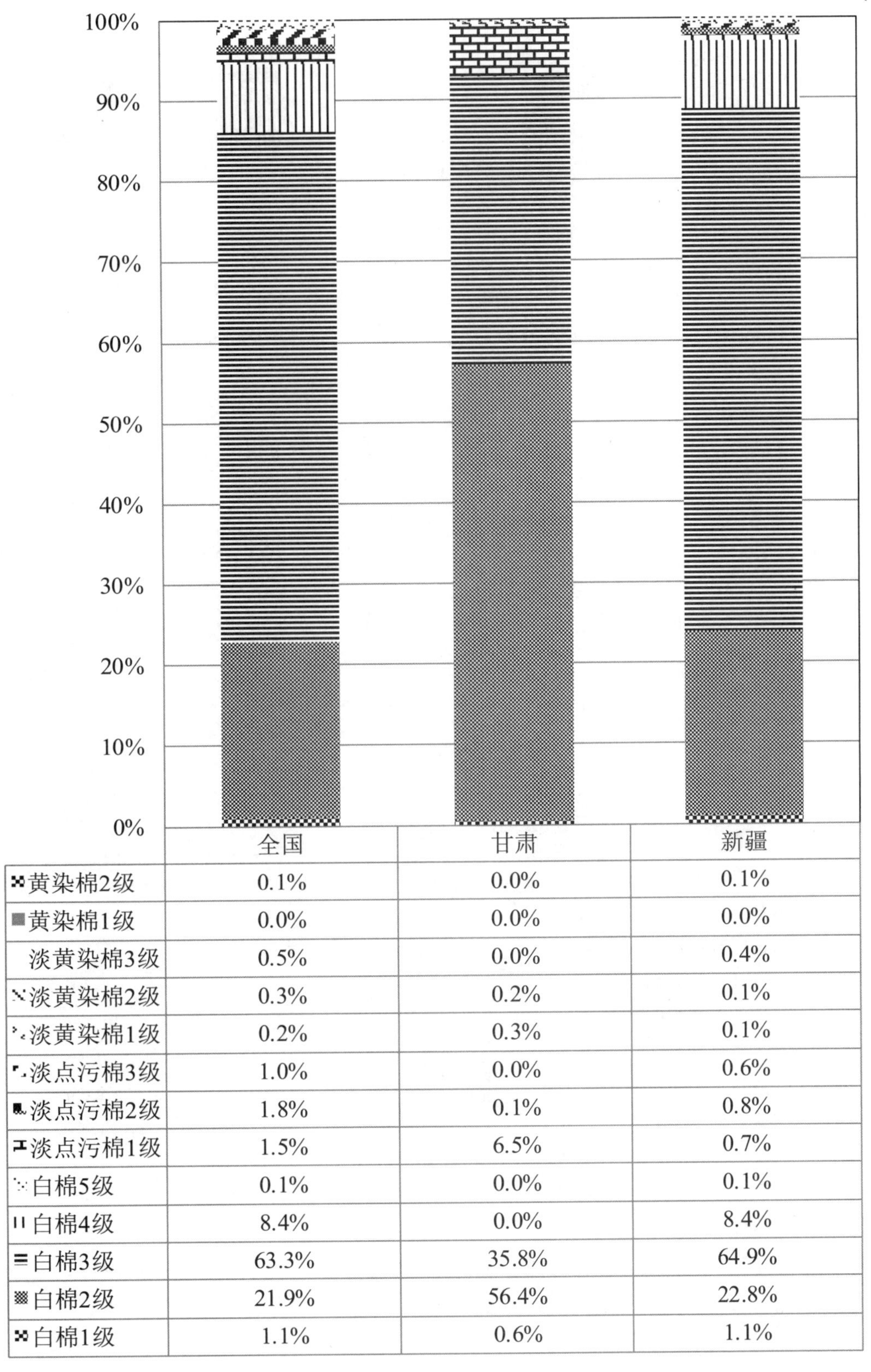

	全国	甘肃	新疆
黄染棉2级	0.1%	0.0%	0.1%
黄染棉1级	0.0%	0.0%	0.0%
淡黄染棉3级	0.5%	0.0%	0.4%
淡黄染棉2级	0.3%	0.2%	0.1%
淡黄染棉1级	0.2%	0.3%	0.1%
淡点污棉3级	1.0%	0.0%	0.6%
淡点污棉2级	1.8%	0.1%	0.8%
淡点污棉1级	1.5%	6.5%	0.7%
白棉5级	0.1%	0.0%	0.1%
白棉4级	8.4%	0.0%	8.4%
白棉3级	63.3%	35.8%	64.9%
白棉2级	21.9%	56.4%	22.8%
白棉1级	1.1%	0.6%	1.1%

图 3–14　2016/2017 年度西北内陆棉区颜色级占比分布图

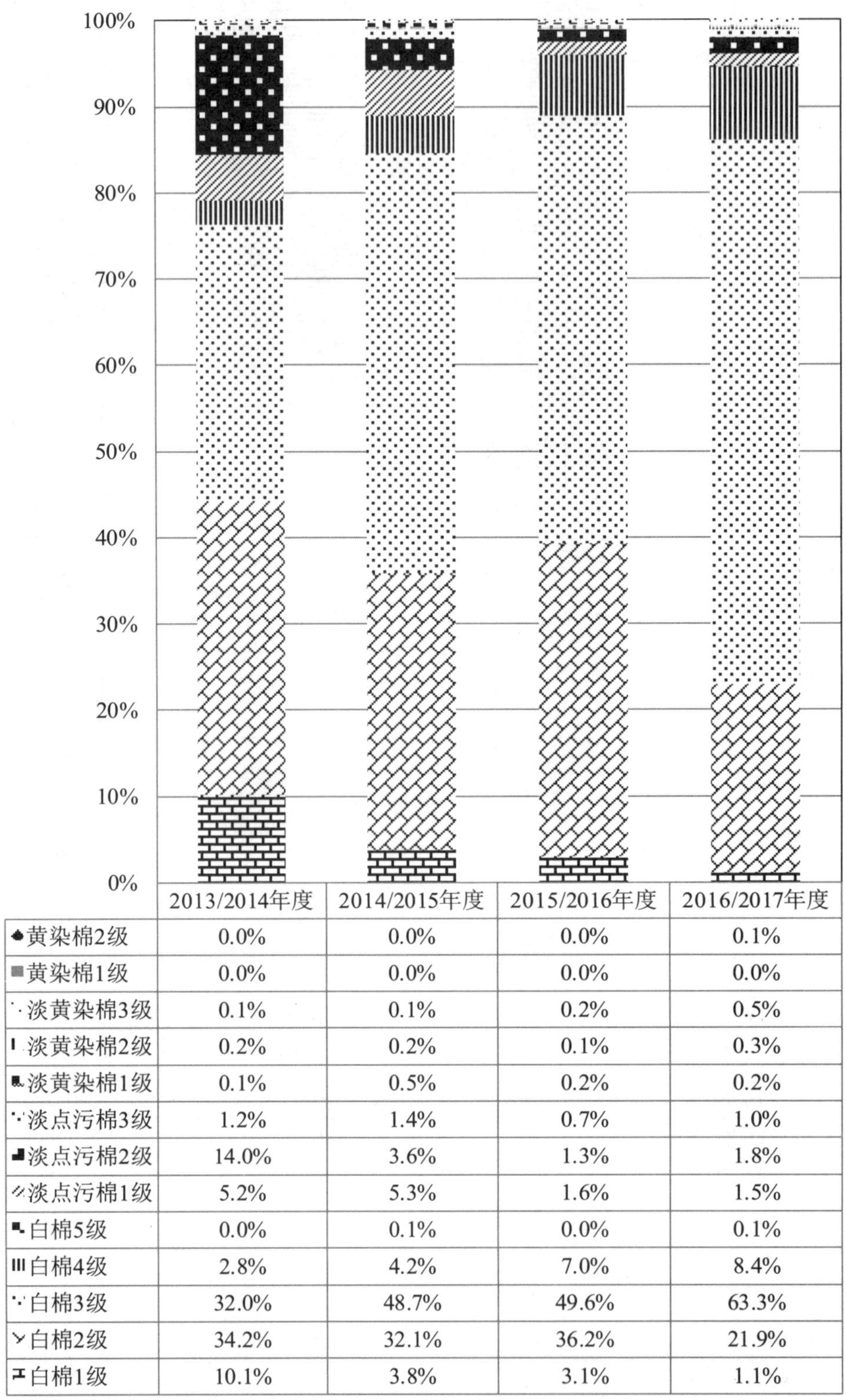

	2013/2014年度	2014/2015年度	2015/2016年度	2016/2017年度
黄染棉2级	0.0%	0.0%	0.0%	0.1%
黄染棉1级	0.0%	0.0%	0.0%	0.0%
淡黄染棉3级	0.1%	0.1%	0.2%	0.5%
淡黄染棉2级	0.2%	0.2%	0.1%	0.3%
淡黄染棉1级	0.1%	0.5%	0.2%	0.2%
淡点污棉3级	1.2%	1.4%	0.7%	1.0%
淡点污棉2级	14.0%	3.6%	1.3%	1.8%
淡点污棉1级	5.2%	5.3%	1.6%	1.5%
白棉5级	0.0%	0.1%	0.0%	0.1%
白棉4级	2.8%	4.2%	7.0%	8.4%
白棉3级	32.0%	48.7%	49.6%	63.3%
白棉2级	34.2%	32.1%	36.2%	21.9%
白棉1级	10.1%	3.8%	3.1%	1.1%

图 3–15 2013/2014 年度至 2016/2017 年度全国颜色级占比变化图

对比实施颜色级指标4年来的数据，我国棉花颜色级指标整体保持稳定，其中，2016/2017年度白棉占比较2015/2016年度减少了1.1个百分点，全国以白棉2级、3级为主，白棉1级、2级占比较上一年度减少16.3个百分点，但白棉3级较上一年度增加13.7个百分点；淡点污棉占比较2015/2016年度升高了0.7个百分点；淡黄染棉及黄染棉占比也均较上一年度有小幅升高。

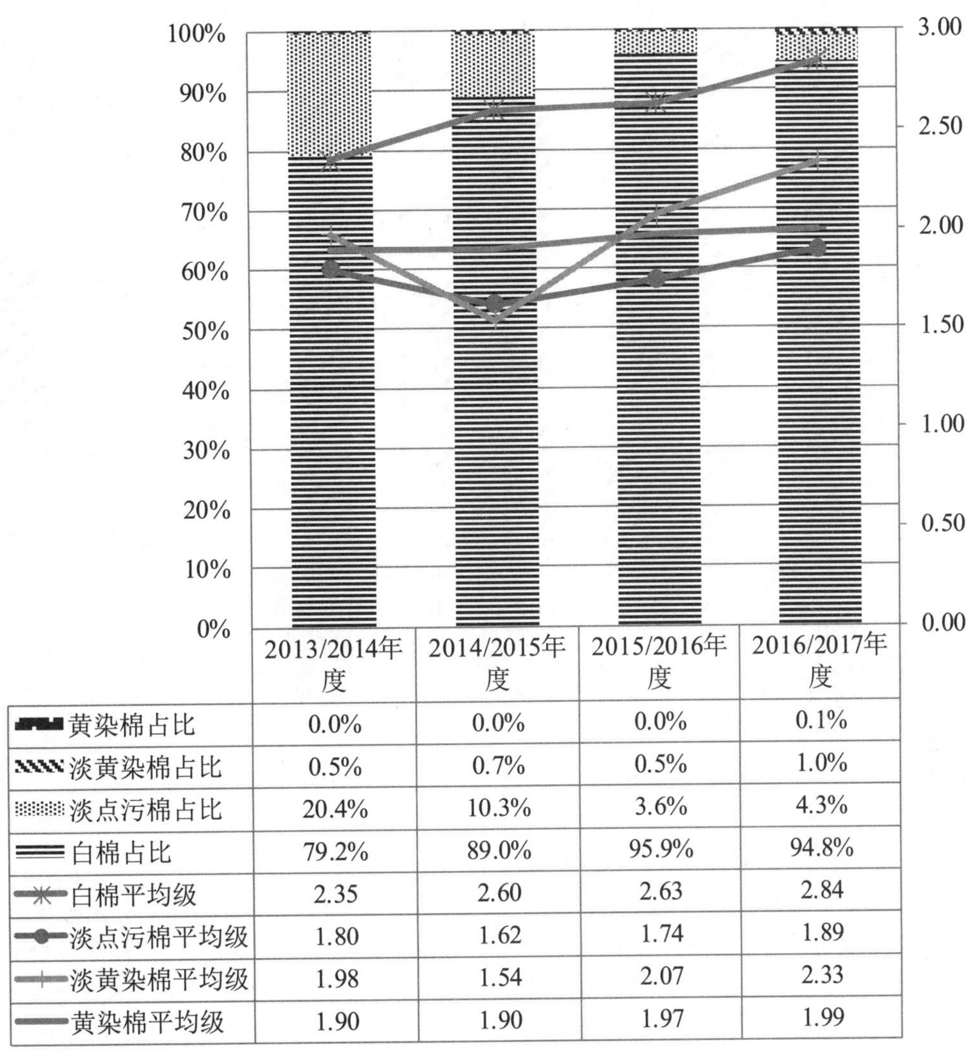

	2013/2014年度	2014/2015年度	2015/2016年度	2016/2017年度
黄染棉占比	0.0%	0.0%	0.0%	0.1%
淡黄染棉占比	0.5%	0.7%	0.5%	1.0%
淡点污棉占比	20.4%	10.3%	3.6%	4.3%
白棉占比	79.2%	89.0%	95.9%	94.8%
白棉平均级	2.35	2.60	2.63	2.84
淡点污棉平均级	1.80	1.62	1.74	1.89
淡黄染棉平均级	1.98	1.54	2.07	2.33
黄染棉平均级	1.90	1.90	1.97	1.99

图3–16　2013/2014年度至2016/2017年度全国棉花颜色级变化情况图

2. 轧工质量[①]

轧工质量是指籽棉经过加工后，皮棉外观形态粗糙程度及所含疵点种类的多少。

① 根据现行棉花国家标准，锯齿加工细绒棉的轧工质量分为好、中、差三档，分别用P1、P2、P3表示。

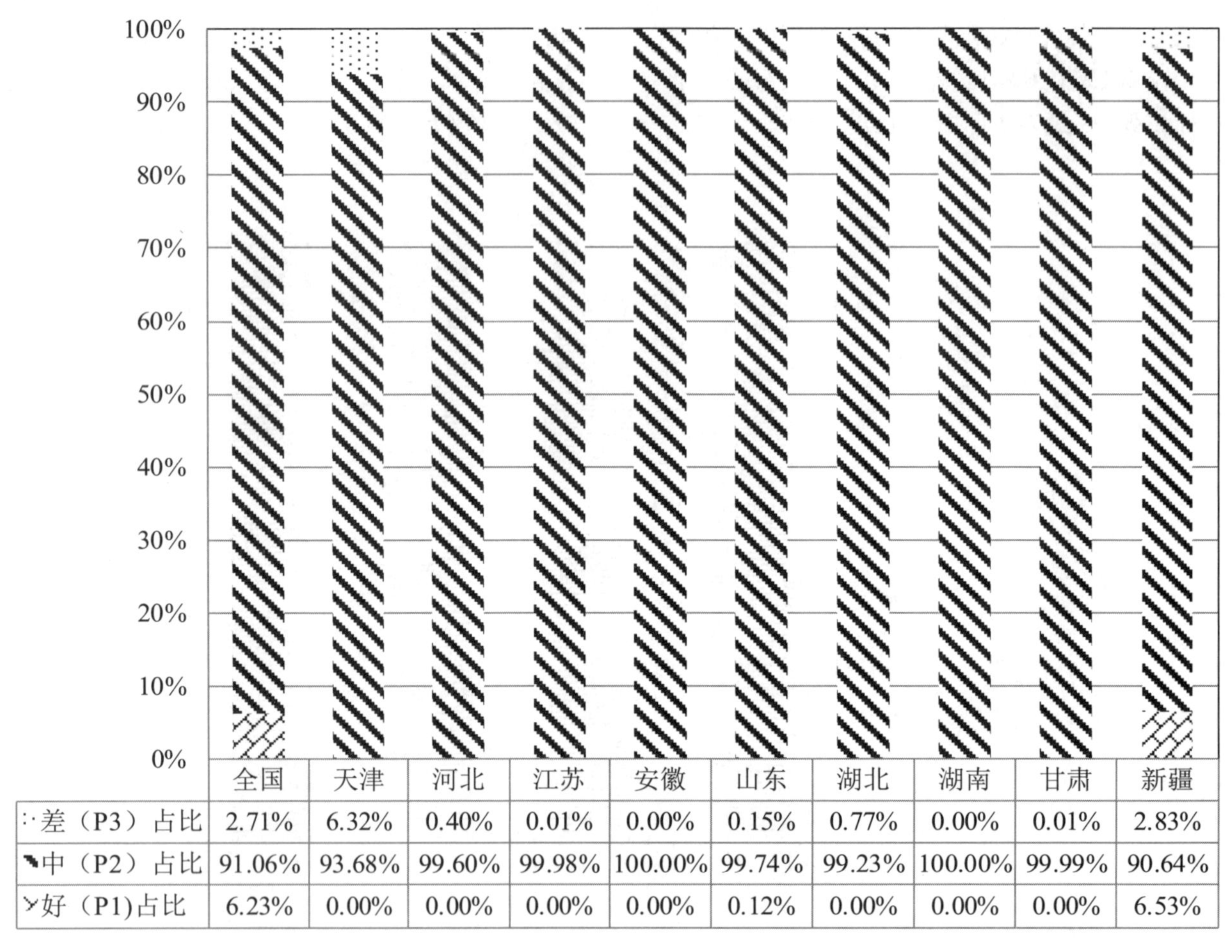

	全国	天津	河北	江苏	安徽	山东	湖北	湖南	甘肃	新疆
差（P3）占比	2.71%	6.32%	0.40%	0.01%	0.00%	0.15%	0.77%	0.00%	0.01%	2.83%
中（P2）占比	91.06%	93.68%	99.60%	99.98%	100.00%	99.74%	99.23%	100.00%	99.99%	90.64%
好（P1)占比	6.23%	0.00%	0.00%	0.00%	0.00%	0.12%	0.00%	0.00%	0.00%	6.53%

图 3–17　2016/2017 年度各产棉省份轧工质量占比分布图

从 2016/2017 年度新体制棉花检验情况来看，新疆棉的轧工质量为好的比例明显高于全国平均水平。天津棉花轧工质量为差的比例最高，为 6.32%，由于机采棉加工方式的特性，新疆棉中轧工质量为差的比例也明显高于其他省份和全国平均水平。其他省份棉花轧工质量 99% 以上为中档。

3. 长度①

长度是棉花最重要的内在质量指标之一，与棉花的整体使用价值密切相关。细绒棉的长度由 25 毫米级至 32 毫米级依次分为 8 个长度级，其中 28 毫米级为标准级，30—32 毫米级的棉花使用价值较高，25—26 毫米级的棉花使用价值较低。

① 棉花长度并非指单根棉纤维的长度，而是根据一定数量的棉花所有棉纤维长度分布的数理统计量。根据现行棉花国家标准，细绒棉长度级分级及长度值范围分别是：25 毫米级，25.9 毫米及以下；26 毫米级，26.0—26.9 毫米；27—31 毫米级以 1 毫米为级距依次类推；32 毫米级，32.0 毫米及以上。

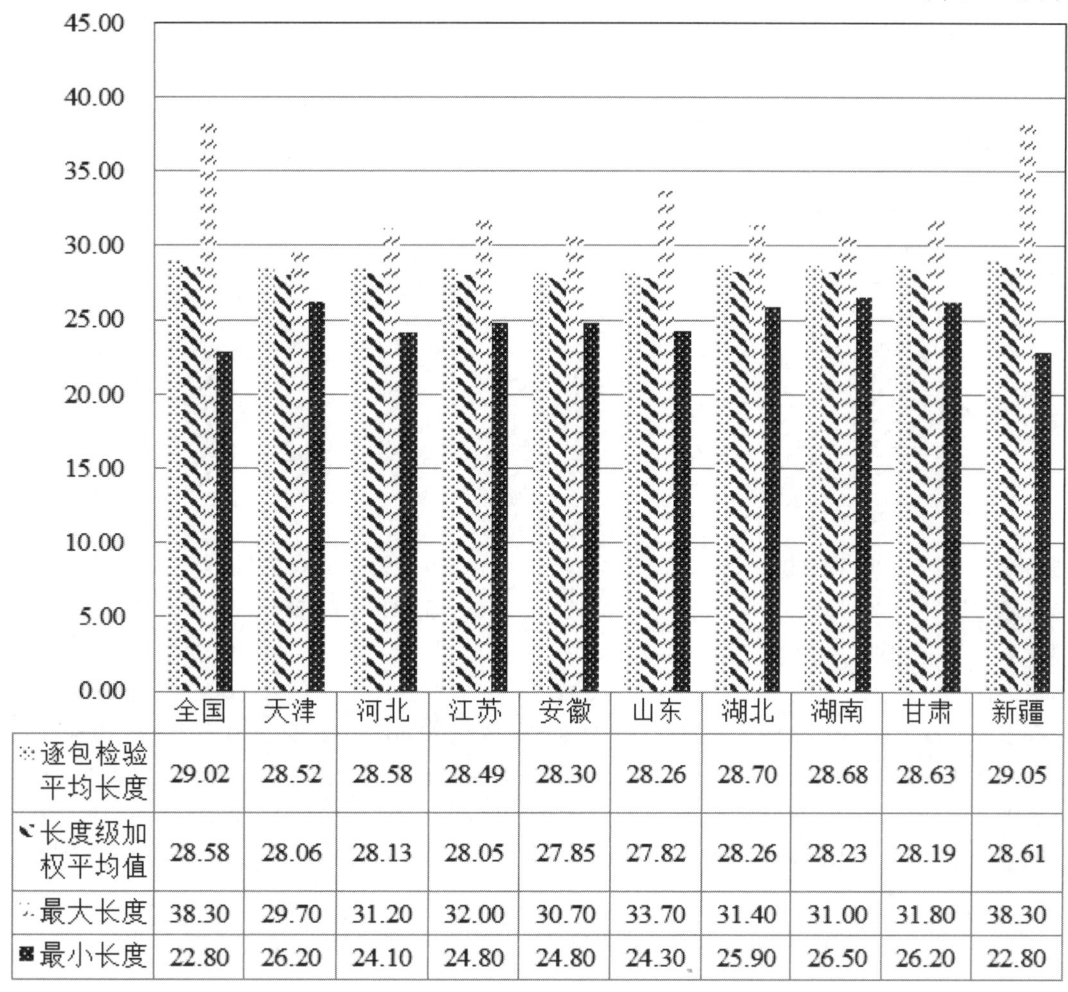

	全国	天津	河北	江苏	安徽	山东	湖北	湖南	甘肃	新疆
逐包检验平均长度	29.02	28.52	28.58	28.49	28.30	28.26	28.70	28.68	28.63	29.05
长度级加权平均值	28.58	28.06	28.13	28.05	27.85	27.82	28.26	28.23	28.19	28.61
最大长度	38.30	29.70	31.20	32.00	30.70	33.70	31.40	31.00	31.80	38.30
最小长度	22.80	26.20	24.10	24.80	24.80	24.30	25.90	26.50	26.20	22.80

图 3–18　2016/2017 年度全国各产棉省份棉花长度级对比图

2016/2017 年度，全国新体制棉花细绒棉逐包检验平均长度①为 29.02 毫米；长度级加权平均值②为 28.58 毫米。从各产棉省棉花逐包检验平均长度看，新疆棉花长度最长，达到 29.05 毫米，同时也大提高了全国平均值；其他省份棉花长度均集中在 28.20—28.70 毫米之间。总体来看，各长度级占比中，新疆棉花集中在 28—30 毫米，其他省份棉花集中在 27—29 毫米。

① 对各棉包进行逐包抽样检验，各样品检测长度值的算术平均值。

② 对各棉包进行逐包抽样检验，实测长度后计其长度级，各长度级级值与该长度级占总检验量的比率乘积之和。

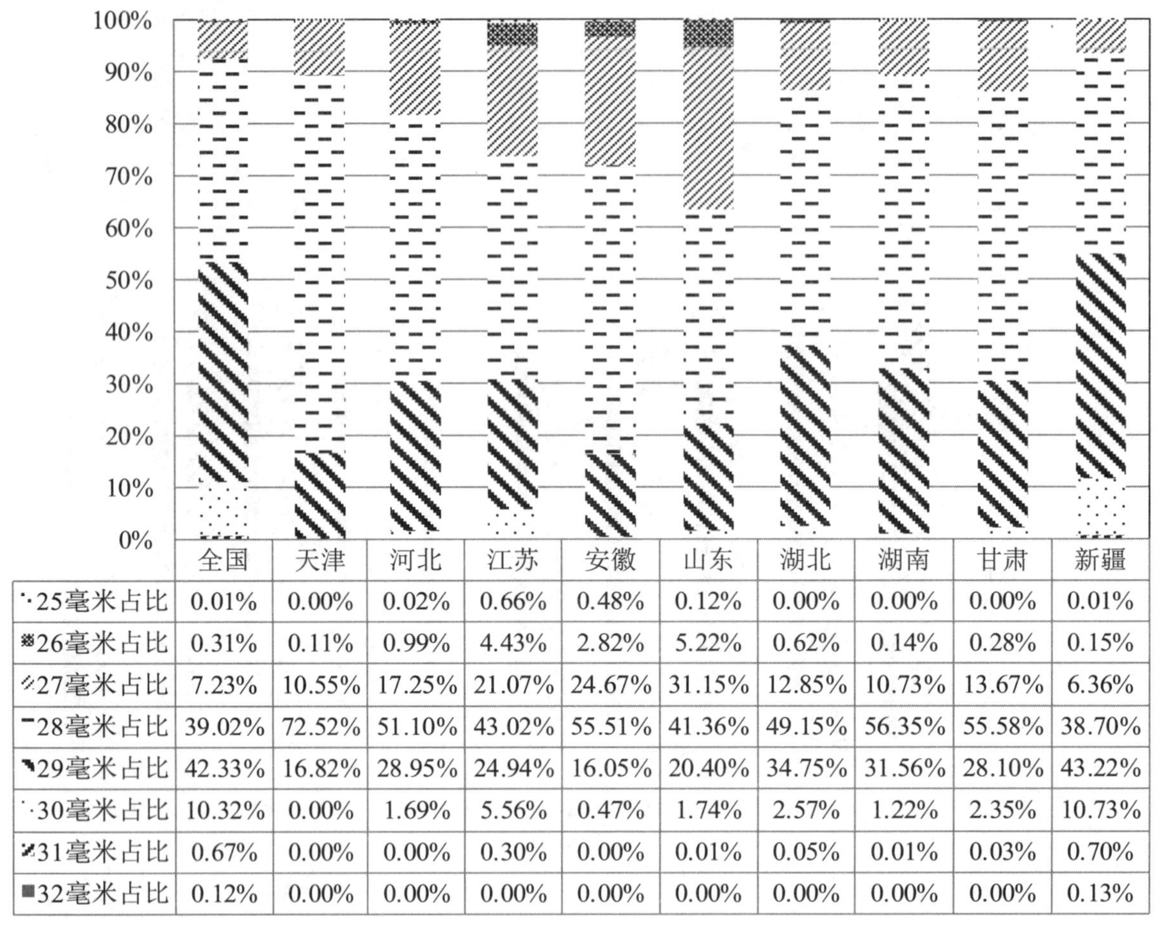

	全国	天津	河北	江苏	安徽	山东	湖北	湖南	甘肃	新疆
25毫米占比	0.01%	0.00%	0.02%	0.66%	0.48%	0.12%	0.00%	0.00%	0.00%	0.01%
26毫米占比	0.31%	0.11%	0.99%	4.43%	2.82%	5.22%	0.62%	0.14%	0.28%	0.15%
27毫米占比	7.23%	10.55%	17.25%	21.07%	24.67%	31.15%	12.85%	10.73%	13.67%	6.36%
28毫米占比	39.02%	72.52%	51.10%	43.02%	55.51%	41.36%	49.15%	56.35%	55.58%	38.70%
29毫米占比	42.33%	16.82%	28.95%	24.94%	16.05%	20.40%	34.75%	31.56%	28.10%	43.22%
30毫米占比	10.32%	0.00%	1.69%	5.56%	0.47%	1.74%	2.57%	1.22%	2.35%	10.73%
31毫米占比	0.67%	0.00%	0.00%	0.30%	0.00%	0.01%	0.05%	0.01%	0.03%	0.70%
32毫米占比	0.12%	0.00%	0.00%	0.00%	0.00%	0.00%	0.00%	0.00%	0.00%	0.13%

图 3–19　2016/2017 年度各产棉省份逐包检验棉花长度级占比分布图

对比近 5 个年度的数据，2016/2017 年度棉花长度较前 4 年有较大提升，其中，逐包检验平均长度较上一年度增加 0.52 毫米，比近 5 年平均水平高 0.44 毫米；长度级加权平均值较 2015/2016 年度增加 0.53 毫米，比近 5 年全国平均水平高 0.44 毫米。全国长度级低于长度标准级的棉花占比为 7.55%，比上一年度减少 18.75 个百分点，30—32 毫米长度级的棉花占比首次突破 10%，达到 11.11%，较上一年度增加 6.74 个百分点。

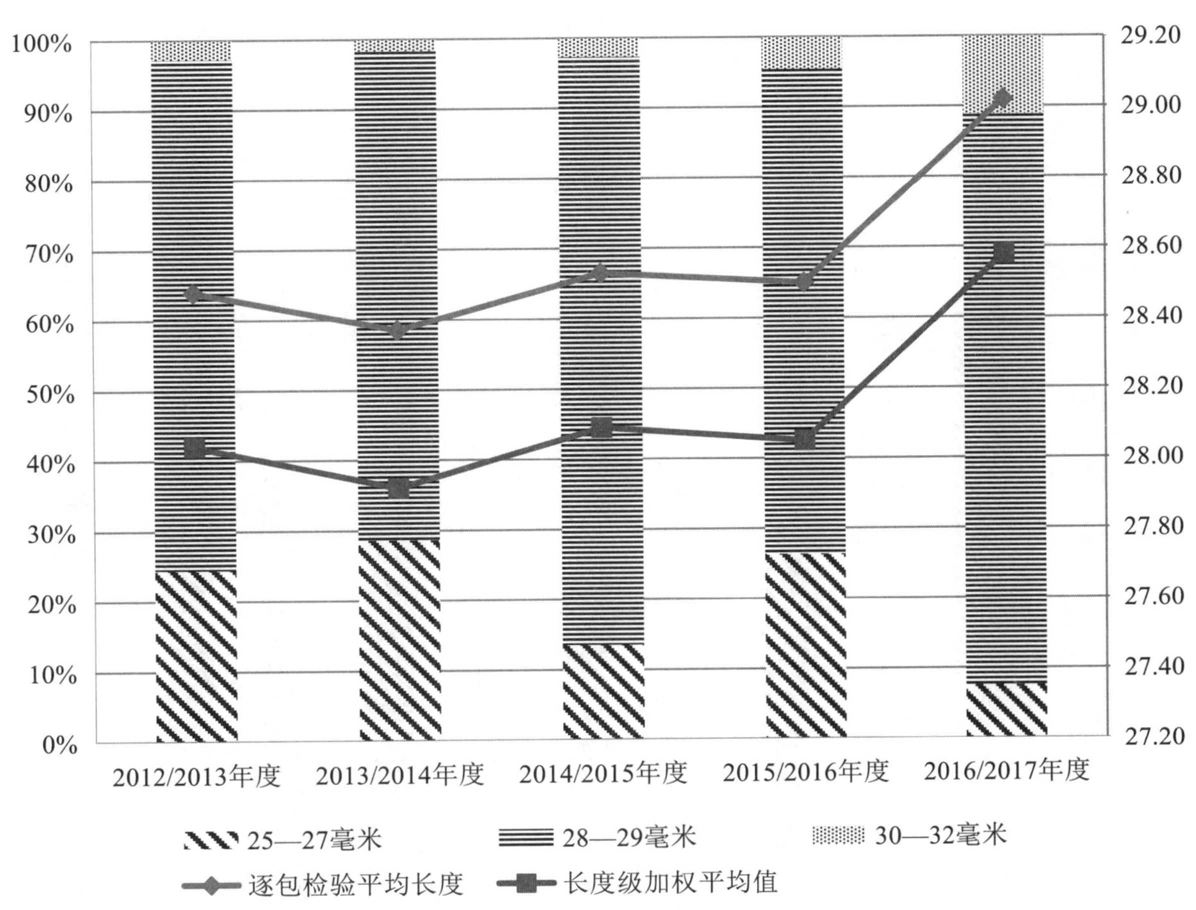

图 3–20 2012/2013 年度至 2016/2017 年度全国棉花长度变化情况图

4. 马克隆值①

马克隆值是棉花细度和成熟度的综合反映，是棉花主要的内在质量指标之一，与成纱质量有密切的关系。棉花的马克隆值越高，一般棉纤维成熟度越好；马克隆值过高，则成熟过度，纤维较粗，纤维抱合力差、成纱强力和条干均匀度不理想；马克隆值过低、细度过小、成熟不足，则容易产生有害疵点，织物染色性能差；只有马克隆值适中，棉花的细度适中、成熟适中，才具有较高的纺纱性能，获得较全面的使用价值。

细绒棉的马克隆值共分为三级五档，按马克隆值从低到高依次是 C 级的 C1 档、B 级的 B1 档、A 级的 A 档、B 级的 B2 档、C 级的 C2 档。马克隆值级 A 级的使用价值较好，B 级的使用价值正常，C 级的使用价值较差。

2016/2017 年度，全国新体制棉花细绒棉马克隆值级 A 级占比 12.32%，较 2015/2016 年度提高 4.52 个百分点；C 级占比 20.58%，较 2015/2016 年度降低 17.68 个百分点；B 级占比 67.11%，较 2015/2016 年度上升 13.18 个百分点。总体来看，各产棉省份中，湖北、安徽、甘肃、新疆的棉花马克隆值 A 档占比均高于全国平均水平，但湖北、安徽 C 档占比也高于全国平均水平，棉花马克隆值分布离散值较大；天津棉花 C2 档占比达到 98.07%，棉纤维细度

① 根据现行棉花国家标准，马克隆值级的分级、分档及马克隆值范围分别是：A 级，A 档，3.7—4.2；B 级，B1 档，3.5—3.6；B 级，B2 档，4.3—4.9；C 级，C1 档，3.4 及以下；C 级，C2 档，5.0 及以上。

值过大、成熟过度问题突出，马克隆值指标最差。

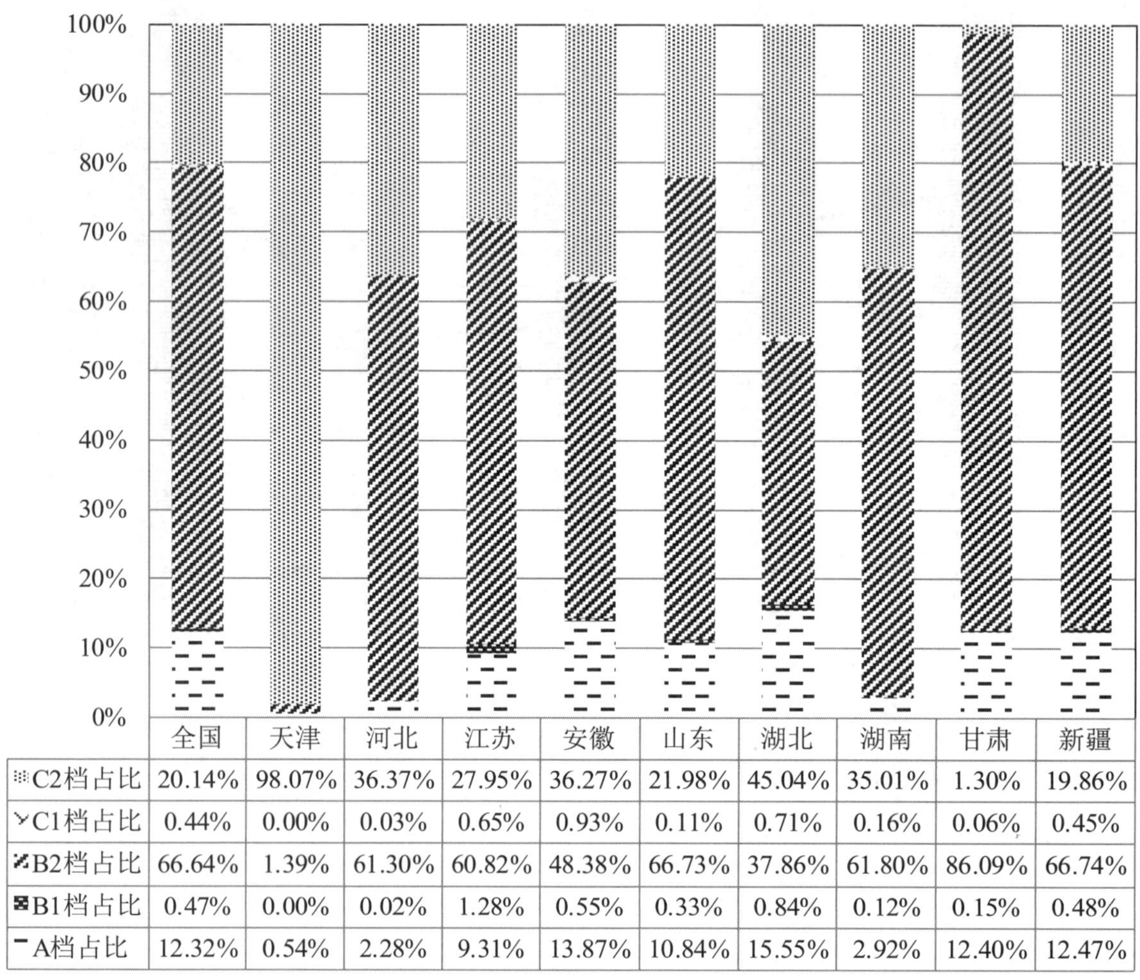

	全国	天津	河北	江苏	安徽	山东	湖北	湖南	甘肃	新疆
C2档占比	20.14%	98.07%	36.37%	27.95%	36.27%	21.98%	45.04%	35.01%	1.30%	19.86%
C1档占比	0.44%	0.00%	0.03%	0.65%	0.93%	0.11%	0.71%	0.16%	0.06%	0.45%
B2档占比	66.64%	1.39%	61.30%	60.82%	48.38%	66.73%	37.86%	61.80%	86.09%	66.74%
B1档占比	0.47%	0.00%	0.02%	1.28%	0.55%	0.33%	0.84%	0.12%	0.15%	0.48%
A档占比	12.32%	0.54%	2.28%	9.31%	13.87%	10.84%	15.55%	2.92%	12.40%	12.47%

图 3–21　2016/2017 年度各产棉省份马克隆值级占比分布图

对比近 5 个年度的数据，2016/2017 年度马克隆值指标较上一年度有所好转，但还远低于 5 年平均水平，主要表现在，马克隆值 A 级的占比 12.32%，比近 5 年平均水平低了 10.96 个百分点；马克隆值 C 档的占比为 20.58%，比 5 年平均水平高了 0.95 个百分点。

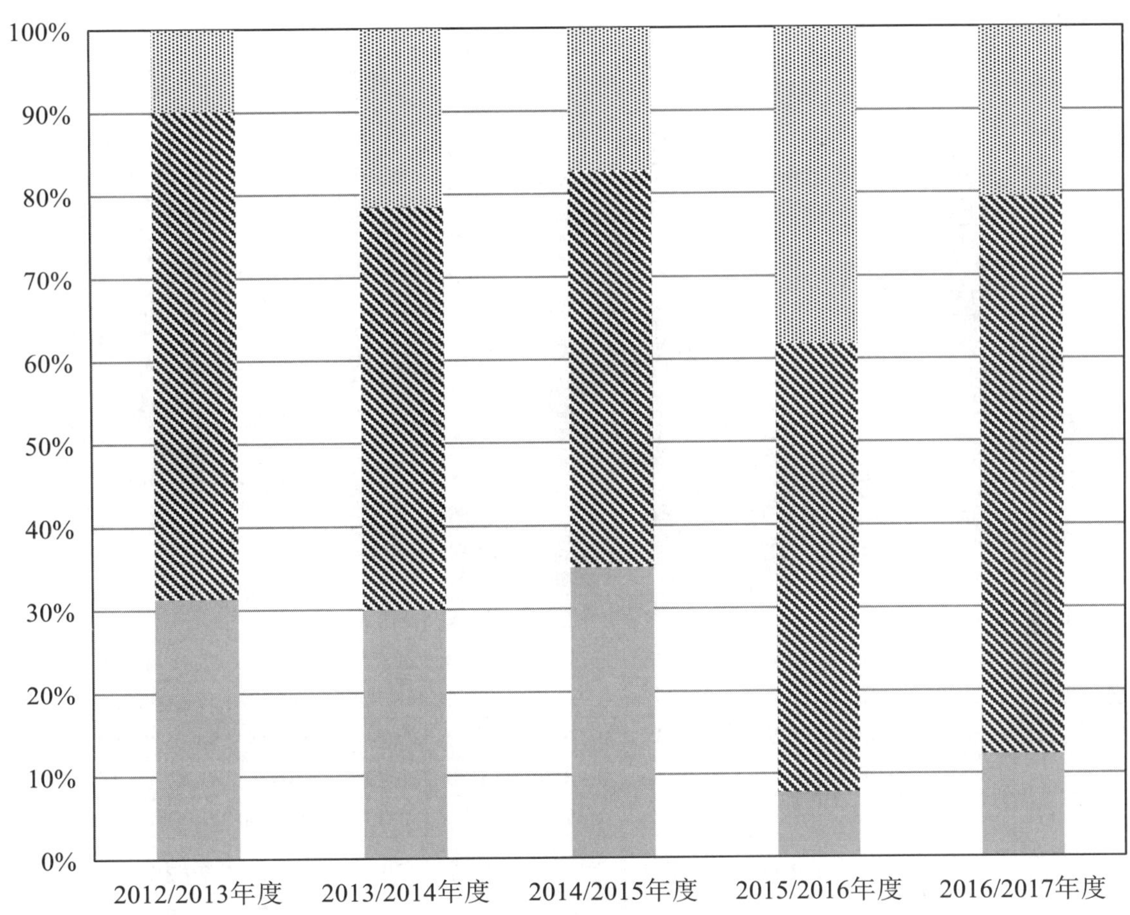

图 3–22　2012/2013 年度至 2016/2017 年度全国棉花马克隆值级变化情况图

5. 断裂比强度①

断裂比强度是重要的棉花内在质量指标，与纱线的成纱强力有很好的相关性。细绒棉按断裂比强度值和使用价值从高到低依次分五个档，即很强、强、中等、差、很差。

2016/2017 年度，全国新体制棉花细绒棉平均断裂比强度值 27.94cN/tex，较 2015/2016 年度下降了 0.29cN/tex。

① 根据现行棉花国家标准，断裂比强度的分档与断裂比强度值范围分别是：很强档，31.0cN/tex 及以上；强档，29.0—30.9cN/tex；中等档，26.0—28.9cN/tex；差档，24.0—25.9cN/tex；很差档，24.0cN/tex（不含）以下。

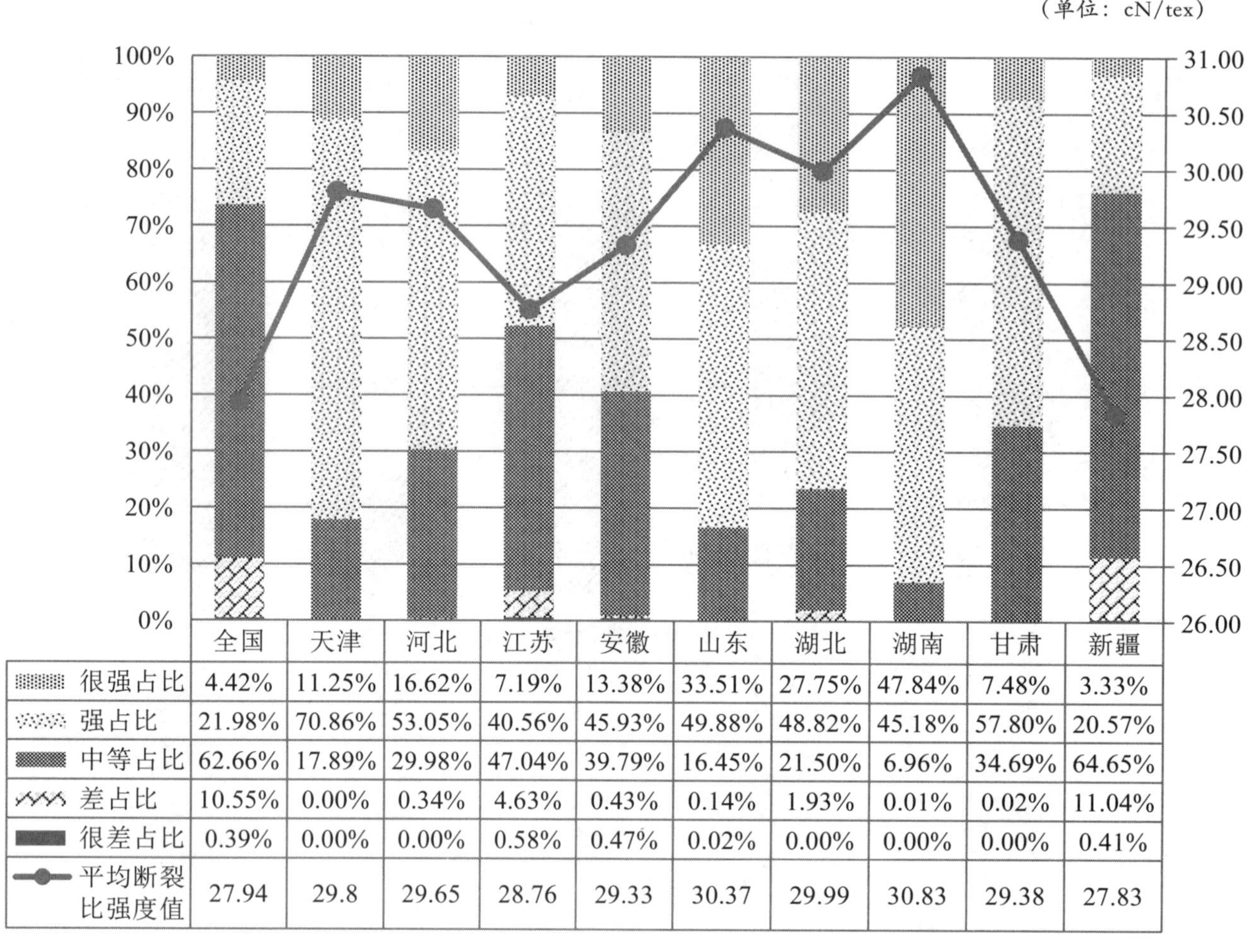

	全国	天津	河北	江苏	安徽	山东	湖北	湖南	甘肃	新疆
很强占比	4.42%	11.25%	16.62%	7.19%	13.38%	33.51%	27.75%	47.84%	7.48%	3.33%
强占比	21.98%	70.86%	53.05%	40.56%	45.93%	49.88%	48.82%	45.18%	57.80%	20.57%
中等占比	62.66%	17.89%	29.98%	47.04%	39.79%	16.45%	21.50%	6.96%	34.69%	64.65%
差占比	10.55%	0.00%	0.34%	4.63%	0.43%	0.14%	1.93%	0.01%	0.02%	11.04%
很差占比	0.39%	0.00%	0.00%	0.58%	0.47%	0.02%	0.00%	0.00%	0.00%	0.41%
平均断裂比强度值	27.94	29.8	29.65	28.76	29.33	30.37	29.99	30.83	29.38	27.83

图 3–23 2016/2017 年度各产棉省份平均断裂比强度占比分布图

各产棉省份中，湖南棉花平均断裂比强度仍占据首位且有较大提升，为 30.83cN/tex，较上一年度提升 1.06cN/tex；其次是山东，为 30.37cN/tex，提升 1.16cN/tex；湖北、天津、河北、甘肃、安徽棉花断裂比强度均在 29.0cN/tex 以上，其中天津棉花断裂比强度提升 1.79cN/tex，在各省中提升幅度最大；全国最主要产棉区新疆棉花平均断裂比强度为 27.83cN/tex，较 2015/2016 年度下降 0.32cN/tex。

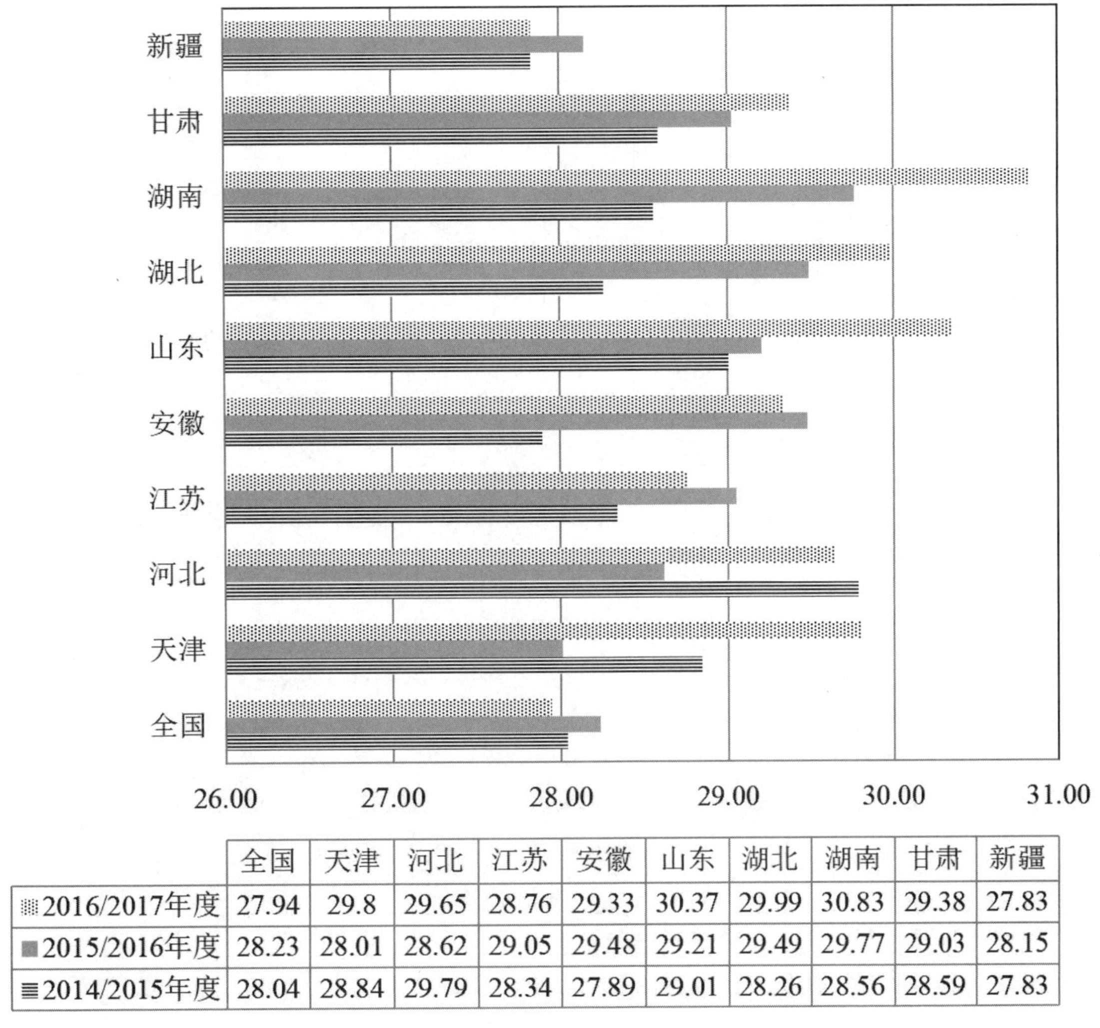

	全国	天津	河北	江苏	安徽	山东	湖北	湖南	甘肃	新疆
2016/2017年度	27.94	29.8	29.65	28.76	29.33	30.37	29.99	30.83	29.38	27.83
2015/2016年度	28.23	28.01	28.62	29.05	29.48	29.21	29.49	29.77	29.03	28.15
2014/2015年度	28.04	28.84	29.79	28.34	27.89	29.01	28.26	28.56	28.59	27.83

图 3-24　2014/2015 年度至 2016/2017 年度各产棉省份棉花平均断裂比强度变化情况图

对比近 5 个年度的数据，2016/2017 年度棉花断裂比强度指标降幅较大，强及以上占比有所降低，中等占比基本持平，差及以下占比增加较多。断裂比强度平均值直线下滑，为 5 年来最低水平。

（单位：cN/tex）

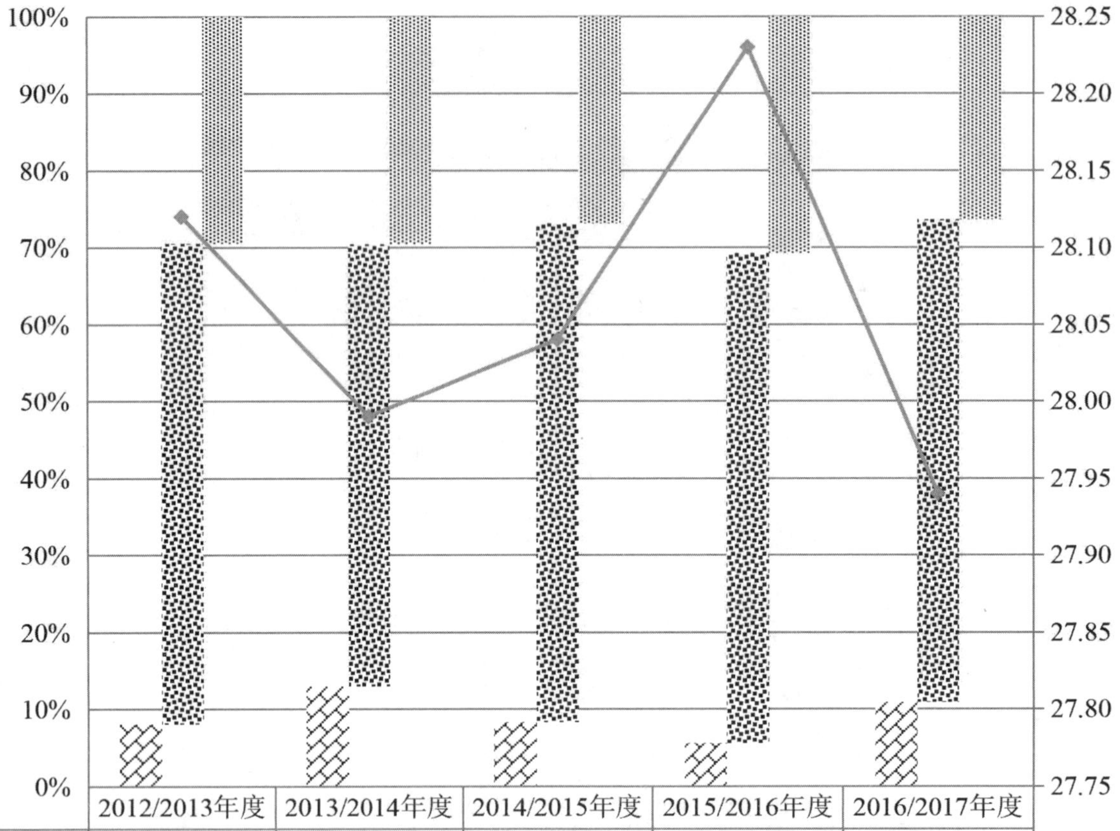

	2012/2013年度	2013/2014年度	2014/2015年度	2015/2016年度	2016/2017年度
强及以上	29.43%	29.48%	26.83%	30.74%	26.40%
中等	62.40%	57.58%	64.87%	63.70%	62.66%
差及以下	8.08%	12.94%	8.30%	5.56%	10.94%
平均断裂比强度值	28.12	27.99	28.04	28.23	27.94

图 3–25　2012/2013 年度至 2016/2017 年度全国棉花断裂比强度变化情况图

6. 长度整齐度指数①

长度整齐度指数是重要的棉花质量指标，用以表示棉纤维长度分布均匀或整齐的程度，对纱线的条干、落棉率有重要影响，同时对纱线的强度也有影响。细绒棉按长度整齐度指数和使用价值从高到低依次分为五个档，分别是很高、高、中等、低、很低。

① 根据现行棉花国家标准，长度整齐度指数分档与长度整齐度指数范围分别是：很高档，86.0% 级以上；高档，83.0%—85.9%；中等档，80.0%—82.9%；低档，77.0%—79.9%；很低档，77.0%（不含）以下。

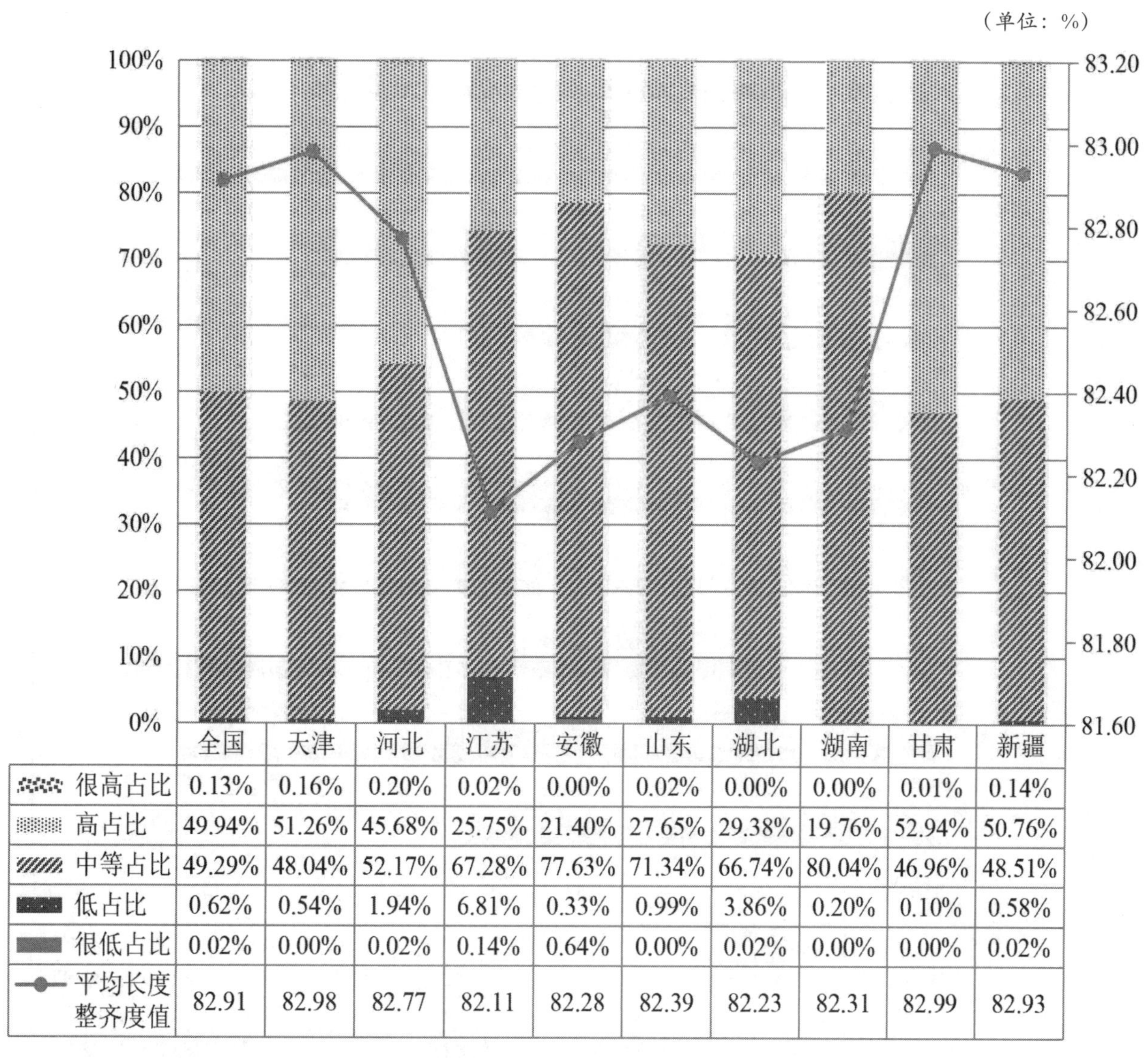

	全国	天津	河北	江苏	安徽	山东	湖北	湖南	甘肃	新疆
很高占比	0.13%	0.16%	0.20%	0.02%	0.00%	0.02%	0.00%	0.00%	0.01%	0.14%
高占比	49.94%	51.26%	45.68%	25.75%	21.40%	27.65%	29.38%	19.76%	52.94%	50.76%
中等占比	49.29%	48.04%	52.17%	67.28%	77.63%	71.34%	66.74%	80.04%	46.96%	48.51%
低占比	0.62%	0.54%	1.94%	6.81%	0.33%	0.99%	3.86%	0.20%	0.10%	0.58%
很低占比	0.02%	0.00%	0.02%	0.14%	0.64%	0.00%	0.02%	0.00%	0.00%	0.02%
平均长度整齐度值	82.91	82.98	82.77	82.11	82.28	82.39	82.23	82.31	82.99	82.93

图 3–26　2016/2017 年度各产棉省份平均长度整齐度指数占比分布图

2016/2017 年度，全国新体制棉花细绒棉平均长度整齐度指数 82.91%，比 2015/2016 年度平均值高出 0.23 个百分点，棉花长度整齐度指数进一步提升。长度整齐度指数为很高和高档的棉花占比较多的省份是天津、甘肃、新疆，占比都在 50% 以上，高于全国平均水平；其次是河北，占比为 45.88%，江苏、湖北棉花长度整齐度指数为低和很低档的占比明显多于其他省份。

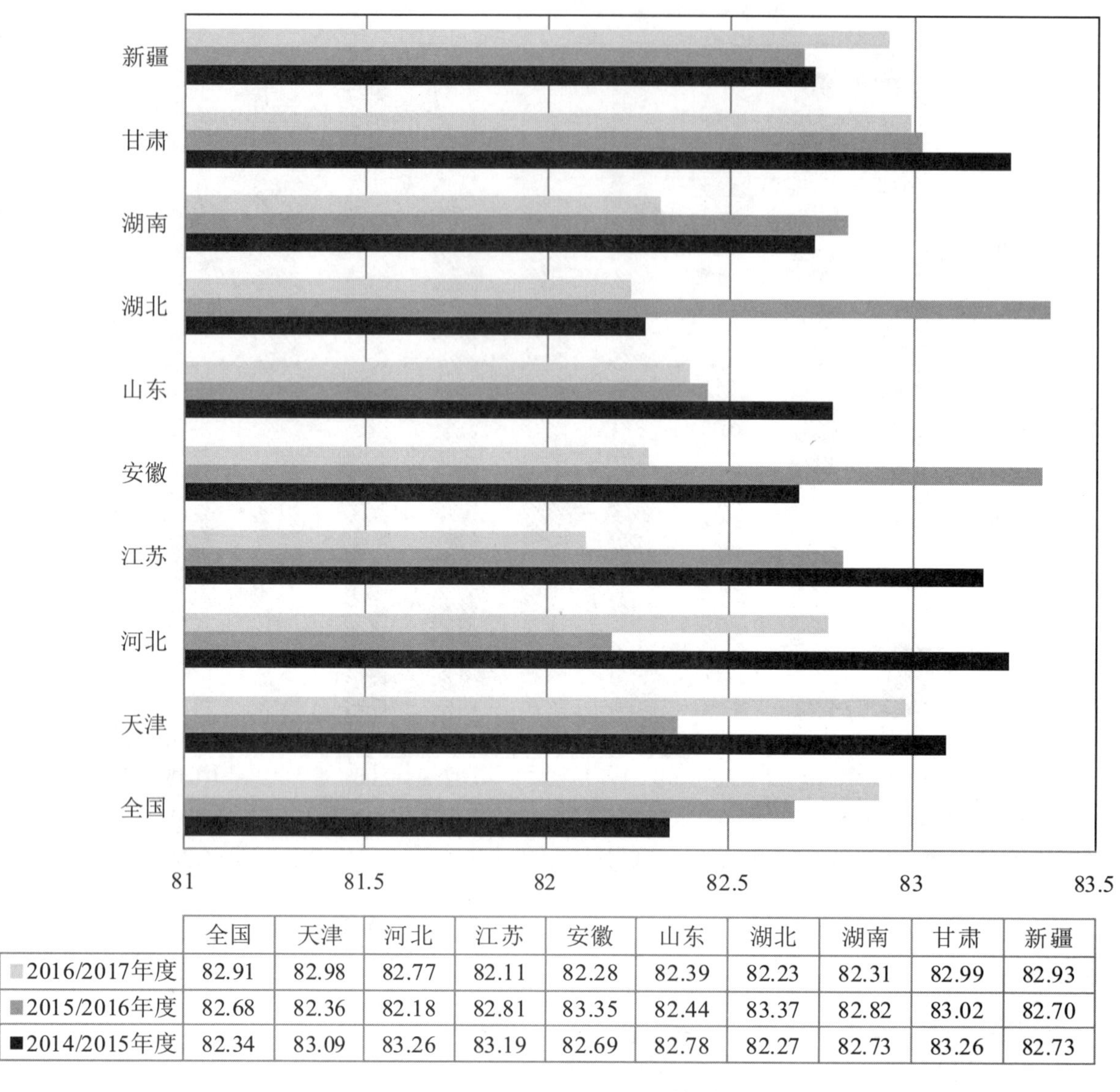

	全国	天津	河北	江苏	安徽	山东	湖北	湖南	甘肃	新疆
2016/2017年度	82.91	82.98	82.77	82.11	82.28	82.39	82.23	82.31	82.99	82.93
2015/2016年度	82.68	82.36	82.18	82.81	83.35	82.44	83.37	82.82	83.02	82.70
2014/2015年度	82.34	83.09	83.26	83.19	82.69	82.78	82.27	82.73	83.26	82.73

图 3–27　2014/2015 年度至 2016/2017 年度各产棉省份棉花平均长度整齐度指数变化情况图

各产棉省份中，除新疆、天津、河北外，各省长度整齐度指数均有较大幅度的降低，但新疆在本年度平均长度整齐度指数达到 82.93%，比上一年度高 0.23 个百分点，提高了全国平均值；在去年表现突出的湖北、安徽两省棉花平均长度整齐度指数今年也出现回落，总体来说，各产棉区棉花长度整齐度指标波动较大。

对比近 5 个年度的数据，2016/2017 年度全国棉花长度整齐度指数表现突出，其中平均长度整齐度指数再攀新高达到 82.91%，低及以下档的占比再度下降，比上一年度降低 0.22 个百分点；高档及以上档的占比较上一年度增加 9.6 个百分点，达到 50.07%。

（单位：%）

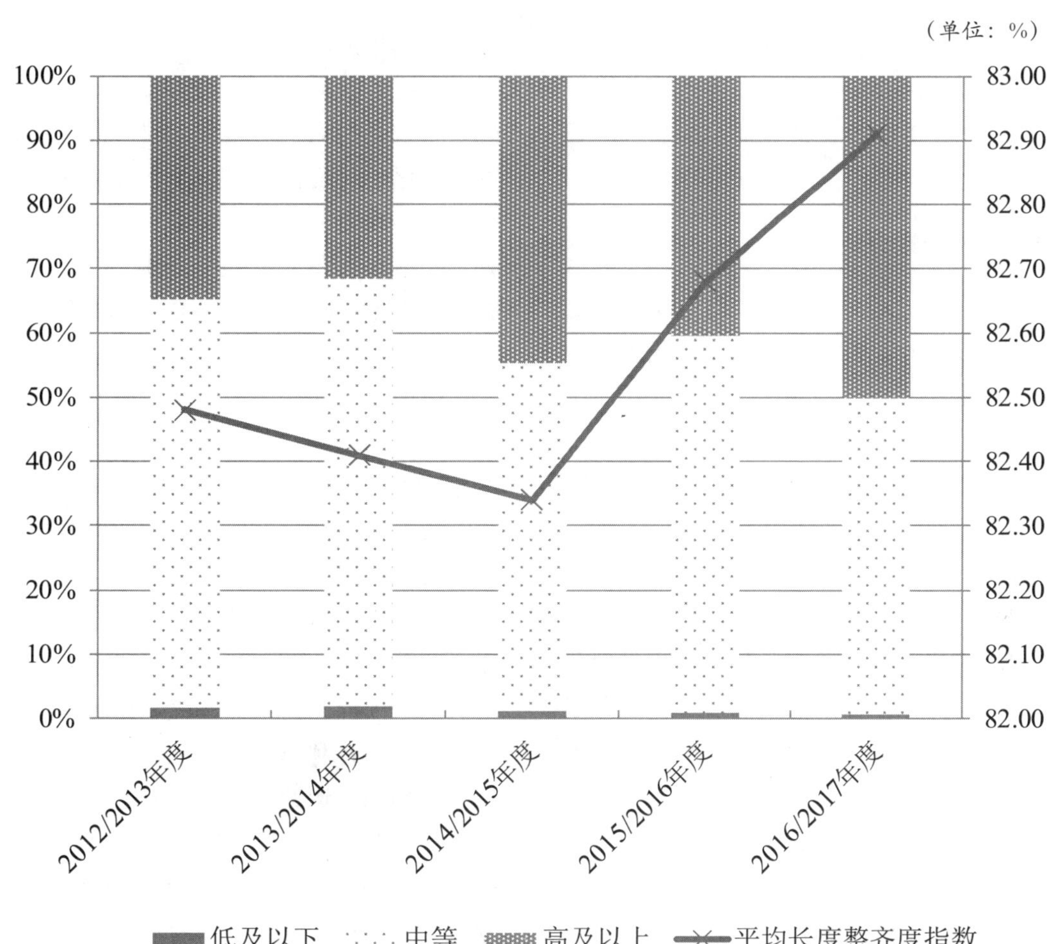

图 3–28　2012/2013 年度至 2016/2017 年度全国棉花长度整齐度指数变化情况图

7. 综合评价

2016/2017 年度全国新体制棉花细绒棉各项质量指标表现差异较大。从颜色和轧工质量来看，颜色级指标区域化差异较为明显，近年来各区域检验量占比逐渐趋于稳定，因此颜色级指标变化不大，以白棉为主，且绝大多数都集中在白棉 2 级与白棉 3 级两档；其中黄河流域及长江流域棉区颜色级指标下降较多，淡点污棉及淡黄染棉占比大幅提升，全国棉花颜色级指标也稍有下降。轧工质量主要集中在中档，中档及以上占比达到 97.29%；除天津外，全国各省份轧工质量为中档及以上的棉花比例均占到 95% 以上，安徽、湖南达到 100%。从纤维长度来看，平均长度大幅提升，平均长度整齐度指数也显著提高，其中，长度指标体现在 30—32 毫米长度级与 28—29 毫米长度级的棉花占比均大幅增加，逐包检验平均长度较上一年度增加 0.52 毫米；长度整齐度指数指标表现在高档及以上档的棉花占比大幅增加，低档及以下档的棉花也略有减少，平均长度整齐度指数再攀新高，有关纤维长度的两项指标均表现良好。从纤维内在品质来看，马克隆值和断裂比强度两项指标表现一般；其中马克隆值指标较上一年度有所提升，A 级占比增加，C2 档过成熟棉占比大幅减少，但总体来说并不尽如人意，与 5 年平均水平相比还有一定差距；平均断裂比强度指标明显下降，为 5 年最低水平，差及以下占比几乎为上一年度两倍。作为全国最大棉花产区新疆 2016/2017

年度棉花各项质量指标与2015/2016年度相比，平均长度提高0.52毫米、长度整齐度增加0.23个百分点、马克隆值A+B级占比增加了17.56个百分点、平均断裂比强度降低0.32cN/tex，总体质量状况略好于2015/2016年度。

四、质量影响因素分析

综合各地的情况来看，影响本年度棉花质量变化的因素主要包括自然条件、产业政策、市场形势、生产环节等几个方面。

1. 自然条件

地理位置的气候特点和年度内的气候变化是影响棉花质量波动的决定性因素。据分析，2016年，在播种及幼苗生长阶段，全国棉区平均气温较常年同期偏高，平均日照时数偏少，平均降水量偏多。西北和黄河流域棉区大部气象条件较好，适宜棉花播种出苗；但黄河流域东部部分棉区降水偏少，墒情下降，棉花适时播种受到一定影响。长江流域棉区出现较强降水天气，造成部分棉田土壤过湿，不利棉花播种。西北棉区大部棉花进入出苗期较早，发育期比常年偏早3—9天。黄河流域和长江流域棉区棉花大部发育期比常年提前1—6天，仅山西棉花发育期推迟6天左右。在蕾铃期，全国棉区平均气温较常年同期偏高，平均日照时数偏多，平均降水量偏多。西北内陆棉区大部温高光足，利于棉花现蕾开花。黄河流域棉区降水充沛，棉区墒情进一步改善。长江流域棉区强降水过程频繁，导致部分棉田出现湿渍害和洪涝灾害，造成棉花幼蕾脱落、叶片发黄。在裂铃吐絮和采摘期，全国棉区平均气温较常年同期偏高，平均日照时数较常年同期偏多，平均降水量较常年同期偏少。北疆、黄河流域和长江流域棉区大部气象条件较好，利于棉花后期生长及裂铃吐絮；但南疆棉区降水偏多，江淮东部棉区先后受台风“莫兰蒂”和“鲇鱼”影响，出现大风和较强降水，导致部分棉花倒伏，裂铃吐絮和采摘晾晒也受到一定影响。

2. 产业政策

按照国务院关于完善农产品价格形成和市场调控机制的部署，自2014/2015年度起，国家取消了临时收储政策，实施棉花目标价格补贴政策，并在新疆启动了棉花目标价格改革试点。2016/2017年度是改革试点的第三个年度，国内棉花形势发生了很大的变化。一是棉价向市场化靠拢倒逼棉花质量。目标价格政策的实施，实现了市场调控的“价补分离”，将棉农和棉企推向市场，立足“消费导向”引导棉农生产棉企加工，提高用棉企业在市场交易中的话语权，充分发挥市场机制在价格形成和资源配置中的决定性作用，要求从棉农到加工企业更加注重棉花内在质量，棉花的一致性得到进一步增强。二是实现了更精准的保本有余。目标价格试点后，国家将专项补贴资金通过基层政府直接发给农民，不再有中间环节漏损，也不再产生储备棉库存费用和利息支出，资金补贴效率大幅提高。三是棉区更加向新疆集中。实行目标价格改革后，新疆棉花产量占到全国棉花的绝大部分，棉花生产向优势产区集中，更加有利于统一管理、机械耕作、病虫害防治和收购加工运销，为棉花专业化和现代化生产打下基础。2017年3月17日，国家发改委、财政部联合印发《关于深化棉花目标价格改革的通知》（发改价格〔2017〕516号），将棉花目标价格由试点期间的“一年一定”改为“三年一定”，有力地引导了棉农预期，保障了棉花产量和质量的稳定。

3. 市场形势

2016/2017年度，国际棉花总产量小幅上涨，国际棉花价格在经历了一年多的低价徘徊后，呈现波动走高态势。国内植棉面积及产量均有所下降，但因库存规模较大，棉花供给依然较为充足，棉花市场总体变化不大，纺织品消费依然较为低迷，纺织品服装出口萎缩，订单大幅减少，纺织企业产品库存较高，产能严重过剩，去库存压力较大。实行目标价格补贴政策以来，国内外棉花价格联动性大大增强，进口棉纱优势减弱，规模下降，棉纱生产回流国内。受到国内外棉花价差大幅缩小与国内棉花去库存压力较大，国家在棉花进口配额方面实施了收紧政策的原因，棉花进口规模大幅下降。棉花价格走出低谷，呈现恢复性上涨。

4. 生产环节

*品种影响。*品种是影响棉花质量的主要内在因素。我国的棉花品种繁多但优良性状突出的比较少，加之近年来供种渠道不断增加，品种更新换代加速，种植品种混乱的问题很大程度上影响棉花的质量。由于近年来棉种行业严重亏损，棉种市场秩序较混乱，假冒伪劣种子充斥市场，难以形成主打的品种和品牌。但随着棉花目标价格补贴政策不断深化，棉花市场化进程不断得到推进，已有部分棉农注意到纺织企业配棉的需求，认识到不同棉花品种的内在纤维品质有很大区别，不再片面追求单产高、衣分高、抗病虫、色泽好的品种，开始注重棉花内在品质，棉花一致性不断得到加强。同时，新疆机采棉均是将原有的手摘方式的棉花按照机采的要求进行种植，始果始节位低、株型松散、成熟期较松散、纤维短、质量较差，不是机采棉的最佳选择品种，加工出的皮棉不尽如人意，在品种选择与新品种选育上有很大提升空间。

*栽培管理与交售流通环节的影响。*棉花栽培管理过程中，棉农盲目追求高密度、田间施肥种类单一，棉田残膜回收量甚少，或基本上不回收，导致残膜逐年增加，宜棉区耕地有限，棉田只能向非宜棉区扩张，加之劳力不足，管理粗放，并且我国多数区域棉田分散，规模化种植条件差，客观上导致质量指标的不一致。在交售流通环节上，棉花采摘、运输过程中使用塑料编织袋的问题一直没有得到有效根治。此外，棉农在户外摊晒籽棉时，受环境条件影响，极易造成动物毛发及杂物混入，形成异性纤维。由于担心综合指标低的棉花卖不出去，棉农有意识地将优等棉花和低等棉花掺混在一起优劣混卖。形成资源浪费，造成棉花品质普遍中等偏下，高品质棉花匮乏。

*采摘方式的影响。*我国大部分棉区采用的还是传统的手摘方式。棉农采摘棉花时较为粗放，按数量采摘、分级存放意识差，采集方式随意性大。部分棉农习惯揪桃剥棉，个别地区甚至还有拔杆剥桃的现象；近年来随着用工成本的大幅上升，棉花采摘雇工困难，棉花早采现象严重，少数地区一次性采摘，未成熟的棉桃被采，造成棉花质量下降。同时，机采棉的快速发展有效降低了生产成本，但也带来含杂多、“三丝”多、长度短等质量问题。由于机采棉在采收过程中，缺少对采收对象的选择性，极易将地膜残片等异性纤维一同收集，造成异性纤维增多、杂质偏大等问题。再加上后续加工中，为了除杂干净，过度烘干开清，造成了对棉花强力、长度等内在指标的损害，增加了短纤率，一定程度上降低了机采棉花的市场竞争力。

*棉花加工的影响。*一方面，由于棉企加工利润越来越小，出现劳动用工减少，质量管理不到位现象。一些企业加工过程中未正确处理好产量和质量的关系，轧工速度控制不当、排杂不彻底或不排，导致棉花长度严重损伤、短纤含量增加，同时含杂较高，棉结、索丝较多。另一方面，随着棉花加工资格认定的取消，各类小包棉等无证企业有卷土重来之势，其质量意识淡薄，生产的小包棉多是白板包，一旦出现质量问题，不利于纺企维护权益，也不利于打击和追责。

五、有关建议

为确保棉花加工质量的提高，防止棉花加工过程中质量破坏，保护棉花质量的稳定性和一致性，提高我国棉花的整体可纺性，针对上述质量指标检验结果和影响因素做出如下建议：

1. 把握棉花产业形势，继续完善宏观调控政策

一方面，棉花目标价格改革已在新疆试点三年时间，回顾三年来的试点历程，改革工作对调整产业布局、优化产业结构、缓解国储库存压力、减轻财政负担、稳定生产、保障棉农利益、促进下游纺织企业健康发展起到了非常积极的作用，应进一步完善宏观调控政策，依托未来 3 年新疆棉花目标价格 18600 元 / 吨的水平鼓励棉农种植高品质、高质量的棉花，引导棉花生产向优势产区集中，发展规模化种植、专业化管理的新模式，充分发挥市场资源配置作用。另一方面，2017 年 1 月 12 日，国务院印发《关于第三批取消中央指定地方实施行政许可事项的决定》（国发〔2017〕7 号），取消了棉花加工资格认定行政许可

可事项，棉花加工市场准入机制取消后，要加大棉花质量事中事后监管力度，进一步健全棉花加工抽检、预警机制，健全质量追溯体系，加强棉花加工企业诚信体系建设，加大违法责任追究力度。同时要通过市场的良性竞争过滤“两小一土”加工企业，引导形成与质量挂钩的棉花价格，以纺织企业需求倒逼出好棉花。

2. 发挥质量大数据作用，加大科技兴棉力度

加强棉花质量大数据与其他行业的结合与应用，尤其是要推进政府部门、行业协会、相关机构之间的沟通协作，积极推动棉花产业信息大数据平台建设，研究棉花公证检验结果在纺织配棉中的应用、公证检验证书与现代物流的结合、公证检验结果的“大数据”应用与质量分析等。同时要深入研究质量数据在棉花良种培育、提升科学植棉水平、改进生产工艺中的指导与参考作用，运用科学技术提升棉花供给质量。加大对机采棉在育种、栽培管理、采摘技术、加工工艺等方面的专项研究力度，深入研究机采棉各项质量指标，使机采棉与手摘棉针对不同纺纱需求，优势分别得到发挥。

3. 树立品牌效应，提高优质棉市场竞争力

目前棉花企业中中小企业偏多，对于品牌建设存在着较大程度上的盲目性，建设现状很不理想，企业品牌的影响力和忠诚度都很低，因此，要引导和帮助加工企业树立品牌意识，提升品牌质量，放大品牌效应。一是树立优质棉花、优秀加工企业品牌效应。通过市场筛选，培育质量信誉好的龙头企业，逐步建立质量品牌，增强产品竞争优势，提升宣传效应，树立典型示范，在全国范围内引领棉花质量提升，增强市场竞争力。二是国家相关棉花政策多向400型企业倾斜。引导加工企业不断完善管理模式，提升企业文化，增强创新意识，提高产品质量，自动淘汰掉产品质量差、管理方式落后、加工设备不完善、存在安全隐患的企业。三是推广利用现有棉花品牌。加大品牌棉花的宣传力度，严格规范质量信誉登记流程，推广在生产、加工、仓储、物流、纺织等一系列环节保护经品牌认定的棉花，开通品牌棉绿色通道，保护经市场认定的优质品牌棉。

4. 加强棉花监督与管理水平，提升全国棉花质量

围绕纺织企业需求，针对棉花质量的突出问题，继续加强棉花质量监督力度，加强棉花加工企业质量管理水平。一是加强监督检查，创新工作方法、注重工作有效性，继续加强对重点地区、重点监控企业的监督检查。二是加强现场调研，掌握纺织用棉质量状况，做好质量分析，了解企业对棉花质量的实际需求，制定相应的监督措施，有针对性地对棉花质量突出问题进行专项治理。三是加快企业质量信用档案建设，积极实施棉花加工企业分类监督管理，发挥企业质量诚信档案在企业贷款、公证检验资格等方面的作用，督促棉花加工企业落实各项质量义务。四是密切关注棉花市场质量状况，做好棉花质量分析，加强安全风险预警和隐患排查，防止发生区域性、系统性质量风险。五是加强质量服务，督促企业采取有效措施挑拣异性纤维和分等级收购、置放、加工棉花，指导企业按标准要求标注质量标识。

2017年我国棉纺织行业运行状况分析及展望

中国棉纺织行业协会　景慎全　盖丽轩

【作者单位简介】中国棉纺织行业协会（简称中棉行协）是经中华人民共和国民政部核准登记的全国性社团组织，成立于1995年。协会现有会员单位近1000家，聚集了全国棉纺织、色织、牛仔布等大型骨干生产企业、事业单位和社会团体，会员企业生产的纱、布、色织布（含牛仔布）工业产值占全国棉纺织工业总产值约70%。协会主要任务是：在会员单位和政府部门之间起桥梁和纽带作用，传达贯彻政府的意图，反映企业的愿望和要求，根据政策法令维护会员的合法权益，竭诚为会员提供多方面的服务。

说明：文中所有数据采集时间为2017年1月1日至2017年12月31日。

2017年，我国棉纺织行业继续保持较平稳的运行态势，全年运行过程中棉花原料价格基本稳定，下游需求稳定。行业不断技改的成果逐步显现，行业产品质量逐步提升，差异化新产品的比重逐步升高，行业的整体竞争力加强。这些都对行业的整体平稳运行创造了良好基础。

一、原料供应

1. 全年国内棉价平稳

2017年，储备棉轮出继续起着国内棉花价格稳定器的作用，全年棉花价格平稳，3128级棉花年平均价格15909元/吨，同比增长14.50%。与国内棉花价格相对稳定不同，国外棉花价格震荡频繁，见图1。上半年，国外棉价波动上行，内外棉价差缩小，5月中旬短暂出现倒挂；8月CotlookA指数完成换月，价格有所下调，棉价差不断拉大，CotlookA指数折1%关税价格与国内3128级棉花价格价差最高达3425元/吨。全年国内外平均棉价差1584元/吨，较上年增长20.64%。

（单位：元/吨）

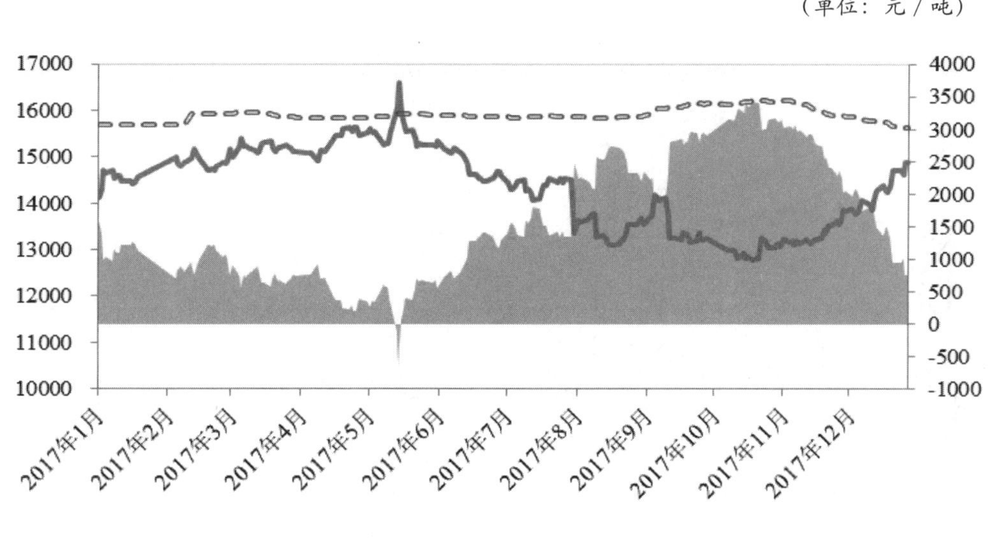

图3-29 2017年国内外棉花价格走势图

数据来源：中国棉纺织行业协会。

2. 棉花使用量增加

根据中棉行协会商统计，2017年我国棉纺用棉纤维755万吨，较上年增加40万吨，原料占比增加1个百分点。主要原因是2017年我国市场棉花供应充足，价格运行平稳，全年大部分时间段内外棉价差较小，下游纯棉纱线订单增加，纺织企业棉纤维使用量增加。

3. 优质棉供应不足

储备棉轮出　2017 年储备棉累计投放 437.83 万吨，实际成交 322.36 万吨，成交率为 73.63%。其中，新疆棉成交 183.74 万吨，占成交总量的 57%；地产棉成交 138.62 万吨，占成交总量的 43%。随着近几年国家储备棉库存的消化，目前国储库中的剩余棉花 500 多万吨。本轮抛储中，新疆棉的成交率依然是 100%，反映出广大企业对优质棉花的需求依然强劲。

新年度棉花　自 2014 年国家启动新疆棉花目标价格改革试点以来，我国棉花整体质量较三年收储期间改善明显，但优质棉的数量依然不足。棉花领域的棉种多而杂，大部分质量不高，棉种审核过于关注产量而不关注质量；棉花种植、加工技术不到位，含杂及“三丝”较多等问题依然得不到较好的解决。

配额内棉花　2015 年以来，为了缓解储备棉库存压力，加快去库存，每年仅发放 89.4 万吨关税内配额，棉花进口受到制约，优质棉的使用需求受到抑制。

4. 化纤短纤价格波动频繁

2017 年全年棉纺行业共使用化纤 1270 万吨，较上年增加 7 万吨。从价格上看，粘胶短纤价格程波动下行，见图 2。主要原因：一、棉花价格较为稳定，下游需求量上升，企业加大棉纤维使用量；二、虽然受环保影响，部分粘胶产能限产，但市场供应量仍然充足。涤纶短纤则受上游原油价格影响，价格相对棉花价格波动较大。从市场价格看，1.4D 直纺涤短全年平均价格为 7976 元 / 吨，同比增长 15.42%，主流粘胶短纤全年平均价格为 16057 元 / 吨，同比增长 10.70%。

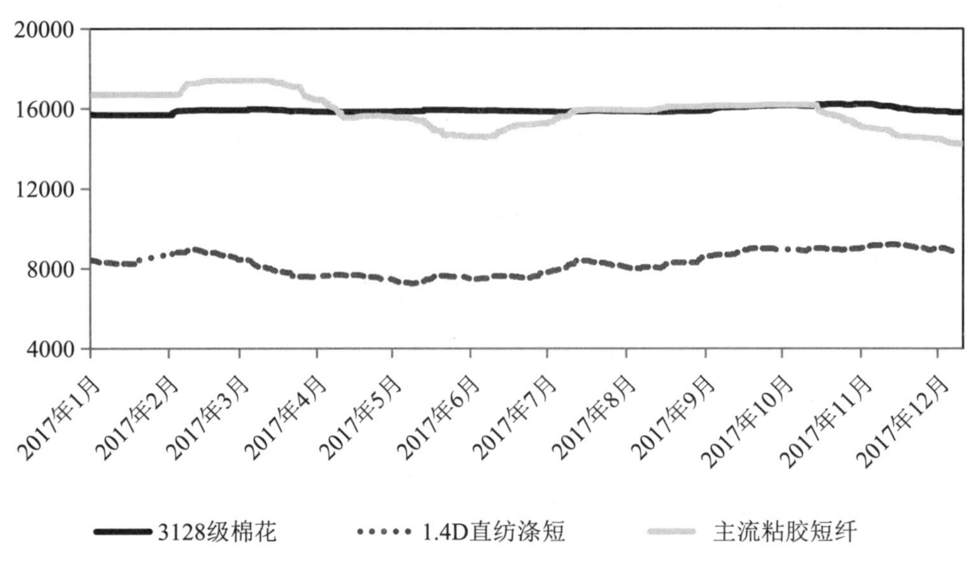

图 3–30　2017 年棉纺用原料价格走势图

数据来源：中国棉纺织行业协会。

二、棉纺织生产、经营的质量和效益

中棉行协综合企业原料采购、生产、销售、库存以及经营等状况发布了 2017 年 12 个月的景气指数。2017 年景气指数平均值为 49.4，较上一年度均值提高 1.5，行业景气度稳步提升。

1. 纱布价格上涨

在国内棉花平均价格上涨、下游需求增加、生产成本上升等多方面因素的作用下，2017 年我国纱布价格都出现了增长。全年 32 支纯棉普梳纱平均价格为 23330 元 / 吨，同比增长 11.98%，纺纱企业经营压力有所缓解。纯棉坯布（32×32 130×70 2/1

47″斜纹）平均价格为5.78元/米，同比增长5.47%。从下图可以看出，棉花、纱线、坯布价格走势基本一致。从调研情况看，纱线价格变化的速度略滞后于棉价的变化。

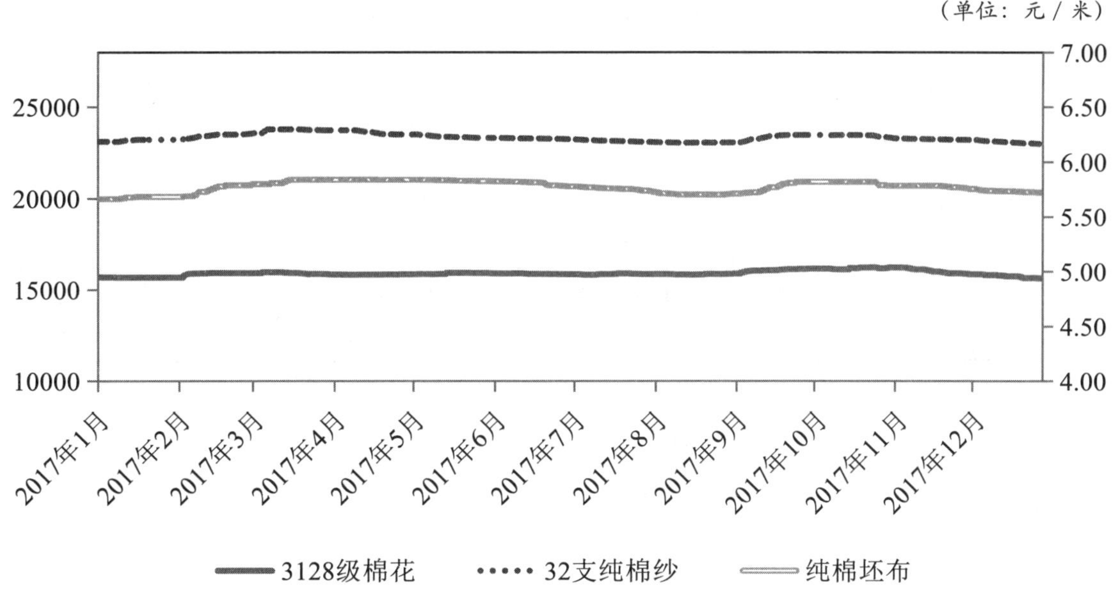

图3–31 2017年纱布产品价格走势图

数据来源：中国棉纺织行业协会。

2. 纱线产量增长

2017年，企业生产经营明显好于上年。春节过后，下游需求回暖，企业订单充足，根据中棉行协调研了解，约80%的企业100%开台；第二、第三季度，除一些中小型企业由于原料采购不足、天气炎热等原因降低开台率，绝大多数企业开台率保持80%以上；9月后，市场转暖，企业接单量有所回升，经营好转，开台率再次提升。全年企业开台率好于2016年，加之一批高自动化生产设备投入生产，行业纱产量在连续3年下降后出现回升，根据中棉行协会商统计，2017年国内纱产量1929万吨， 同比增长2.39%，布产量610亿米，与上年持平。

3. 主营业务收入、利润同比增长

随着部分技术落后、无利经营的中小企业退出竞争，行业资源向大企业集中，行业整合力度加大，头部企业的竞争优势逐步加强，行业两极分化凸显。根据中棉行协跟踪企业数据显示，2017年，跟踪企业主营业务收入累计同比增长5.72%，较上年增加1个百分点，主营业务利润累计同比增长3.75%，出口交货值累计同比增长0.43%，亏损面减少。

4. 投资增速放缓

从投资情况来看，2017年行业新增投资主要来自于新疆地区，随着新疆投资热度的逐步下降，行业投资的增速也随之下降。 2017年棉纺行业实际完成投资3168亿元，同比增长2.13%，增速较上年下降17.56个百分点，棉织造投资增速下滑较快。

5. 用工问题凸显

2017年，随着市场的景气度上升，企业生产形势良好，但是部分企业受工人不足的影响而限产，用工问题成了行业需要应对的关键问题，一线工人严重缺乏、年龄偏大，导致用工成本不断上升。为应对用工不足，企业多进行了以减少用工或降低劳动强度的生产设备的改造。但由于许多设备的基础情况决定，实现自动化需要大量的资金投入，在整体行业利润率不高的情况下，企业很难下决心进行大规模投入。

三、棉纺织进出口形势

1. 进口棉结构变化

对高品质棉花的需求增加和国内外棉价差整体保持在较低水平给外棉进口创造有利条件。2017 年我国累计进口棉花 115.48 万吨，同比增长 28.79%。美棉成为 2017 年我国棉花进口的赢家，全年我国从美国进口棉花 50.63 万吨，同比增长 92.22 %，占进口总量的 43.84%。分析原因是美棉相对品质高、“三丝”少，与澳棉和印度棉等有较好的性价比优势，另外美棉在国内的宣传推广也起到一定的推动作用。印度棉进口数量占比出现下降，分析原因是同期国内与印度棉品质接近的棉花供应充足、价格差距较小，使印度在我国棉花主要进口市场中的份额有所下降。

表 3–7 2017 年我国棉花主要进口市场情况

（单位：万吨、%）

名称	2017 年		2016 年		占比变化
	数量	占比	数量	占比	
美棉	50.63	43.84	26.34	29.38	14.47
印棉	25.80	22.34	21.84	24.36	–2.02
乌棉	11.20	9.70	11.83	13.19	–3.50
澳棉	9.30	8.05	9.31	10.38	–2.33

数据来源：海关总署。

2. 棉纱进口量保持稳定

近年来东南亚地区纺纱行业发展迅猛，纱线产量和质量都快速提升，特别是越南，因为国内企业投资和技术力量的支持以及优厚的棉花政策，其纯棉纱线竞争力明显增强。2017 年，我国累计进口棉纱线 198.36 万吨，同比增长 0.78%。从棉纱线进口的分市场来看，越南、印度、巴基斯坦是我国棉纱线进口前三大来源国。2017 年，越南向中国出口纱线 71.61 万吨，接近印度和巴基斯坦纱线进口数量的总和。

表 3–8 2017 年我国棉纱线主要进口市场情况

（单位：万吨、%）

名称	2017 年		2016 年		占比变化
	数量	占比	数量	占比	
越南	71.61	36.10	62.41	31.71	4.39
印度	39.04	19.68	41.46	21.06	–1.38
巴基斯坦	34.06	17.17	38.81	19.72	–2.55
乌兹别克斯坦	9.32	4.70	8.81	4.48	0.22

数据来源：海关总署。

3. 棉织物出口增长

2017年，我国棉织物出口量增加，全年共出口棉织物89.37亿米，同比增长1.44%。在出口的棉织物中，纯棉坯布好于棉混纺布。东南亚等新兴纺织国家是我国棉织物出口的主要地区，其中，菲律宾、孟加拉国、越南占出口总量的35%。随着东南亚制衣业对面料需求的不断增长，将继续拉动我国棉织物的出口。

表3–9　2017年我国棉织物主要出口市场情况

（单位：万吨、%）

名称	2017年		2016年		占比变化
	数量	占比	数量	占比	
菲律宾	13.66	15.28	88.1	12.66	2.63
孟加拉国	11.07	12.39	11.15	12.41	–0.02
越南	6.18	6.92	10.93	7.62	–0.70
贝宁	4.27	4.78	6.71	3.87	0.91
中国香港	3.25	3.64	3.41	5.73	–2.10

数据来源：海关总署。

四、棉花相关建议

1. 提高国内棉花质量

随着我国纺织企业转型升级步伐加快，对高等级棉花的需求量增加，近年来新疆棉质量有所提升，但相比澳棉仍存在差距，建议从国家政策导向、棉种、种植、加工的所有环节继续以品质为导向，根据下游使用需求进行研发生产。

2. 逐步放开棉花进口配额

在现有配额机制下，分配过程应尽可能做到公开、透明、合理、合规，让企业能在相对公平的发展环境下良性竞争。从长远来看，只有逐步放开棉花配额管制，才能让中国纺织更充分的发挥产业链优势，更好地为民生就业做贡献。

3. 建立更加合理的储备棉投放机制

试行价差预警动态平衡机制，降低库存风险。如内外棉花价差突破1500元/吨，立即启动保护国内棉纺织企业的棉花供应机制；适时适量轮入高等级外棉，以保持合理且优质的储备棉结构；加强储备棉投放环节的监管力度，杜绝不合理的增加购买企业负担的现象。

五、2018年棉纺织经营展望

从中国棉纺织行业协会调研情况看，2018年棉纺行业开局良好，走访企业春节假期后销售态势良好，企业家信心充足，对市场形势较为看好。但欧美等服装主要消费市场回暖缓慢、叙利亚等地区国际局势的动荡、人民币汇率的变化等一系列不确定因素影响着我国棉纺织行业的运营。

外部环境压力加剧，特别是东南亚新兴棉纺织国家的竞争，使得我国棉纺织品出口形势依然面临严峻的考验；2018年棉花进口关税配额量依然为89.4万吨，储备棉中高品质棉花也越来越少，高品质棉花供应缺口增大，可能会助推进口棉数量的增长；行业经营平稳，主营业务收入、主营业务利润同比增长，亏损面减少。

2016/2017 年度郑州棉花期货市场运行情况

中粮期货有限公司　徐　捷

【作者单位简介】中粮期货有限公司成立于1996年，注册资本8.462亿元，股东为中粮资本投资有限公司和中国人寿保险股份有限公司。中粮期货专注风险管理和期货投资，历经二十余年培养建立起了一支专业化的衍生品服务团队，并长期与国内外研究机构和各行业的龙头企业保持良好的交流与合作，实时追踪期货市场、期货市场的发展变化，及时为客户提供专业的服务和支持。

2016/2017 年度是郑州商品交易所棉花期货（以下简称“棉花期货”）上市的第 12 个年度。棉花期货价格发现和套期保值功能继续稳定发挥，为涉棉企业管理经营风险提供有效工具。随着我国宏观调控政策以及储备棉投放政策的坚定实施，我国棉花价格整体持稳，避免价格大幅波动加大市场风险。本年度期货市场仓单注册量创下历史新高，期货市场销售平台的作用进一步凸显。

一、2016/2017 年度棉花期货市场运行情况

1. 价格波动缩小，市场运行平稳

（单位：元 / 吨）

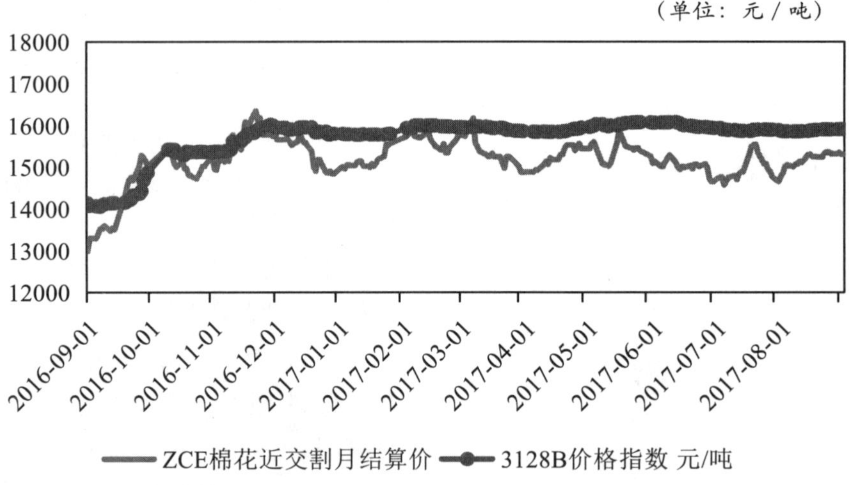

图 3–32　2016/2017 年度我国棉花期现货价格走势

2016/2017 年度，棉花期现货价格整体波动幅度缩小，年度初期棉花期现货价格触底反弹，随后全年大部分时间呈现区间震荡走势。2016/2017 年度，3128 级中国棉花价格 B 指数（CC Index3128B 指数）累计上涨 1778 元 / 吨，涨幅 11.58%，波幅 2025 元 / 吨；棉花期货市场近交割月结算价累计上涨 2285 元 / 吨，涨幅 17.59%，波幅 3355 元 / 吨。从整体来看，2016 年 9 月 1 日，棉花期货价格探至本年度新低 12990 元 / 吨，随后快速反弹，最高探至 16300 元 / 吨附近，棉花现货价格相对稳定，波

动幅度缩小，全年度期现货价格相关性仅为0.67。

2. 市场流动性萎缩明显，风险性降低

受累于棉花期货价格整体波动幅度较小，棉花期货的日均成交量与日均持仓量均同比萎缩明显，结束连续三个年度的增长。2016/2017年度，棉花期货日均持仓量和日均成交量分别为37.9万手和31.4万手，同比滑落40.23%和44.57%，但仍高于目标价格改革前棉花期货市场的整体流动性，棉花产业市场化程度逐步加强，棉花期货流动性逐步加强，为涉棉企业管理风险提供优良的环境。

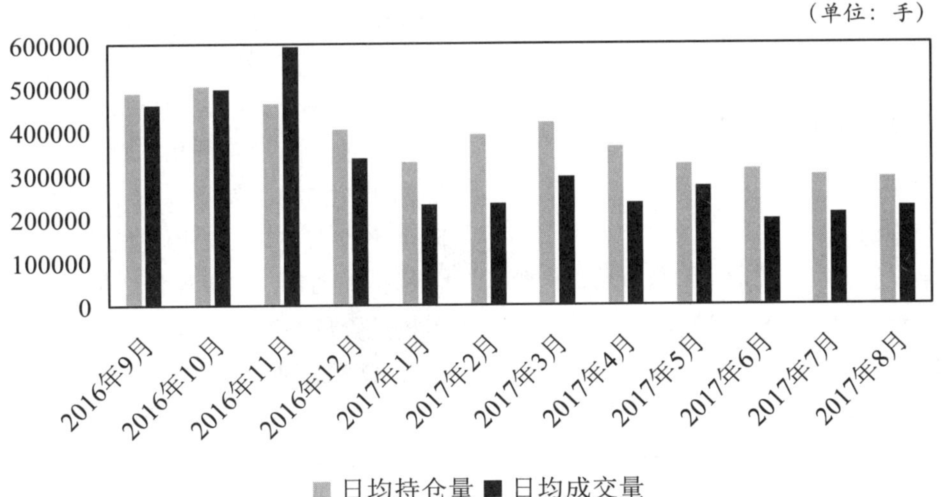

图3-33 2016/2017年度郑棉期货日均持仓量和日均成交量情况

2016/2017年度各月成交情况来看，2016年10月棉花期货日均持仓量达到本年度的最大50.3万手；11月，棉花期货日均成交量达到本年度的最大59.4万手。在达到本年度最大日均持仓量以及日均成交量后，2016年12月、2017年1月，日均成交量以及日均持仓量均出现持续下滑。在本年度剩下的时间里，棉花期货日均持仓量维持在30万手左右，日均成交量维持在21万手左右。

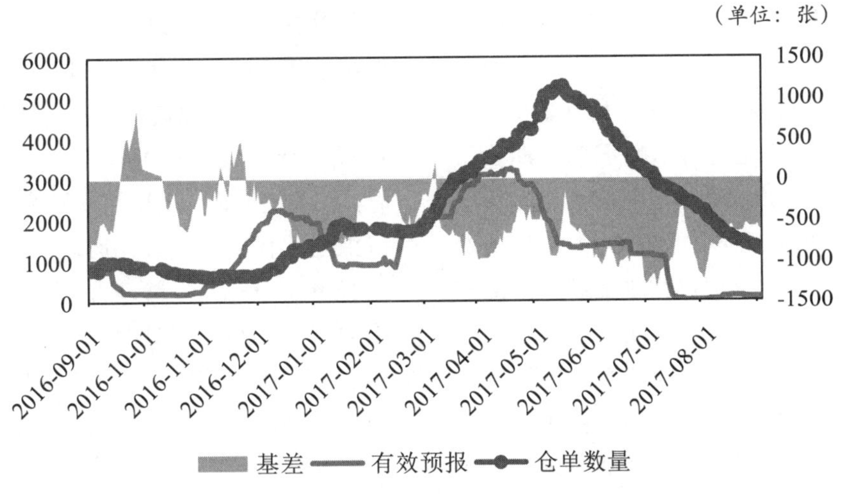

图3-34 2016/2017年度郑棉期货仓单情况

3. 仓单量创新高，期货销售平台作用凸显

2016/2017 年度棉花期货交割数量继续增长，期货市场辅助棉花现货销售的平台作用凸显。全年棉花期货共形成仓单 5288 张，折合棉花 21.15 万吨，创下历史新高。从基差情况分析，棉花期现基差几乎全年保持为负值状态，棉花期货市场长时间贴水棉花现货市场。2017 年 7 月 5 日，棉花期现货市场基差达到本年度极值 1336 元 / 吨。

二、2016/2017 年度国内外棉花市场影响因素分析

1. 国内棉花市场行情

2016/2017 年度我国棉花现货、期货市场价格触底反弹后长时间震荡。按照不同阶段，影响棉花期现货价格运行的主要因素总结如下：

2016 年 9 月是 2015/2016 年度储备棉投放的最后一个月时间。由于储备棉竞拍底价是内外联动的定价机制，美棉较低的价格使得储备棉价格低廉，市场参与拍卖热情高涨，储备棉投放成交率居高不下，成交价格也水涨船高，郑棉期现货市场也有了不同幅度的走高。

2016 年 11—12 月，2015/2016 年度储备棉投放累计成交 320 万吨，弥补 2015/2016 年度我国国内市场供需缺口的同时，过剩约 130 万吨左右。纺织企业棉花备货充足，与此同时 2016/2017 年度新花逐渐上市，一时间棉花市场供过于求现象明显。期货市场受拖累震荡走低，12 月底棉花价格跌至 14850 元 / 吨附近。

2017 年 1—8 月，国内棉花现货价格几乎持平，整体价格围绕 16000 元 / 吨附近窄幅震荡。期货市场整体围绕 14500—16000 元 / 吨反复震荡。尽管国内 2016/2017 年度产量同比增加 16.3 万吨，但消费量同比增加 54.5 万吨，这使得国内供需缺口继续扩大至 211.6 万吨，仍需要储备棉投放来弥补缺口，国内期末库存继续下降支撑了整个市场。同期整个国际市场除中国外地区的供需格局与国内市场形成截然相反的格局，2016/2017 年度除中国外地区产量约 1829 万吨，消费量约为 1682.6 万吨，供过于求 146.4 万吨，这使得国际棉花价格压力较大，拖累国内市场，抑制国内市场整体涨幅，使得在本年度大部分时间内棉花价格维持震荡走势。

2. 国际棉花市场

2016/2017 年度伊始，美棉期价结束连续一个月的下挫，随国内市场企稳而逐渐触底反弹，但由于 2016/2017 年度除中国外地区供需格局处于供过于求阶段，美棉期价反弹力度明显弱于国内棉花期货市场。

2017 年 1 月，美棉出口签约率逐渐走强并超过五年均值，随后美棉出口报告显示 2016/2017 年度美棉出口强劲，使得 2016/2017 年度美棉期末库存降至 59.9 万吨，处于历史低位。在此支撑下，基金入场推涨期价，美棉期价迎来上涨高潮，5 月 15 日美棉期价最高探至 87.18 美分，整体上涨 21.76 美分 / 磅，涨幅达到 33.25%。

2017 年 6—8 月。美棉出口逐渐完成，与此同时，2017/2018 年度的种植面积报告显示，下年度美棉播种面积出现大幅增长。这使得 2017/2018 年度美棉处于供过于求阶段，期末库存预估出现大幅增长。在此影响下，美棉期货价格出现大幅度跳水，6 月 26 日，期价最低探至 66.15 美分，整体下跌 21.03 美分 / 磅，跌幅达到 24.12%，几乎将前期涨幅收复。在随后的时间里，美棉期货于底部反复震荡整理。

三、2016/2017 年度棉花期货市场政策调整情况

2016 年 10 月 25 日，郑州商品交易所发布关于调整棉花合约替代交割品升贴水的通告。通告称，经研究决定，先对棉花合约替代品升贴水进行调整，自 2017/2018 年度生产的棉花开始实施。仓单注销出库时，在复议期内，因自然变异造成棉花颜色级下降超出上述替代品范围并同时超出《郑州商品交易所标准仓单及中转仓单管理办法》规定允许自然变异范围的，其升贴水参照中国棉花协会发布的“2016 年 10 月《中国棉花协会国产棉质量价差表》”中“2016 年 10 月锯齿加工细绒棉质量差价表”执行。

2016 年 11 月 11 日，郑州商品交易所发布关于调整指定棉花交割仓库的通告。通告指出，经研究

决定，新疆农资集团北疆农佳乐有限公司、石河子天银物流有限公司、库尔勒银星物流有限责任公司由郑州商品交易所指定棉花交割中转库转为指定棉花交割仓库，自2017年9月19日起执行。

2016年11月11日，郑州商品交易所发布关于调整制定棉花交割仓库升贴水的通告。通告指出，经研究决定，对制定棉花交割仓库升贴水进行调整，自2017年9月19日开始执行。仓库升贴水中涉及的“运费补贴”指新疆维吾尔自治区财政厅发布执行的出疆棉花运费补贴标准。当运费补贴政策到期、新政策公布前，升贴水计算时运费补贴标准沿用上期政策规定，交易所另行通告的除外；新的运费补贴政策标准公布后，升贴水按照新标准计算，自政策公布之日起（不含该日）第十个交易日开始执行，如果该日在交割月份第一个至第十二个交易日之中，则执行日期顺延至该交割月份第十三个交易日。

2017年8月31日，郑州商品交易所发布关于明确棉花交割仓库相关费用的通告，通告指出根据《郑州商品交易所期货交割细则》《期货交割棉公证检验实施办法（暂行）》，经研究决定，现对新疆地区和非新疆地区棉花交割仓库相关费用进行调整。新疆地区棉花交割仓库费用标准自2017年9月19日开始实施，非新疆地区棉花交割仓库费用标准自2017年9月1日开始实施。

统 计 资 料

第四部分

棉花生产

表 4–1　1978—2016 年中国棉花生产情况

（单位：千公顷、万吨、千克 / 公顷）

年份	农作物总播种面积	棉花播种面积	棉花产量	单位面积产量
1978	150104	4866	217.0	455
1980	146380	4920	271.0	550
1985	143626	5140	415.0	807
1989	146554	5203	379.0	728
1990	148362	5588	451.0	807
1991	149586	6538	568.0	868
1992	149007	6835	451.0	660
1993	147741	4985	374.0	750
1994	148241	5528	434.0	785
1995	149879	5422	477.0	879
1996	152381	4722	420.0	890
1997	153969	4491	460.0	1025
1998	155706	4459	450.0	1009
1999	156373	3726	383.0	1028
2000	156300	4041	442.0	1093
2001	155708	4810	532.0	1107
2002	154636	4184	492.0	1175
2003	152415	5111	486.0	951
2004	153553	5693	632.0	1111
2005	155488	5062	571.0	1129
2006	157021	5409	674.0	1247
2007	153464	5926	762.4	1286
2008	156266	5754	749.2	1302
2009	158639	4952	637.7	1288
2010	160675	4849	596.1	1229
2011	162283	5038	658.9	1308

续表

年份	农作物总播种面积	棉花播种面积	棉花产量	单位面积产量
2012	163416	4688	683.6	1458
2013	164627	4346	629.9	1449
2014	165446	4222	617.8	1463
2015	166374	3797	560.3	1476
2016	166650	3345	529.9	1584

数据来源：《中国统计年鉴2017》。

表4–2 2016/2017年度分省棉花生产情况

（单位：千公顷、万吨、千克／公顷）

省份	农作物总播种面积	棉花播种面积	棉花产量	单位面积产量
全 国	**166650**	**3345**	**529.9**	**1584**
北 京	151.4	0.1	0.0	1164
天 津	479.2	14.2	2.3	1641
河 北	8716.6	288.6	30.0	1038
山 西	3720.8	7.1	1.0	1463
内蒙古	7921.9	0.1	0.0	1493
辽 宁	4064.1	0.1	0.0	1355
上 海	294.7	0.3	0.0	1098
江 苏	7676.9	63.4	7.4	1165
浙 江	2274.4	11.2	1.7	1470
安 徽	8893.6	183.4	18.5	1006
福 建	2327.3	0.1	0.0	769
江 西	5560.7	49.3	7.3	1486
山 东	10973.2	465.2	54.8	1178
河 南	14472.3	100.1	9.8	974
湖 北	7843.5	202.5	18.8	931
湖 南	8793.3	103.6	12.3	1185
广 西	6145.3	2.2	0.3	1127

续表

省份	农作物总播种面积	棉花播种面积	棉花产量	单位面积产量
四　川	9728.6	9.1	0.9	977
贵　州	5596.8	1.6	0.1	754
云　南	7164.5	0.1	0.0	1341
陕　西	4276.9	24.1	3.4	1405
甘　肃	4253.8	13.3	2.0	1502
新　疆	5867.5	1805.2	359.4	1991

数据来源：《中国统计年鉴 2017》。

表 4–3　2016/2017 年度新疆维吾尔族自治区棉花生产情况

（单位：千公顷、万吨、千克 / 公顷）

地区	棉花播种面积	棉花产量	单位面积产量
全区	**2154.91**	**420.00**	**2046**
乌鲁木齐市	0.37	0.04	1195
克拉玛依市	5.16	1.05	2040
吐鲁番市	10.74	1.59	1480
哈密地区	28.65	5.29	1846
昌吉回族自治州	79.04	15.59	1972
伊犁哈萨克自治州	207.29	43.44	2096
伊犁州直属县（市）	6.37	1.09	1715
塔城地区	200.92	42.35	2108
博尔塔拉蒙古自治州	0.23	18.63	2065
巴音郭楞蒙古自治州	0.97	44.92	2079
阿克苏地区	3.41	85.65	1762
克孜勒苏柯尔克孜自治州	0.1	1.65	1649
喀什地区	5.92	63.76	1585
和田地区	0.97	3.72	1449
生产建设兵团	621.00	149.57	2409

注：1. 数据来源：《新疆统计年鉴（2017)》。

2. 全区农作物播种面积及棉花面积合计不等于地方和生产。

表 4–4　2016/2017 年度新疆维吾尔族自治区长绒棉生产情况

（单位：千公顷、万吨、千克 / 公顷）

地区	长绒棉播种面积	长绒棉产量	单产
全区	**255.76**	**40.85**	**1597***
伊犁哈萨克自治州	93.36	19.02	2038*
伊犁州直属县（市）	0.34	0.05	1388*
塔城地区	93.02	18.98	2040*
阿克苏地区	486.12	12.26	252*
克孜勒苏柯尔克孜自治州	10.01	0.88	878*
喀什地区	402.18	6.96	173*
生产建设兵团	**7.34**	**1.73**	**2358**

注：1. 数据来源《新疆统计年鉴 2017》。
2. 带 * 的数据由国家棉花市场监测系统测算而得。

表 4–5　2016/2017 年度新疆生产建设兵团棉花生产情况

（单位：千公顷、万吨、千克 / 公顷）

地区	棉花播种面积	棉花产量	单位面积产量
建设兵团	**621.00**	**149.57**	**2409**
一师	135.29	34.34	2538
二师	36.21	9.35	2581
三师	55.10	13.16	2389
四师	5.92	1.07	1807
五师	42.05	8.31	1976
六师	61.22	13.11	2141
七师	80.45	19.53	2428
八师	190.60	47.04	2468
九师	—	—	—
十师	—	—	—
十一师	0.18	0.03	1822

续表

地区	棉花播种面积	棉花产量	单位面积产量
十二师	—	—	—
十三师	13.33	3.54	2656
十四师	0.65	0.09	1454

数据来源：《新疆生产建设兵团统计年鉴2017》。

表4–6　2016/2017年度新疆生产建设兵团长绒棉生产情况

（单位：千公顷、万吨、千克/公顷）

地区	长绒棉播种面积	长绒棉产量	单位面积产量
建设兵团	**7.34**	**1.73**	**2358**
一师	3.30	0.73	2219
三师	0.511	0.11	2203
八师	3.54	0.89	2509

数据来源：《新疆生产建设兵团统计年鉴2017》。

表4–7　2016/2017年度山东省棉花生产情况

（单位：千公顷、万吨、千克/公顷）

地区	棉花播种面积	棉花产量	单位面积产量
全省	**465.20**	**54.80**	**1179**
济南市	9.98	1.26	1266
青岛市	0.38	0.06	1554
淄博市	2.41	0.34	1425
枣庄市	2.24	0.32	1452
东营市	55.94	7.17	1281
烟台市	0.23	0.04	1820
潍坊市	16.73	2.06	1229
济宁市	45.73	6.60	1444
泰安市	4.62	0.65	1413

续表

地区	棉花播种面积	棉花产量	单位面积产量
日照市	0.57	0.13	2213
莱芜市	1.54	0.31	1996
临沂市	6.59	0.94	1420
德州市	28.72	4.32	1504
聊城市	17.54	2.35	1341
滨州市	65.38	7.42	1135
菏泽市	89.40	13.15	1471

数据来源：《山东统计年鉴2017》。

表4–8 2016/2017年度河南省棉花生产情况

（单位：千公顷、万吨、千克/公顷）

地区	棉花播种面积	棉花产量	单位面积产量
全省	**100.00**	**10.10**	**1010**
郑州市	2.26	0.22	973*
开封市	14.89	1.79	1202*
洛阳市	4.07	0.52	1278*
平顶山市	1.76	0.19	1080*
安阳市	5.40	0.78	1444*
鹤壁市	0.87	0.06	690*
新乡市	2.53	0.47	1858*
焦作市	0.51	0.06	1176*
濮阳市	2.93	0.30	1024*
许昌市	1.08	0.11	1019*
漯河市	4.50	0.38	844*
三门峡市	1.45	0.14	966*
南阳市	15.51	1.44	928*
商丘市	15.01	1.99	1326*
信阳市	1.77	0.16	904*

续表

地区	棉花播种面积	棉花产量	单位面积产量
周口市	9.39	1.29	1374*
驻马店市	1.72	0.16	930*
济源市	0.41	0.05	1220*

数据来源：1.《河南统计年鉴 2017》。
2. 带 * 的数据由国家棉花市场监测系统测算而得。

表 4–9　2016/2017 年度河北省棉花生产情况

（单位：千公顷、万吨、千克 / 公顷）

地区	棉花播种面积	棉花产量	单位面积产量
全省	**288.57**	**29.95**	**1038**
石家庄市	5.65	0.55	973*
秦皇岛市	0.38	0.05	1316*
唐山市	17.38	2.07	1191*
廊坊市	13.47	1.49	1106*
保定市	7.35	0.83	1129*
沧州市	44.62	5.41	1212*
衡水市	65.87	7.95	1207*
邢台市	132.07	15.87	1202*
邯郸市	61.88	7.93	1282*

数据来源：1.《河北经济年鉴 2017》。
2. 带 * 的数据由国家棉花市场监测系统测算而得。

表 4–10　2016/2017 年度天津市棉花生产情况

（单位：千公顷、万吨、千克 / 公顷）

地区	棉花播种面积	棉花产量	单位面积产量
全市	**14.20**	**2.33**	**1641***
塘沽区	—	—	—
汉沽区	—	—	—
大港区	—	—	—

续表

地区	棉花播种面积	棉花产量	单位面积产量
东丽区	—	—	—
西青区	—	—	—
津南区	—	—	—
北辰区	—	—	—
武清区	—	—	—
宝坻区	—	—	—
宁河县	—	—	—
静海县	—	—	—
蓟县	—	—	—

数据来源：1.《天津统计年鉴 2017》。

2. 带 * 的数据由国家棉花市场监测系统测算而得。

表 4–11 2016/2017 年度陕西省棉花生产情况

（单位：千公顷、万吨、千克 / 公顷）

地区	棉花播种面积	棉花产量	单位面积产量
全省	**24.07**	**3.38**	**1405**
西安市	0.18	0.024	1317
宝鸡市	0.03	0.005	1567
咸阳市	0.17	0.011	647
渭南市	22.30	3.223	1445
延安市	0.06	0.083	826
汉中市	1.01	0.005	5300
榆林市	0.01	0.011	510
安康市	0.21	0.003	1350

数据来源：《陕西统计年鉴 2017》。

表 4–12　2016/2017 年度江苏省棉花生产情况

（单位：千公顷、万吨、千克 / 公顷）

地区	棉花播种面积	棉花产量	单位面积产量
全省	**63.40**	**7.38**	**1165**
南京市	—	0.31	—
徐州市	—	2.07	—
常州市	—	0.04	—
苏州市	—	0.05	—
南通市	—	2.38	—
连云港市	—	0.05	—
淮安市	—	0.01	—
盐城市	—	1.13	—
扬州市	—	0.11	—
镇江市	—	0.09	—
泰州市	—	0.18	—
宿迁市	—	0.06	—

数据来源：《江苏统计年鉴 2017》。

表 4–13　2016/2017 年度安徽省棉花生产情况

（单位：千公顷、万吨、千克 / 公顷）

地区	棉花播种面积	棉花产量	单位面积产量
全省	**183.44**	**18.46**	**1006**
合肥市	27.83	2.65	952
淮北市	0.45	0.07	1507
亳州市	5.97	0.91	1525
宿州市	14.45	2.11	1458
蚌埠市	3.64	0.65	1775
阜阳市	6.84	0.92	1342
淮南市	1.98	0.32	1636
滁州市	8.03	0.91	1135
六安市	8.65	1.43	1652

续表

地区	棉花播种面积	棉花产量	单位面积产量
马鞍山市	7.28	0.93	1277
芜湖市	27.83	3.44	1237
宣城市	4.51	0.51	1131
铜陵市	8.98	1.36	1511
池州市	19.93	2.70	1355
安庆市	52.19	6.95	1331
黄山市	0.42	0.05	1161

数据来源：《安徽统计年鉴2017》。

表4–14　2016/2017年度湖北省棉花生产情况

（单位：千公顷、万吨、千克/公顷）

地区	棉花播种面积	棉花产量	单位面积产量
全省	**202.51**	**18.85**	**931***
武汉市	—	0.76	—
黄石市	—	0.26	—
十堰市	—	0.01	—
荆州市	—	5.03	—
宜昌市	—	1.07	—
襄阳市	—	1.82	—
鄂州市	—	0.41	—
荆门市	—	1.13	—
孝感市	—	1.50	—
黄冈市	—	2.99	—
咸宁市	—	0.24	—
随州市	—	0.85	—
仙桃市	—	0.00	—
天门市	—	0.80	—
潜江市	—	1.53	—

注：1. 数据来源《湖北统计年鉴2017》。

2. 带*的数据由国家棉花市场监测系统测算而得。

表 4–15　2016/2017 年度湖南省棉花生产情况

（单位：千公顷、万吨、千克 / 公顷）

地区	棉花播种面积	棉花产量	单位面积产量
全省	**104**	**12.27**	**1185**
长沙市	—	—	—
株洲市	—	—	—
湘潭市	—	—	—
衡阳市	—	—	—
邵阳市	—	—	—
岳阳市	—	—	—
常德市	—	—	—
张家界市	—	—	—
益阳市	—	—	—
郴州市	—	—	—
永州市	—	—	—
怀化市	—	—	—
娄底市	—	—	—
湘西州	—	—	—

注：数据来源为《湖南统计年鉴 2017》。

表 4–16　2016/2017 年度山西省棉花生产情况

（单位：千公顷、万吨、千克 / 公顷）

地区	棉花播种面积	棉花产量	单位面积产量
全省	**7.05**	**1.03**	**1464***
太原市	0.005	0.001	1778*
长治市	0.027	0.002	599*
晋城市	0.131	0.011	808*
晋中市	0.022	0.002	981*
运城市	6.618	1.000	1511*

续表

地区	棉花播种面积	棉花产量	单位面积产量
临汾市	0.196	0.015	790*
吕梁市	0.056	0.002	368*

数据来源：1.《山西统计年鉴2017》。

2. 带 * 的数据由国家棉花市场监测系统测算而得。

表4–17 2016/2017年度江西省棉花生产情况

（单位：千公顷、万吨、千克/公顷）

地区	棉花播种面积	棉花产量	单位面积产量
全省	**49.26**	**7.376**	**1497**
南昌市	1.31	0.1829	1395
景德镇市	1.09	0.1655	1523
萍乡市	0.00	0.0002	1000
九江市	29.94	4.4666	1492
新余市	2.22	0.375	1692
赣州市	0.01	0.0009	1800
吉安市	0.15	0.0228	1572
宜春市	8.76	1.2352	1411
抚州市	1.90	0.3122	1647
上饶市	3.89	0.6147	1579

数据来源：《江西统计年鉴2017》。

表4–18 2016/2017年度四川省棉花生产情况

（单位：千公顷、万吨、千克/公顷）

地区	棉花播种面积	棉花产量	单位面积产量
全省	**9.053**	**0.884**	**977***
成都市	0.294	0.037	1269*
德阳市	0.240	0.020	842*
绵阳市	0.258	0.024	911*

续表

地区	棉花播种面积	棉花产量	单位面积产量
遂宁市	7.208	0.708	982*
南充市	0.453	0.028	616*
眉山市	0.455	0.051	1112*
资阳市	0.145	0.017	1152*

数据来源：1.《四川统计年鉴2017》。

2. 带 * 的数据由国家棉花市场监测系统测算而得。

表4–19　2016/2017年度甘肃省棉花生产情况

（单位：千公顷、万吨、千克/公顷）

地区	棉花播种面积	棉花产量	单位面积产量
全省	**13.25**	**1.99**	**1501**
酒泉市	8.16	1.362	1669
武威市	0.71	0.133	1875
张掖市	0.16	0.033	2099
白银市	0.04	0.006	1347
陇南市	0.01	0.001	1054

数据来源为《甘肃发展年鉴2017》。

表4–20　2016/2017年度辽宁省棉花生产情况

（单位：千公顷、万吨、千克/公顷）

地区	棉花播种面积	棉花产量	单位面积产量
全省	**0.10**	**0.0126**	**1355**
朝阳市	0.100	0.0109	1627
大连市	0.015	0.0001	67
营口市	0.005	0.0005	1000
锦州市	0.004	0.0009	2250
葫芦岛市	0.002	0.0002	1000

数据来源：《辽宁统计年鉴2017》。

棉花购销

表 4–21　2016/2017 年度中国棉花收购、加工与销售进度统计

日期	收购进度（%）	加工进度（%）	销售进度（%）
2016 年 9 月	40.4%	44.4%	3.4%
2016 年 10 月	70.9%	58.7%	10.8%
2016 年 11 月	86.5%	79.4%	23.2%
2016 年 12 月	92.6%	95.9%	48.5%
2017 年 1 月	95.2%	95.8%	58.4%
2017 年 2 月	96.9%	97.0%	68.9%
2017 年 3 月	98.6%	98.2%	76.7%
2017 年 4 月	99.2%	98.9%	82.1%
2017 年 5 月	99.3%	99.2%	87.5%
2017 年 6 月	99.3%	99.2%	93.0%

数据来源：国家棉花市场监测系统。

备注：收购进度＝已交售籽棉量 / 已采摘籽棉量；加工进度＝已加工皮棉量 / 籽棉收购折皮棉量；销售进度＝已销售皮棉量 / 籽棉收购量折皮棉量。

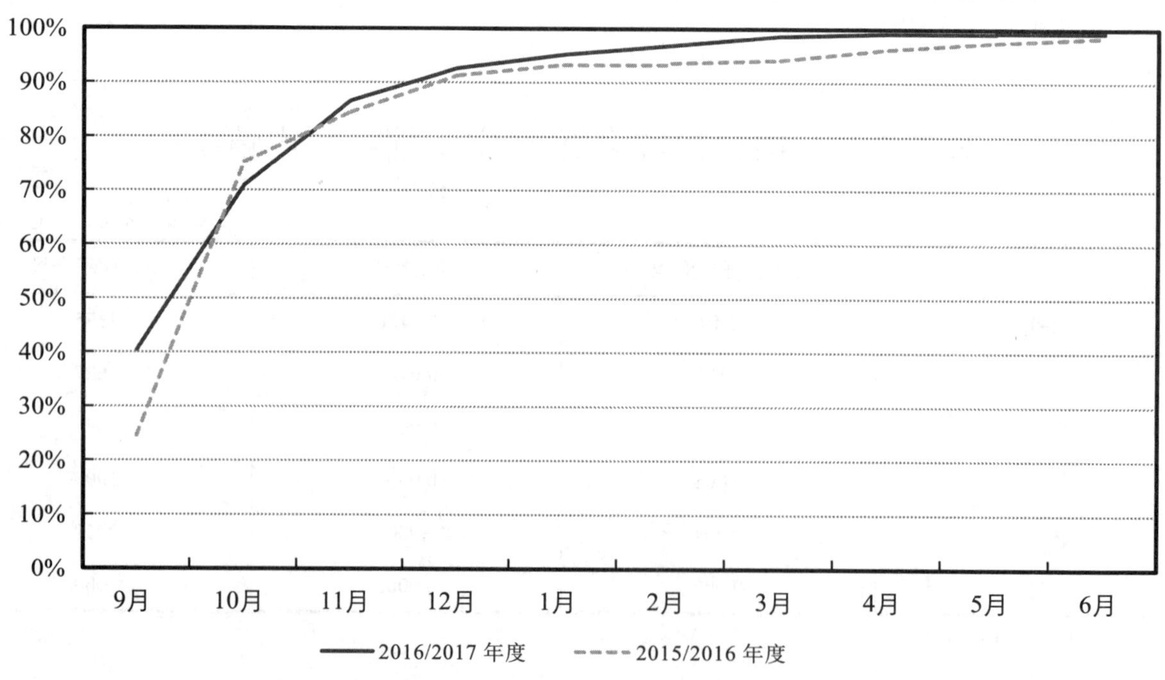

图 4–1　2016/2017 年度中国棉花收购进度与上年对比

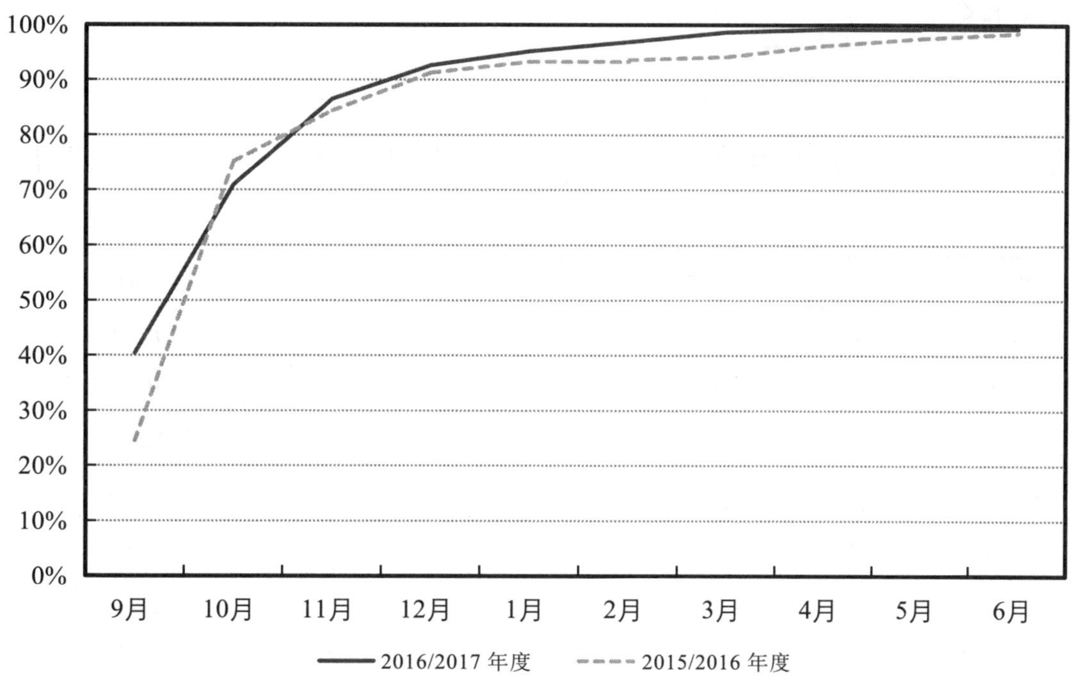

图 4-2　2016/2017 年度中国棉花加工进度与上年对比

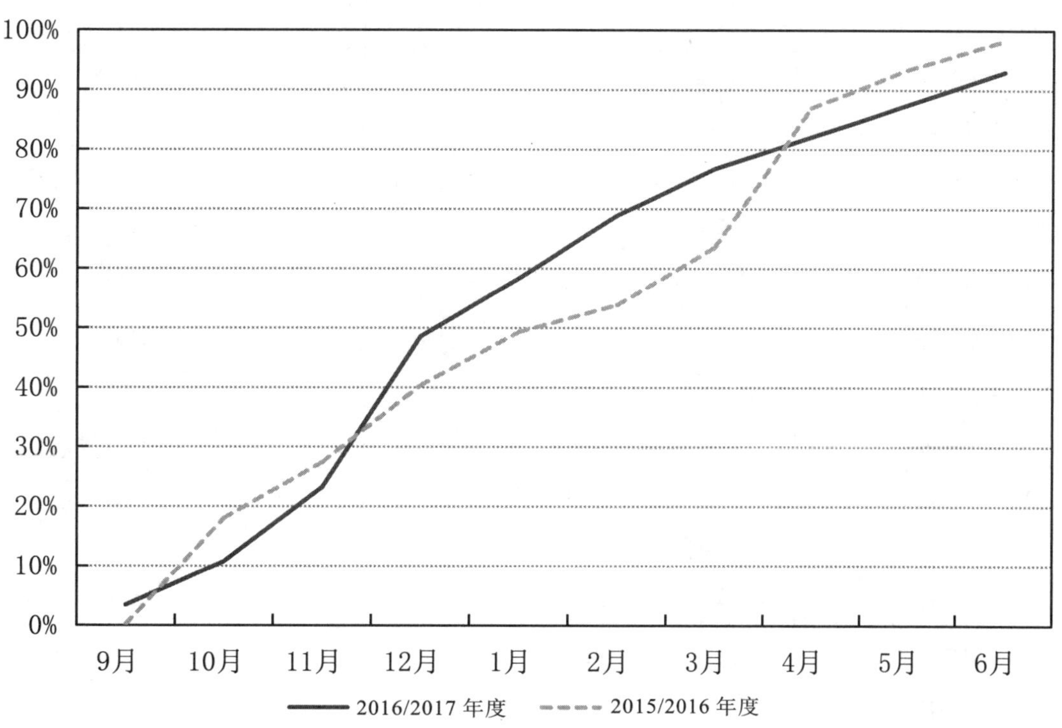

图 4–3　2016/2017 年度中国棉花销售进度与上年对比

棉花价格

表 4–22　2002/2003 年度至 2016/2017 年度国家棉花价格指数月平均价格

（单位：元 / 吨）

日　期	国家棉花价格 A 指数	国家棉花价格 B 指数
2002 年 9 月	10595	10136
2002 年 10 月	10697	10322
2002 年 11 月	11210	10883
2002 年 12 月	11370	11044
2003 年 1 月	11466	11144
2003 年 2 月	12337	12080
2003 年 3 月	13505	13233
2003 年 4 月	13701	13432
2003 年 5 月	12875	12616
2003 年 6 月	13018	12764
2003 年 7 月	13482	13263
2003 年 8 月	13309	13058
2003 年 9 月	13744	13516
2003 年 10 月	17259	17020
2003 年 11 月	18086	17734
2003 年 12 月	17865	17237
2004 年 1 月	18209	17538
2004 年 2 月	18403	17776
2004 年 3 月	18277	17517
2004 年 4 月	18115	17237
2004 年 5 月	17731	16713
2004 年 6 月	16250	15163
2004 年 7 月	14837	13736
2004 年 8 月	13754	12870
2004 年 9 月	13806	13006
2004 年 10 月	12492	12013

续表

日　期	国家棉花价格 A 指数	国家棉花价格 B 指数
2004 年 11 月	12095	11541
2004 年 12 月	11802	11227
2005 年 1 月	11865	11295
2005 年 2 月	12230	11586
2005 年 3 月	12594	12009
2005 年 4 月	12990	12488
2005 年 5 月	13788	13428
2005 年 6 月	13755	13375
2005 年 7 月	13943	13556
2005 年 8 月	13914	13503
2005 年 9 月	13844	13454
2005 年 10 月	14617	14196
2005 年 11 月	14656	14203
2005 年 12 月	14636	14175
2006 年 1 月	14662	14236
2006 年 2 月	14825	14404
2006 年 3 月	14752	14312
2006 年 4 月	14627	14177
2006 年 5 月	14572	14087
2006 年 6 月	14560	14076
2006 年 7 月	14489	14007
2006 年 8 月	14455	13987
2006 年 9 月	14387	13948
2006 年 10 月	13299	12884
2006 年 11 月	13184	12663
2006 年 12 月	13324	12812
2007 年 1 月	13457	12954
2007 年 2 月	13481	12988
2007 年 3 月	13517	13042
2007 年 4 月	13488	13017

续表

日　期	国家棉花价格 A 指数	国家棉花价格 B 指数
2007 年 5 月	13465	12971
2007 年 6 月	13732	13355
2007 年 7 月	14455	14163
2007 年 8 月	14843	14529
2007 年 9 月	14121	13683
2007 年 10 月	14024	13471
2007 年 11 月	14188	13646
2007 年 12 月	14172	13622
2008 年 1 月	14252	13692
2008 年 2 月	14389	13778
2008 年 3 月	14474	13921
2008 年 4 月	14413	13909
2008 年 5 月	14338	13911
2008 年 6 月	14355	13946
2008 年 7 月	14275	13868
2008 年 8 月	14109	13722
2008 年 9 月	13567	13130
2008 年 10 月	12787	12404
2008 年 11 月	11619	11116
2008 年 12 月	11385	10790
2009 年 1 月	11504	10931
2009 年 2 月	11630	11207
2009 年 3 月	11910	11529
2009 年 4 月	12892	12579
2009 年 5 月	13172	12894
2009 年 6 月	13132	12821
2009 年 7 月	13413	13105
2009 年 8 月	13473	13176
2009 年 9 月	13331	13028
2009 年 10 月	14020	13715

续表

日 期	国家棉花价格 A 指数	国家棉花价格 B 指数
2009 年 11 月	14693	14382
2009 年 12 月	15151	14840
2010 年 1 月	15304	14994
2010 年 2 月	15252	14936
2010 年 3 月	15971	15610
2010 年 4 月	16594	16201
2010 年 5 月	17216	16811
2010 年 6 月	18167	17776
2010 年 7 月	18748	18300
2010 年 8 月	18573	18131
2010 年 9 月	19905	19471
2010 年 10 月	25396	24771
2010 年 11 月	29308	28721
2010 年 12 月	27996	27267
2011 年 1 月	28889	28127
2011 年 2 月	30846	29949
2011 年 3 月	31733	30819
2011 年 4 月	30251	29094
2011 年 5 月	26862	25110
2011 年 6 月	26388	24441
2011 年 7 月	24184	22066
2011 年 8 月	20994	19340
2011 年 9 月	21250	19738
2011 年 10 月	21107	19662
2011 年 11 月	20597	19233
2011 年 12 月	20377	19120
2012 年 1 月	20499	19260
2012 年 2 月	20744	19547
2012 年 3 月	20787	19608
2012 年 4 月	20641	19454

续表

日　期	国家棉花价格 A 指数	国家棉花价格 B 指数
2012 年 5 月	20395	19224
2012 年 6 月	19562	18562
2012 年 7 月	19406	18483
2012 年 8 月	19470	18558
2012 年 9 月	19627	18754
2012 年 10 月	19645	18788
2012 年 11 月	19704	18859
2012 年 12 月	19935	19107
2013 年 1 月	20100	19275
2013 年 2 月	20117	19289
2013 年 3 月	20145	19319
2013 年 4 月	20147	19320
2013 年 5 月	20132	19300
2013 年 6 月	20120	19280
2013 年 7 月	20082	19229
2013 年 8 月	20048	19187
2013 年 9 月	20048	19187
2013 年 10 月	20140	19283
2013 年 11 月	20268	19443
2013 年 12 月	20382	19588
2014 年 1 月	20277	19459
2014 年 2 月	20215	19377
2014 年 3 月	20200	19349
2014 年 4 月	20187	19327
2014 年 5 月	19235	18311
2014 年 6 月	18276	17414
2014 年 7 月	18161	17356
2014 年 8 月	17975	17233
2014 年 9 月	17137	16471
2014 年 10 月	15440	14867

续表

日　期	国家棉花价格 A 指数	国家棉花价格 B 指数
2014 年 11 月	15181	14628
2014 年 12 月	14155	13532
2015 年 1 月	13993	13344
2015 年 2 月	13956	13306
2015 年 3 月	13962	13313
2015 年 4 月	13936	13283
2015 年 5 月	13882	13193
2015 年 6 月	13790	13110
2015 年 7 月	13757	13028
2015 年 8 月	13685	12954
2015 年 9 月	13571	12849
2015 年 10 月	13560	12840
2015 年 11 月	13551	12869
2015 年 12 月	13547	12872
2016 年 1 月	13309	12669
2016 年 2 月	12987	12342
2016 年 3 月	12524	11927
2016 年 4 月	12442	11971
2016 年 5 月	12746	12393
2016 年 6 月	12932	12596
2016 年 7 月	14487	14219
2016 年 8 月	14938	14627
2016 年 9 月	14544	14258
2016 年 10 月	15657	15318
2016 年 11 月	15916	15567
2016 年 12 月	16190	15837
2017 年 1 月	16079	15665
2017 年 2 月	16322	15929
2017 年 3 月	16395	15977
2017 年 4 月	16337	15916

日　　期	国家棉花价格 A 指数	国家棉花价格 B 指数
2017 年 5 月	16390	16006
2017 年 6 月	16361	15961
2017 年 7 月	16272	15853
2017 年 8 月	16268	15841

数据来源：国家棉花市场监测系统。

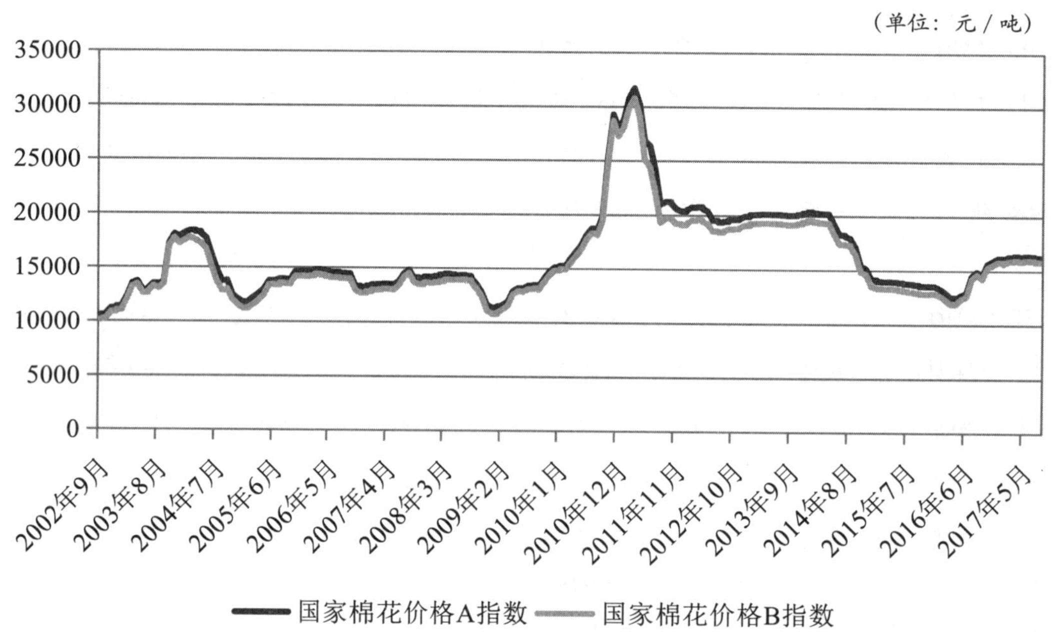

图 4–4　2002/2003 年度至 2016/2017 年度国家棉花价格走势

国家棉花价格指数简介

国家棉花价格指数（即 CNCotton A、CNCotton B）简称为国棉 A、B 指数，根据国家棉花市场监测系统各个监测站每日皮棉报价汇总，并通过严格的核查程序最终确定。CNCotton A 指数代表内地 2129 级皮棉成交均价，CNCotton B 指数代表内地 3128 级皮棉成交均价。

国家棉花市场监测系统各监测站广泛分布于全国各棉花产销区，采集当地具有代表性的皮棉成交价格，及时反映行情变化。国家棉花价格指数每工作日下午发布。

国家棉花价格指数强调区域概念，并假设同等级棉花在同一个地区的工厂接受价与轧花厂仓库交货价水平基本一致，与当日发布的《国内主要地区棉花现货价格行情》配合使用，可比较全面地反映当日国内主要地区棉花平均成交价格水平。

表 4–23　2016/2017 年度国家棉花价格指数及中国棉花收购价格指数日价格

（单位：元 / 吨）

日　期	国家棉花价格 A 指数	国家棉花价格 B 指数	中国棉花收购价格指数
2016 年			
9 月 1 日	14472	14167	12888
9 月 2 日	14384	14084	12551
9 月 5 日	14370	14070	12477
9 月 6 日	14369	14068	12476
9 月 7 日	14364	14067	12343
9 月 8 日	14390	14099	12584
9 月 9 日	14400	14123	13092
9 月 12 日	14387	14117	12717
9 月 13 日	14388	14125	12876
9 月 14 日	14393	14128	13211
9 月 18 日	14395	14128	13178
9 月 19 日	14419	14169	12411
9 月 20 日	14439	14185	12502
9 月 21 日	14473	14207	12883
9 月 22 日	14495	14233	13274
9 月 23 日	14552	14283	13425
9 月 26 日	14714	14428	13653
9 月 27 日	14820	14503	13974
9 月 28 日	14948	14620	14214
9 月 29 日	15094	14769	14161
9 月 30 日	15165	14844	14161
10 月 8 日	15591	15295	14986
10 月 9 日	15667	15350	15051
10 月 10 日	15711	15403	15061
10 月 11 日	15741	15428	15074
10 月 12 日	15748	15432	15092

续表

日　期	国家棉花价格 A 指数	国家棉花价格 B 指数	中国棉花收购价格指数
10 月 13 日	15743	15419	15070
10 月 14 日	15707	15367	15082
10 月 17 日	15664	15323	15007
10 月 18 日	15654	15313	14956
10 月 19 日	15641	15297	15013
10 月 20 日	15639	15287	14856
10 月 21 日	15618	15267	14784
10 月 24 日	15607	15247	14564
10 月 25 日	15611	15254	14485
10 月 26 日	15614	15257	14488
10 月 27 日	15620	15261	14514
10 月 28 日	15621	15262	14516
10 月 31 日	15626	15268	14544
11 月 1 日	15623	15265	14544
11 月 2 日	15622	15267	14539
11 月 3 日	15624	15269	14534
11 月 4 日	15628	15271	14523
11 月 7 日	15631	15275	14513
11 月 8 日	15632	15277	14486
11 月 9 日	15652	15289	14452
11 月 10 日	15677	15320	14470
11 月 11 日	15862	15516	14496
11 月 14 日	15861	15515	14468
11 月 15 日	15866	15517	14410
11 月 16 日	15960	15605	14396
11 月 17 日	15994	15641	14392
11 月 18 日	16031	15684	14371
11 月 21 日	16107	15760	14408
11 月 22 日	16134	15792	14412
11 月 23 日	16149	15800	14412

续表

日　期	国家棉花价格 A 指数	国家棉花价格 B 指数	中国棉花收购价格指数
11 月 24 日	16185	15845	14387
11 月 25 日	16191	15850	14359
11 月 28 日	16217	15889	14373
11 月 29 日	16249	15917	14393
11 月 30 日	16247	15915	14339
12 月 1 日	16234	15908	14334
12 月 2 日	16221	15896	14279
12 月 5 日	16224	15898	14279
12 月 6 日	16223	15892	14256
12 月 7 日	16214	15881	14295
12 月 8 日	16212	15879	14197
12 月 9 日	16206	15865	14198
12 月 12 日	16213	15873	14162
12 月 13 日	16215	15881	14277
12 月 14 日	16218	15882	14206
12 月 15 日	16218	15882	14112
12 月 16 日	16222	15885	14099
12 月 19 日	16214	15874	14017
12 月 20 日	16195	15834	14269
12 月 21 日	16169	15788	14263
12 月 22 日	16165	15785	14298
12 月 23 日	16169	15788	14291
12 月 26 日	16156	15773	14257
12 月 27 日	16129	15742	14241
12 月 28 日	16120	15736	14238
12 月 29 日	16126	15742	14282
12 月 30 日	16126	15739	14202
2017 年			
1 月 3 日	16117	15724	14214
1 月 4 日	16115	15720	14220

续表

日　期	国家棉花价格 A 指数	国家棉花价格 B 指数	中国棉花收购价格指数
1 月 5 日	16114	15718	14260
1 月 6 日	16106	15708	14268
1 月 9 日	16097	15696	14274
1 月 10 日	16091	15689	14261
1 月 11 日	16089	15685	14264
1 月 12 日	16087	15680	14260
1 月 13 日	16071	15658	14274
1 月 16 日	16061	15631	14272
1 月 17 日	16057	15628	14277
1 月 18 日	16057	15631	14260
1 月 19 日	16055	15629	14255
1 月 20 日	16053	15627	14206
1 月 22 日	16052	15625	14239
1 月 23 日	16051	15624	14239
1 月 24 日	16069	15644	14232
1 月 25 日	16078	15657	14210
1 月 26 日	16080	15659	14219
2 月 3 日	16200	15803	14297
2 月 4 日	16226	15835	14301
2 月 6 日	16252	15870	14321
2 月 7 日	16290	15905	14407
2 月 8 日	16294	15908	14417
2 月 9 日	16346	15968	14382
2 月 10 日	16344	15966	14476
2 月 13 日	16358	15975	14450
2 月 14 日	16366	15984	14454
2 月 15 日	16365	15982	14475
2 月 16 日	16345	15960	14493
2 月 17 日	16344	15954	14495
2 月 20 日	16334	15934	14497

续表

日　期	国家棉花价格 A 指数	国家棉花价格 B 指数	中国棉花收购价格指数
2 月 21 日	16332	15930	14496
2 月 22 日	16331	15928	14498
2 月 23 日	16339	15933	14545
2 月 24 日	16352	15940	14434
2 月 27 日	16351	15940	14483
2 月 28 日	16352	15941	14486
3 月 1 日	16353	15941	14483
3 月 2 日	16347	15935	14493
3 月 3 日	16342	15929	14488
3 月 6 日	16447	16051	14493
3 月 7 日	16464	16067	14506
3 月 8 日	16456	16058	14506
3 月 9 日	16443	16041	14509
3 月 10 日	16421	16003	14490
3 月 13 日	16419	16002	14513
3 月 14 日	16409	15988	14491
3 月 15 日	16407	15981	14495
3 月 16 日	16400	15974	14510
3 月 17 日	16400	15974	14504
3 月 20 日	16402	15977	14489
3 月 21 日	16397	15971	14496
3 月 22 日	16380	15958	14498
3 月 23 日	16372	15948	14535
3 月 24 日	16375	15951	14560
3 月 27 日	16374	15949	14539
3 月 28 日	16372	15949	14404
3 月 29 日	16372	15948	14455
3 月 30 日	16368	15942	14473
3 月 31 日	16362	15935	14474
4 月 1 日	16356	15929	14449

续表

日　期	国家棉花价格 A 指数	国家棉花价格 B 指数	中国棉花收购价格指数
4 月 5 日	16344	15917	14458
4 月 6 日	16334	15905	14463
4 月 7 日	16333	15902	14484
4 月 10 日	16335	15902	14484
4 月 11 日	16335	15903	14482
4 月 12 日	16330	15900	14489
4 月 13 日	16328	15898	14480
4 月 14 日	16328	15898	14477
4 月 17 日	16327	15899	14484
4 月 18 日	16325	15900	14503
4 月 19 日	16327	15902	14503
4 月 20 日	16328	15903	14503
4 月 21 日	16332	15910	14488
4 月 24 日	16343	15935	14490
4 月 25 日	16346	15939	14488
4 月 26 日	16346	15941	14467
4 月 27 日	16353	15950	14474
4 月 28 日	16357	15965	14480
5 月 2 日	16364	15978	—
5 月 3 日	16367	15982	—
5 月 4 日	16379	15992	—
5 月 5 日	16392	16013	—
5 月 8 日	16389	16011	—
5 月 9 日	16369	15982	—
5 月 10 日	16363	15973	—
5 月 11 日	16359	15959	—
5 月 12 日	16361	15961	—
5 月 15 日	16367	15975	—
5 月 16 日	16378	15989	—
5 月 17 日	16386	16001	—

续表

日　期	国家棉花价格 A 指数	国家棉花价格 B 指数	中国棉花收购价格指数
5 月 18 日	16390	16005	—
5 月 19 日	16397	16011	—
5 月 22 日	16408	16029	—
5 月 23 日	16413	16035	—
5 月 24 日	16421	16045	—
5 月 25 日	16428	16057	—
5 月 26 日	16425	16052	—
5 月 27 日	16424	16049	—
5 月 31 日	16412	16030	—
6 月 1 日	16396	16013	—
6 月 2 日	16392	16008	—
6 月 5 日	16391	16006	—
6 月 6 日	16392	16007	—
6 月 7 日	16391	16003	—
6 月 8 日	16393	16008	—
6 月 9 日	16395	16009	—
6 月 12 日	16390	16006	—
6 月 13 日	16385	15998	—
6 月 14 日	16374	15980	—
6 月 15 日	16361	15963	—
6 月 16 日	16357	15949	—
6 月 19 日	16348	15938	—
6 月 20 日	16346	15937	—
6 月 21 日	16344	15933	—
6 月 22 日	16341	15930	—
6 月 23 日	16339	15927	—
6 月 26 日	16339	15925	—
6 月 27 日	16331	15918	—
6 月 28 日	16327	15911	—
6 月 29 日	16310	15891	—

续表

日　　期	国家棉花价格 A 指数	国家棉花价格 B 指数	中国棉花收购价格指数
6 月 30 日	16301	15882	—
7 月 3 日	16298	15880	—
7 月 4 日	16285	15875	—
7 月 5 日	16280	15868	—
7 月 6 日	16273	15862	—
7 月 7 日	16270	15857	—
7 月 10 日	16268	15855	—
7 月 11 日	16258	15843	—
7 月 12 日	16255	15838	—
7 月 13 日	16255	15836	—
7 月 14 日	16255	15835	—
7 月 17 日	16255	15834	—
7 月 18 日	16259	15838	—
7 月 19 日	16278	15855	—
7 月 20 日	16280	15857	—
7 月 21 日	16282	15860	—
7 月 24 日	16283	15860	—
7 月 25 日	16282	15859	—
7 月 26 日	16278	15856	—
7 月 27 日	16275	15851	—
7 月 28 日	16275	15846	—
7 月 31 日	16266	15839	—
8 月 1 日	16260	15826	—
8 月 2 日	16260	15824	—
8 月 3 日	16260	15822	—
8 月 4 日	16253	15819	—
8 月 7 日	16253	15818	—
8 月 8 日	16250	15819	—
8 月 9 日	16253	15820	—
8 月 10 日	16254	15823	—

续表

日　　期	国家棉花价格 A 指数	国家棉花价格 B 指数	中国棉花收购价格指数
8 月 11 日	16256	15824	—
8 月 14 日	16258	15827	—
8 月 15 日	16264	15834	—
8 月 16 日	16267	15837	—
8 月 17 日	16274	15847	—
8 月 18 日	16277	15851	—
8 月 21 日	16280	15859	—
8 月 22 日	16284	15865	—
8 月 23 日	16284	15867	—
8 月 24 日	16284	15864	—
8 月 25 日	16282	15860	—
8 月 28 日	16282	15860	—
8 月 29 日	16282	15860	—
8 月 30 日	16279	15856	—
8 月 31 日	16279	15854	—

数据来源：国家棉花市场监测系统。

（单位：元 / 吨）

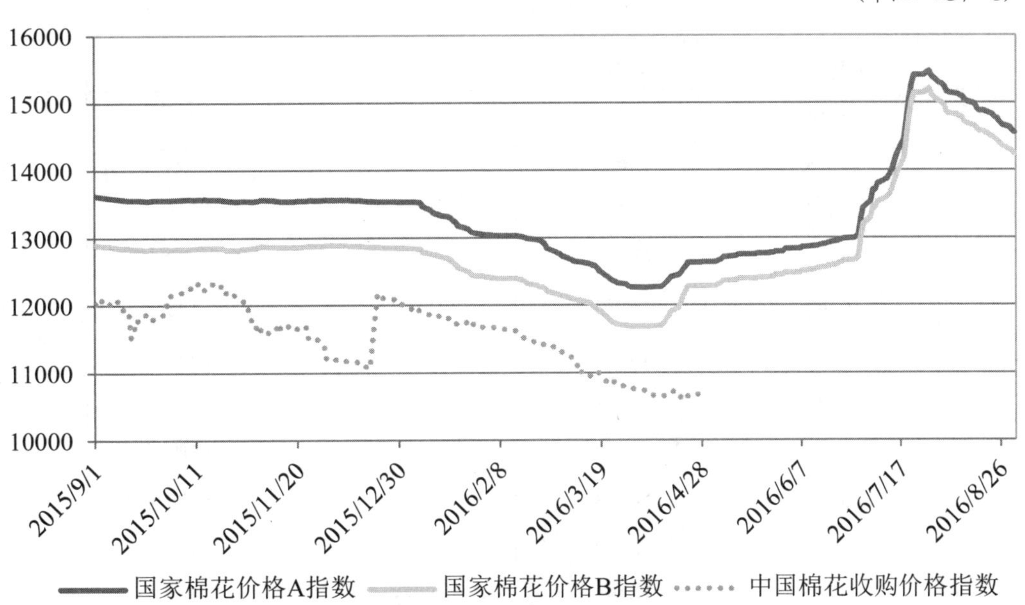

图 4–5　2016/2017 年度国家棉花价格指数及中国棉花收购价格指数走势

表 4–24 2016/2017 年度内地各等级棉花分月价格

（单位：元 / 吨）

日 期	1129B 级	2129B 级	3128B 级	4129B 级	2227B 级
2016 年 9 月	14792	14544	14257	13860	13524
2016 年 10 月	15936	15657	15318	14895	14479
2016 年 11 月	16168	15900	15551	15077	14649
2016 年 12 月	16434	16186	15831	15282	14850
2017 年 1 月	16324	16078	15664	15160	14748
2017 年 2 月	16584	16322	15929	15402	14920
2017 年 3 月	16674	16388	15968	15442	14952
2017 年 4 月	16616	16337	15916	15388	14869
2017 年 5 月	16652	16391	16007	15459	14929
2017 年 6 月	16649	16361	15961	15440	14911
2017 年 7 月	16589	16272	15853	15343	14839
2017 年 8 月	16570	16269	15841	15339	14817

数据来源：国家棉花市场监测系统。

表 4–25 2016/2017 年度中国主要地区棉花价格

（单位：元 / 吨）

日 期	冀鲁豫地区				
	1129B 级	2129B 级	3128B 级	4129B 级	2227B 级
2016 年 9 月	14816	14557	14251	13868	13527
2016 年 10 月	15994	15699	15330	14896	14482
2016 年 11 月	16214	15929	15567	15085	14643
2016 年 12 月	16458	16181	15832	15275	14833
2017 年 1 月	16342	16073	15652	15143	14738
2017 年 2 月	16665	16375	15971	15429	14925
2017 年 3 月	16724	16423	16006	15449	14956
2017 年 4 月	16645	16364	15959	15393	14856
2017 年 5 月	16698	16433	16060	15480	14937
2017 年 6 月	16683	16380	15998	15438	14901
2017 年 7 月	16586	16256	15854	15314	14814
2017 年 8 月	16605	16300	15866	15331	14815

续表

日　期	东南沿海地区				
	1129B 级	2129B 级	3128B 级	4129B 级	2227B 级
2016 年 9 月	14792	14591	14292	13908	13568
2016 年 10 月	15874	15636	15335	14921	14497
2016 年 11 月	16169	15937	15589	15091	14673
2016 年 12 月	16439	16258	15919	15279	14885
2017 年 1 月	16348	16137	15727	15156	14841
2017 年 2 月	16501	16296	16041	15366	14963
2017 年 3 月	16648	16427	16023	15483	15042
2017 年 4 月	16612	16384	15949	15430	15002
2017 年 5 月	16622	16398	16032	15502	15002
2017 年 6 月	16656	16400	16048	15490	14976
2017 年 7 月	16645	16381	16001	15449	14920
2017 年 8 月	16600	16300	15956	15444	14856

日　期	长江中下游地区				
	1129B 级	2129B 级	3128B 级	4129B 级	2227B 级
2016 年 9 月	14773	14529	14274	13849	13529
2016 年 10 月	15877	15614	15305	14880	14470
2016 年 11 月	16160	15925	15584	15103	14697
2016 年 12 月	16427	16227	15846	15316	14888
2017 年 1 月	16297	16097	15671	15181	14744
2017 年 2 月	16484	16256	15836	15359	14909
2017 年 3 月	16636	16351	15910	15439	14953
2017 年 4 月	16591	16299	15839	15369	14867
2017 年 5 月	16603	16334	15916	15409	14901
2017 年 6 月	16615	16331	15885	15427	14915
2017 年 7 月	16600	16276	15806	15349	14854
2017 年 8 月	16519	16211	15775	15319	14807

续表

日　　期	西南地区				
	1129B 级	2129B 级	3128B 级	4129B 级	2227B 级
2016 年 9 月	14873	14658	14379	13946	13606
2016 年 10 月	15994	15717	15417	15014	14617
2016 年 11 月	16214	15936	15632	15214	14775
2016 年 12 月	16437	16235	15935	15437	14937
2017 年 1 月	16371	16171	15871	15371	14871
2017 年 2 月	16568	16368	16068	15484	14984
2017 年 3 月	16702	16415	16117	15613	15104
2017 年 4 月	16650	16357	16016	15509	15003
2017 年 5 月	16710	16499	16288	15699	15152
2017 年 6 月	16720	16520	16316	15720	15170
2017 年 7 月	16638	16438	16176	15638	15100
2017 年 8 月	16600	16400	16100	15600	15100

日　　期	西北内陆地区				
	1129B 级	2129B 级	3128B 级	4129B 级	2227B 级
2016 年 9 月	14598	14398	14182	13751	13423
2016 年 10 月	15713	15468	15249	14917	14449
2016 年 11 月	15982	15704	15445	15051	14610
2016 年 12 月	16218	15937	15630	15130	14737
2017 年 1 月	16218	15937	15618	15118	14723
2017 年 2 月	16344	16144	15872	15372	14865
2017 年 3 月	16478	16278	15963	15463	14960
2017 年 4 月	16404	16204	15817	15347	14836
2017 年 5 月	16418	16218	15818	15400	14834
2017 年 6 月	16418	16218	15754	15400	14837
2017 年 7 月	16453	16253	15832	15435	14872
2017 年 8 月	16418	16218	15808	15400	14837

续表

日　期	北方地区				
	1129B 级	2129B 级	3128B 级	4129B 级	2227B 级
2016 年 9 月	14769	14536	14212	13874	13490
2016 年 10 月	15872	15553	15253	14853	14453
2016 年 11 月	16098	15773	15486	15023	14618
2016 年 12 月	16400	16100	15837	15300	14880
2017 年 1 月	16400	16087	15737	15300	14850
2017 年 2 月	16584	16284	15884	15384	14900
2017 年 3 月	16715	16415	15998	15498	14983
2017 年 4 月	16637	16337	15953	15450	14900
2017 年 5 月	16643	16343	16043	15457	14943
2017 年 6 月	16698	16395	16095	15495	14975
2017 年 7 月	16645	16295	15967	15383	14833
2017 年 8 月	16600	16250	15800	15300	14750

日　期	新疆维吾尔族自治区				
	1129B 级	2129B 级	3128B 级	4129B 级	2227B 级
2016 年 9 月	14594	14390	14159	13757	13357
2016 年 10 月	16002	15723	15394	14990	14566
2016 年 11 月	16068	15786	15441	15034	14598
2016 年 12 月	16004	15740	15433	15022	14572
2017 年 1 月	15768	15536	15304	14878	14461
2017 年 2 月	16151	15882	15663	15336	14926
2017 年 3 月	16238	15928	15682	15395	15019
2017 年 4 月	16208	15956	15712	15351	14933
2017 年 5 月	16395	16169	15912	15461	15077
2017 年 6 月	16442	16210	16006	15463	15081
2017 年 7 月	16358	16116	15900	15366	14981
2017 年 8 月	16320	16075	15852	15326	14904

数据来源：国家棉花市场监测系统。

表 4–26　2016/2017 年度中国棉花收购价格指数月均值

（单位：元/吨）

日　　期	中国棉花收购价格指数
2016 年 9 月	13098
2016 年 10 月	14841
2016 年 11 月	14440
2016 年 12 月	14230
2017 年 1 月	14248
2017 年 2 月	14442
2017 年 3 月	14496
2017 年 4 月	14481

数据来源：国家棉花市场监测系统。

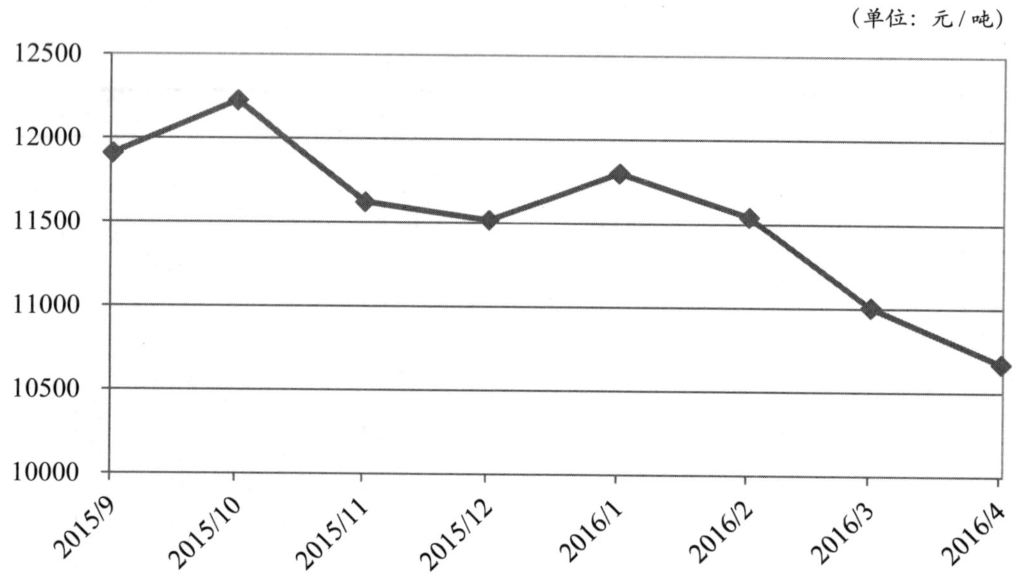

图 4–6　2016/2017 年度中国棉花收购价格指数走势

中国棉花收购价格指数简介

中国棉花收购价格指数（即 CNCotton S，简称国棉 S 指数），由国家棉花市场监测系统发布，代表全国主产棉省（区）白棉 3 级籽棉折皮棉的平均收购价格，反映当日全国棉花收购价格水平及变化趋势。国家棉花市场监测系统每日采集国内各主产棉省（区、市）籽棉、棉籽主流成交价格和平均衣分率，按各省棉花产量加权平均后，折算出当日籽棉折皮棉的平均收购价格（不含加工费）。2013 年 9 月 1 日，棉花国家标准(GB1103—2012）实施前，CNCotton S 指数代表 3 级籽棉折皮棉的平均收购价格，新国标实行后，CNCotton S 指数代表白棉 3 级籽棉折皮棉的平均收购价格。国家棉花市场监测系统于每年 9 月 1 日起开始发布该指数，收购旺季每工作日更新，收购淡季每周四更新，每年 5 月以后停止更新。

表 4–27 2016/2017 年度中国主要地区籽棉收购折皮棉成本月平均价格

（单位：元 / 吨）

日 期	山东	河北	山西	安徽	湖北	浙江	江西	新疆
2016 年 9 月	13195	13199	—	13703	—	—	—	13507
2016 年 10 月	13966	14265	14110	14451	14155	14460	14836	14962
2016 年 11 月	14039	14169	14181	14309	13841	14323	14960	14432
2016 年 12 月	13814	13959	14061	14009	13660	14120	15046	14135
2017 年 1 月	13766	14089	13608	14291	13644	14256	14697	—
2017 年 2 月	13891	14527	13614	14350	13644	14292	14762	—
2017 年 3 月	13908	14629	13605	14155	13644	—	14847	—
2017 年 4 月	13930	14657	13606	14073	13644	—	14792	—

数据来源：国家棉花市场监测系统。

表 4–28 2016/2017 年度内地与新疆棉籽月均价对比

（单位：元 / 千克）

日 期	内地	新疆
2016 年 9 月	2.76	2.51
2016 年 10 月	2.89	2.41
2016 年 11 月	3.05	2.48
2016 年 12 月	3.18	2.62
2017 年 1 月	3.08	—
2017 年 2 月	3.07	—
2017 年 3 月	3.03	—
2017 年 4 月	2.93	—

数据来源：国家棉花市场监测系统。

表 4–29 2016/2017 年度中国棉花、纯棉纱及涤纶短纤月平均价格

（单位：元 / 吨）

日 期	国家棉花价格 B 指数	32 支纯棉纱	涤纶短纤	棉、纱价差	棉、涤价差
2016 年 9 月	14258	21621	6787	7363	7471
2016 年 10 月	15318	22847	7032	7529	8286
2016 年 11 月	15567	22935	7246	7368	8321
2016 年 12 月	15837	23188	8179	7351	7658
2017 年 1 月	15665	23215	8293	7550	7372
2017 年 2 月	15929	23481	8761	7552	7168
2017 年 3 月	15977	23774	7989	7797	7988
2017 年 4 月	15916	23668	7601	7752	8315
2017 年 5 月	16006	23441	7417	7435	8589
2017 年 6 月	15961	23333	7533	7372	8428
2017 年 7 月	15853	23205	8124	7352	7729
2017 年 8 月	15841	23107	8119	7266	7722

注：1. 数据来源：国家棉花市场监测系统。
2. 棉、纱价差 =32 支纯棉纱－国家棉花价格 B 指数。
3. 棉、涤价差 = 国家棉花价格 B 指数－涤纶短纤。

（单位：元 / 吨）

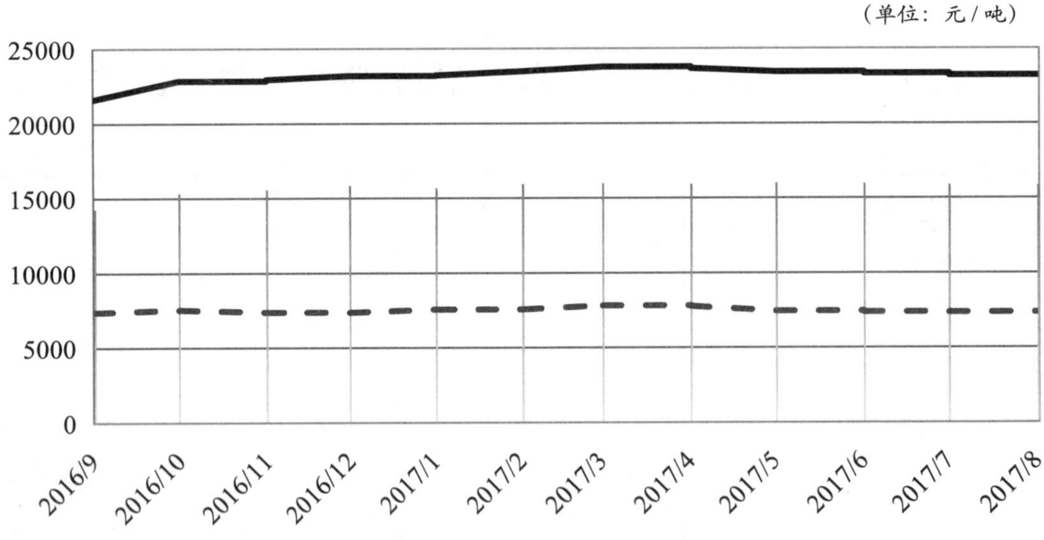

图 4–7 2016/2017 年度国内棉花、棉纱价格差异

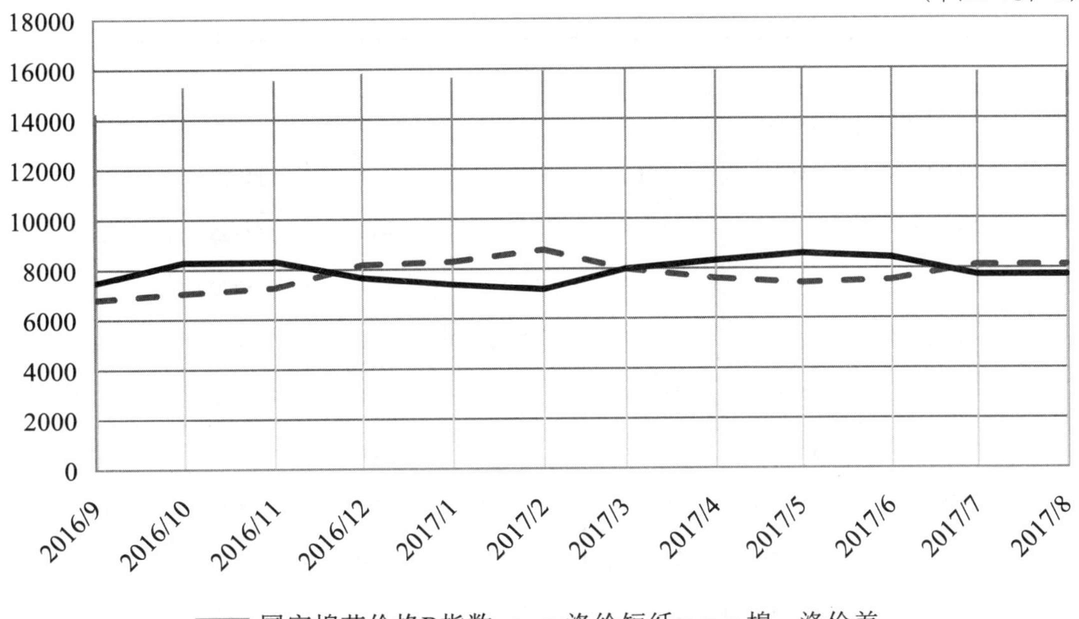

图 4–8　2016/2017 年度国内棉花、涤短价格差异

表 4–30　2016/2017 年度郑州棉花期货主力合约日交易量价统计

(单位：元/吨、手)

交易日期	合约代码	开盘	最高	最低	收盘	结算	成交量	持仓量
2016 年								
9 月 1 日	CF1701	13580	13710	13450	13680	13600	308078	419550
9 月 2 日	CF1701	13705	14000	13650	13790	13850	554490	394550
9 月 7 日	CF1701	13825	13940	13790	13890	13870	241596	390158
9 月 8 日	CF1701	13910	14160	13775	14115	14010	488816	394824
9 月 9 日	CF1701	14100	14260	14030	14075	14120	390564	393922
9 月 10 日	CF1701	14095	14180	13980	14155	14090	355028	373488
9 月 11 日	CF1701	14160	14175	14025	14135	14110	235974	357584
9 月 14 日	CF1701	14105	14205	13860	13870	14010	405048	362398
9 月 15 日	CF1701	13880	14150	13815	14095	14020	462598	369606
9 月 16 日	CF1701	14045	14220	13955	14205	14110	443356	354966
9 月 17 日	CF1701	14280	14745	14265	14745	14540	425504	395128
9 月 18 日	CF1701	14765	14930	14655	14930	14780	446924	425756

续表

交易日期	合约代码	开盘	最高	最低	收盘	结算	成交量	持仓量
9月21日	CF1701	14940	14980	14795	14965	14895	400876	422818
9月22日	CF1701	14985	15015	14820	14910	14920	510614	419048
9月23日	CF1701	14925	14975	14755	14945	14855	388556	418474
9月24日	CF1701	14960	15535	14880	15495	15270	736410	482068
9月25日	CF1701	15485	15550	15355	15465	15450	467190	497290
9月28日	CF1701	15455	15470	15195	15245	15325	426340	462764
9月29日	CF1701	15210	15405	15010	15105	15200	657206	434268
9月30日	CF1701	15080	15190	14970	15180	15100	379214	402684
10月8日	CF1701	15700	15750	15440	15630	15585	321010	404112
10月9日	CF1701	15580	15720	15330	15385	15485	476536	399088
10月12日	CF1701	15370	15475	15185	15240	15355	391872	392560
10月13日	CF1701	15205	15265	14920	14940	15095	595016	382216
10月14日	CF1701	14940	15180	14890	15060	15060	319580	385692
10月15日	CF1701	15020	15430	15020	15165	15245	509610	396210
10月16日	CF1701	15180	15235	14985	15080	15100	444732	399840
10月19日	CF1701	15075	15260	14805	14825	15035	610944	375066
10月20日	CF1701	14830	15110	14745	15005	14955	433352	360540
10月21日	CF1701	15040	15180	14795	14840	14955	358204	359158
10月22日	CF1701	14850	14910	14730	14780	14825	334748	368342
10月23日	CF1701	14760	15135	14750	15085	14975	506040	385804
10月26日	CF1701	15100	15160	14850	14925	14970	362382	356724
10月27日	CF1701	14920	15350	14885	15325	15125	685682	420174
10月28日	CF1701	15255	15305	15085	15195	15200	370654	380938
10月29日	CF1701	15165	15450	15135	15380	15320	451964	403282
10月30日	CF1701	15360	15390	15120	15125	15250	352566	374958
11月2日	CF1701	15135	15200	14915	14920	15055	324164	333126
11月3日	CF1701	14950	15250	14930	15240	15075	265216	330378
11月4日	CF1701	15250	15430	15120	15230	15280	420170	349340
11月5日	CF1701	15230	15465	15180	15335	15330	410796	356910

续表

交易日期	合约代码	开盘	最高	最低	收盘	结算	成交量	持仓量
11 月 6 日	CF1701	15335	15595	15100	15205	15345	570460	339918
11 月 9 日	CF1701	15255	15470	15230	15300	15345	470060	321480
11 月 10 日	CF1701	15325	15700	15280	15595	15495	675848	368682
11 月 11 日	CF1701	15620	16270	15575	16270	15890	472370	388788
11 月 12 日	CF1701	16570	17005	14775	15200	15905	1150658	237260
11 月 13 日	CF1701	15220	15630	15210	15330	15415	303256	217992
11 月 16 日	CF1701	15330	15975	15325	15895	15725	508568	223402
11 月 17 日	CF1701	15860	16245	15825	16130	16085	498248	228852
11 月 18 日	CF1701	16160	16215	15765	16050	15945	338838	212834
11 月 19 日	CF1701	16025	16540	15890	16380	16255	416212	223842
11 月 20 日	CF1701	16355	16500	16100	16265	16345	357296	214052
11 月 23 日	CF1701	16240	16285	15970	16090	16125	251072	204326
11 月 24 日	CF1701	16090	16350	15985	16060	16185	366754	186992
11 月 25 日	CF1705	15250	15300	15020	15030	15145	38424	115906
11 月 28 日	CF1705	15040	15120	14845	14875	14970	45288	113708
11 月 29 日	CF1705	14900	15150	14865	15145	14990	43252	118178
11 月 30 日	CF1705	15170	15245	15005	15110	15140	53140	121230
12 月 1 日	CF1705	15130	15295	15060	15210	15175	51266	124850
12 月 2 日	CF1705	15260	15415	15050	15160	15210	80136	126644
12 月 5 日	CF1705	15200	15390	15160	15215	15270	95712	131332
12 月 6 日	CF1705	15170	15575	15170	15500	15390	123138	132484
12 月 7 日	CF1705	15575	16160	15520	16160	15800	117526	159468
12 月 8 日	CF1705	16575	16910	15150	15205	15940	403822	151018
12 月 9 日	CF1705	15270	15635	15225	15320	15410	122224	144330
12 月 12 日	CF1705	15355	16000	15330	15940	15755	195944	175852
12 月 13 日	CF1705	15890	16200	15875	16100	16070	150692	185370
12 月 14 日	CF1705	16190	16190	15800	16075	15965	137182	182710
12 月 15 日	CF1705	16050	16500	15910	16385	16270	220294	233750
12 月 16 日	CF1705	16335	16500	16100	16320	16375	195578	250588

续表

交易日期	合约代码	开盘	最高	最低	收盘	结算	成交量	持仓量
12月19日	CF1705	16300	16325	16035	16160	16175	153900	246342
12月20日	CF1705	16150	16445	16020	16180	16275	304080	277634
12月21日	CF1705	16100	16160	15650	15785	15885	301902	286648
12月22日	CF1705	15830	16265	15780	16255	16000	375634	331662
12月23日	CF1705	16300	16480	15950	16000	16265	545268	331286
12月26日	CF1705	15945	16240	15730	15840	15960	469700	315086
12月27日	CF1705	15935	16215	15880	15895	16075	433896	319864
12月28日	CF1705	15915	16045	15585	15670	15810	421006	304464
12月29日	CF1705	15695	15890	15630	15730	15770	255548	301692
12月30日	CF1705	15740	15960	15670	15800	15820	291108	309814
2017年								
1月3日	CF1705	15080	15300	14990	15085	15165	184116	288924
1月4日	CF1705	15120	15205	14885	15085	15050	233474	290540
1月5日	CF1705	15095	15405	15075	15300	15255	298096	296546
1月6日	CF1705	15340	15415	15140	15185	15295	249582	285322
1月9日	CF1705	15185	15380	15120	15370	15265	189804	289202
1月10日	CF1705	15365	15450	15215	15445	15330	212228	291476
1月11日	CF1705	15465	15500	15280	15385	15395	210756	293612
1月12日	CF1705	15365	15455	15285	15305	15365	201324	282418
1月13日	CF1705	15360	15395	15010	15055	15180	292610	290488
1月16日	CF1705	15055	15225	15030	15105	15135	192140	284664
1月17日	CF1705	15105	15245	15030	15160	15145	223432	285124
1月18日	CF1705	15185	15280	14925	15125	15100	277914	276706
1月19日	CF1705	15145	15315	15060	15295	15190	195280	268296
1月20日	CF1705	15325	15370	15170	15170	15295	170834	258800
1月23日	CF1705	15220	15545	15170	15545	15355	253802	284162
1月24日	CF1705	15545	15775	15510	15685	15665	306190	293184
1月25日	CF1705	15625	15750	15555	15620	15650	167572	284412
1月26日	CF1705	15620	15735	15565	15665	15650	95640	271072

续表

交易日期	合约代码	开盘	最高	最低	收盘	结算	成交量	持仓量
2 月 3 日	CF1705	15900	16010	15780	15965	15920	198548	305430
2 月 6 日	CF1705	15855	16190	15855	16075	16075	275890	350394
2 月 7 日	CF1705	16075	16095	15865	15950	15950	184364	333874
2 月 8 日	CF1705	15900	16015	15800	15865	15900	189848	334138
2 月 9 日	CF1705	15855	15970	15815	15860	15900	144114	336124
2 月 10 日	CF1705	15895	15995	15755	15845	15885	220840	334186
2 月 13 日	CF1705	15880	16130	15845	15950	16000	274950	344762
2 月 14 日	CF1705	16015	16210	15840	15935	16025	347072	346940
2 月 15 日	CF1705	15975	15995	15785	15845	15870	199056	338844
2 月 16 日	CF1705	15795	15815	15605	15670	15735	172478	330266
2 月 17 日	CF1705	15660	15775	15490	15515	15645	190016	307548
2 月 20 日	CF1705	15500	15600	15430	15590	15520	126386	300522
2 月 21 日	CF1705	15570	15815	15570	15650	15705	160428	290002
2 月 22 日	CF1705	15665	15685	15460	15485	15540	132514	287874
2 月 23 日	CF1705	15455	15600	15450	15545	15530	137204	283642
2 月 24 日	CF1705	15565	15900	15480	15900	15660	313538	308854
2 月 27 日	CF1705	15905	15980	15780	15845	15870	247726	308026
2 月 28 日	CF1705	15870	16090	15800	15955	15950	285782	321230
3 月 1 日	CF1705	15940	16030	15850	16010	15940	183016	321558
3 月 2 日	CF1705	16010	16095	15880	15965	15990	174112	317864
3 月 3 日	CF1705	15945	16040	15660	15950	15885	257934	301912
3 月 6 日	CF1705	15970	16465	15900	16430	16240	451468	388720
3 月 7 日	CF1705	16405	16500	16235	16320	16360	247898	387354
3 月 8 日	CF1705	16300	16345	15680	15730	15935	438796	326852
3 月 9 日	CF1705	15750	15790	15555	15565	15665	287026	306602
3 月 10 日	CF1705	15565	15665	15285	15465	15485	300578	286024
3 月 13 日	CF1705	15465	15615	15425	15500	15525	189976	269830
3 月 14 日	CF1705	15490	15560	15235	15255	15390	247626	266258
3 月 15 日	CF1705	15275	15385	15170	15220	15275	195498	253686

续表

交易日期	合约代码	开盘	最高	最低	收盘	结算	成交量	持仓量
3 月 16 日	CF1705	15245	15410	15215	15335	15325	148924	246142
3 月 17 日	CF1705	15355	15420	15115	15215	15245	196422	247666
3 月 20 日	CF1705	15250	15300	15140	15180	15225	128618	244030
3 月 21 日	CF1705	15210	15250	14990	15050	15095	181640	248360
3 月 22 日	CF1705	15065	15100	14855	14960	14970	136664	237388
3 月 23 日	CF1705	15000	15390	15000	15320	15245	281648	229172
3 月 24 日	CF1705	15330	15330	15165	15270	15250	107504	218824
3 月 27 日	CF1705	15295	15365	14950	15015	15125	152116	209340
3 月 28 日	CF1705	15005	15165	14960	15030	15060	96664	198266
3 月 29 日	CF1705	15060	15120	14925	15000	15010	123116	197096
3 月 30 日	CF1709	15510	15575	15235	15245	15390	171232	189312
3 月 31 日	CF709	15230	15495	15150	15430	15395	113178	186306
4 月 5 日	CF709	15425	15650	15300	15355	15435	155676	196510
4 月 6 日	CF709	15360	15540	15280	15485	15435	183438	195080
4 月 7 日	CF709	15465	15715	15420	15690	15560	248416	204160
4 月 10 日	CF709	15705	15745	15585	15635	15665	152660	202604
4 月 11 日	CF709	15605	15710	15415	15700	15580	234576	207308
4 月 12 日	CF709	15720	15855	15610	15835	15740	200738	228134
4 月 13 日	CF709	15810	15845	15600	15745	15710	167934	214560
4 月 14 日	CF709	15715	15800	15630	15655	15710	127268	213666
4 月 17 日	CF709	15690	15960	15645	15875	15835	250436	228026
4 月 18 日	CF709	15875	15960	15720	15950	15855	173268	238322
4 月 19 日	CF709	15980	16085	15850	16025	15980	315556	245392
4 月 20 日	CF709	16000	16140	15950	16120	16030	207252	261542
4 月 21 日	CF709	16095	16100	15915	16000	16000	202018	253850
4 月 24 日	CF709	16000	16015	15795	15810	15890	183586	248818
4 月 25 日	CF709	15780	16125	15735	16070	15970	253580	281570
4 月 26 日	CF709	16060	16230	16015	16125	16105	183176	286106
4 月 27 日	CF709	16060	16075	15820	15875	15950	218966	263598

续表

交易日期	合约代码	开盘	最高	最低	收盘	结算	成交量	持仓量
4 月 28 日	CF709	15950	16035	15910	15965	15965	93702	264212
5 月 2 日	CF709	15950	16185	15875	16120	16075	229006	305084
5 月 3 日	CF709	16090	16225	16005	16155	16115	263402	313938
5 月 4 日	CF709	16200	16200	15810	15815	15995	294964	279656
5 月 5 日	CF709	15830	15875	15450	15500	15620	391836	271432
5 月 8 日	CF709	15470	15595	15455	15515	15530	117708	260490
5 月 9 日	CF709	15530	15670	15390	15515	15520	194718	255782
5 月 10 日	CF709	15535	15570	15380	15495	15490	164256	242060
5 月 11 日	CF709	15510	15780	15450	15780	15625	217252	232696
5 月 12 日	CF709	15960	16290	15925	16230	16130	531666	248096
5 月 15 日	CF709	16485	16540	16055	16190	16240	499380	246408
5 月 16 日	CF709	16140	16205	15955	16140	16090	268684	235784
5 月 17 日	CF709	16130	16250	15735	15735	15985	342072	212912
5 月 18 日	CF709	15700	15950	15700	15810	15845	186728	204014
5 月 19 日	CF709	15780	15995	15675	15680	15845	242884	213650
5 月 22 日	CF709	15700	15780	15635	15715	15720	161592	207624
5 月 23 日	CF709	15655	15910	15615	15905	15745	214698	203510
5 月 24 日	CF709	15900	15950	15700	15830	15805	172548	201424
5 月 25 日	CF709	15830	15890	15640	15705	15750	173740	201390
5 月 26 日	CF709	15665	15735	15425	15440	15550	159782	205926
5 月 31 日	CF709	15430	15575	15255	15290	15405	217272	233238
6 月 1 日	CF709	15330	15550	15330	15385	15440	155852	232210
6 月 2 日	CF709	15375	15465	15195	15325	15315	216712	251540
6 月 5 日	CF709	15360	15385	15235	15305	15315	126326	252418
6 月 6 日	CF709	15315	15480	15285	15380	15380	134416	245252
6 月 7 日	CF709	15390	15695	15335	15680	15515	204766	233818
6 月 8 日	CF709	15650	15690	15555	15625	15620	131940	218812
6 月 9 日	CF709	15625	15660	15285	15310	15450	207554	219434
6 月 12 日	CF709	15310	15365	15180	15195	15275	194156	224850

续表

交易日期	合约代码	开盘	最高	最低	收盘	结算	成交量	持仓量
6月13日	CF709	15170	15325	15065	15285	15165	212088	220932
6月14日	CF709	15270	15315	15085	15160	15190	132228	222736
6月15日	CF709	15075	15275	15065	15135	15165	151754	226024
6月16日	CF709	15100	15260	15055	15235	15180	117598	216032
6月19日	CF709	15200	15230	14985	15180	15115	223992	218860
6月20日	CF709	15145	15285	15100	15215	15205	143644	211642
6月21日	CF709	15245	15305	15110	15130	15190	128052	206056
6月22日	CF709	15110	15285	15105	15250	15215	126808	202856
6月23日	CF709	15240	15400	15220	15345	15340	141178	188724
6月26日	CF709	15315	15370	15115	15165	15210	175784	199142
6月27日	CF709	15190	15250	14840	14845	15060	275638	250862
6月28日	CF709	14860	14960	14800	14830	14880	234942	256144
6月29日	CF709	14870	15000	14840	14935	14935	138590	237884
6月30日	CF709	14970	15175	14805	15040	14990	210316	223292
7月3日	CF709	15010	15055	14900	15015	14985	125242	216980
7月4日	CF709	15015	15055	14735	14975	14880	260642	224610
7月5日	CF709	14900	14950	14845	14930	14900	117210	222652
7月6日	CF709	14980	15090	14915	15045	15020	141036	212064
7月7日	CF709	15050	15280	14980	15170	15150	191602	190096
7月10日	CF709	15155	15195	14905	14950	15020	169672	193190
7月11日	CF709	14980	15225	14955	15140	15120	175084	181668
7月12日	CF709	15150	15245	15105	15195	15185	156206	184400
7月13日	CF709	15180	15305	15025	15280	15195	191092	175604
7月14日	CF709	15250	15435	15225	15430	15310	124688	167748
7月17日	CF709	15390	15600	15385	15550	15505	167012	156600
7月18日	CF709	15545	15690	15435	15610	15545	131614	159824
7月19日	CF709	15600	15610	15480	15585	15550	95580	157070
7月20日	CF709	15620	15640	15115	15125	15350	268184	149376
7月21日	CF709	15105	15145	14995	15015	15075	164670	152996
7月24日	CF709	14990	15115	14965	15025	15055	116114	145046

续表

交易日期	合约代码	开盘	最高	最低	收盘	结算	成交量	持仓量
7月25日	CF709	15045	15060	14855	14870	14935	138368	144552
7月26日	CF709	14850	14930	14820	14890	14885	74394	140450
7月27日	CF709	14980	14990	14560	14590	14760	196836	152754
7月28日	CF709	14645	14720	14570	14635	14650	108400	149178
7月31日	CF709	14635	14920	14635	14755	14775	133760	131046
8月1日	CF709	15230	15495	15150	15430	15395	113178	186306
8月2日	CF801	14985	15125	14905	15120	15020	134364	134576
8月3日	CF801	15110	15165	15010	15025	15080	138762	139812
8月4日	CF801	15010	15140	14965	15120	15075	135864	151874
8月7日	CF801	15135	15200	14860	15100	15065	214392	153238
8月8日	CF801	15085	15380	15065	15330	15220	311362	193942
8月9日	CF801	15330	15415	15120	15320	15265	295556	212548
8月10日	CF801	15320	15490	15270	15440	15375	258304	233880
8月11日	CF801	15385	15435	15030	15295	15225	313796	217506
8月14日	CF801	15295	15540	15215	15370	15385	294680	228540
8月15日	CF801	15375	15375	15210	15255	15285	168268	231202
8月16日	CF801	15235	15250	15130	15145	15200	123800	226380
8月17日	CF801	15175	15310	15110	15230	15215	198270	232922
8月18日	CF801	15245	15330	15160	15215	15240	155050	236642
8月21日	CF801	15190	15355	15160	15260	15270	200296	246446
8月22日	CF801	15245	15415	15235	15360	15350	195154	267582
8月23日	CF801	15400	15445	15280	15330	15360	192420	266096
8月24日	CF801	15350	15425	15170	15225	15315	199408	262808
8月25日	CF801	15200	15345	15200	15265	15280	131632	264028
8月28日	CF801	15240	15370	15175	15350	15295	221076	266444
8月29日	CF801	15365	15415	15255	15290	15340	171062	265780
8月30日	CF801	15280	15330	15190	15220	15255	135730	261828
8月31日	CF801	15260	15330	15210	15230	15275	138806	261702

数据来源：郑州商品交易所。

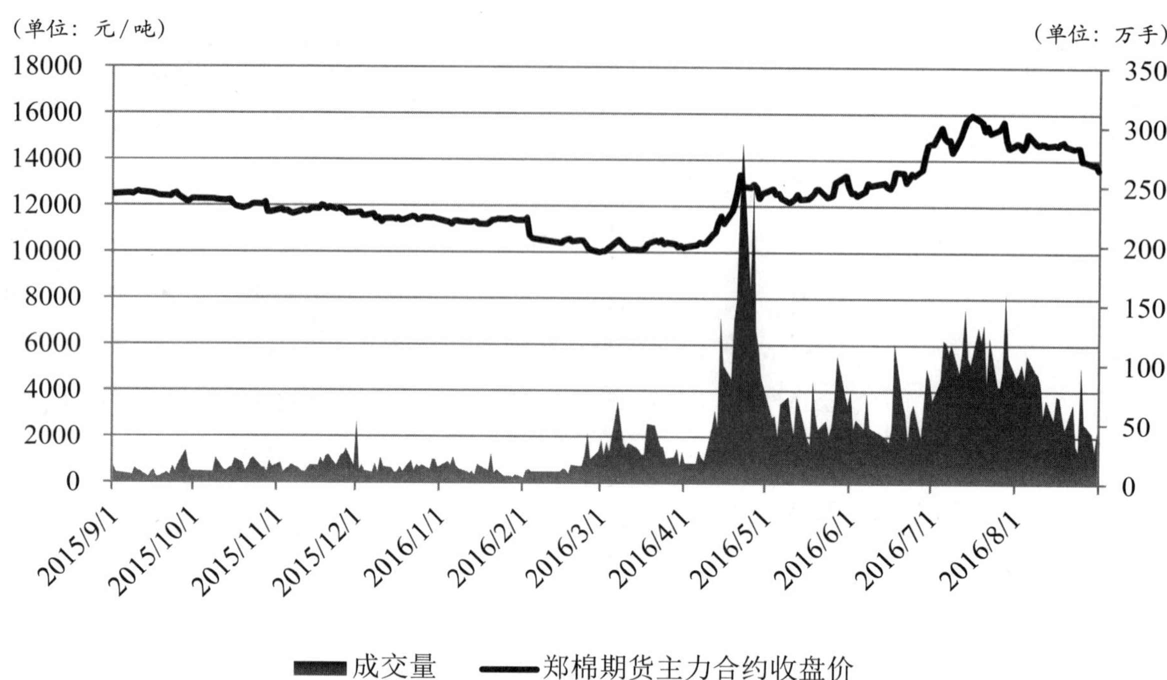

图 4–9　2016/2017 年度郑棉主力合约量价走势

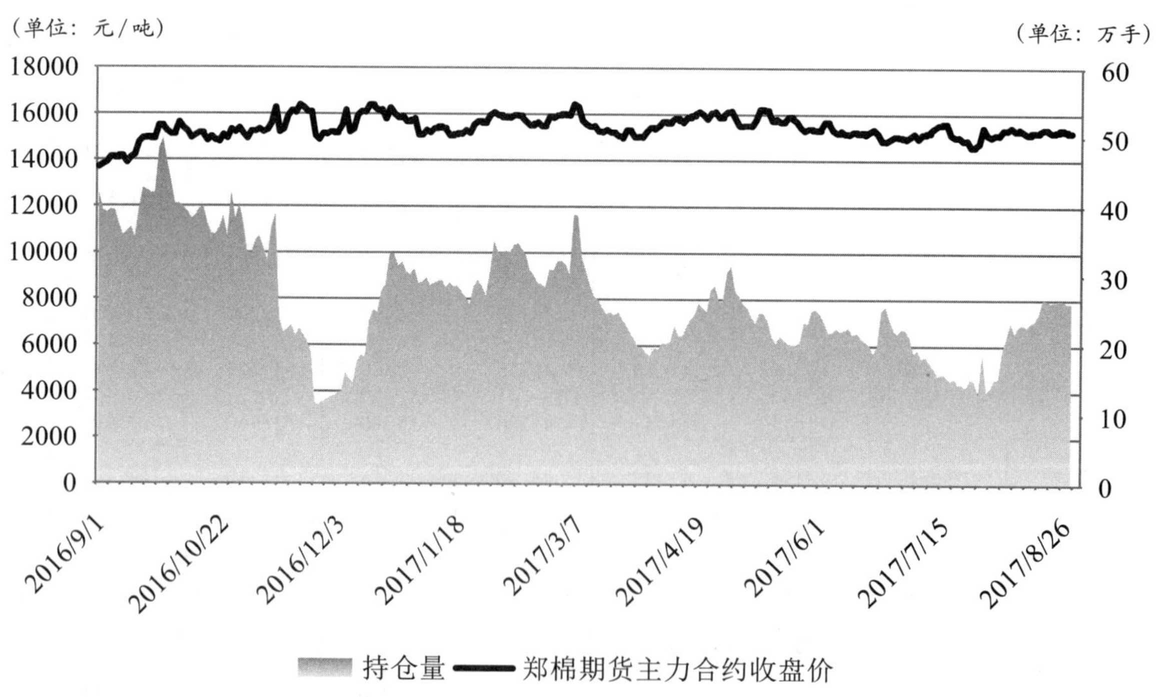

图 4–10　2016/2017 年度郑棉期货交易持仓量变化情况

表 4–31　2016/2017 年度郑州棉花期货与现货月平均价格

（单位：元／吨）

日　期	国家棉花价格 B 指数	郑棉期货近月合约	价差（现货一期货）
2016 年 9 月	14258	14308	-50
2016 年 10 月	15318	15035	283
2016 年 11 月	15567	15699	-132
2016 年 12 月	15837	15354	483
2017 年 1 月	15665	15191	474
2017 年 2 月	15929	15633	296
2017 年 3 月	15977	15434	543
2017 年 4 月	15916	15252	664
2017 年 5 月	16006	15482	524
2017 年 6 月	15961	15006	955
2017 年 7 月	15853	15098	755
2017 年 8 月	15841	15187	654

数据来源：国家棉花市场监测系统、郑州商品交易所。

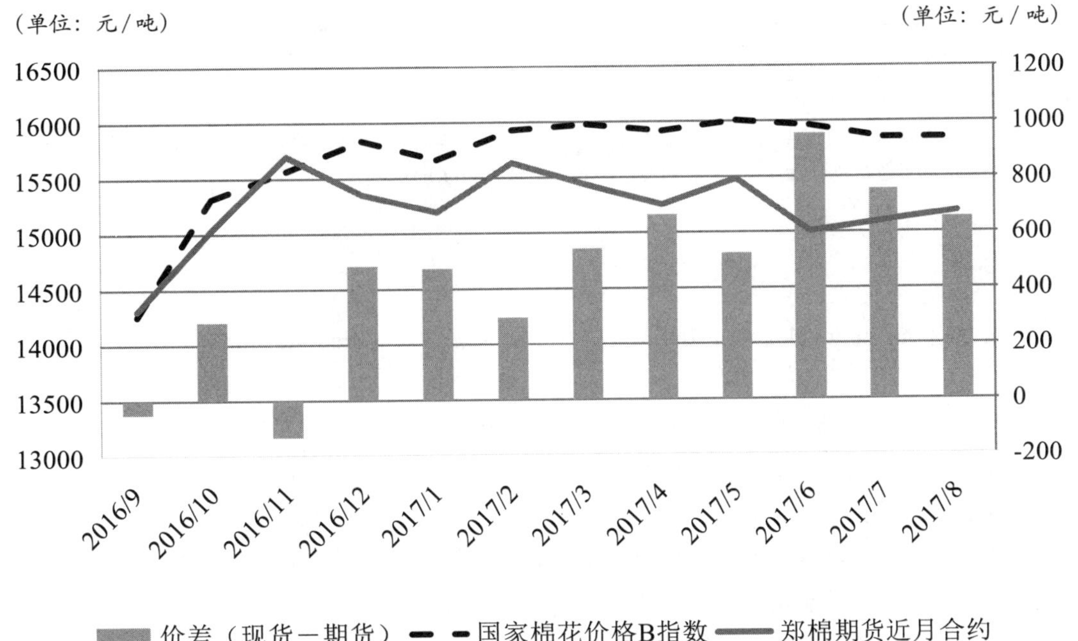

图 4–11　2016/2017 年度国内期、现货价格及差异

表 4–32　2016/2017 年度国内外现货月平均价格对比

（单位：元 / 吨）

日期	国家棉花价格 A 指数	国家棉花价格 B 指数	国际棉花指数 (SM) 折人民币价格	国际棉花指数 (M) 折人民币价格
2016 年 9 月	14544	14258	13476	13067
2016 年 10 月	15657	15318	13706	13348
2016 年 11 月	15916	15567	13804	13516
2016 年 12 月	16190	15837	14041	13800
2017 年 1 月	16079	15665	13969	13733
2017 年 2 月	16322	15929	15143	14973
2017 年 3 月	16395	15977	15476	15287
2017 年 4 月	16337	15916	15625	15414
2017 年 5 月	16390	16006	15666	15448
2017 年 6 月	16361	15961	15014	14772
2017 年 7 月	16272	15853	14463	14240
2017 年 8 月	16268	15841	14274	13935

注：1. 数据来源为国家棉花市场监测系统。

2. 国际棉花指数折成人民币价格所采用的汇率为海关计征汇率，即每月使用上一个月第三个星期三（第三个星期三为法定节假日时，顺延采用第四个星期三的汇率）中国人民银行公布的美元对人民币的基准汇率；关税为配额内关税（1%）；增值税为 13%（2017 年 7 月起棉花增值税税率由 13% 降至 11%）；港口费用为 200 元 / 吨。

国际棉花指数简介

国际棉花指数（International Cotton Indices）包括 SM 级指数（Premium Index）和 M 级指数（Standard Index）。

1．产地的选择：各主要棉花出口国家和地区，包括美国、印度、中亚、西非、澳大利亚、巴西等。

2．等级的选择：SM 1-1/8″（相当于国棉 2 级）和 M 1-3/32″（相当于国棉 3 级）。

3．报价的选择：各主要棉商报价的加权平均价。

4．产地权重的选择：上年度各主要产地的棉花进口总量视为 100% 进行权重分配。

5．指数的生成：国际棉花指数包括 SM 指数和 M 指数，分别由各主要产地这两个等级棉花报价的加权平均值生成。

表 4–33　2016/2017 年度国际棉花指数日价格

（单位：美分 / 磅）

日　期	2016/2017 年度国际棉花指数（SM）	2016/2017 年度国际棉花指数（M）
2016 年		
9 月 1 日	77.11	74.69
9 月 2 日	79.38	76.83
9 月 5 日	78.97	76.45
9 月 6 日	78.94	76.41
9 月 7 日	80.44	77.91
9 月 8 日	80.69	78.16
9 月 9 日	80.38	77.90
9 月 12 日	80.38	77.90
9 月 13 日	77.89	75.41
9 月 14 日	78.05	75.54
9 月 18 日	78.05	75.54
9 月 19 日	78.31	75.81
9 月 20 日	79.56	77.06
9 月 21 日	81.73	79.20
9 月 22 日	82.57	80.07
9 月 23 日	82.72	80.19
9 月 26 日	81.24	78.76
9 月 27 日	81.24	78.76
9 月 28 日	81.00	78.53
9 月 29 日	79.81	77.68
9 月 30 日	78.97	76.97
10 月 8 日	78.97	76.97
10 月 9 日	78.97	76.97
10 月 10 日	78.16	76.32
10 月 11 日	78.76	76.64
10 月 12 日	78.67	76.58
10 月 13 日	80.46	78.35

续表

日　　期	2016/2017 年度国际棉花指数（SM）	2016/2017 年度国际棉花指数（M）
10 月 14 日	80.67	78.51
10 月 17 日	81.88	79.75
10 月 18 日	82.42	80.27
10 月 19 日	82.25	80.06
10 月 20 日	82.25	80.06
10 月 21 日	80.79	78.58
10 月 24 日	80.25	78.05
10 月 25 日	80.00	77.80
10 月 26 日	79.77	77.55
10 月 27 日	80.53	78.31
10 月 28 日	81.00	78.80
10 月 31 日	82.01	79.81
11 月 1 日	80.04	77.82
11 月 2 日	79.47	77.29
11 月 3 日	79.89	77.68
11 月 4 日	79.38	77.18
11 月 7 日	79.79	77.59
11 月 8 日	79.71	77.59
11 月 9 日	79.95	77.86
11 月 10 日	79.44	77.36
11 月 11 日	80.26	78.13
11 月 14 日	78.54	77.17
11 月 15 日	78.81	77.43
11 月 16 日	79.98	78.65
11 月 17 日	81.29	79.91
11 月 18 日	81.94	80.63
11 月 21 日	81.77	80.43
11 月 22 日	81.54	80.17
11 月 23 日	81.37	79.96
11 月 24 日	80.92	79.47

续表

日　期	2016/2017 年度国际棉花指数（SM）	2016/2017 年度国际棉花指数（M）
11 月 25 日	80.92	79.47
11 月 28 日	80.50	78.99
11 月 29 日	81.11	79.71
11 月 30 日	80.30	78.87
12 月 1 日	80.54	79.12
12 月 2 日	80.05	78.61
12 月 5 日	80.16	78.64
12 月 6 日	80.59	79.26
12 月 7 日	80.88	79.52
12 月 8 日	80.27	78.81
12 月 9 日	80.67	79.28
12 月 12 日	79.98	78.55
12 月 13 日	80.78	79.50
12 月 14 日	80.96	79.65
12 月 15 日	80.43	79.14
12 月 16 日	80.72	79.40
12 月 19 日	80.11	78.69
12 月 20 日	79.04	77.49
12 月 21 日	79.27	77.85
12 月 22 日	80.10	78.78
12 月 23 日	80.15	78.79
12 月 26 日	80.15	78.79
12 月 27 日	79.70	78.30
12 月 28 日	79.68	78.30
12 月 29 日	79.66	78.24
12 月 30 日	80.41	78.99
2017 年		
1 月 3 日	80.69	79.41
1 月 4 日	81.77	80.55
1 月 5 日	83.75	82.73

续表

日　期	2016/2017 年度国际棉花指数（SM）	2016/2017 年度国际棉花指数（M）
1 月 6 日	83.54	82.49
1 月 9 日	83.75	82.73
1 月 10 日	82.95	81.80
1 月 11 日	83.26	82.06
1 月 12 日	83.41	82.09
1 月 13 日	82.96	81.13
1 月 15 日	0.00	0.00
1 月 16 日	82.87	81.08
1 月 17 日	83.03	81.29
1 月 18 日	82.81	81.07
1 月 19 日	83.10	81.37
1 月 20 日	83.72	82.02
1 月 22 日	83.72	82.02
1 月 23 日	84.11	82.38
1 月 24 日	85.57	83.82
1 月 25 日	85.09	83.98
1 月 26 日	85.41	84.32
2 月 3 日	87.45	86.83
2 月 4 日	87.45	86.83
2 月 6 日	87.21	86.39
2 月 7 日	86.49	85.48
2 月 8 日	86.45	85.43
2 月 9 日	86.63	85.66
2 月 10 日	86.72	85.70
2 月 13 日	87.14	86.10
2 月 14 日	87.94	87.09
2 月 15 日	87.65	86.79
2 月 16 日	86.90	86.09
2 月 17 日	86.30	85.60
2 月 20 日	85.92	84.54

续表

日　　期	2016/2017 年度国际棉花指数（SM）	2016/2017 年度国际棉花指数（M）
2 月 21 日	85.60	84.36
2 月 22 日	85.92	84.65
2 月 23 日	85.61	84.37
2 月 24 日	86.03	84.87
2 月 27 日	86.38	85.29
2 月 28 日	86.89	85.88
3 月 1 日	86.64	85.33
3 月 2 日	87.83	86.67
3 月 3 日	87.09	85.80
3 月 6 日	87.98	86.87
3 月 7 日	88.82	87.80
3 月 8 日	88.18	87.36
3 月 9 日	88.79	87.86
3 月 10 日	88.64	87.66
3 月 13 日	88.17	87.14
3 月 14 日	87.76	86.67
3 月 15 日	87.52	86.42
3 月 16 日	89.03	87.79
3 月 17 日	89.12	87.88
3 月 20 日	89.50	88.50
3 月 21 日	88.92	87.76
3 月 22 日	88.35	87.24
3 月 23 日	88.90	87.74
3 月 24 日	89.34	88.31
3 月 27 日	89.66	88.61
3 月 28 日	89.04	87.94
3 月 29 日	88.98	87.91
3 月 30 日	88.32	87.26
3 月 31 日	87.96	86.94
4 月 1 日	87.96	86.94

续表

日　期	2016/2017 年度国际棉花指数（SM）	2016/2017 年度国际棉花指数（M）
4 月 5 日	86.43	85.19
4 月 6 日	86.83	85.52
4 月 7 日	86.88	85.61
4 月 10 日	86.54	84.85
4 月 11 日	88.54	87.38
4 月 12 日	88.35	87.11
4 月 13 日	88.39	86.93
4 月 14 日	88.92	87.80
4 月 17 日	88.48	87.25
4 月 18 日	89.55	88.40
4 月 19 日	89.59	88.39
4 月 20 日	89.66	88.47
4 月 21 日	90.12	88.96
4 月 24 日	90.32	89.18
4 月 25 日	89.92	88.67
4 月 26 日	90.12	88.90
4 月 27 日	90.01	89.02
4 月 28 日	88.79	87.67
5 月 2 日	89.62	88.58
5 月 3 日	89.82	88.82
5 月 4 日	89.61	88.37
5 月 5 日	89.18	87.81
5 月 8 日	88.19	86.75
5 月 9 日	87.59	86.20
5 月 10 日	87.33	85.94
5 月 11 日	86.97	85.74
5 月 12 日	89.92	88.76
5 月 15 日	92.92	91.76
5 月 16 日	94.73	94.48
5 月 17 日	91.55	90.68

续表

日　期	2016/2017 年度国际棉花指数（SM）	2016/2017 年度国际棉花指数（M）
5 月 18 日	90.95	89.60
5 月 19 日	89.98	88.61
5 月 22 日	90.36	88.89
5 月 23 日	89.26	87.86
5 月 24 日	87.97	86.61
5 月 25 日	88.46	86.96
5 月 26 日	88.29	86.72
5 月 27 日	88.29	86.72
5 月 31 日	88.92	87.61
6 月 1 日	88.70	87.34
6 月 2 日	89.43	88.08
6 月 5 日	88.78	87.37
6 月 6 日	88.29	86.88
6 月 7 日	88.07	86.67
6 月 8 日	87.82	86.42
6 月 9 日	88.64	87.19
6 月 12 日	87.90	86.44
6 月 13 日	87.45	85.94
6 月 14 日	86.73	85.21
6 月 15 日	85.79	84.22
6 月 16 日	85.07	83.70
6 月 19 日	85.02	83.62
6 月 20 日	84.56	83.19
6 月 21 日	84.42	83.04
6 月 22 日	82.97	81.42
6 月 23 日	82.38	81.04
6 月 26 日	83.58	82.47
6 月 27 日	82.79	81.43
6 月 28 日	83.22	81.84
6 月 29 日	83.12	81.73

续表

日　期	2016/2017 年度国际棉花指数（SM）	2016/2017 年度国际棉花指数（M）
6 月 30 日	82.47	81.11
7 月 3 日	83.67	82.25
7 月 4 日	82.79	81.42
7 月 5 日	82.52	81.22
7 月 6 日	82.76	81.47
7 月 7 日	83.40	82.09
7 月 10 日	83.70	82.42
7 月 11 日	82.40	81.12
7 月 12 日	82.68	81.36
7 月 13 日	82.37	81.08
7 月 14 日	81.55	80.29
7 月 17 日	81.82	80.38
7 月 18 日	82.89	81.54
7 月 19 日	83.46	82.21
7 月 20 日	83.30	82.04
7 月 21 日	84.00	82.76
7 月 24 日	83.82	82.49
7 月 25 日	83.52	82.13
7 月 26 日	83.90	82.64
7 月 27 日	83.40	82.22
7 月 28 日	84.16	82.87
7 月 31 日	83.73	82.53
8 月 1 日	84.65	82.77
8 月 2 日	85.12	83.23
8 月 3 日	85.92	83.98
8 月 4 日	85.69	83.71
8 月 7 日	85.88	83.89
8 月 8 日	85.79	83.78
8 月 9 日	86.92	85.04
8 月 10 日	86.85	84.96

续表

日　　期	2016/2017 年度国际棉花指数（SM）	2016/2017 年度国际棉花指数（M）
8 月 11 日	81.50	79.07
8 月 14 日	81.32	79.30
8 月 15 日	80.83	78.83
8 月 16 日	80.32	78.30
8 月 17 日	79.91	77.93
8 月 18 日	80.12	78.12
8 月 21 日	80.44	78.46
8 月 22 日	80.69	78.72
8 月 23 日	80.86	78.86
8 月 24 日	81.85	79.78
8 月 25 日	82.70	80.66
8 月 28 日	81.28	79.26
8 月 29 日	82.64	80.58
8 月 30 日	82.88	80.82
8 月 31 日	83.27	81.39

数据来源：国家棉花市场监测系统、中国棉花网。

表 4–34　2016/2017 年度国际期、现货月平均价格对比

（单位：美分 / 磅）

日　　期	国际棉花指数（SM）	国际棉花指数 (M)	ICE 期货近月合约结算价
2016 年 9 月	79.88	77.42	68.77
2016 年 10 月	80.43	78.30	69.20
2016 年 11 月	80.31	78.61	70.88
2016 年 12 月	80.20	78.80	70.97
2017 年 1 月	79.28	77.92	73.34
2017 年 2 月	86.67	85.68	75.31
2017 年 3 月	88.46	87.37	77.16
2017 年 4 月	88.70	87.49	77.12
2017 年 5 月	89.52	88.26	79.08

续表

日　期	国际棉花指数（SM）	国际棉花指数 (M)	ICE 期货近月合约结算价
2017 年 6 月	85.78	84.38	74.13
2017 年 7 月	83.13	81.83	70.14
2017 年 8 月	82.93	80.93	69.90

数据来源：国家棉花市场监测系统、美国洲际交易所（ICE）。

表 4–35　2016/2017 年度 ICE 棉花期货近月合约日结算价格

（单位：美分 / 磅）

日　期	结算价	日　期	结算价
2016年		9月28日	68.13
9月1日	68.01	9月29日	67.95
9月2日	67.51	9月30日	68.29
9月5日	67.51	10月3日	68.73
9月6日	69.06	10月4日	69.88
9月7日	69.53	10月5日	68.03
9月8日	69.25	10月6日	67.71
9月9日	68.88	10月7日	67.19
9月12日	66.97	10月10日	67.36
9月13日	67.20	10月11日	67.14
9月14日	68.08	10月12日	68.97
9月15日	68.38	10月13日	69.31
9月16日	67.74	10月14日	70.57
9月19日	68.98	10月17日	71.19
9月20日	70.82	10月18日	71.15
9月21日	71.81	10月19日	71.10
9月22日	71.17	10月20日	69.80
9月23日	69.08	10月21日	69.07
9月26日	69.16	10月24日	68.77
9月27日	69.39	10月25日	68.49

续表

日　期	结算价	日　期	结算价
10月26日	69.26	12月5日	72.31
10月27日	69.76	12月6日	72.39
10月28日	70.82	12月7日	72.11
10月31日	68.86	12月8日	71.42
11月1日	68.20	12月9日	70.80
11月2日	68.60	12 月 12 日	71.69
11月3日	68.07	12月13日	72.04
11月4日	68.53	12月14日	71.47
11月7日	68.45	12月15日	71.67
11月8日	68.75	12月16日	71.04
11月9日	68.29	12月19日	69.57
11月10日	69.20	12月20日	69.34
11月11日	68.44	12月21日	70.13
11月14日	68.90	12月22日	70.20
11月15日	70.69	12月23日	69.87
11月16日	72.13	12月27日	69.74
11月17日	73.38	12月28日	69.75
11月18日	73.40	12月29日	70.50
11月21日	73.60	12月30日	70.65
11月22日	73.72	**2017年**	
11月23日	73.08	1月3日	71.78
11月24日	73.08	1月4日	74.08
11月25日	72.65	1月5日	73.78
11月28日	73.27	1月6日	73.99
11月29日	72.38	1月9日	72.99
11月30日	72.46	1月10日	73.19
12月1日	71.80	1月11日	73.14
12月2日	71.98	1月12日	72.34

续表

日　期	结算价	日　期	结算价
1月13日	72.27	2月22日	74.14
1月16日	72.27	2月23日	75.02
1月17日	72.11	2月24日	75.42
1月18日	72.26	2月27日	74.97
1月19日	72.69	2月28日	75.33
1月20日	73.04	3月1日	76.85
1月23日	74.63	3月2日	75.69
1月24日	73.57	3月3日	77.28
1月25日	73.88	3月6日	78.39
1月26日	74.19	3月7日	77.28
1月27日	74.85	3月8日	76.90
1月30日	74.14	3月9日	76.63
1月31日	74.94	3月10日	77.29
2月1日	76.44	3月13日	76.87
2月2日	76.91	3月14日	77.15
2月3日	76.41	3月15日	78.08
2月6日	75.63	3月16日	78.17
2月7日	75.09	3月17日	78.36
2月8日	75.25	3月20日	77.33
2月9日	75.58	3月21日	76.84
2月10日	75.82	3月22日	77.34
2月13日	76.61	3月23日	77.27
2月14日	76.32	3月24日	77.47
2月15日	75.71	3月27日	76.94
2月16日	75.01	3月28日	76.88
2月17日	73.48	3月29日	76.14
2月20日	73.48	3月30日	76.23
2月21日	73.52	3月31日	77.33

续表

日　期	结算价	日　期	结算价
4月3日	75.47	5月12日	82.18
4月4日	74.85	5月15日	85.32
4月5日	74.87	5月16日	81.32
4月6日	74.51	5月17日	80.17
4月7日	73.46	5月18日	79.24
4月10日	75.15	5月19日	79.45
4月11日	75.01	5月22日	78.39
4月12日	74.73	5月23日	77.22
4月13日	75.62	5月24日	77.54
4月17日	77.03	5月25日	77.16
4月18日	76.82	5月26日	77.09
4月19日	77.67	5月29日	77.09
4月20日	80.07	5月30日	77.26
4月21日	78.99	5月31日	76.98
4月24日	80.09	6月1日	77.63
4月25日	80.71	6月2日	76.69
4月26日	80.69	6月5日	76.31
4月27日	79.32	6月6日	76.02
4月28日	80.23	6月7日	75.79
5月1日	80.45	6月8日	76.55
5月2日	80.83	6月9日	75.69
5月3日	80.69	6月12日	75.13
5月4日	80.83	6月13日	74.48
5月5日	79.76	6月14日	73.50
5月8日	76.78	6月15日	71.91
5月9日	77.43	6月16日	71.88
5月10日	76.49	6月19日	71.39
5月11日	79.18	6月20日	71.35

续表

日　期	结算价	日　期	结算价
6月21日	70.89	7月27日	70.50
6月22日	71.14	7月28日	70.22
6月23日	72.65	7月31日	70.50
6月26日	73.68	8月1日	71.17
6月27日	74.44	8月2日	71.75
6月28日	74.41	8月3日	71.55
6月29日	74.00	8月4日	70.99
6月30日	75.31	8月7日	71.22
7月3日	73.69	8月8日	71.91
7月4日	73.69	8月9日	71.82
7月5日	73.86	8月10日	69.26
7月6日	75.01	8月11日	69.24
7月7日	75.29	8月14日	68.50
7月10日	67.72	8月15日	67.68
7月11日	68.15	8月16日	67.55
7月12日	68.13	8月17日	67.45
7月13日	66.54	8月18日	67.79
7月14日	67.18	8月21日	68.71
7月17日	68.57	8月22日	68.88
7月18日	68.86	8月23日	69.60
7月19日	68.76	8月24日	70.17
7月20日	69.55	8月25日	68.61
7月21日	69.14	8月28日	70.33
7月24日	69.00	8月29日	70.56
7月25日	69.55	8月30日	71.47
7月26日	69.02	8月31日	71.48

数据来源：美国洲际交易所（ICE）。

花纱布进出口

表 4–36 2016/2017 年度中国棉花进口分国别统计

（单位：万吨）

国别	数量	国别	数量
合计	**111.03**	希腊	1.41
美国	50.45	墨西哥	0.88
澳大利亚	21.56	喀麦隆	0.86
印度	15.36	多哥	0.85
乌兹别克斯坦	6.86	以色列	0.73
巴西	4.33	布基纳法索	0.66
贝宁	2.75	科特迪瓦	0.56
苏丹	1.72	马里	0.45

数据来源：中国海关总署（不含已梳的棉花）。

表 4–37 2016/2017 年度中国棉花出口分国别统计

（单位：吨）

国别	数量	国别	数量
合计	**13092**	阿尔及利亚	510
越南	7275	巴基斯坦	505
印度尼西亚	1571	孟加拉国	476
朝鲜	1559	泰国	298
印度	799	韩国	99

数据来源：中国海关总署（不含已梳的棉花）。

表 4–38 2016/2017 年度棉纱进出口分月统计

（单位：吨）

日期	进口		出口	
	数量	同比（±%）	数量	同比（±%）
合计	**1939576**	**–4.68**	**367897**	**10.47**
2016 年 9 月	153961	–29.32	29741	16.76
2016 年 10 月	140726	–19.25	26462	19.29
2016 年 11 月	178823	12.13	25789	29.46
2016 年 12 月	201693	8.28	30368	8.41
2017 年 1 月	174283	7.92	28253	9.71
2017 年 2 月	173471	49.61	21742	16.47
2017 年 3 月	182447	–4.24	35882	16.90
2017 年 4 月	140980	–14.35	32419	6.40
2017 年 5 月	141899	–16.99	35734	13.21
2017 年 6 月	150046	–5.83	34244	15.22
2017 年 7 月	142468	–12.96	32171	–8.68
2017 年 8 月	158778	–6.82	35090	–0.72

数据来源：中国海关总署。

表 4–39 2016/2017 年度棉布进出口分月统计

（单位：万米）

日　期	进　口		出　口	
	数　量	同比（±%）	数　量	同比（±%）
合　计	**33608**	**–26.00**	**864527**	**4.85**
2016 年 9 月	3271	–30.35	70963	–8.59
2016 年 10 月	2816	–37.65	71294	–13.05
2016 年 11 月	3144	–29.65	68989	–1.76
2016 年 12 月	3258	–28.51	68330	–7.95
2017 年 1 月	2023	–37.20	76042	–1.68

续表

日　期	进　口		出　口	
	数　量	同比（±%）	数　量	同比（±%）
2017 年 2 月	2326	–3.85	35042	–32.62
2017 年 3 月	2672	–28.16	81923	7.92
2017 年 4 月	2761	–30.73	83668	2.15
2017 年 5 月	2665	–20.89	83217	–1.25
2017 年 6 月	3004	–18.67	74519	4.02
2017 年 7 月	3044	–10.88	71367	–5.99
2017 年 8 月	2625	–21.82	79174	–7.43

数据来源：中国海关总署。

表 4–40　2003/2004 年度以来进口棉占中国用棉总量比例

（单位：万吨）

年度	合计	国内产量	进口量	进口比例（%）
2003/2004	684.9	485.9	199.0	29.1
2004/2005	798.3	632.3	166.0	20.8
2005/2006	982.3	571.3	411.0	41.8
2006/2007	977.8	749.8	228.0	23.3
2007/2008	1033.0	789.0	244.0	23.6
2008/2009	943.8	799.1	144.7	15.3
2009/2010	926.1	675.7	250.4	27.0
2010/2011	880.7	623.1	257.6	29.2
2011/2012	1298.8	802.8	544.0	41.9
2012/2013	1201.1	761.5	439.6	36.6
2013/2014	1000.1	699.7	300.4	30.0
2014/2015	806.4	651.0	155.4	19.3
2015/2016	617.7	521.6	96.1	18.4
2016/2017	622.7	511.7	111.0	21.7

数据来源：国家棉花市场监测系统。

棉花消费

表 4–41 2016/2017 年度全国纺织生产分月统计

（单位：万吨、亿米）

日 期	纺纱产量	同比 (±%)	化纤产量	同比 (±%)	棉布产量	同比 (±%)
总计	**4336.3**	**4.22**	**3015.2**	—	**5137.4**	**1.42**
2016 年 9 月	375.4	4.34	271.4	4.34	389.0	–9.77
2016 年 10 月	389.4	7.24	285.4	8.93	423.5	–4.90
2016 年 11 月	404.2	6.93	298.2	8.40	434.3	–6.62
2016 年 12 月	380.8	–1.65	264.9	—	451.1	1.30
2017 年 1—2 月	607.4	6.71	419.3	0.96	756.0	7.72
2017 年 3 月	352.0	3.99	238.4	0.89	441.6	3.95
2017 年 4 月	344.5	2.53	233.5	–1.39	435.5	1.37
2017 年 5 月	357.8	4.16	243.3	–0.12	444.6	3.06
2017 年 6 月	388.1	4.44	260.3	–1.40	478.3	2.57
2017 年 7 月	371.7	3.80	253.8	–0.82	448.5	5.16
2017 年 8 月	365.0	2.59	246.7	–2.91	435.0	9.19

数据来源：国家统计局，纺纱产量总计和总计同比为不含 2016 年 12 月数据。

中国棉花产销存预测

表 4–42 2001/2002 年度以来国内棉花产销存预测与价格对比

（单位：万吨、元/吨）

年度	期初库存	产量	进口量	消费量	出口量	期末库存	库存消费比（%）	年度均价
2001/2002	436.49	531.48	11.65	582.26	9.05	447.08	75.61	10140
2002/2003	447.08	491.70	71.90	659.84	15.10	394.55	58.46	12008
2003/2004	394.55	485.90	199.00	674.25	3.00	456.17	67.36	16100
2004/2005	456.17	632.30	166.00	871.54	1.00	440.06	50.43	12432
2005/2006	440.06	571.27	411.00	1032.01	1.00	467.87	45.29	14103
2006/2007	467.87	749.79	228.00	1166.66	1.86	337.51	28.88	13300
2007/2008	337.51	789.00	244.00	1111.56	1.50	351.59	31.59	13767
2008/2009	351.59	799.12	144.65	989.56	1.74	324.18	32.70	12162
2009/2010	324.18	675.70	250.47	1041.06	0.53	231.71	22.25	15753
2010/2011	231.71	623.05	257.63	923.27	2.66	215.84	23.31	25654
2011/2012	215.84	802.80	544.03	790.10	1.23	738.75	93.36	19192
2012/2013	738.75	761.50	439.61	790.82	0.93	1166.53	147.34	19141
2013/2014	1166.53	699.70	300.37	775.37	0.93	1364.77	175.80	18581
2014/2015	1364.77	662.10	167.13	755.32	1.46	1406.84	185.90	13751
2015/2016	1406.84	521.60	123.88	715.62	1.42	1305.89	182.12	12842
2016/2017	1035.50	487.70	98.50	745.30	1.40	845.10	113.18	12848

注：1．数据来源：国家棉花市场监测系统。
2．年度均价为国家棉花价格B指数的棉花年度均价。

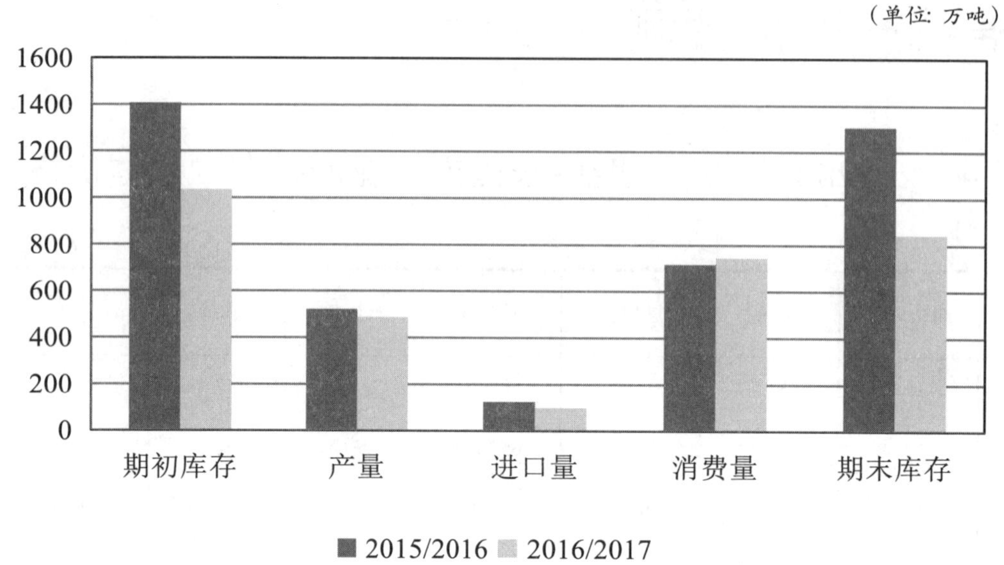

图 4-12 2016/2017 年度中国产销存预测同比对比

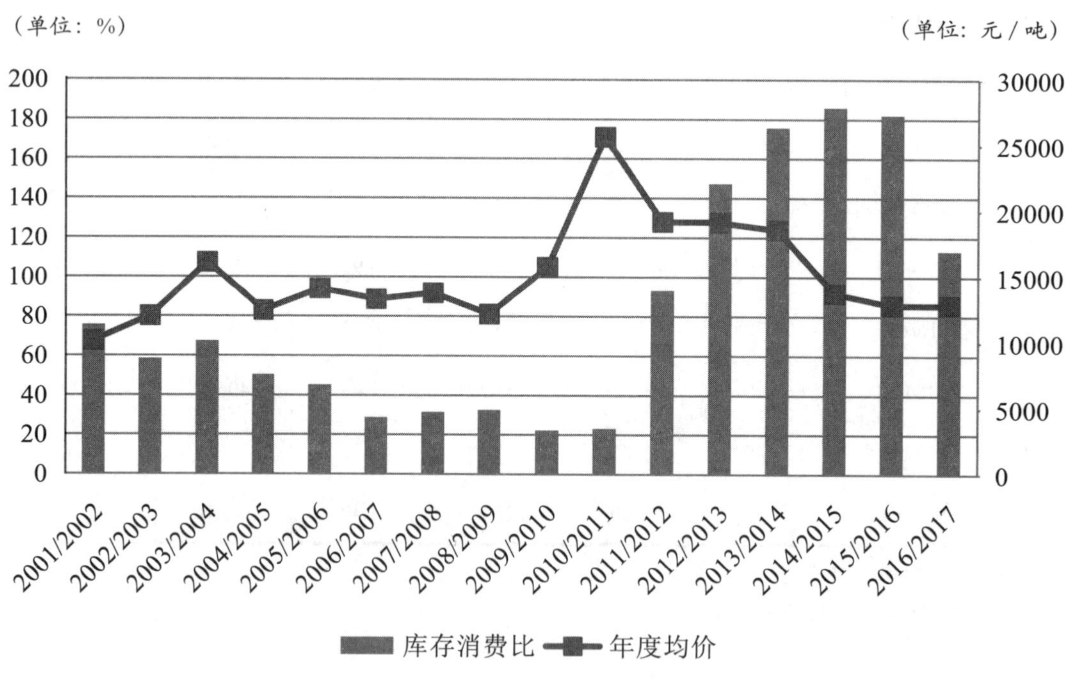

图 4-13 2001/2002 年度以来国内棉价与中国棉花产量预测对比

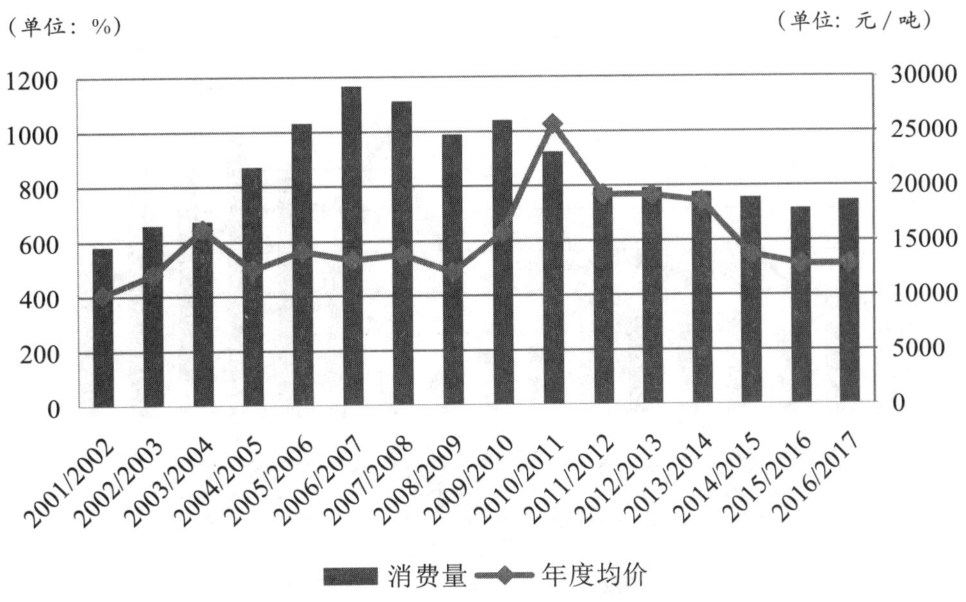

图 4–14　2001/2002 年度以来国内棉价与中国棉花消费量预测对比

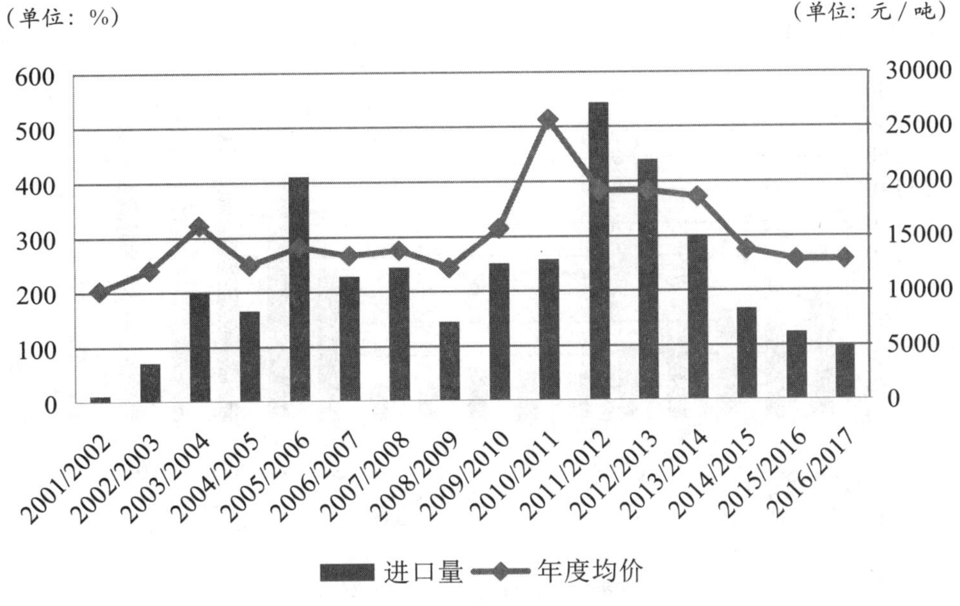

图 4–15　2001/2002 年度以来国内棉价与中国棉花进口量预测对比

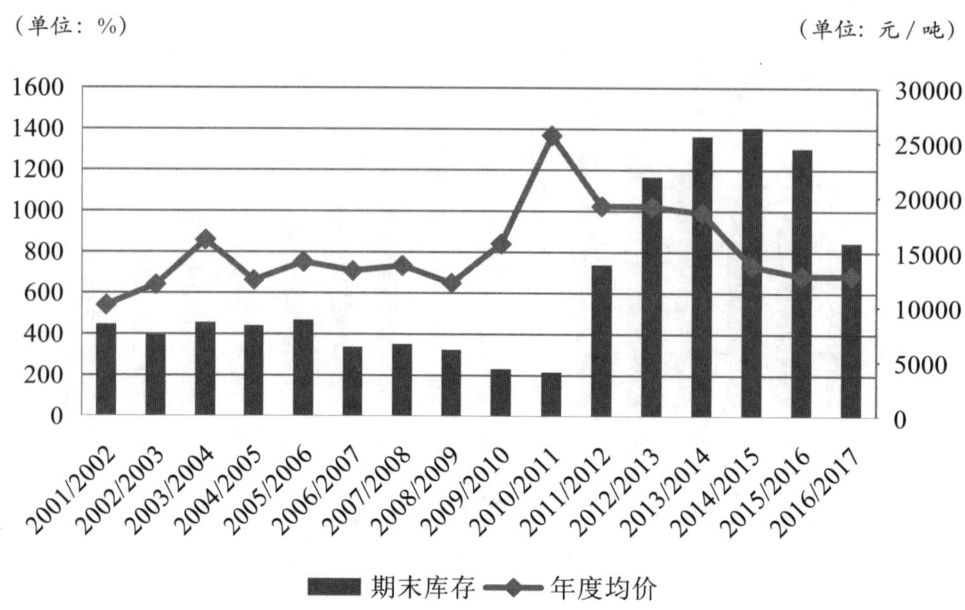

图 4–16　2001/2002 年度以来国内棉价与中国棉花期末库存预测对比

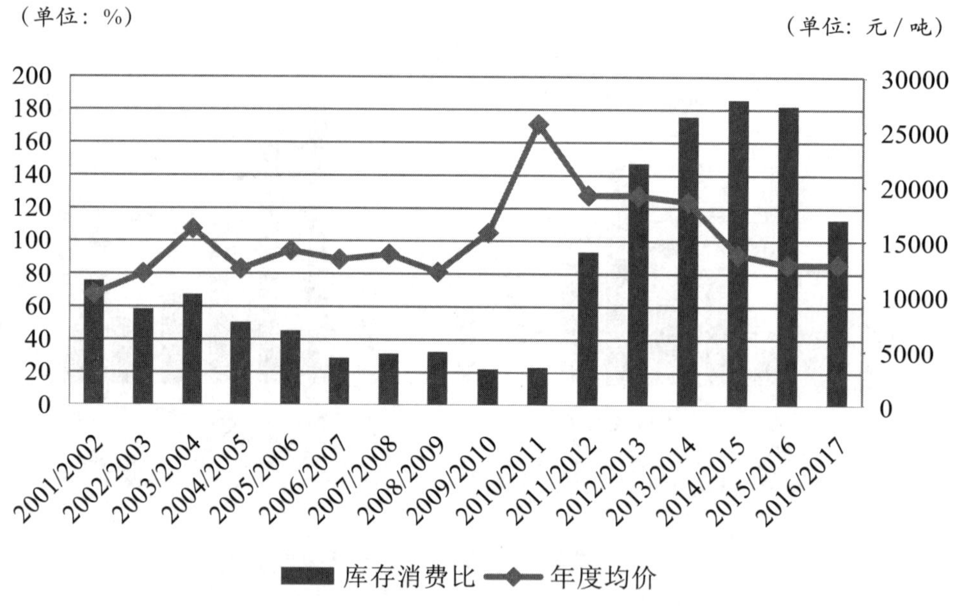

图 4–17　2001/2002 年度以来国内棉价与中国棉花库存消费比对比

全球棉花产销存预测

表 4–43　2003/2004 年度以来全球棉花产销存预测

年度	期初库存	产量	进口量	消费量	出口量	期末库存	库存消费比（%）	国际棉花指数（M）
2003/2004	920.2	1711.1	741.7	1998.9	423.6	974.4	49%	55.71
2004/2005	974.4	2139.2	736.2	2229.3	448.0	1200.3	56%	53.22
2005/2006	1200.3	2014.5	972.0	2414.9	591.8	1213.7	53%	57.35
2006/2007	1213.7	2191.1	830.1	2590.5	535.8	1165.6	51%	59.04
2007/2008	1165.6	2186.8	855.9	2591.9	553.4	1131.7	50%	74.80
2008/2009	1131.7	2057.5	663.5	2321.7	373.2	1201.1	56%	62.28
2009/2010	1201.1	1960.5	791.4	2504.0	512.9	955.3	40%	80.00
2010/2011	955.3	2140.1	780.5	2399.9	485.2	1002.2	44%	166.55
2011/2012	1002.2	2363.7	973.0	2174.3	725.7	1441.7	71%	105.71
2012/2013	1441.7	2156.3	793.7	2252.9	541.1	1600.6	84%	88.76
2013/2014	1955.7	2603.9	886.6	2360.3	890.9	2205.8	93%	92.25
2014/2015	2205.8	2599.0	748.7	2475.1	749.0	2332.1	94%	76.43
2015/2016	2438.8	2258.0	769.6	2425.2	769.7	2272.9	71%	72.00
2016/2017	2107.6	2269.5	768.60	2436.7	769.1	1941.0	80%	78.56
2017/2018	1941.0	2611.8	837.9	2603.7	837.3	1915.9	74%	82.30

注：1. 数据来源为美国农业部，中国棉花网。
2. 2004/2005 年度以前为北欧到岸价 A 指数，2004/2005 年度以后为国际棉花指数（M）。

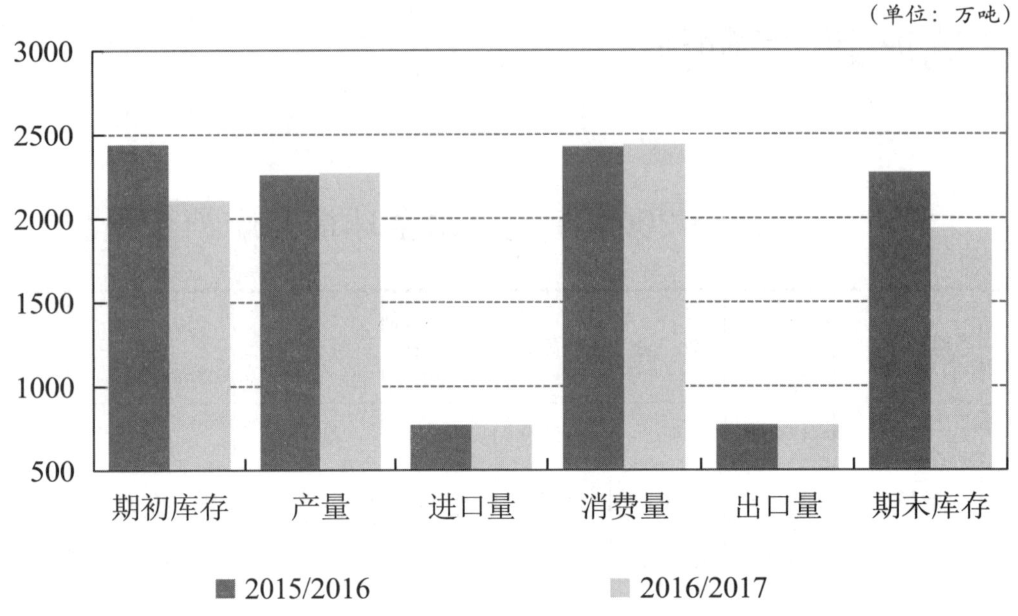

图 4–18　2015/2016 年度和 2016/2017 年度全球产销存预测比较

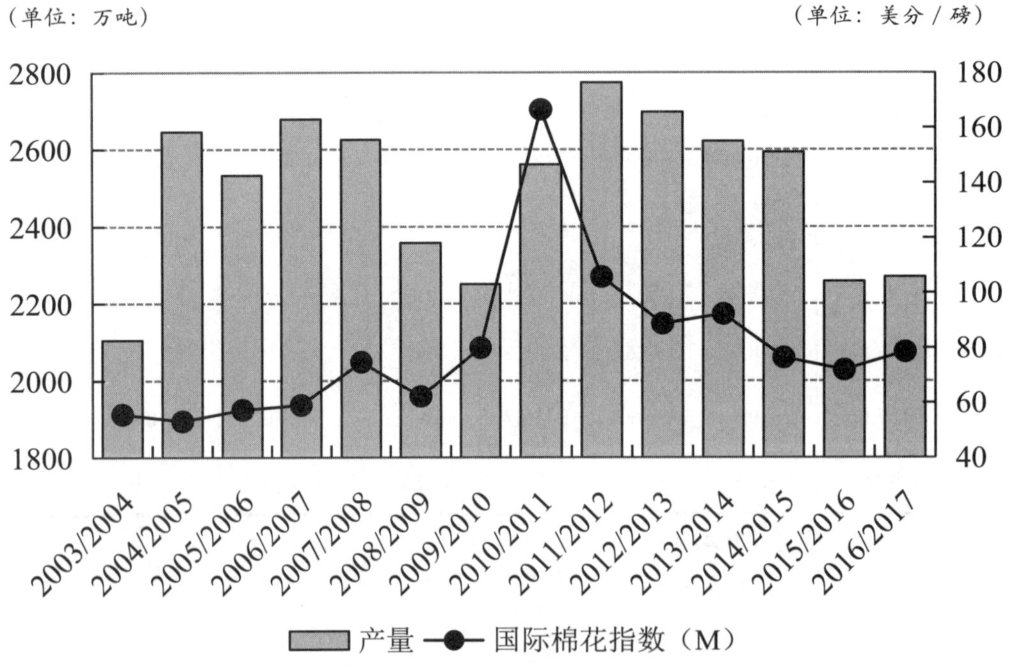

图 4–19　2003/2004 年度以来国际棉价与全球棉花产量变化

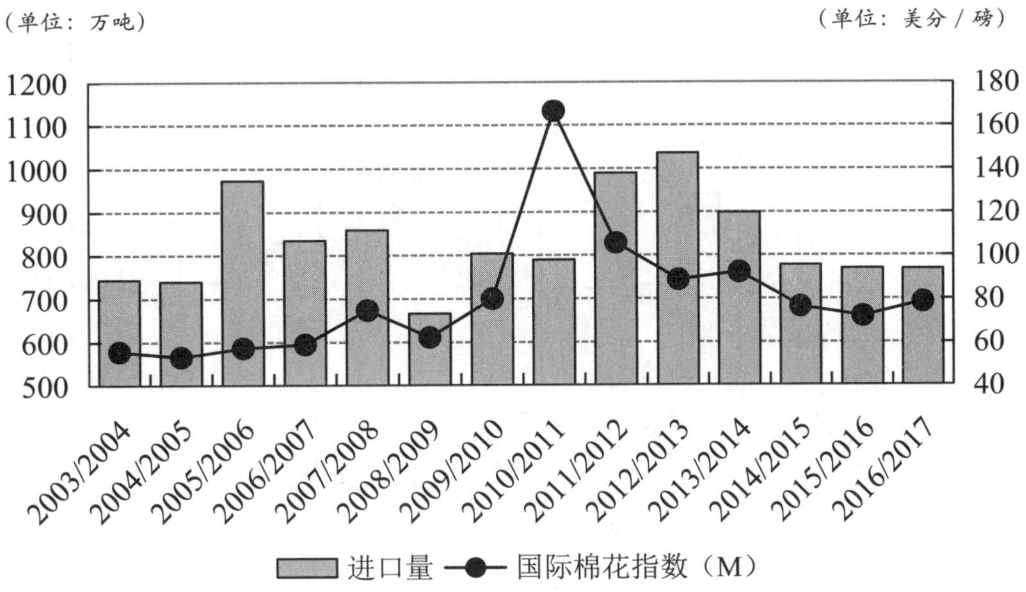

图 4–20 2003/2004 年度以来国际棉价与全球棉花进口量变化

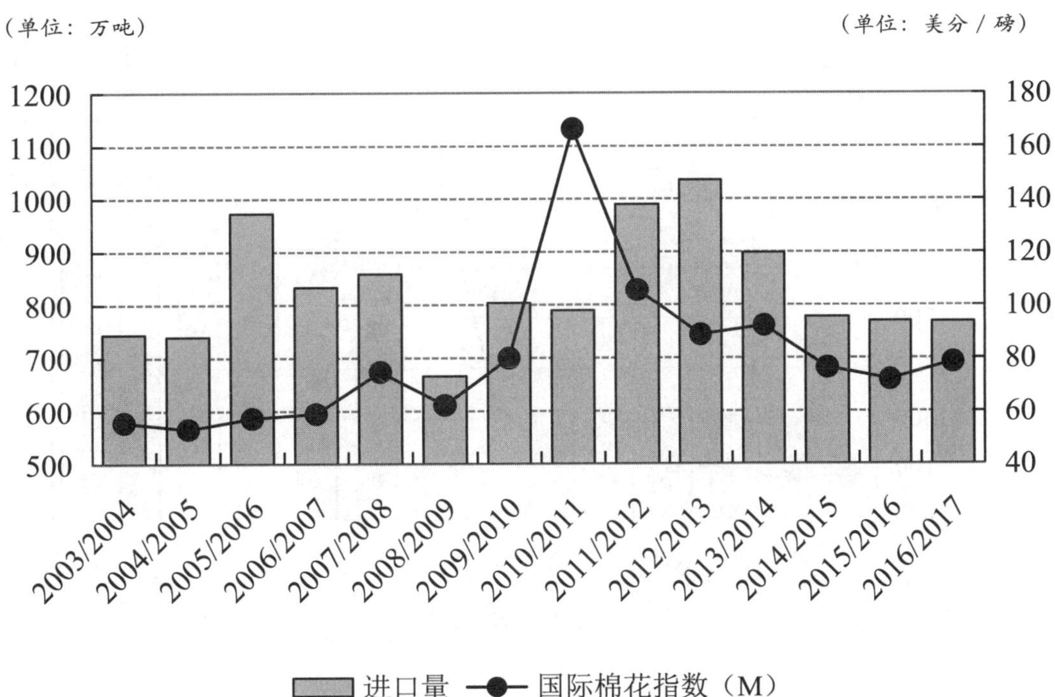

图 4–21 2003/2004 年度以来国际棉价与全球棉花消费量变化

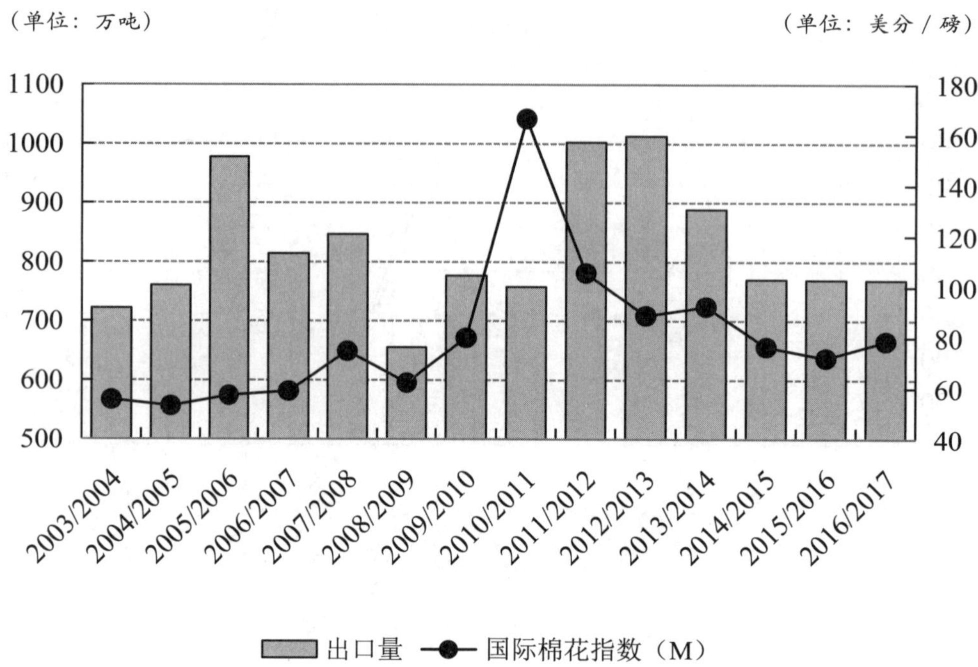

图 4–22　2003/2004 年度以来国际棉价与全球棉花出口量变化

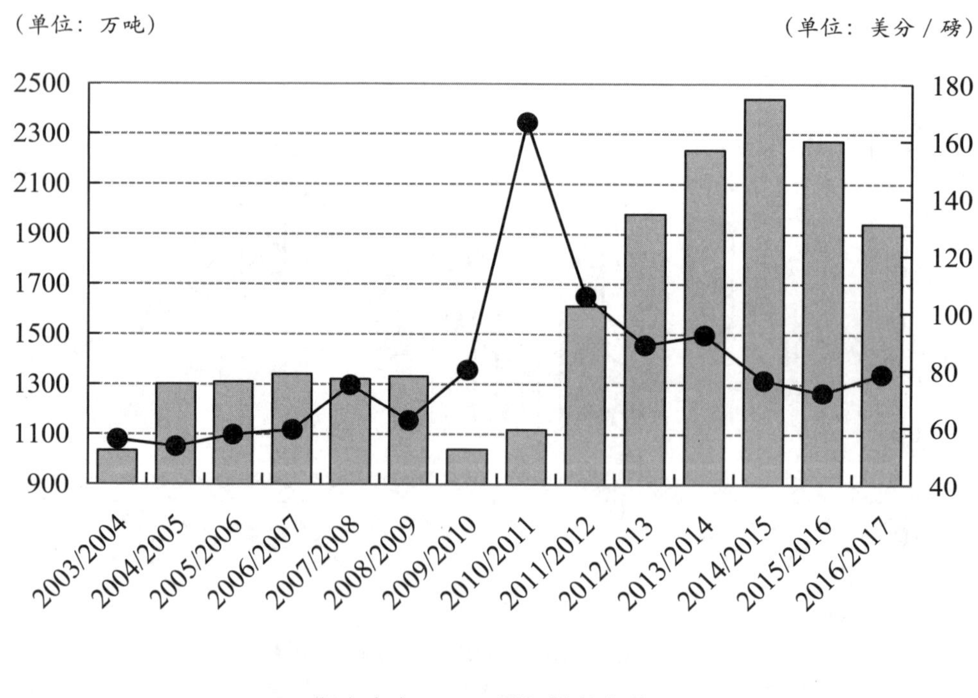

图 4–23　2003/2004 年度以来国际棉价与全球棉花期末库存变化

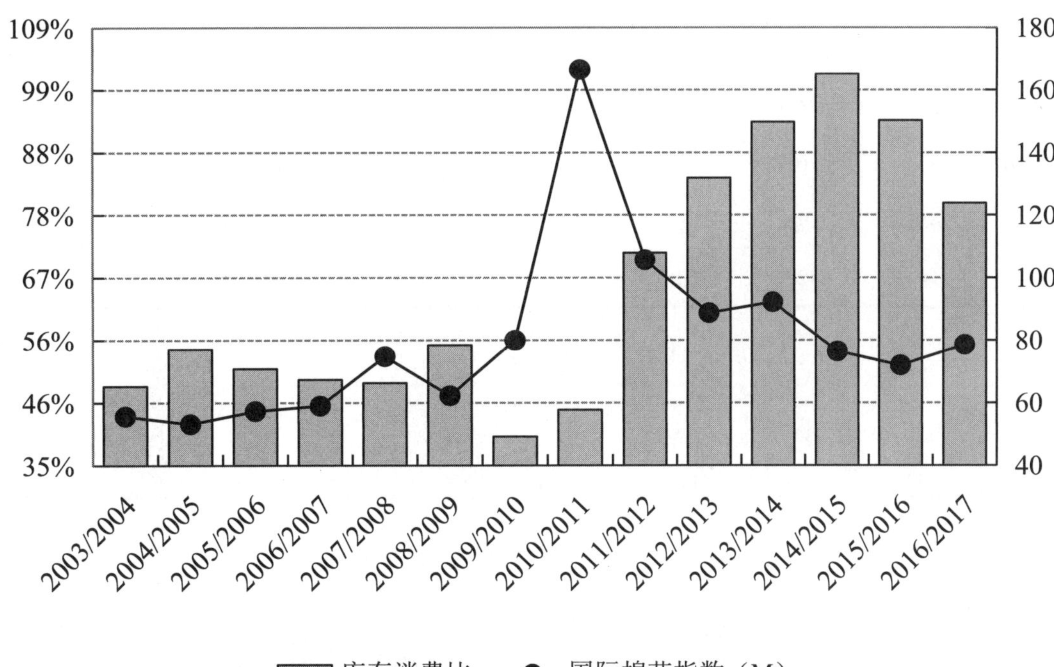

图 4–24　2003/2004 年度以来国际棉价与全球棉花库存消费比变化

表 4–44　2003/2004 年度以来主要国家和地区棉花产量预测统计

年度	中国	印度	美国	巴基斯坦	乌兹别克斯坦	巴西	土耳其	澳大利亚	西非
2003/2004	518.2	304.8	397.5	170.8	89.3	131.0	89.3	34.8	92.8
2004/2005	659.7	413.7	506.2	242.5	113.2	128.5	90.4	65.3	100.9
2005/2006	618.3	414.8	520.2	214.5	120.8	102.3	77.3	59.9	90.6
2006/2007	772.9	489.9	470.0	208.6	116.5	152.4	82.7	29.4	81.9
2007/2008	805.6	537.8	418.2	186.2	116.5	160.2	67.5	13.6	57.0
2008/2009	799.1	507.3	279.0	185.9	100.2	119.3	42.0	33.2	57.0
2009/2010	696.7	533.4	265.4	201.2	84.9	118.7	38.1	38.6	55.9
2010/2011	664.1	592.2	394.2	188.1	89.3	196.0	45.9	91.4	56.3
2011/2012	740.3	631.4	339.1	230.8	91.4	189.4	74.9	119.8	70.2
2012/2013	762.0	620.5	377.0	202.5	98.0	130.6	57.7	100.2	90.4

续表

年度	中国	印度	美国	巴基斯坦	乌兹别克斯坦	巴西	土耳其	澳大利亚	西非
2013/2014	713.1	675.0	281.1	206.8	89.3	174.2	50.1	89.3	91.1
2014/2015	664.1	675.0	353.9	213.4	89.3	152.4	68.6	50.1	110.8
2015/2016	529.1	620.5	283.7	174.2	80.6	141.5	57.7	52.3	91.0
2016/2017	457.2	587.9	359.8	179.6	80.6	141.5	69.7	98.0	129.1
2017/2018	544.3	642.3	466.8	178.5	80.6	169.8	87.1	102.3	91.4

（单位：万吨）

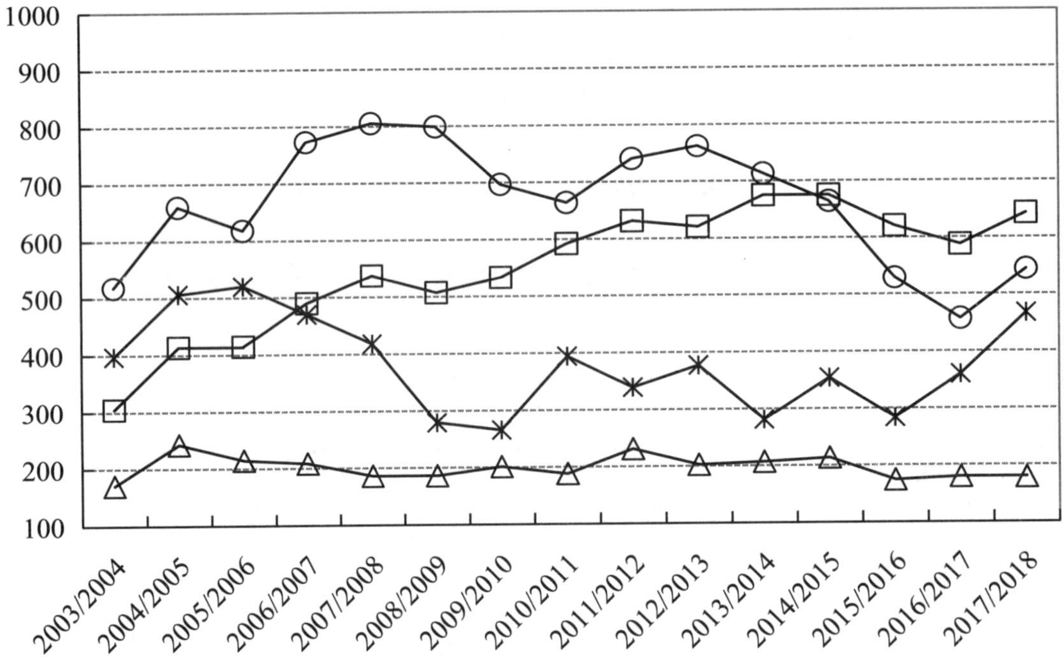

图 4-25 2003/2004 年度以来主要国家棉花产量变化

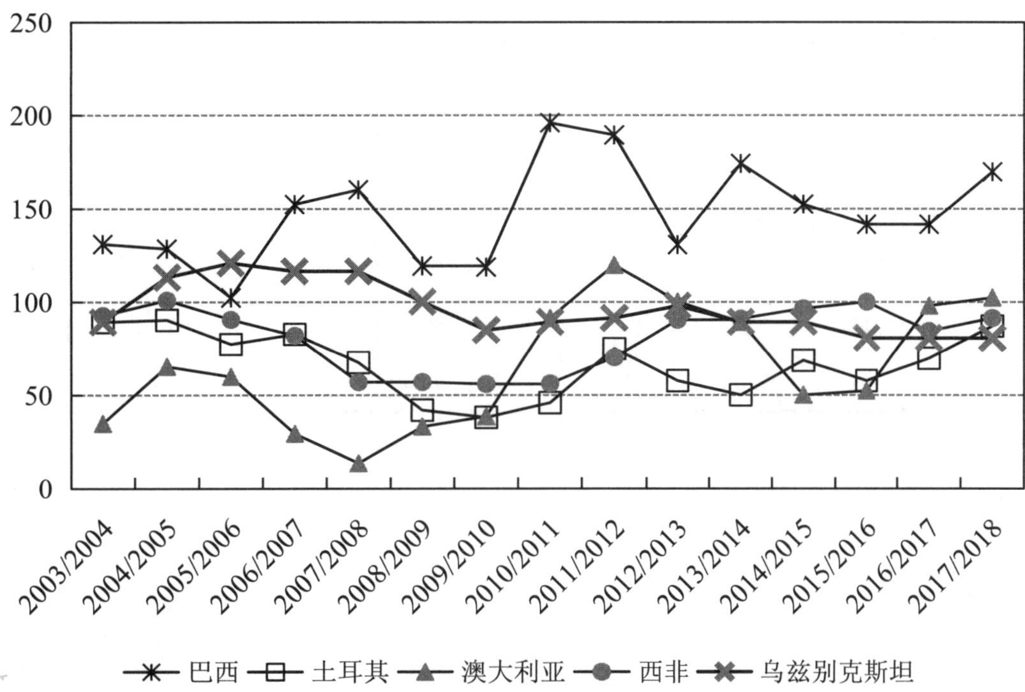

图 4–26　2003/2004 年度以来主要国家和地区棉花产量变化

表 4–45　2003/2004 年度以来主要国家棉花消费量预测统计

（单位：万吨）

年度	中国	印度	巴基斯坦	土耳其	美国	巴西	孟加拉国	印度尼西亚	泰国	墨西哥
2003/2004	696.7	293.9	209.0	130.6	136.4	87.4	39.2	46.8	40.3	43.5
2004/2005	838.3	322.2	228.6	154.6	145.7	93.8	47.9	46.8	45.7	45.7
2005/2006	979.8	363.6	250.4	152.4	127.8	96.9	54.4	47.4	44.6	45.7
2006/2007	1088.6	394.1	261.3	158.9	107.4	99.6	69.7	51.7	42.5	45.7
2007/2008	1110.4	405.0	261.3	132.8	99.8	100.2	76.2	56.6	42.5	43.5
2008/2009	958.0	386.5	241.7	107.8	77.1	91.4	80.6	51.2	34.8	40.3
2009/2010	1088.6	430.0	226.4	128.5	77.3	95.8	87.1	56.6	38.6	41.4
2010/2011	1001.5	447.4	215.6	121.9	84.9	93.6	91.4	56.6	37.0	37.0

续表

年度	中国	印度	巴基斯坦	土耳其	美国	巴西	孟加拉国	印度尼西亚	泰国	墨西哥
2011/2012	827.4	423.5	217.7	121.9	71.9	87.1	76.2	53.3	28.3	37.0
2012/2013	783.8	475.7	234.1	131.7	76.2	89.3	84.9	64.2	32.1	39.2
2013/2014	751.2	511.7	226.4	137.2	77.3	91.4	90.4	66.4	32.7	40.3
2014/2015	827.4	533.4	230.8	141.5	82.7	89.3	94.7	66.4	32.7	40.8
2015/2016	707.6	550.8	219.9	139.3	80.6	72.9	127.4	68.6	30.5	41.4
2016/2017	778.4	517.1	222.1	147.0	71.8	69.7	139.3	63.1	26.1	40.3
2017/2018	849.1	538.9	226.4	152.4	72.9	74.0	156.8	74.0	26.1	39.2

数据来源：美国农业部（USDA）。

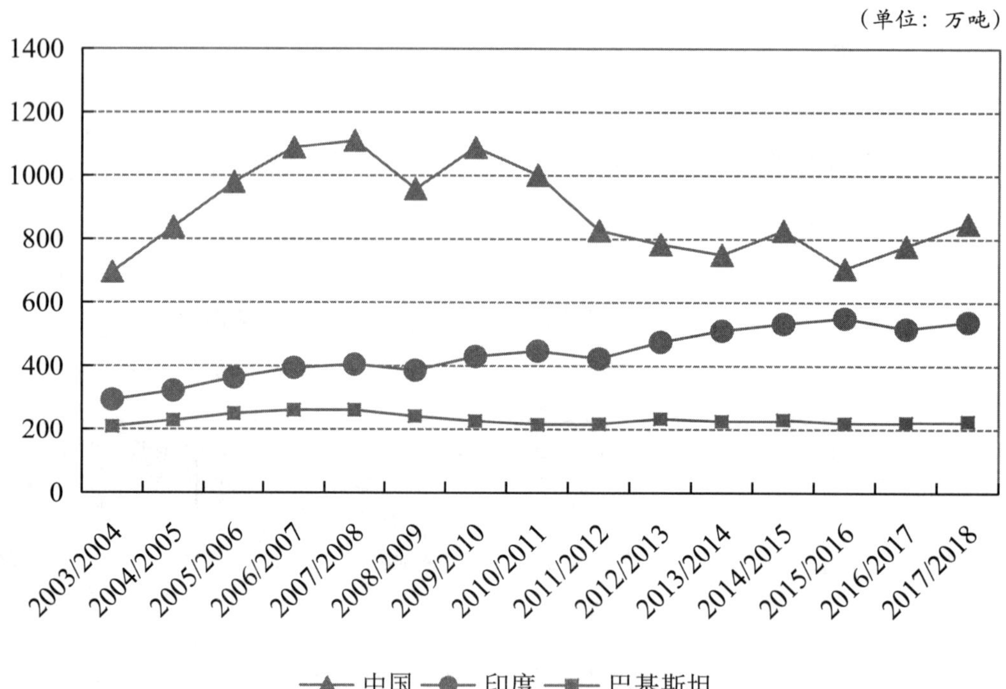

图 4-27 2003/2004 年度以来主要国家棉花消费量变化

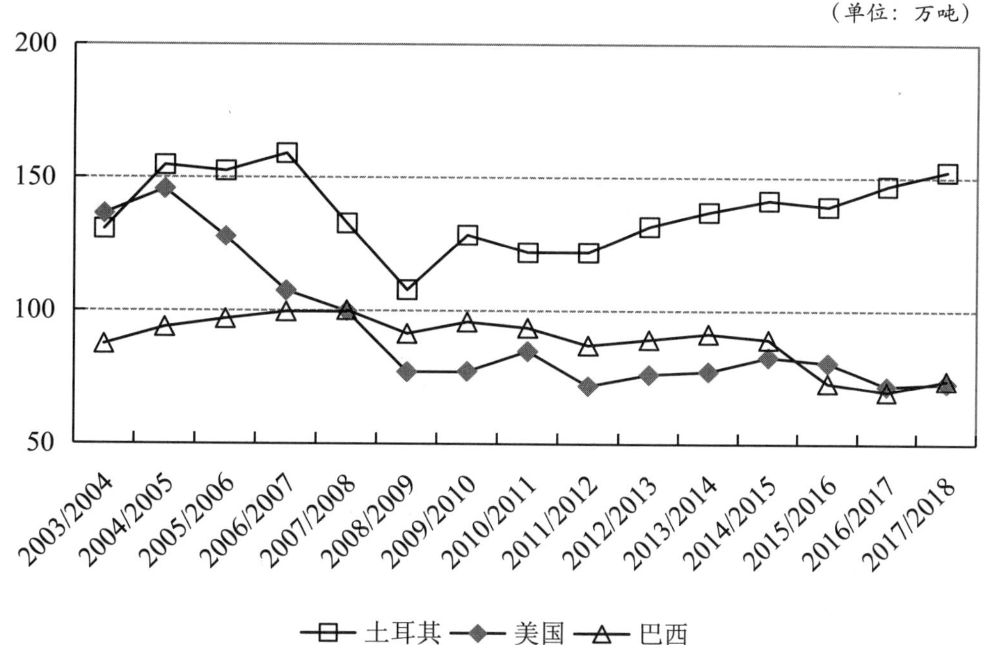

图 4–28 2003/2004 年度以来主要国家棉花消费量变化

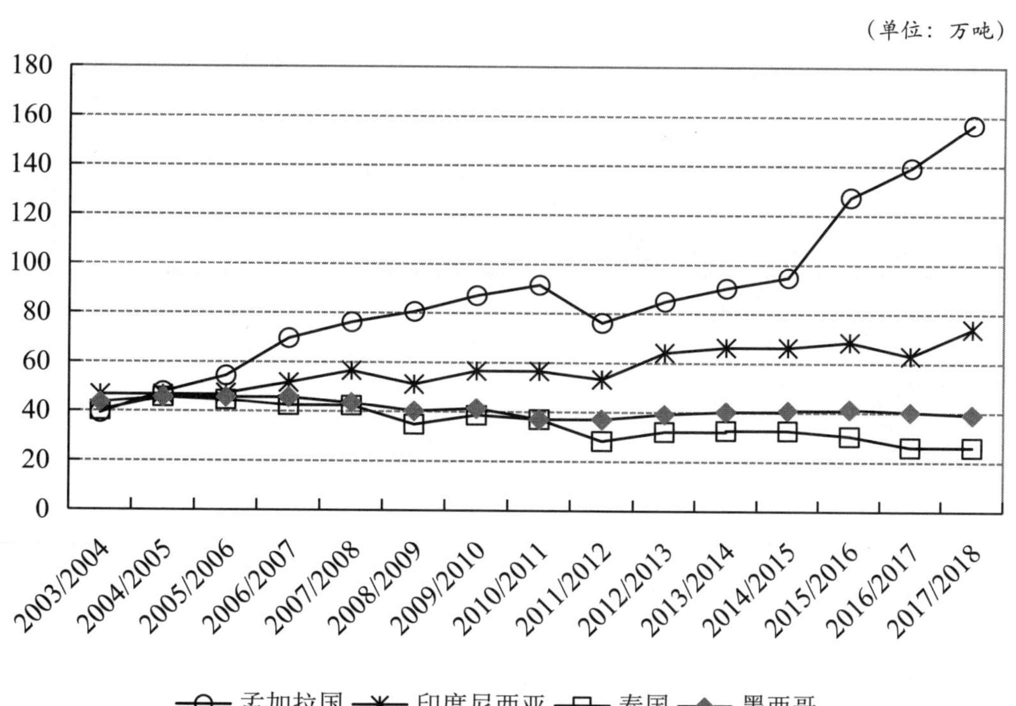

图 4–29 2003/2004 年度以来主要国家棉花消费量变化

表 4–46　2003/2004 年度以来主要国家棉花进口量预测统计

（单位：万吨）

年度	中国	土耳其	巴基斯坦	孟加拉国	印度尼西亚	泰国	墨西哥
2003/2004	192.3	51.6	39.3	39.2	46.8	36.5	40.5
2004/2005	139.0	74.3	38.2	49.0	47.9	49.7	39.4
2005/2006	419.9	76.2	35.2	53.3	47.9	41.2	38.0
2006/2007	230.5	87.7	50.2	70.8	52.3	41.5	29.5
2007/2008	251.0	71.1	85.1	78.4	58.8	42.0	33.3
2008/2009	152.3	63.6	41.7	82.7	52.3	34.9	28.6
2009/2010	237.4	95.7	34.3	87.1	58.8	39.3	30.3
2010/2011	260.8	72.9	31.4	92.5	56.6	38.1	26.0
2011/2012	534.2	51.9	19.6	71.9	54.4	27.5	21.8
2012/2013	442.6	80.4	39.2	84.9	65.3	32.9	20.7
2013/2014	307.5	92.4	26.1	89.3	65.3	33.7	22.6
2014/2015	152.4	82.7	32.7	96.9	67.5	34.3	22.3
2015/2016	119.7	82.7	43.5	125.2	67.5	31.6	21.2
2016/2017	98.0	80.6	47.9	137.2	63.1	26.7	27.8
2017/2018	115.4	76.2	58.8	157.9	75.1	27.2	17.4

数据来源：美国农业部（USDA）。

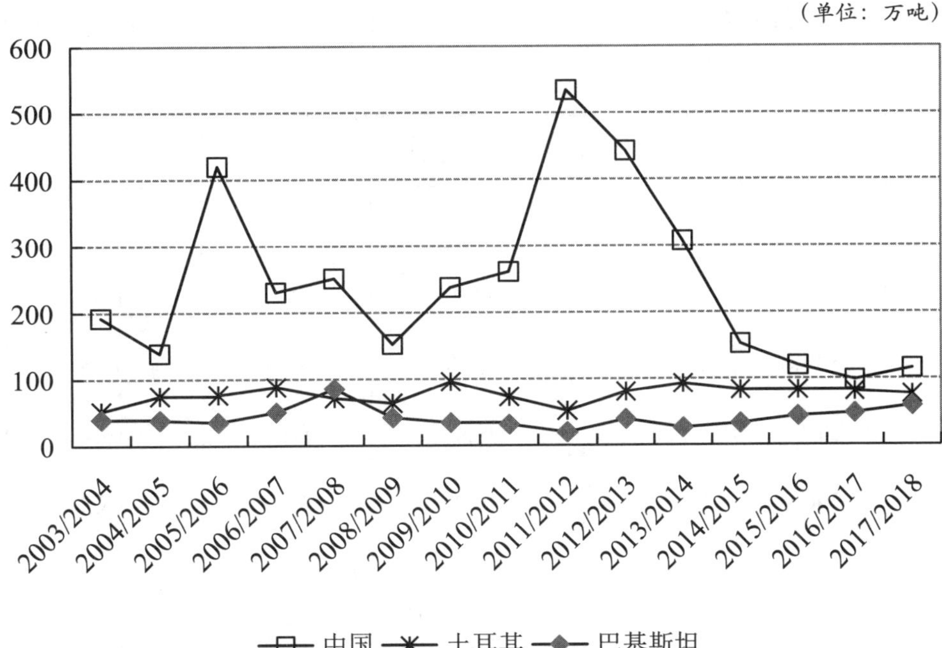

图 4–30 2003/2004 年度以来主要国家棉花进口量变化

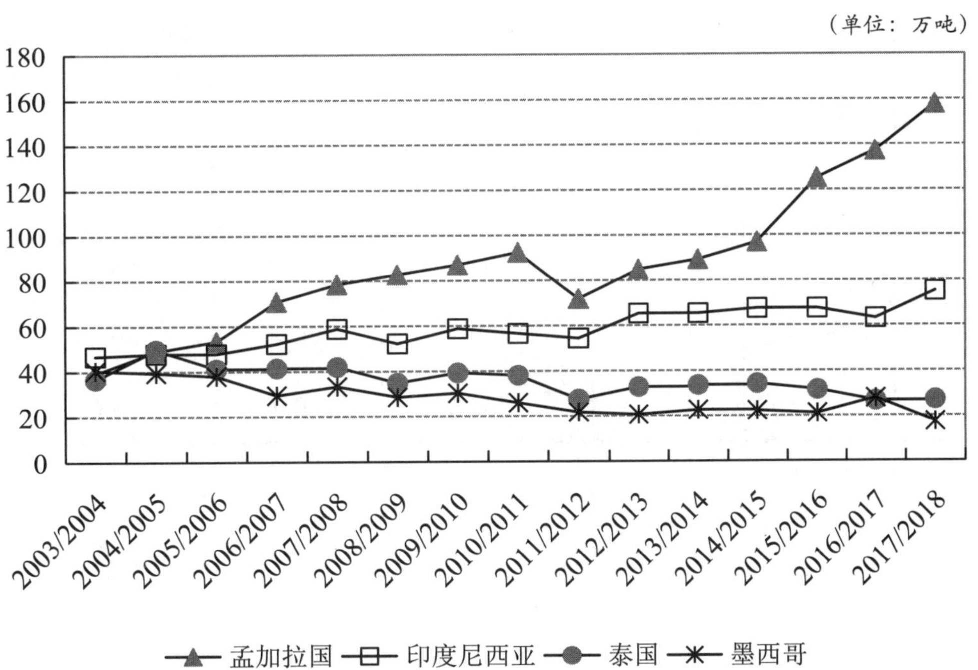

图 4–31 2003/2004 年度以来主要国家棉花进口量变化

表 4–47　2003/2004 年度以来主要国家和地区棉花出口量预测统计

（单位：万吨）

年度	美国	印度	乌兹别克斯坦	西非	澳大利亚	巴西
2003/2004	299.6	15.2	67.5	86.8	47.0	21.0
2004/2005	314.3	14.4	86.0	79.2	43.5	33.9
2005/2006	384.8	80.0	104.5	88.4	62.8	42.9
2006/2007	282.2	106.1	98.0	80.0	46.4	28.3
2007/2008	296.9	163.3	91.4	54.9	26.5	48.6
2008/2009	288.7	51.4	65.3	45.5	26.1	59.6
2009/2010	262.1	142.6	82.7	49.9	46.0	43.3
2010/2011	313.0	108.9	57.7	48.3	54.5	43.5
2011/2012	255.0	241.2	54.4	50.5	101.0	104.3
2012/2013	283.6	165.5	69.7	80.3	134.5	93.8
2013/2014	229.3	204.7	58.8	81.9	105.6	48.6
2014/2015	217.7	108.9	50.1	77.9	69.7	74.0
2015/2016	217.7	115.4	50.1	102.9	56.6	91.4
2016/2017	265.6	91.4	46.8	78.4	89.3	63.1
2017/2018	322.2	93.6	26.1	80.0	93.6	87.1

数据来源：美国农业部（USDA）。

（单位：万吨）

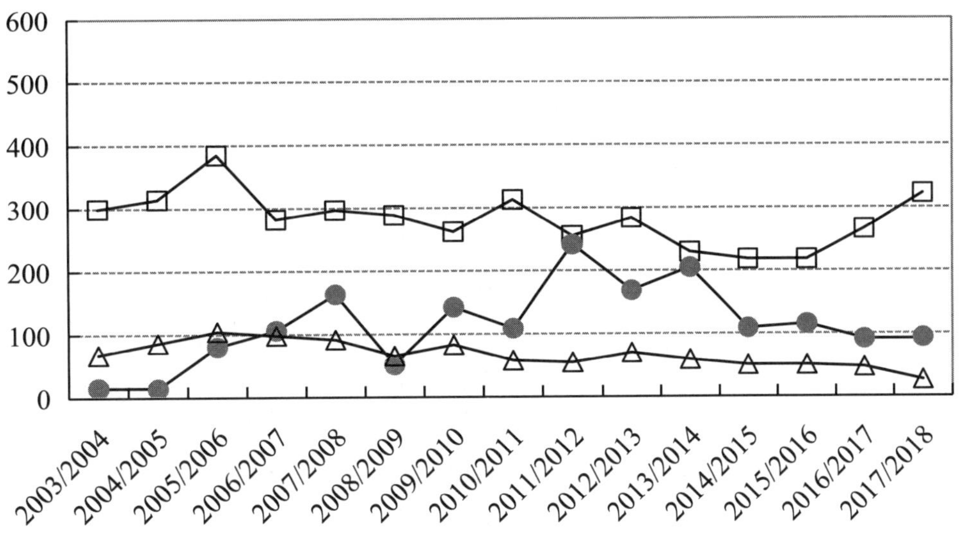

图 4–32　2003/2004 年度以来主要国家棉花出口量变化

（单位：万吨）

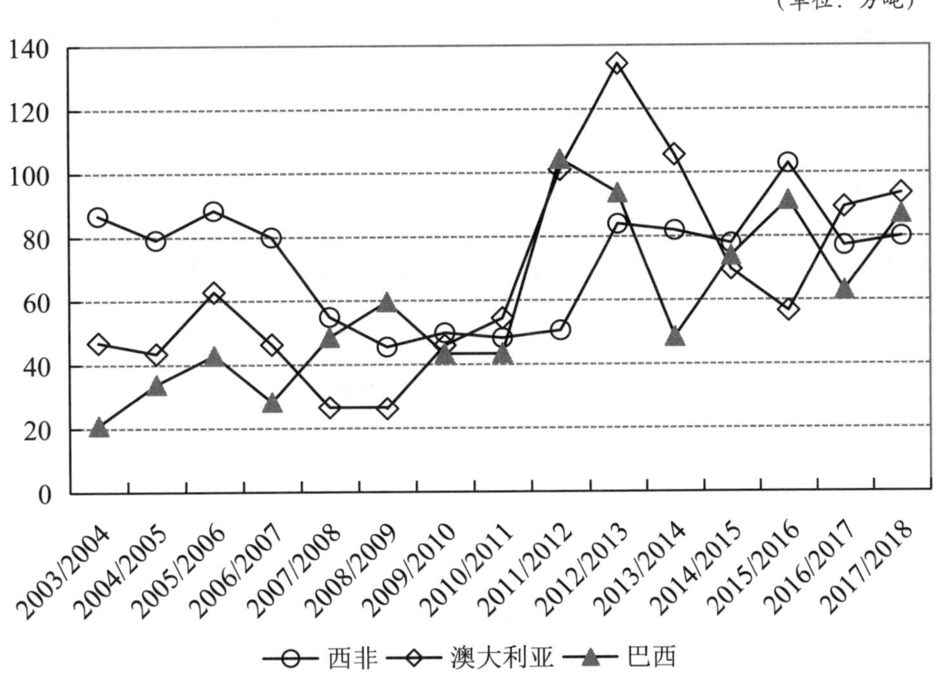

图 4–33　2003/2004 年度以来主要国家棉花出口量变化

表 4–48　2003/2004 年度以来主要国家棉花期末库存预测统计

（单位：万吨）

年度	中国	印度	巴基斯坦	土耳其	美国	巴西	孟加拉国	印度尼西亚	泰国	墨西哥
2003/2004	413.3	91.1	68.2	32.2	75.1	97.7	8.2	8.0	8.6	24.9
2004/2005	400.4	190.8	107.7	39.0	119.6	106.3	10.5	8.2	12.5	28.7
2005/2006	490.7	170.7	100.1	35.4	132.1	78.7	10.8	7.9	8.9	28.8
2006/2007	447.1	166.1	92.3	40.3	206.4	117.7	12.9	7.7	7.7	22.4
2007/2008	446.4	146.0	95.9	38.1	218.8	136.1	15.6	9.0	6.9	20.3
2008/2009	465.2	231.7	73.5	32.9	138.0	108.7	16.3	9.2	6.3	16.6
2009/2010	310.2	204.1	66.2	34.9	64.2	94.8	17.2	9.6	6.4	13.4
2010/2011	230.9	243.3	54.9	28.7	56.6	172.1	18.3	9.9	7.0	13.0
2011/2012	676.7	205.6	61.7	27.0	72.9	174.0	17.8	10.4	5.7	15.5
2012/2013	1096.5	260.6	59.0	28.6	82.7	126.3	21.0	13.2	5.8	14.1
2013/2014	1365.3	246.4	53.9	29.5	53.3	167.0	22.2	12.5	6.3	12.5
2014/2015	1353.3	296.5	58.8	35.0	106.7	161.0	26.8	14.0	7.3	15.2
2015/2016	1415.7	269.7	50.3	30.4	65.3	141.1	28.2	11.9	5.1	12.8
2016/2017	1041.8	256.8	56.4	31.7	104.5	148.3	33.7	11.5	4.8	11.3
2017/2018	863.7	287.0	53.1	38.7	126.3	180.4	39.6	14.5	4.9	14.0

数据来源：美国农业部（USDA）。

（单位：万吨）

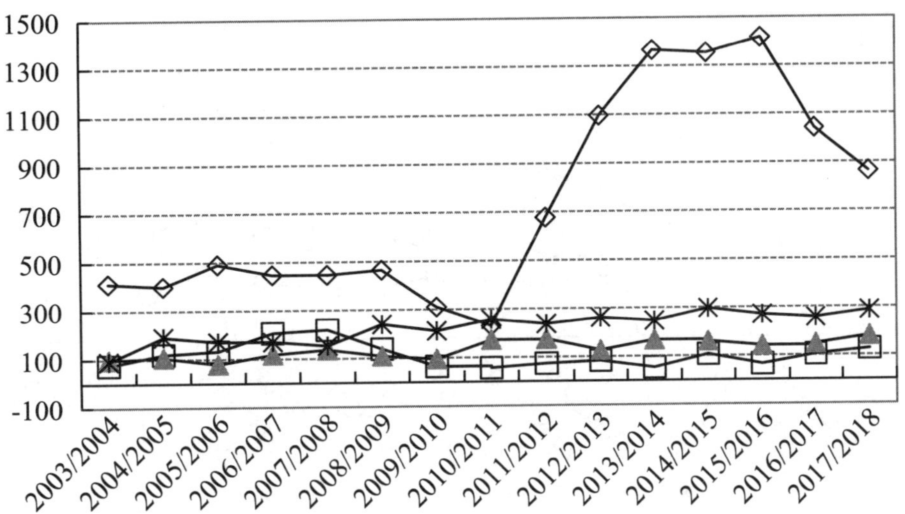

图 4-34　2003/2004 年度以来主要国家棉花期末库存变化

（单位：万吨）

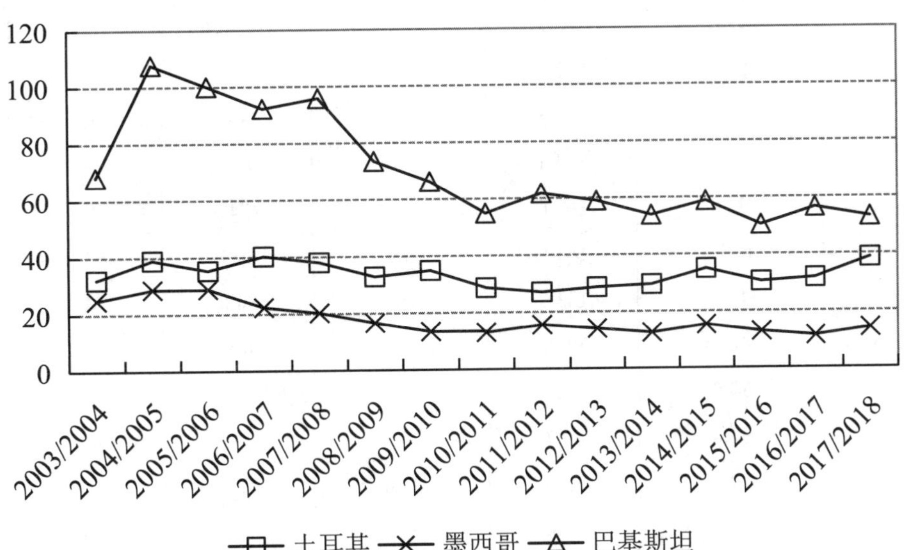

图 4-35　2003/2004 年度以来主要国家棉花期末库存变化

（单位：万吨）

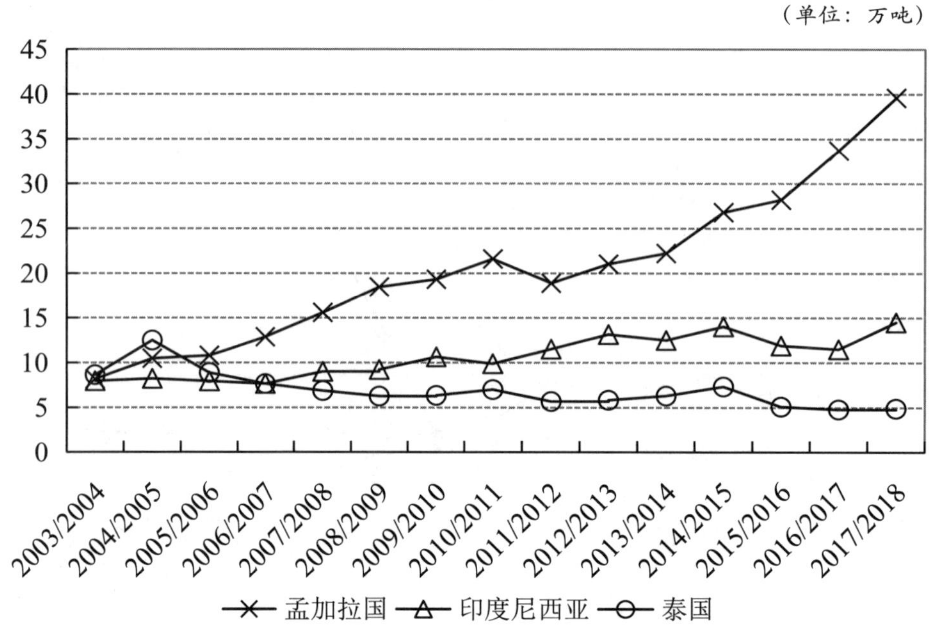

图 4–36　2003/2004 年度以来主要国家棉花期末库存变化

表 4–49　2016/2017 年度主要国家和地区棉花产销存预测

（单位：万吨）

国家和地区	期初库存	产量	进口量	消费量	出口量	期末库存
全球	**2113.7**	**2314.5**	**785.9**	**2451.4**	**786.0**	**1979.3**
印度	238.2	587.9	50.1	517.1	87.1	272
中国	1267.1	495.3	98	789.3	1.1	1070.1
美国	82.8	375.1	0.2	71.8	304.8	80.6
巴基斯坦	57.0	167.6	58.8	224.3	4.4	54.2
巴西	136.3	145.9	4.9	69.7	63.1	157.5
中亚	45.0	123.3	0	54.0	64.0	52.8
澳大利亚	42.1	95.8	0	0.8	84.9	55.5
西非	24.0	84.4	0	1.8	77.2	29.6
土耳其	34.4	69.7	70.8	137.2	6.0	31.7
墨西哥	12.4	15.8	23.4	37.6	2.2	11.3
孟加拉国	33.5	2.6	135	141.5	0	29.4
印度尼西亚	11.5	0.1	69.7	67.5	0.1	13.7
泰国	4.4	0	28.3	27.8	0	4.3

数据来源：美国农业部（USDA）。

表 4–50　2003/2004 年度以来全球棉花种植面积和单产统计

（单位：亿公顷、千克 / 公顷）

年度	种植面积	单产
2003/2004	72.0	651
2004/2005	81.0	741
2005/2006	78.0	729
2006/2007	78.0	774
2007/2008	73.5	798
2008/2009	69.0	768
2009/2010	67.5	743
2010/2011	75.0	761
2011/2012	81.0	771
2012/2013	76.5	780
2013/2014	73.5	798
2014/2015	76.5	759
2015/2016	70.5	723
2016/2017	66.0	776
2017/2018	77.5	788

数据来源：美国农业部（USDA）。

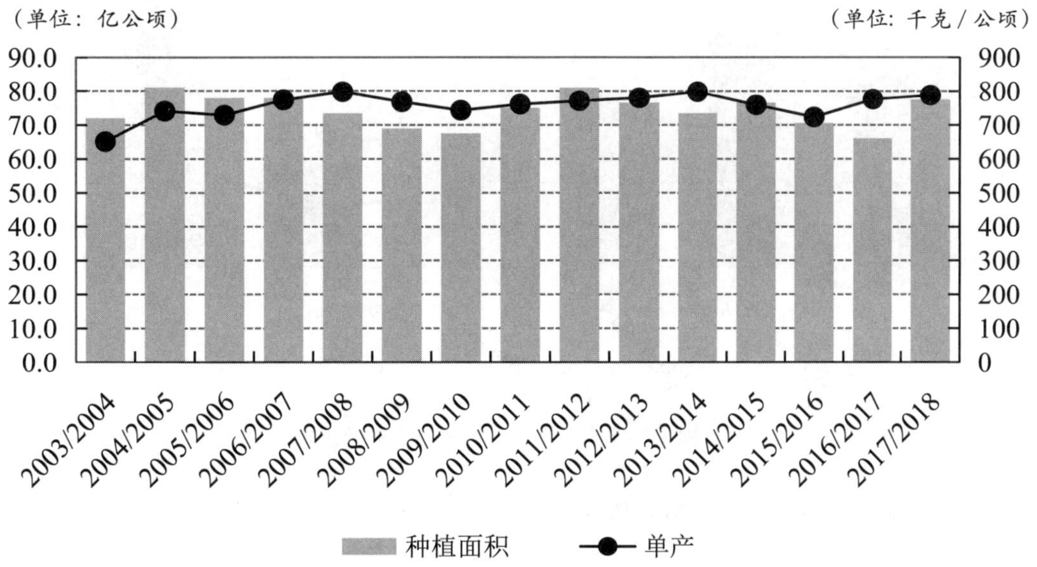

图 4–37　2003/2004 年度以来全球棉花种植面积和单产变化

表 4–51 2011/2012 年度以来 ICE 期货近月合约均价与美棉出口量对比

（单位：万吨、美分 / 磅）

年度	美棉出口装运量	ICE 期货价格
2011/2012	255.0	90.72
2012/2013	283.6	79.41
2013/2014	232.0	84.29
2014/2015	240.4	63.55
2015/2016	199.9	63.08
2016/2017	324.8	72.99

数据来源：美国农业部（USDA）、美国洲际交易所（ICE）。

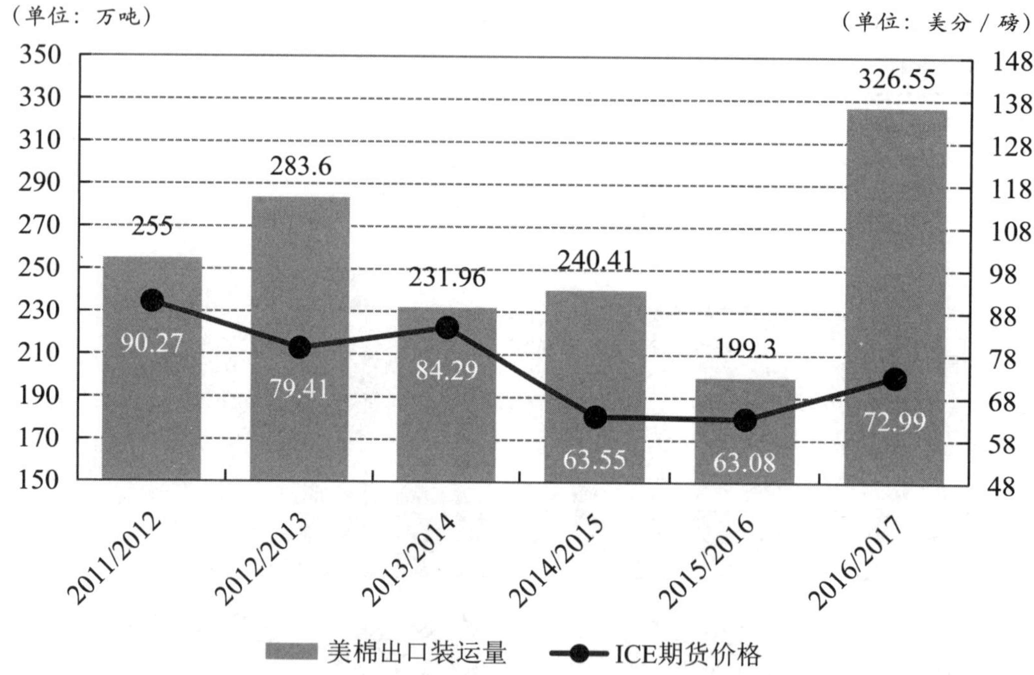

图 4-38 2011/2012 年度以来 ICE 期货近月合约均价与美棉出口量比较

表 4–52 2016/2017 年度美棉出口装运量分月统计

（单位：万吨）

月份	美棉出口装运量	美棉对中国出口装运量	比重（%）
2016 年 8 月	11.84	1.76	15
2016 年 9 月	25.42	2.08	8
2016 年 10 月	12.79	1.04	8
2016 年 11 月	12.51	2.46	20
2016 年 12 月	28.37	6.98	25
2017 年 1 月	24.10	4.47	19
2017 年 2 月	34.25	7.30	21
2017 年 3 月	48.77	9.91	20
2017 年 4 月	34.44	4.56	13
2017 年 5 月	35.26	3.31	9
2017 年 6 月	31.85	2.72	9
2017 年 7 月	25.06	2.40	10

数据来源：美国农业部（USDA）。

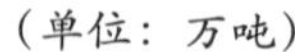

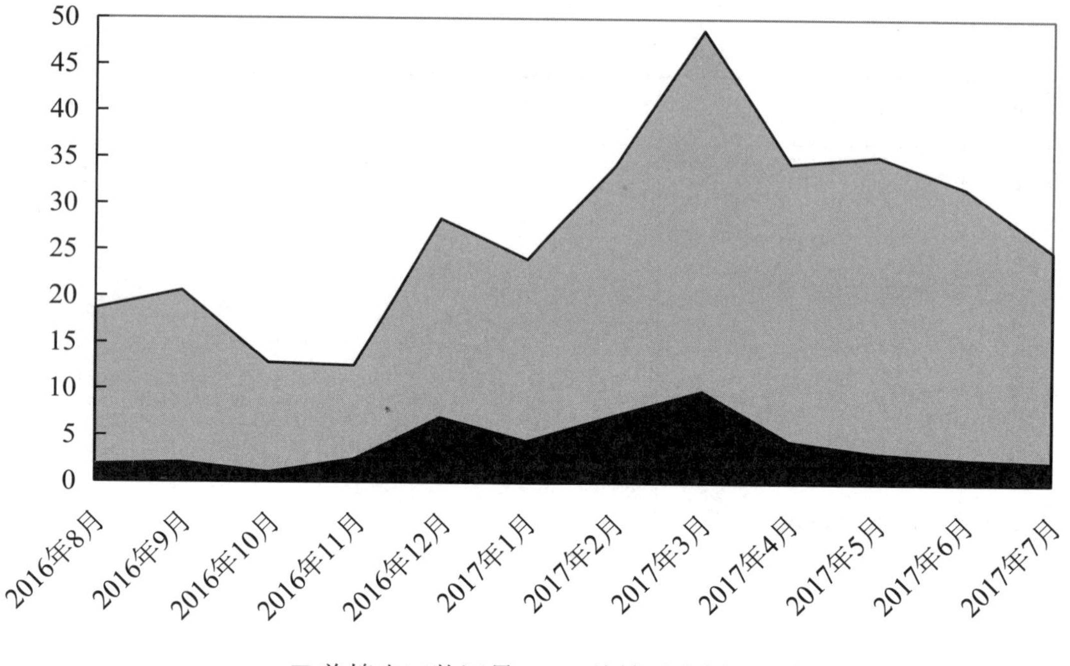

图 4–39 2016/2017 年度美棉出口装运量变化

大 事 记

第五部分

国 内 棉 花

国家在新疆深化棉花目标价格改革

2016年3月16日，国家发展改革委和财政部联合发布通知指出，为贯彻落实2017年中央1号文件精神，经国务院批准，自2017年起在新疆深化棉花目标价格改革。棉花目标价格由试点期间的“一年一定”改为“三年一定”，2017—2019年新疆棉花目标价格为18600元/吨。改革的主要内容有3个方面：一是完善目标价格形成机制。棉花目标价格水平按照近3年生产成本加合理收益确定。合理收益具体取值综合考虑棉花产业发展需要、财政承受能力和市场形势变化等因素确定。二是合理确定定价周期。棉花目标价格由“一年一定”改为“三年一定”。如定价周期内棉花市场发生重大变化，报请国务院同意后可及时调整目标价格水平。三是调整优化补贴方法。对新疆享受目标价格补贴的棉花数量进行上限管理，超出上限的不予补贴。补贴数量上限为基期（2012—2014年）全国棉花平均产量的85%。

郑商所在新疆设立棉花交割仓库

2016年11月11日，郑商所发布通告，决定将新疆农资集团北疆农佳乐有限责任公司、石河子天银物流有限公司、库尔勒银星物流有限责任公司由郑州商品交易所指定棉花交割中转库转为指定棉花交割仓库，自2017年9月19日起执行。同时调整棉花交割仓库升贴水和产地升贴水，调整后内地仓库有升水，取消新疆产地升水，增加内地产地贴水。

2016年储备棉轮出公告发布

2016年11月24日，按照国家发展改革委、财政部公告2016年第9号有关安排，根据当前棉花供需形势和市场运行态势，经研究决定，今年新棉上市期间（目前至明年2月底）不安排储备棉轮入，2017年储备棉轮出销售将从3月6日开始，截止时间暂定为8月底，每日挂牌销售数量暂按3万吨安排。如一段时期内国内外市场价格出现明显快速上涨，储备棉竞价销售成交率一周有三日以上超过70%，将适当加大日挂牌数量、延长轮出销售期限。

国家划定3500万亩棉花生产保护区

2017年4月初，经李克强总理签批，国务院印发《关于建立粮食生产功能区和重要农产品生产保护区的指导意见》，全面部署粮食生产功能区和重要农产品生产保护区划定和建设工作。《意见》划定粮食生产功能区9亿亩，划定重要农产品生产保护区2.38亿亩（与粮食生产功能区重叠8000万亩），其中以新疆为重点，黄河流域、长江流域主产区为补充，划定棉花生产保护区3500万亩。《意见》的主要目标是，力争用3年时间完成“两区”地块的划定任务，力争用5年时间基本完成“两区”建设任务，形成布局合理、数量充足、设施完善、产能提升、管护到位、生产现代化的“两区”，国家粮食安全的基础更加稳固，重要农产品自给水平保持稳定，农业产业安全显著增强。

2017年棉花增值税税率将下降2%

2017年4月19日，国务院总理李克强主持召开国务院常务会议，会议决定将推出进一步的减税举措，从2017年7月1日起，将农产品、天然气等增值税税率从13%降至11%，这也就意味着棉花作为农产品其增值税税率将下降2%。对棉花加工企业而言，假如在加工成本不变的情况下，增值税税率从13%降到11%，棉花加工企业税负降低可以减轻一定的负担。

2016/2017年度储备棉轮出成交率达322万吨

2017年3月6日至2017年9月29日，储备棉累计出库成交322.36万吨，成交率为73.63%；成交平均价格为14731元/吨，折3128价格15302元/吨，成交最高价16790元/吨，最低价11990元/吨，累计成交平均长度为28.2毫米，累计成交901家。

国 内 纺 织

纺织工业“十三五”规划发布

2016年9月28日，工信部印发《纺织工业发展规划（2016—2020年）》（以下简称《规划》），提出“十三五”期间，规模以上纺织企业工业增加值年均增速保持在6%—7%，纺织品服装出口占全球市场份额保持基本稳定，纺织工业增长方式从规模速度型向质量效益型转变。

纺织4项成果获2016年度国家科学技术奖

2017年1月9日，2016年度国家科学技术奖励大会在京举行，纺织行业共有4项成果获奖。其中，国家技术发明奖二等奖1项，国家科学技术进步奖二等奖3项。“管外降膜式液相增黏反应器创制及熔体直纺涤纶工业丝新技术”项目获得国家技术发明奖二等奖；“支持工业互联网的全自动电脑针织横机装备关键技术及产业化”“苎麻生态高效纺织加工关键技术”“干法纺聚酰亚胺纤维制备关键技术及产业化”项目获得国家科学技术进步奖二等奖。

中国纺织国际产能合作企业联盟启动

2017年3月16日，由中国纺织工业联合会发起的中国纺织国际产能合作企业联盟在上海正式启动。88家行业“走出去”骨干企业和行业组织成为联盟的创始发起成员。

第121届广交会采购商和成交量仍现双降

第121届广交会于2017年5月5日圆满闭幕。本届广交会出口成交呈回稳向好态势，境外采购商与会数量和质量提升，与会采购商中，纺织服装类采购商占与会总人数的25.49%。本届广交会采购商与会196490人，来自213个国家和地区，比第119届同比增长5.87%；累计出口成交2063.57亿元人民币（折合300.20亿美元），同比增长6.9%。品牌展区成交109亿美元，同比增长16.9%，占总成交额的36.3%。

棉纱期货成功挂牌上市

2017年8月21日，棉纱期货在郑州商品交易所成功挂牌上市交易。这是继棉花期货后，我国棉纺产业链上的第二个期货品种。棉纱期货可以为纺织企业提供锁定生产利润的工具，帮助纺织企业稳定经营效益。

纺织出口止跌回稳趋势明显

2017年，我国纺织行业运行质效持续改善，盈利能力有所提升，纺织行业保持平稳势头，纺织出口止跌回稳趋势明显。2017年1—8月，我国纺织品服装累计出口额为1754.69亿美元，同比增长0.8%，其中纺织品累计出口额为721.01亿美元，同比增长1.97%；服装累计出口额为1033.68亿美元，同比增长0.01%。

国 际 市 场

全球库存继续下降

2016/2017 年度，全球棉花产量大幅增加，各主产棉国的产量同比均有明显增长，美国以外地区供应的加对美棉出口形成挑战，但中国储备棉库存继续大量消化，因此全球期末库存连续第二年大幅下降，全球基本面继续改善。

ICE 期货大幅上涨

2016/2017 年度，美棉出口持续快速增加吸引基金做多，随后新年度全球供应大增的预期使棉价迅速走弱，年度末期的天气炒作使棉价再度上冲。ICE 期货近月合约平均价 72.99 美分 / 磅，同比上涨 9.91 美分 / 磅，涨幅 15.7%。

美国飓风搅动市场

2017 年 8 月底至 9 月初，美国东南和西南核心产棉区先后经历了“哈维”和“艾玛”两个美国史上的超强飓风。两次飓风袭击了美国中南和西南主产棉区，其中美国得州南部遭遇重大损失。不过，美棉棉花单产超高弥补了飓风带来的损失。这段时间的飓风引发了一次规模不小的投机炒作，使 ICE 期货短时间内从 67 美分上冲到 75 美分的下半年次高点。

印度政策影响国际市场

2017 年初，印度的废钞政策导致新棉上市延迟和棉花出口受阻，为年初美棉出口增加和国际棉价走强创造条件。随后，印度的 GST 统一税让国内棉纺织业再度陷入阵痛。

乌兹别克斯坦减少棉花出口

根据乌兹别克斯坦的计划，政府将大力发展纺织服装业，努力提高纺织品出口在国际市场的地位，未来 3 年的纺织品生产和出口将大幅提高，2017/2018 年度棉花消费量将达到 50 万吨，棉花出口量将减少至 30 万吨。2020 年之前，国内棉花消费量将与棉花产量持平，届时将没有多余的棉花可供出口，乌兹别克斯坦棉花出口将逐渐淡出历史舞台。

宏 观 经 济

人民币加入 SDR 跻身国际货币

2016 年 10 月 1 日，国际货币基金组织 (IMF) 正式将人民币纳入“特别提款权”(SDR) 篮子。这既是中国融入全球金融体系的里程碑，也是对中国金融改革的认可。同时，这也意味着中国必须深化市场化改革。

“1+N”国企改革体系今年完成 8 项改革试点铺开

自《关于深化国有企业改革的指导意见》出炉以来，2016 年又先后出台了 7 个专项配套文件，国企改革“1+N”文件体系已经完成。国资委还会同有关部门出台了 36 个配套文件。“1+N”文件体系及相关细则，共同形成了国企改革的设计图、施工图。从年底交出的各项改革“答卷”来看，可谓多领域全面开花。

雄安新区设立

2017年4月1日，河北雄安新区横空出世。这是继深圳经济特区和上海浦东新区之后又一具有全国意义的新区，是千年大计、国家大事。

营改增一周年　累计减税6993亿元

2016年5月至2017年4月，也就是全面推开营改增试点一年来，累计减税6993亿元人民币，98.7%的试点纳税人实现税负降低或持平，所有行业税负只减不增的预期目标已经实现。

“一带一路”经济新思路

2017年5月14日至15日，“一带一路”国际合作高峰论坛在北京召开。会议达成致力于推动“一带一路”建设合作，携手应对世界经济面临的挑战；支持加强经济政策协调和发展战略对接，努力实现协同联动发展；推动各领域务实合作不断取得新成果；架设各国民间交往的桥梁；坚信“一带一路”建设是开放包容的发展平台，各国都是平等的参与者、贡献者、受益者等五大共识。

全国金融工作会议召开

2017年7月14日至15日在北京召开的全国金融工作会议，强调金融是国家重要的核心竞争力，金融安全是国家安全的重要组成部分，金融制度是经济社会发展中重要的基础性制度。必须加强党对金融工作的领导，坚持稳中求进工作总基调，遵循金融发展规律，紧紧围绕服务实体经济、防控金融风险、深化金融改革三项任务，注意把握好回归本源、优化结构、强化监管和市场导向的四项原则。

第六部分

政策文件

国家发展改革委关于2017年粮食、棉花进口关税配额数量申请条件和分配原则的公告

【发布单位】国家发展改革委
【发布日期】2016年10月10日

根据《农产品进口关税配额管理暂行办法》，制定了《2017年粮食进口关税配额申领条件和分配原则》和《2017年棉花进口关税配额申领条件和分配原则》，现予以公告。

附件：1. 2017年粮食进口关税配额申领条件和分配原则
　　　2. 2017年棉花进口关税配额申领条件和分配原则

附件1

2017年粮食进口关税配额申领条件和分配原则

根据《农产品进口关税配额管理暂行办法》（商务部、国家发展和改革委员会令2003年第4号），现将2017年粮食进口关税配额数量、申领条件和分配原则公布如下：

一、配额数量

2017年，粮食进口关税配额量为：小麦963.6万吨，国营贸易比例90%；玉米720万吨，国营贸易比例60%；大米532万吨（其中：长粒米266万吨、中短粒米266万吨），国营贸易比例50%。

二、申领条件

2017年，粮食进口关税配额申请者基本条件为：2016年10月1日前在工商管理部门登记注册；具有良好的财务状况、纳税记录和诚信情况；2015年以来在海关、工商、税务、信贷、检验检疫、粮食流通、环保等方面无违规记录；未列入“信用中国”网站受惩黑名单；履行了与业务相关的社会责任；没有违反《农产品进口关税配额管理暂行办法》的行为。

在具备上述条件的前提下，粮食进口关税配额申请者还必须符合下列条件之一：

（一）小麦

1. 国营贸易企业；

2. 2016年有进口实绩（不包括代理进口）的企业；

3. 2015年或2016年小麦用量10万吨以上的面粉生产企业；

4. 2015年或2016年面粉用量5万吨以上的食品生产企业；

5. 2016年无进口实绩，但具有进出口经营权并由所在地商务部门出具的2016年度加工贸易企业经营状况及生产能力证明、以小麦或面粉为原料从事

加工贸易的企业。

（二）玉米

1. 国营贸易企业；

2. 2016 年有进口实绩（不包括代理进口）的企业；

3. 2015 年或 2016 年玉米用量 5 万吨以上的饲料生产企业；

4. 2015 年或 2016 年玉米用量 15 万吨以上的其他生产企业；

5. 2016 年无进口实绩，但具有进出口经营权并由所在地商务部门出具的 2016 年度加工贸易企业经营状况及生产能力证明、以玉米为原料从事加工贸易的企业。

（三）大米（长粒米和中短粒米需分别申请）

1. 国营贸易企业；

2. 2016 年有进口实绩（不包括代理进口）的企业；

3. 具有粮食批发零售资格，2015 年或 2016 年大米销售额 1 亿元人民币以上的粮食企业；

4. 2015 年或 2016 年大米用量 5 万吨以上的食品生产企业；

5. 2016 年无进口实绩，但具有进出口经营权并由所在地商务部门出具的 2016 年度加工贸易企业经营状况及生产能力证明、以大米为原料从事加工贸易的企业。

拥有多家加工厂的集团企业，须以各个加工厂名义独立申报、独立使用进口配额。申请大米进口关税配额的贸易型企业，可选择以集团总部或下属企业的名义申请，但总部和下属企业不得同时申请。

三、申请时间

2017 年，粮食进口关税配额申请时间为 2016 年 10 月 15 日至 30 日。

申请者可到国家发展改革委授权机构领取，或从国家发展改革委网站（http://www.ndrc.gov.cn）下载《2017 年粮食进口关税配额申请表》，并如实填写。

国家发展改革委各授权机构负责受理属地范围内的企业申请，并于 2016 年 11 月 30 日前将企业申请表转报国家发展改革委，同时抄报商务部。

企业申报有关信息将在国家发展改革委网站上公示。

四、分配原则

上述粮食进口关税配额将根据申请者的实际生产经营能力（包括历史生产加工、进口实绩、经营情况等）和其他相关商业标准进行分配。

五、其他要求

（一）申请者对其提交申请材料和信息的真实性承担主体责任，不得有任何隐瞒或提供虚假信息。对虚假申报或拒不履行承诺的失信者，将有关信息纳入全国信用信息共享平台，在“信用中国”网站公开，有关部门将按照国家有关规定适时采取联合惩戒措施。对伪造有关资料骗取粮食进口关税配额证的，除依法收缴其配额证外，两年内不再受理其进口关税配额的申请。对伪造、变造或者买卖《农产品进口关税配额证》的，将依照有关法律规定追究其刑事责任。

（二）申请者获得的上述粮食进口关税配额必须自用，进口的货物需由本企业加工经营。其中，进口的小麦、玉米需在本厂加工使用；进口的大米需以本企业名义组织销售。

（三）获得粮食进口关税配额的企业要积极配合国家发展改革委及其授权机构组织开展粮食进口关税配额申请、使用情况监督检查。

附表

2017年粮食进口关税配额申请表

<table>
<tr><td colspan="3">企业名称：</td><td rowspan="2" colspan="2">统一社会信用代码：</td></tr>
<tr><td colspan="3">企业注册地址：</td></tr>
<tr><td colspan="3">企业性质：□国有　□股份制　□民营　□外商投资</td><td colspan="2">联系电话：</td></tr>
<tr><td>注册资本（万元）：</td><td colspan="2">□ 2015年　□ 2016年纳税额（万元）</td><td colspan="2">□ 2015年底　□ 2016年底资产负债率：</td></tr>
<tr><td rowspan="2" colspan="2">申请农产品配额名称：</td><td rowspan="2">申请数量（吨）：</td><td colspan="2">一般贸易：</td></tr>
<tr><td colspan="2">加工贸易：</td></tr>
<tr><td colspan="2">□ 2016年有该农产品一般贸易进口实绩者</td><td colspan="2">□ 2016年有该农产品加工贸易进口实绩者</td><td>□ 2016年无该农产品进口实绩者</td></tr>
</table>

<table>
<tr><td colspan="4">以下由生产企业填写</td></tr>
<tr><td rowspan="8">企业生产经营情况</td><td rowspan="5">一般贸易</td><td colspan="2">□ 2015年　□ 2016年</td></tr>
<tr><td>产品名称：</td><td>加工原料名称：</td></tr>
<tr><td>年生产能力（吨）：</td><td>年处理能力（吨）：</td></tr>
<tr><td>年实际产量（吨）：</td><td>年实际用量（吨）：</td></tr>
<tr><td colspan="2">该产品年销售额（万元）：</td></tr>
<tr><td rowspan="3">加工贸易</td><td>出口产品名称：</td><td>进口原料名称：</td></tr>
<tr><td>年加工能力（吨）：</td><td>年实际进口量（吨）：</td></tr>
<tr><td>年实际出口量（吨）：</td><td>年进口处理需求（吨）：</td></tr>
</table>

<table>
<tr><td colspan="2">以下由具有大米批发零售资格的粮食企业填写</td></tr>
<tr><td>2015年大米贸易年销售额（万元）：</td><td>2016年大米贸易完成销售额（万元）：</td></tr>
</table>

<table>
<tr><td colspan="4">以下由有进口实绩（不包括代理进口）的企业填写</td></tr>
<tr><td rowspan="7">企业实际进口情况</td><td></td><td>2015年</td><td>2016年</td></tr>
<tr><td rowspan="3">一般贸易配额</td><td>分配量（吨）：</td><td>分配量（吨）：</td></tr>
<tr><td>实际进口量（吨）：</td><td>已完成进口量（吨）：</td></tr>
<tr><td>调整期退回量（吨）：</td><td>调整期退回量（吨）：</td></tr>
<tr><td rowspan="3">加工贸易配额</td><td>分配量（吨）：</td><td>分配量（吨）：</td></tr>
<tr><td>实际进口量（吨）：</td><td>已完成进口量（吨）：</td></tr>
<tr><td>调整期退回量（吨）：</td><td>调整期退回量（吨）：</td></tr>
</table>

本企业已阅知国家发展改革委2016年第23号《公告》相关内容，承诺：保证符合国家规定的粮食进口关税配额申领条件，保证本申请表所填写的内容真实、准确、完整；获得粮食进口关税配额，保证按照国家有关法律、法规、规章开展粮食进口业务。如有违反本承诺的，愿意承担相应的法律责任，并接受联合惩戒。

申请企业（盖章）： 企业法定代表人（签字）：

填表说明：1.企业名称与统一社会信用代码必须一一对应，一码一申请。如暂未取得统一社会信用代码的，则填写企业税务登记号，并按企业税务登记号一号一申请。

2.“企业生产经营情况”：指企业2015年或2016年以申请进口的农产品（包括粉、粒）为主要原料加工产品实际生产经营情况，2015年的以截止到2015年底为准，2016年的以截止到2016年9月底为准。

3.申请加工贸易的企业按照当地商务部门出具的2016年度加工贸易企业经营状况及生产能力证明，填写产品“年加工能力”“年实际出口量”和原料“年进口处理需求”。

附件2

2017年棉花进口关税配额申领条件和分配原则

根据《农产品进口关税配额管理暂行办法》（商务部、国家发展和改革委员会令2003年第4号），现将2017年棉花进口关税配额数量、申领条件和分配原则公布如下：

一、配额数量

2017年棉花进口关税配额量为89.4万吨，其中国营贸易比例为33%。

二、申领条件

2017年，棉花进口关税配额申请者基本条件为：2016年10月1日前在工商管理部门登记注册；具有良好的财务状况、纳税记录和诚信情况；2015以来在海关、工商、税务、信贷、环保等方面无违法违规记录；未列入“信用中国”网站受惩黑名单；履行了与业务相关的社会责任；没有违反《农产品进口关税配额管理暂行办法》的行为。

在具备上述条件的前提下，棉花进口关税配额申请者还必须符合下列条件之一：

1. 国营贸易企业；

2. 2016年有进口实绩（不包括代理进口）的企业；

3. 纺纱设备5万锭以上的棉纺企业。

三、申请时间

2017年，棉花进口关税配额申请时间为2016年10月15日至30日。

申请者可到国家发展改革委授权机构领取，或从国家发展改革委网站（http://www.ndrc.gov.cn）下载《2017年棉花进口关税配额申请表》，并如实填写。

国家发展改革委各授权机构负责受理属地范围内的企业申请，并于2016年11月30日前将企业申请表转报国家发展改革委，同时抄报商务部。

企业申报有关信息将在国家发展改革委网站上公示。

四、分配原则

上述棉花进口关税配额将根据申请者的实际生产经营能力（包括历史生产加工、进口实绩、经营情况等）和其他相关商业标准进行分配。

五、其他要求

（一）申请者对其提交申请材料和信息的真实性承担主体责任，不得有任何隐瞒或提供虚假信息。对虚假申报或拒不履行承诺的失信者，将有关信息纳入全国信用信息共享平台，在“信用中国”网站公开，有关部门将按照国家有关规定适时采取联合惩戒措施。对伪造有关资料骗取棉花进口关税配额证的，除依法收缴其配额证外，两年内不再受理其进口关税配额的申请。对伪造、变造或者买卖《农产品进口关税配额证》的，将依照有关法律规定追究其刑事责任。

（二）申请者通过使用获得的棉花进口关税配额进口的货物由本企业加工经营。

（三）获得棉花进口关税配额的企业要积极配合国家发展改革委及其授权机构组织开展棉花进口关税配额申请、使用情况监督检查。

附表

2017年棉花进口关税配额申请表

<table>
<tr><td colspan="4">申请企业名称：</td><td colspan="2" rowspan="2">统一社会信用代码：</td></tr>
<tr><td colspan="4">企业注册地址：</td></tr>
<tr><td colspan="4">企业性质：□国有　□股份制　□民营　□外商投资</td><td colspan="2">联系电话：</td></tr>
<tr><td colspan="2">注册资本（万元）：</td><td colspan="2">□2015年　□2016年纳税额（万元）：</td><td colspan="2">□2015年　□2016年底资产负债率：</td></tr>
<tr><td colspan="2">配额申请数量：</td><td colspan="2">一般贸易（吨）：</td><td colspan="2">加工贸易（吨）：</td></tr>
<tr><td colspan="2">□2016年有棉花一般贸易进口实绩者</td><td colspan="2">□2016年有棉花加工贸易进口实绩者</td><td colspan="2">□2016年无棉花进口实绩者</td></tr>
<tr><td colspan="6">以下由生产企业填写</td></tr>
<tr><td rowspan="8">企业生产经营情况</td><td></td><td colspan="4">□2015年□2016年</td></tr>
<tr><td rowspan="4">一般贸易</td><td colspan="2">产品名称：</td><td colspan="2">加工原料名称：</td></tr>
<tr><td colspan="2">纺纱能力（万锭）：</td><td colspan="2">年处理能力（吨）：</td></tr>
<tr><td colspan="2">年实际产量（吨）：</td><td colspan="2">年实际用量（吨）：</td></tr>
<tr><td colspan="4">该产品年销售额（万元）：</td></tr>
<tr><td rowspan="3">加工贸易</td><td colspan="2">出口产品名称：</td><td colspan="2">进口原料名称：</td></tr>
<tr><td colspan="2">纺纱能力（万锭）：</td><td colspan="2">年实际进口量（吨）：</td></tr>
<tr><td colspan="2">年实际出口量（吨）：</td><td colspan="2">年进口处理需求（吨）：</td></tr>
<tr><td colspan="6">以下由有进口实绩（不包括代理进口）的企业填写</td></tr>
</table>

		□ 2015 年	□ 2016 年
企业实际进口情况	一般贸易配额	分配量（吨）：	分配量（吨）：
		实际进口量（吨）：	已完成进口量（吨）：
		调整期退回量（吨）：	调整期退回量（吨）：
	加工贸易配额	分配量（吨）：	分配量（吨）：
		实际进口量（吨）：	已完成进口量（吨）：
		调整期退回量（吨）：	调整期退回量（吨）：

本企业已阅知国家发展改革委 2016 年第 23 号《公告》相关内容，承诺：保证符合国家规定的棉花进口关税配额申领条件，保证本申请表所填写的内容真实、准确、完整；如获得棉花进口关税配额，保证按照国家有关法律、法规、规章开展棉花进口业务。有违反本承诺的，愿意承担相应法律责任，并接受联合惩戒。

申请企业（盖章）： 企业法定代表人（签字）：

填表说明：1. 企业名称与统一社会信用代码必须一一对应，一码一申请。如暂未取得统一社会信用代码的，则填写企业税务登记号，并按企业税务登记号一号一申请。

2.“企业生产经营情况”指企业 2015 年或 2016 年以棉花为主要原料加工产品实际生产经营情况，2015 年的以截止到 2015 年底为准，2016 年的以截止到 2016 年 9 月底为准。

3. 申请加工贸易的企业按照当地商务部门出具的 2016 年度加工贸易企业经营状况及生产能力证明，填写纺纱能力、产品“年实际出口量”和原料“年实际进口量”。

4.“纺纱能力”指环锭纺产能，气流纺和涡流纺分别按 1∶10 和 1∶20 的比例折算为环锭纺产能。

商务部关于公布《2017 年进口许可证管理货物分级发证目录》的公告

【发布单位】中华人民共和国商务部
【发布日期】2016 月 12 年 31 日

根据《货物进口许可证管理办法》（商务部令 2004 年第 27 号）、《重点旧机电产品进口管理办法》（商务部、海关总署、质检总局令 2008 年第 5 号）和《2017 年进口许可证管理货物目录》（商务部、海关总署、质检总局公告 2016 年第 85 号），现发布《2017 年进口许可证管理货物分级发证目录》（见附件），并就有关问题公告如下：

一、2017 年实行进口许可证管理的货物共两种，由商务部和有关地方商务主管部门（以下称地方发证机构）负责签发相应货物的进口许可证。

（一）商务部负责签发重点旧机电产品的进口许可证。

（二）地方发证机构负责签发消耗臭氧层物质的进口许可证。

二、在京中央企业的进口许可证由商务部签发。

三、发证机构应严格按照《货物进口许可证管理办法》《重点旧机电产品进口管理办法》《2017 年进口许可证管理货物目录》和《进口许可证签发工作规范》（商配发〔2007〕360 号）等有关规定签发进口许可证。

本目录自 2017 年 1 月 1 日起执行。《2016 年进口许可证管理货物分级发证目录》同时废止。

附件

2017 年进口许可证管理货物分级发证目录

货物种类	海关商品编号	商品名称及备注	单位
商务部负责签发以下货物的进口许可证			
重点旧机电产品进口目录			
一、化工设备	8419409090	其他蒸馏或精馏设备	台
	8419609010	液化器（将来自级联的 UF6 气体压缩并冷凝成液态 UF6）	台
	8419899010	带加热装置的发酵罐（不发散气溶胶，且容积＞ 20 升）	台

续表

货物种类	海关商品编号	商品名称及备注	单　位
二、金属冶炼设备	8454100000	金属冶炼及铸造用转炉	台
	8454309000	其他金属冶炼及铸造用铸造机	台
三、工程机械类	8425319000	其他电动卷扬机及绞盘	台
	8426200000	塔式起重机	台
	8426411000	轮胎式起重机	台
	8426419000	其他带胶轮的自推进起重机械	台
	8426491000	履带式自推进起重机械	台
	8426499000	其他不带胶轮的自推进起重机械	台
	8426910000	供装于公路车辆的其他起重机械	台
	8426990000	其他起重机械	台
	8427201000	集装箱叉车	台
	8427209000	其他机动叉车及有升降装置工作车（包括装有搬运装置的机动工作车）	台
	8427900000	其他叉车及可升降的工作车（工作车指装有升降或搬运装置）	台
	8428101001	无障碍升降机	台
	8428101090	其他载客电梯	台
	8428109000	其他升降机及倒卸式起重机	台
	8428400000	自动梯及自动人行道	台
	8428602900	非单线循环式客运架空索道	台
四、起重运输设备	8426193000	龙门式起重机	台
	8426194100	门式装卸桥	台
	8426194200	集装箱装卸桥	台
	8427101000	有轨巷道堆垛机	台
	8427102000	无轨巷道堆垛机	台
	8428602100	单线循环式客运架空索道	台
五、造纸设备	8439100000	制造纤维素纸浆的机器	台
	8439200000	纸或纸板的抄造机器	台
	8439300000	纸或纸板的整理机器	台

续表

货物种类	海关商品编号	商品名称及备注	单 位
六、电力、电气设备	8501610000	输出功率≤ 75KVA 交流发电机	台，千瓦
	8501620000	75KVA ＜输出功率≤ 375KVA 交流发电机	台，千瓦
	8501630000	375KVA ＜输出功率≤ 750KVA 交流发电机	台，千瓦
	8501641010	由使用可再生燃料锅炉和涡轮机组驱动的交流发电机，750KVA ＜输出功率≤ 350MVA	台，千瓦
	8501641090	其他 750KVA ＜输出功率≤ 350MVA 的交流发电机	台，千瓦
	8501642010	由使用可再生燃料锅炉和涡轮机组驱动的交流发电机，350MVA ＜输出功率≤ 665MVA	台，千瓦
	8501642090	其他 350MVA ＜输出功率≤ 665MVA 的交流发电机	台，千瓦
	8501643010	由使用可再生燃料锅炉和涡轮机组驱动的交流发电机，输出功率＞ 665MVA	台，千瓦
	8501643090	其他输出功率＞ 665MVA 的交流发电机	台，千瓦
	8502110000	输出功率≤ 75KVA 柴油发电机组（包括半柴油发电机组）	台，千瓦
	8502120000	75KVA ＜输出功率≤ 375KVA 柴油发电机组（包括半柴油发电机组）	台，千瓦
	8502131000	375KVA ＜输出功率≤ 2MVA 柴油发电机组（包括半柴油发电机组）	台，千瓦
	8502132000	输出功率＞ 2MVA 柴油发电机组（包括半柴油发电机组）	台，千瓦
	8502200000	装有点燃式活塞发动机的发电机组（内燃的）	台，千瓦
	8502390010	依靠可再生能源（太阳能、小水电、潮汐、沼气、地热能、生物质 / 余热驱动的汽轮机）生产电力的发电机组	台，千瓦
	8502390090	其他发电机组（风力驱动除外）	台，千瓦
	8515219100	直缝焊管机（电阻焊接式，全自动或半自动的）	台
	8515212001	汽车生产线电阻焊接机器人	台
	8515212090	其他电阻焊接机器人	台
	8515219900	其他电阻焊接机器（全自动或半自动的）	台
	8515290000	其他电阻焊接机器及装置	台
	8515312000	电弧（包括等离子弧）焊接机器人	台
	8515319100	螺旋焊管机［备注：电弧（包括等离子弧）焊接］	台
	8515319900	其他电弧（包括等离子弧）焊接机及装置（全自动或半自动的）	台
	8515390000	其他电弧（等离子弧）焊接机器及装置（非全自动或半自动的）	台
	8515809010	电子束、激光自动焊接机（将端塞焊接于燃料细棒（或棒）的自动焊接机）	台
	8515809090	其他焊接机器及装置	台

续表

货物种类	海关商品编号	商品名称及备注	单　位
七、食品加工及包装设备	8419810000	加工热饮料，烹调，加热食品的机器	台
	8421220000	过滤或净化饮料的机器及装置（过滤或净化水的装置除外 ）	台
	8422301010	乳品加工用自动化灌装设备	台
	8422301090	其他饮料及液体食品灌装设备	台
	8434200000	乳品加工机器	台
	8438100010	糕点生产线	台
	8438100090	通心粉，面条的生产加工机器（包括类似产品的加工机）	台
	8438500000	肉类或家禽加工机器	台 / 千克
八、农业机械类	8433510001	功率≥ 160 马力的联合收割机	台
	8433510090	功率< 160 马力的联合收割机	台
	8433599090	其他收割机及脱粒机	台
	8434100000	挤奶机	台
九、印刷机械类	8443120000	办公室用片取进料式胶印机（片尺寸不超过 22×36 厘米，用品目 8442 项下商品进行印刷的机器）	台
	8443140000	卷取进料式凸版印刷机，但不包括苯胺印刷机（用品目 8442 项下商品进行印刷的机器）	台
	8443150000	除卷取进料式以外的凸版印刷机，但不包括苯胺印刷机（用品目 8442 项下商品进行印刷的机器）	台
	8443160001	苯胺印刷机，线速度≥ 350 米 / 分钟，幅宽≥ 800 毫米（柔性版印刷机，用品目 8442 项下商品进行印刷的机器）	台
	8443160002	机组式柔性版印刷机，线速度≥ 160m /min，250mm ≤幅宽< 800mm（具有烫印或全息或丝网印刷功能单元的）	台
	8443160090	其他苯胺印刷机（柔性版印刷机，用品目 8442 项下商品进行印刷的机器）	台
	8443198000	未列名印刷机（网式印刷机除外，用品目 8442 项下商品进行印刷的机器）	台
十、纺织机械类	8446304000	织物宽度> 30cm 的喷水织机	台
	8447202000	平型纬编机	台
	8451400000	其他洗涤，漂白或染色机器	台
	8453100000	生皮，皮革的处理或加工机器（包括鞣制机）	台

续表

货物种类	海关商品编号	商品名称及备注	单　位
十一、船舶类	8901101010	高速客船（包括主要用于客运的类似船舶）	艘
	8901101090	其他机动巡航船、游览船及各式渡船（包括主要用于客运的类似船舶）	艘
	8903100000	充气的娱乐或运动用快艇（包括充气的划艇及轻舟）	艘
	8903920001	8 米＜长度＜ 90 米的汽艇（装有舷外发动机的除外）	艘
	8903920090	其他汽艇（装有舷外发动机的除外）	艘
	8903990001	8 米＜长度＜ 90 米的娱乐或运动用其他机动船舶或快艇（包括划艇及轻舟）	艘
	8903990090	娱乐或运动用其他船舶或快艇（包括划艇及轻舟）	艘
	8901109000	非机动巡航船、游览船及各式渡船（以及主要用于客运的类似船舶）	艘
	8901909000	非机动货运船舶及客货兼运船舶	艘
十二、硒鼓	8443999010	其他印刷（打印）机、复印机及传真机的感光鼓和含感光鼓的碳粉盒	个
地方发证机构负责签发以下货物的进口许可证			
消耗臭氧层物质			
	消耗臭氧层物质		
	2903191010	1，1，1- 三氯乙烷（甲基氯仿），用于清洗剂的除外	千克
	2903191090	1，1，1- 三氯乙烷（甲基氯仿），用于清洗剂的	千克
	2903399020	溴甲烷（甲基溴）	千克
	2903710000	一氯二氟甲烷	千克
	2903720000	二氯三氟乙烷	千克
	2903730000	二氯一氟乙烷	千克
	2903740000	一氯二氟乙烷	千克
	2903750010	1，1，1，2，2- 五氟 -3，3- 二氯丙烷	千克
	2903750020	1，1，2，2，3- 五氟 -1，3- 二氯丙烷	千克
	2903750090	其他二氯五氟丙烷	千克

续表

货物种类	海关商品编号	商品名称及备注	单　位
	2903760010	溴氯二氟甲烷	千克
	2903760020	溴三氟甲烷	千克
	2903771000	三氯氟甲烷	千克
	2903772011	二氯二氟甲烷	千克
	2903772012	三氯三氟乙烷，用于清洗剂除外（CFC-113）	千克
	2903772014	二氯四氟乙烷（CFC-114）	千克
	2903772015	一氯五氟乙烷（CFC-115）	千克
	2903772016	一氯三氟甲烷（CFC-13）	千克
	2903791011	一氟二氯甲烷	千克
	2903791012	1，1，1，2- 四氟 -2- 氯乙烷	千克
	2903791013	三氟一氯乙烷	千克
	2903791014	1- 氟 -1，1- 二氯乙烷	千克
	2903791015	1，1- 二氟 -1- 氯乙烷	千克
	2903791090	其他仅含氟和氯的甲烷、乙烷及丙烷的卤化衍生物	千克
	2903799021	其他仅含溴、氟的甲烷、乙烷和丙烷	千克
	3824710011	二氯二氟甲烷和二氟乙烷的混合物（R-500）	千克
	3824710012	一氯二氟甲烷和二氯二氟甲烷的混合物（R-501）	千克
	3824710013	一氯二氟甲烷和一氯五氟乙烷的混合物（R-502）	千克
	3824710014	三氟甲烷和一氯三氟甲烷的混合物（R-503）	千克
	3824710015	二氟甲烷和一氯五氟乙烷的混合物（R-504）	千克
	3824710016	二氯二氟甲烷和一氟一氯甲烷的混合物（R-505）	千克
	3824710017	一氟一氯甲烷和二氯四氟乙烷的混合物（R-506）	千克
	3824710018	二氯二氟甲烷和二氯四氟乙烷的混合物（R-400）	千克
	3824740011	二氟一氯甲烷、二氟乙烷和一氯四氟乙烷的混合物（R-401）	千克

货物种类	海关商品编号	商品名称及备注	单 位
	3824740012	五氟乙烷、丙烷和二氟一氯甲烷的混合物（R-402）	千克
	3824740013	丙烷、二氟一氯甲烷和八氟丙烷的混合物（R-403）	千克
	3824740014	二氟一氯甲烷、二氟乙烷、一氯二氟乙烷和八氟环丁烷的混合物（R-405）	千克
	3824740015	二氟一氯甲烷、2- 甲基丙烷（异丁烷）和一氯二氟乙烷的混合物（R-406）	千克
	3824740016	五氟乙烷、三氟乙烷和二氟一氯甲烷的混合物（R-408）	千克
	3824740017	二氟一氯甲烷、一氯四氟乙烷和一氯二氟乙烷的混合物（R-409）	千克
	3824740018	丙烯、二氟一氯甲烷和二氟乙烷的混合物（R-411）	千克
	3824740019	二氟一氯甲烷、八氟丙烷和一氯二氟乙烷的混合物（R-412）	千克
	3824740021	二氟一氯甲烷、一氯四氟乙烷、一氯二氟乙烷和 2- 甲基丙烷的混合物（R-414）	千克
	3824740022	二氟一氯甲烷和二氟乙烷的混合物（R-415）	千克
	3824740023	四氟乙烷、一氯四氟乙烷和丁烷的混合物（R-416）	千克
	3824740024	丙烷、二氟一氯甲烷和二氟乙烷的混合物（R-418）	千克
	3824740025	二氟一氯甲烷和八氟丙烷的混合物（R-509）	千克
	3824740026	二氟一氯甲烷和一氯二氟乙烷的混合物	千克
	3824740090	其他含甲烷、乙烷或丙烷的氢氯氟烃混合物（不论是否含甲烷、乙烷或丙烷的全氟烃或氢氟烃，但不含全氯氟烃）	千克

商务部、海关总署发布《2017年出口许可证管理货物目录》的公告

【发布单位】中华人民共和国商务部海关总署
【发布日期】2016年12月31日

根据《货物出口许可证管理办法》（商务部令2008年第11号）和《2017年出口许可证管理货物目录》（商务部、海关总署公告2016年第86号），现发布《2017年出口许可证管理货物分级发证目录》（见附件），并就有关问题公告如下：

一、2017年实行出口许可证管理的货物共44种，由商务部、商务部驻各地特派员办事处（以下简称特办）和有关地方商务主管部门（以下简称地方发证机构）负责签发相应货物的出口许可证。

（一）商务部负责签发以下6种货物的出口许可证：小麦、玉米、棉花、煤炭、原油、成品油(不含一般贸易方式出口润滑油、润滑脂及润滑油基础油)。

（二）特办负责签发以下20种货物的出口许可证：活牛、活猪、活鸡、小麦粉、玉米粉、大米、大米粉、甘草及甘草制品、蔺草及蔺草制品、滑石块（粉）、镁砂、锯材、锑及锑制品、锡及锡制品、白银、铟及铟制品、磷矿石、钨及钨制品、铂金（以加工贸易方式出口）、天然砂（含标准砂）。

（三）地方发证机构负责签发以下19种货物的出口许可证：牛肉、猪肉、鸡肉、矾土、稀土、焦炭、成品油（仅限一般贸易方式出口润滑油、润滑脂及润滑油基础油）、石蜡、碳化硅、消耗臭氧层物质、部分金属及制品、钼及钼制品、柠檬酸、青霉素工业盐、维生素C、硫酸二钠、氟石、摩托车（含全地形车）及其发动机和车架、汽车（包括成套散件）及其底盘。

二、在京中央企业申领的出口许可证由商务部签发。

三、为维护正常的经营秩序，对以下出口货物实行指定发证机构发证，企业出口此类货物，须向指定发证机构申领出口许可证。

（一）以陆运方式出口的对港澳地区活牛、活猪、活鸡出口许可证由广州特办、深圳特办签发。

（二）广州特办、海南特办负责签发本省企业对台港澳地区天然砂出口许可证，福州特办负责签发本省企业对台天然砂出口许可证；福州特办负责签发标准砂出口许可证。

四、企业以一般贸易方式出口润滑油、润滑脂及润滑油基础油的，由省级地方商务主管部门凭出口合同签发出口许可证；以承包工程、境外投资、加工贸易、外资企业出口及边境贸易等方式出口的，仍按照商务部、发展改革委、海关总署2008年第30号公告相关规定执行。

五、发证机构应严格按商务部公布的《货物出口许可证管理办法》《2017年出口许可证管理货物目录》和《出口许可证签发工作规范》（商配发〔2008〕398号）等有关规定签发出口许可证。

本目录自2017年1月1日起执行。《2016年出口许可证管理货物分级发证目录》同时废止。

附件：2017年出口许可证管理货物分级发证目录

附件

2017年出口许可证管理货物分级发证目录

序　号	货物种类	海关商品编号	货物名称	单　位
商务部负责签发以下货物的出口许可证				
1	玉米	1005100001	种用玉米	千克
		1005100090	种用玉米	千克
		1005900001	其他玉米	千克
		1005900090	其他玉米	千克
2	小麦	1001110001	种用硬粒小麦	千克
		1001110090	种用硬粒小麦	千克
		1001190001	其他硬粒小麦	千克
		1001190090	其他硬粒小麦	千克
		1001910001	其他种用小麦及混合麦	千克
		1001910090	其他种用小麦及混合麦	千克
		1001990001	其他小麦及混合麦	千克
		1001990090	其他小麦及混合麦	千克
3	棉花	5201000001	未梳的棉花，包括脱脂棉花	千克
		5201000080	未梳的棉花，包括脱脂棉花	千克
		5201000090	未梳的棉花，包括脱脂棉花	千克
		5203000001	已梳的棉花	千克
		5203000090	已梳的棉花	千克
4	煤炭	2701110010	无烟煤（不论是否粉化，但未制成型）	千克
		2701121000	未制成型的炼焦煤（不论是否粉化）	千克
		2701129000	其他烟煤（不论是否粉化，但未制成型）	千克
		2701190000	其他煤（不论是否粉化，但未制成型）	千克
		2702100000	褐煤（不论是否粉化，但未制成型）	千克
5	原油	2709000000	石油原油（包括从沥青矿物提取的原油）	千克

续表

序　号	货物种类	海关商品编号	货物名称	单　位
6	成品油	2710121000	车用汽油及航空汽油，不含生物柴油	千克 / 升
		2710122000	石脑油，不含生物柴油	千克 / 升
		2710129101	壬烯（碳九异构体混合物含量高于 90%），不含生物柴油	千克
		2710129190	其他壬烯，不含生物柴油	千克
		2710129910	异戊烯同分异构体混合物，不含生物柴油	千克
		2710129990	其他轻油及制品（包括按重量计含油≥ 70% 的制品），不含生物柴油	千克
		2710191100	航空煤油，不含生物柴油	千克 / 升
		2710191200	灯用煤油，不含生物柴油	千克 / 升
		2710191910	正构烷烃（C9-C13），不含生物柴油	千克 / 升
		2710191990	其他煤油馏分的油及制品，不含生物柴油	千克 / 升
		2710192300	柴油	千克 / 升
		2710199100	润滑油，不含生物柴油	千克 / 升
		2710199200	润滑脂，不含生物柴油	千克 / 升
		2710199300	润滑油基础油，不含生物柴油	千克 / 升
		2710200000	石油及从沥青矿物提取的油类（但原油除外）以及以上述油为基本成分（按重量计≥ 70%）的其他税目未列名制品（含生物柴油＜ 30%，废油除外）	千克 / 升
		2711110000	液化天然气	千克
特办负责签发以下货物的出口许可证				
1	大米	1006101101	种用籼米稻谷	千克
		1006101190	种用籼米稻谷	千克
		1006101901	其他种用稻谷	千克
		1006101990	其他种用稻谷	千克
		1006109101	其他籼米稻谷	千克
		1006109190	其他籼米稻谷	千克
		1006109901	其他稻谷	千克

续表

序　号	货物种类	海关商品编号	货物名称	单　位
1	大米	1006109990	其他稻谷	千克
		1006201001	籼米糙米	千克
		1006201090	籼米糙米	千克
		1006209001	其他糙米	千克
		1006209090	其他糙米	千克
		1006301001	籼米精米（不论是否磨光或上光）	千克
		1006301090	籼米精米（不论是否磨光或上光）	千克
		1006309001	其他精米（不论是否磨光或上光）	千克
		1006309090	其他精米（不论是否磨光或上光）	千克
		1006401001	籼米碎米	千克
		1006401090	籼米碎米	千克
		1006409001	其他碎米	千克
		1006409090	其他碎米	千克
2	玉米粉	1102200001	玉米细粉	千克
		1102200090	玉米细粉	千克
		1103130001	玉米粗粒及粗粉	千克
		1103130090	玉米粗粒及粗粉	千克
		1104199010	滚压或制片的玉米	千克
		1104230001	经其他加工的玉米	千克
		1104230090	经其他加工的玉米	千克
3	小麦粉	1101000001	小麦或混合麦的细粉	千克
		1101000090	小麦或混合麦的细粉	千克
		1103110001	小麦粗粒及粗粉	千克
		1103110090	小麦粗粒及粗粉	千克
		1103201001	小麦团粒	千克
		1103201090	小麦团粒	千克

续表

序　号	货物种类	海关商品编号	货物名称	单　位
4	大米粉	1102901101	籼米大米细粉	千克
		1102901190	籼米大米细粉	千克
		1102901901	其他大米细粉	千克
		1102901990	其他大米细粉	千克
		1103192101	籼米大米粗粒及粗粉	千克
		1103192190	籼米大米粗粒及粗粉	千克
		1103192901	其他大米粗粒及粗粉	千克
		1103192990	其他大米粗粒及粗粉	千克
5	锯材	4406110000	未浸渍的铁道及电车道针叶木枕木	千克 / 立方米
		4406120000	未浸渍的铁道及电车道非针叶木枕木	千克 / 立方米
		4407111091	非端部接合的红松厚板材（经纵锯、纵切、刨切或旋切，厚度超过 6mm）	千克 / 立方米
		4407111099	非端部接合的樟子松厚板材（经纵锯、纵切、刨切或旋切，厚度超过 6mm）	千克 / 立方米
		4407120091	非端部接合濒危云杉及冷杉厚板材（经纵锯、纵切、刨切或旋切，厚度超过 6mm）	千克 / 立方米
		4407120099	非端部接合其他云杉及冷杉厚板材（经纵锯、纵切、刨切或旋切，厚度超过 6mm）	千克 / 立方米
		4407112090	非端部接合的辐射松厚板材（经纵锯、纵切、刨切或旋切，厚度超过 6mm）	千克 / 立方米
		4407113090	非端部接合的花旗松厚板材（经纵锯、纵切、刨切或旋切，厚度超过 6mm）	千克 / 立方米
		4407119091	非端部接合其他濒危松木厚板材（经纵锯、纵切、刨切或旋切，厚度超过 6mm）	千克 / 立方米
		4407119099	非端部接合的其他松木厚板材（经纵锯、纵切、刨切或旋切，厚度超过 6mm）	千克 / 立方米
		4407190091	非端部接合其他濒危针叶木厚板材（经纵锯、纵切、刨切或旋切，厚度超过 6mm）	千克 / 立方米
		4407190099	非端部接合的其他针叶木厚板材（经纵锯、纵切、刨切或旋切，厚度超过 6mm）	千克 / 立方米

续表

序　号	货物种类	海关商品编号	货物名称	单　位
5	锯材	4407210090	非端部接合美洲桃花心木(经纵锯、纵切、刨切或旋切,厚度超过 6mm)	千克 / 立方米
		4407220090	非端部接合的苏里南肉豆蔻木、细孔绿心樟及美洲轻木(经纵锯、纵切、刨切或旋切,厚度超过 6mm)	千克 / 立方米
		4407250090	非端部接合的红柳桉木板材(指深红色、浅红色及巴栲红柳桉木,经纵锯、纵切、刨切或旋切,厚度超过 6mm)	千克 / 立方米
		4407260090	非端部接合的白柳桉、其他柳桉木和阿兰木板材(经纵锯、纵切、刨切或旋切,厚度超过 6mm)	千克 / 立方米
		4407270090	非端部接合的沙比利木板材(经纵锯、纵切、刨切或旋切,厚度超过 6mm)	千克 / 立方米
		4407280090	非端部接合的伊罗科木板材(经纵锯、纵切、刨切或旋切,厚度超过 6mm)	千克 / 立方米
		4407291090	非端部接合的柚木板材(经纵锯、纵切、刨切或旋切,厚度超过 6mm)	千克 / 立方米
		4407294091	非端部接合濒危热带红木厚板材(经纵锯、纵切、刨切或旋切,厚度超过 6mm)	千克 / 立方米
		4407294099	非端部接合其他热带红木厚板材(经纵锯、纵切、刨切或旋切,厚度超过 6mm)	千克 / 立方米
		4407299091	非端部接合的南美蒺藜木(玉檀木)厚板材(经纵锯、纵切、刨切或旋切,厚度超过 6mm)	千克 / 立方米
		4407299092	非端部接合其他未列名濒危热带木板材(经纵锯、纵切、刨切或旋切,厚度超过 6mm)	千克 / 立方米
		4407299099	非端部接合其他未列名热带木板材(经纵锯、纵切、刨切或旋切,厚度超过 6mm)	千克 / 立方米
		4407910091	非端部接合的蒙古栎厚板材	千克 / 立方米
		4407910099	非端部接合的其他栎木(橡木)厚板材	千克 / 立方米
		4407920090	非端部接合的水青冈木(山毛榉木)厚板材(经纵锯、纵切、刨切或旋切,厚度超过 6mm)	千克 / 立方米
		4407930090	非端部接合的槭木(枫木)厚板材(经纵锯、纵切、刨切或旋切,厚度超过 6mm)	千克 / 立方米
		4407940090	非端部接合的樱桃木厚板材(经纵锯、纵切、刨切或旋切,厚度超过 6mm)	千克 / 立方米

续表

序　号	货物种类	海关商品编号	货物名称	单　位
5	锯材	4407950091	非端部接合的水曲柳厚板材	千克 / 立方米
		4407950099	非端部接合的其他白蜡木厚板材	千克 / 立方米
		4407960091	非端部结合的濒危桦木厚板材（经纵锯、纵切、刨切或旋切，厚度超过 6mm）	千克 / 立方米
		4407960099	非端部接合的其他桦木厚板材（经纵锯、纵切、刨切或旋切，厚度超过 6mm）	千克 / 立方米
		4407970090	非端部接合的杨木厚板材（经纵锯、纵切、刨切或旋切，厚度超过 6mm）	千克 / 立方米
		4407991091	非端部接合濒危红木厚板材，但税号 4407.2940 所列热带红木除外（经纵锯、纵切、刨切或旋切，厚度超过 6mm）	千克 / 立方米
		4407991099	非端部接合其他红木厚板材，但税号 4407.2940 所列热带红木除外（经纵锯、纵切、刨切或旋切，厚度超过 6mm）	千克 / 立方米
		4407998091	非端部接合其他温带濒危非针叶厚板材（经纵锯、纵切、刨切或旋切，厚度超过 6mm）	千克 / 立方米
		4407998099	非端部接合的其他温带非针叶厚板材（经纵锯、纵切、刨切或旋切，厚度超过 6mm）	千克 / 立方米
		4407999092	非端部接合的沉香木及拟沉香木厚板材（经纵锯、纵切、刨切或旋切，厚度超过 6mm）	千克 / 立方米
		4407999095	非端部接合的其他濒危木厚板材（经纵锯、纵切、刨切或旋切，厚度超过 6mm）	千克 / 立方米
		4407999099	非端部接合的其他木厚板材（经纵锯、纵切、刨切或旋切，厚度超过 6mm）	千克 / 立方米
6	活牛	0102290000	非改良种用家牛	千克 / 头
		0102390010	非改良种用濒危水牛	千克 / 头
		0102390090	非改良种用其他水牛	千克 / 头
		0102909010	非改良种用濒危野牛	千克 / 头
		0102909090	非改良种用其他牛	千克 / 头

续表

<table>
<tr><th>序　号</th><th>货物种类</th><th>海关商品编号</th><th>货物名称</th><th>单　位</th></tr>
<tr><td rowspan="6">7（活猪）</td><td rowspan="2">活大猪</td><td>0103920010</td><td>重量在50千克及以上的其他野猪（改良种用的除外）</td><td>千克／头</td></tr>
<tr><td>0103920090</td><td>重量在50千克及以上的其他猪（改良种用的除外）</td><td>千克／头</td></tr>
<tr><td rowspan="2">活中猪</td><td>0103912010</td><td>10≤重量＜50千克的其他野猪（改良种用的除外）</td><td>千克／头</td></tr>
<tr><td>0103912090</td><td>10≤重量＜50千克的其他猪（改良种用的除外）</td><td>千克／头</td></tr>
<tr><td rowspan="2">活乳猪</td><td>0103911010</td><td>重量在10千克以下的其他野猪（改良种用的除外）</td><td>千克／头</td></tr>
<tr><td>0103911090</td><td>重量在10千克以下的其他猪（改良种用的除外）</td><td>千克／头</td></tr>
<tr><td rowspan="3">8</td><td rowspan="3">活鸡</td><td>0105941000</td><td>超过185克改良种用鸡</td><td>千克／只</td></tr>
<tr><td>0105949000</td><td>超过185克其他鸡（改良种用的除外）</td><td>千克／只</td></tr>
<tr><td>0105999300</td><td>超过185克的非改良种用珍珠鸡</td><td>千克／只</td></tr>
<tr><td rowspan="8">9
（锑及锑制品）</td><td rowspan="3">锑砂</td><td>2617101000</td><td>生锑（锑精矿，选矿产品）</td><td>千克</td></tr>
<tr><td>2617109001</td><td>其他锑矿砂及其精矿（黄金价值部分）</td><td>千克</td></tr>
<tr><td>2617109090</td><td>其他锑矿砂及其精矿（非黄金价值部分）</td><td>千克</td></tr>
<tr><td>氧化锑</td><td>2825800000</td><td>锑的氧化物</td><td>千克</td></tr>
<tr><td rowspan="4">锑
（包括锑合金）
及锑制品</td><td>8110101000</td><td>未锻轧锑</td><td>千克</td></tr>
<tr><td>8110102000</td><td>锑粉末</td><td>千克</td></tr>
<tr><td>8110200000</td><td>锑废碎料</td><td>千克</td></tr>
<tr><td>8110900000</td><td>其他锑及锑制品</td><td>千克</td></tr>
<tr><td rowspan="9">10
（钨及钨制品）</td><td rowspan="2">钨砂</td><td>2611000000</td><td>钨矿砂及其精矿</td><td>千克</td></tr>
<tr><td>2620991000</td><td>其他主要含钨的矿渣、矿灰及残渣</td><td>千克</td></tr>
<tr><td rowspan="2">仲、偏钨酸铵</td><td>2841801000</td><td>仲钨酸铵</td><td>千克</td></tr>
<tr><td>2841804000</td><td>偏钨酸铵</td><td>千克</td></tr>
<tr><td rowspan="2">三氧化钨
及蓝色氧化钨</td><td>2825901200</td><td>三氧化钨</td><td>千克</td></tr>
<tr><td>2825901910</td><td>蓝色氧化钨</td><td>千克</td></tr>
<tr><td rowspan="3">钨酸
及其盐类</td><td>2825901100</td><td>钨酸</td><td>千克</td></tr>
<tr><td>2841802000</td><td>钨酸钠</td><td>千克</td></tr>
<tr><td>2841803000</td><td>钨酸钙</td><td>千克</td></tr>
</table>

续表

序　号	货物种类	海关商品编号	货物名称	单　位
10（钨及钨制品）	钨粉及其制品	2849902000	碳化钨	千克
		8101100010*	其他颗粒＜500μm的钨及其合金（含量≥97%，不论球形，椭球体，雾化，片状，研碎金属燃料）	千克
		8101100090	其他钨粉末	千克
		8101940000	未锻轧钨（包括简单烧结的条、杆）	千克
		8101970000	钨废碎料	千克
11（锡及锡制品）	锡矿砂	2609000000	锡矿砂及其精矿	千克
	锡及锡基合金	2825903100	二氧化锡	千克
		2825903900	其他锡的氧化物及氢氧化物	千克
		8001100000	未锻轧非合金锡	千克
		8001201000	锡基巴毕脱合金	千克
		8001202100	按重量计含铅量在0.1%以下的焊锡	千克
		8001202900	其他焊锡	千克
		8001209000	其他锡合金	千克
		8002000000	锡废碎料	千克
		8003000000	锡及锡合金条、杆、型材、丝	千克
		8007002000	锡板、片及带，厚度超过0.2毫米	千克
		8007004000	锡管及管子附件（例如，接头，肘管，管套）	千克
12	白银	7106101100	平均粒径＜3微米非片状银粉	克
		7106101900	平均粒径≥3微米的非片状银粉	克
		7106102100	平均粒径＜10微米片状银粉	克
		7106102900	平均粒径≥10微米的片状银粉	克
		7106911000	纯度达99.99%及以上未锻造银，包括镀金、镀铂的银	克
		7106919000	其他未锻造银，包括镀金、镀铂的银	克
		7106921000	纯度达99.99%及以上半制成银，包括镀金、镀铂的银	克
		7106929000	其他半制成银，包括镀金、镀铂的银	克

续表

序　号	货物种类	海关商品编号	货物名称	单　位
13	铟及铟制品	8112923010	未锻轧的铟、铟粉末	千克
		8112923090	未锻轧的铟废碎料	千克
		8112993000	锻轧的铟及其制品	千克
14	磷矿石	2510101000	未碾磨磷灰石	千克
		2510109000	其他未碾磨天然磷酸钙（包括天然磷酸铝钙及磷酸盐白垩，磷灰石除外）	千克
		2510201000	已碾磨磷灰石	千克
		2510209000	其他已碾磨天然磷酸钙（包括天然磷酸铝钙及磷酸盐白垩，磷灰石除外）	千克
15	蔺草及蔺草制品	1401903100	蔺草（已净、漂白或染色的）	千克
		4601291111	蔺草制的提花席、双苜席、垫子（单位面积＞1平方米，不论是否包边）	千克 / 张
		4601291112	蔺草制的其他席子（单位面积＞1平方米，不论是否包边）	千克 / 张
		9404210010	蔺草包面的垫子（单件面积＞1平方米，无论是否包边）	个 / 千克
16	滑石块（粉）	2526102000	未破碎及未研粉的滑石（不论是否粗加修整或仅用锯或其他方法切割成矩形板块）	千克
		2526202001	滑石粉（体积百分比90%及以上的产品颗粒度≤18微米的）	千克
		2526202090	已破碎或已研粉的其他天然滑石	千克
		3824999100	按重量计含滑石50%以上的混合物	千克
17	镁砂	2519100000	天然碳酸镁（菱镁矿）	千克
		2519901000	熔凝镁氧矿（电熔镁，包括喷补料）	千克
		2519902000	烧结镁氧矿（重烧镁，包括喷补料）	千克
		2519903000	碱烧镁（轻烧镁）	千克
		2519909910	其他氧化镁含量在70%以上的矿产品	千克
		2530909910	废镁砖	千克
		2530909930	未煅烧的水镁石	千克
		3824999200	按重量计含氧化镁70%以上的混合物	千克

续表

序　号	货物种类	海关商品编号	货物名称	单　位
18	甘草及甘草制品	1211903600	鲜、冷、冻或干的甘草（不论是否切割，压碎或研磨成粉）	千克
		1302120000	甘草液汁及浸膏	千克
		2938909010	甘草酸粉	千克
		2938909020	甘草酸盐类	千克
		2938909030	甘草次酸及其衍生物	千克
19	铂金（铂或白金）	7110110000	未锻造或粉末状铂（加工贸易方式）	克
		7110191000	板、片状铂（加工贸易方式）	克
20	天然砂	2505100000	硅砂及石英砂（不论是否着色）	千克
		2505900010	标准砂（不论是否着色，二十六章的金属矿砂除外）	千克
		2505900090	其他天然砂（不论是否着色，二十六章的金属矿砂除外）	千克
地方发证机构负责签发以下货物的出口许可证				
1	消耗臭氧层物质	2903140010	非用于清洗剂的四氯化碳	千克
		2903191010	1，1，1- 三氯乙烷（甲基氯仿），用于清洗剂的除外	千克
		2903399020	溴甲烷（甲基溴）	千克
		2903710000	一氯二氟甲烷	千克
		2903720000	二氯三氟乙烷	千克
		2903730000	二氯一氟乙烷	千克
		2903740000	一氯二氟乙烷	千克
		2903750010	1，1，1，2，2- 五氟 -3，3- 二氯丙烷	千克
		2903750020	1，1，2，2，3- 五氟 -1，3- 二氯丙烷	千克
		2903750090	其他二氯五氟丙烷	千克
		2903760010	溴氯二氟甲烷（halon-1211）	千克
		2903760020	溴三氟甲烷（halon-1301）	千克
		2903771000	三氯氟甲烷（CFC-11）	千克
		2903772011	二氯二氟甲烷（CFC-12）	千克

续表

序　号	货物种类	海关商品编号	货物名称	单　位
1	消耗臭氧层物质	2903772012	三氯三氟乙烷，用于清洗剂除外（CFC-113）	千克
		2903772014	二氯四氟乙烷（CFC-114）	千克
		2903772015	一氯五氟乙烷（CFC-115）	千克
		2903772016	一氯三氟甲烷（CFC-113）	千克
		2903791011	一氟二氯甲烷	千克
		2903791012	1，1，1，2- 四氟 -2- 氯乙烷	千克
		2903791013	三氟一氯乙烷	千克
		2903791014	1- 氟 -1，1- 二氯乙烷	千克
		2903791015	1，1- 二氟 -1- 氯乙烷	千克
		2903791090	其他仅含氟和氯的甲烷、乙烷及丙烷的卤化衍生物	千克
		2903799021	其他仅含溴、氟的甲烷、乙烷和丙烷	千克
		3824710011	二氯二氟甲烷和二氟乙烷的混合物（R-500）	千克
		3824710012	一氯二氟甲烷和二氯二氟甲烷的混合物（R-501）	千克
		3824710013	一氯二氟甲烷和一氯五氟乙烷的混合物（R-502）	千克
		3824710014	三氟甲烷和一氯三氟甲烷的混合物（R-503）	千克
		3824710015	二氟甲烷和一氯五氟乙烷的混合物（R-504）	千克
		3824710016	二氯二氟甲烷和一氟一氯甲烷的混合物（R-505）	千克
		3824710017	一氟一氯甲烷和二氯四氟乙烷的混合物（R-506）	千克
		3824710018	二氯二氟甲烷和二氯四氟乙烷的混合物（R-400）	千克
		3824740011	二氟一氯甲烷、二氟乙烷和一氯四氟乙烷的混合物（R-401）	千克
		3824740012	五氟乙烷、丙烷和二氟一氯甲烷的混合物（R-402）	千克
		3824740013	丙烷、二氟一氯甲烷和八氟丙烷的混合物（R-403）	千克
		3824740014	二氟一氯甲烷、二氟乙烷、一氯二氟乙烷和八氟环丁烷的混合物（R-405）	千克
		3824740015	二氟一氯甲烷、2- 甲基丙烷（异丁烷）和一氯二氟乙烷的混合物（R-406）	千克

续表

序　号	货物种类	海关商品编号	货物名称	单　位
1	消耗臭氧层物质	3824740016	五氟乙烷、三氟乙烷和二氟一氯甲烷的混合物（R-408）	千克
		3824740017	二氟一氯甲烷、一氯四氟乙烷和一氯二氟乙烷的混合物（R-409）	千克
		3824740018	丙烯、二氟一氯甲烷和二氟乙烷的混合物（R-411）	千克
		3824740019	二氟一氯甲烷、八氟丙烷和一氯二氟乙烷的混合物（R-412）	千克
		3824740021	二氟一氯甲烷、一氯四氟乙烷、一氯二氟乙烷和 2- 甲基丙烷的混合物（R-414）	千克
		3824740022	二氟一氯甲烷和二氟乙烷的混合物（R-415）	千克
		3824740023	四氟乙烷、一氯四氟乙烷和丁烷的混合物（R-416）	千克
		3824740024	丙烷、二氟一氯甲烷和二氟乙烷的混合物（R-418）	千克
		3824740025	二氟一氯甲烷和八氟丙烷的混合物（R-509）	千克
		3824740026	二氟一氯甲烷和一氯二氟乙烷的混合物	千克
		3824740090	其他含甲烷、乙烷或丙烷的氢氯氟烃混合物（不论是否含甲烷、乙烷或丙烷的全氟烃或氢氟烃，但不含全氯氟烃）	千克
2	石蜡	2712200000	石蜡，不论是否着色（按重量计含油量＜ 0.75%）	千克
		2712901000	微晶石蜡	千克
3（部分金属及制品）	铋	2825902100	三氧化二铋	千克
		2825902900	其他铋的氧化物及氢氧化物	千克
		8106001091	其他未锻轧铋	千克
		8106001092	其他未锻轧铋废碎料	千克
		8106001099	其他未锻轧铋粉末	千克
		8106009090	其他铋及铋制品	千克
	钛	3206111000	钛白粉	千克
		8108202100	未锻轧海绵钛	千克
		8108202990	其他未锻轧钛	千克
		8108203000	钛的粉末	千克
		8108300000	钛废碎料	千克

续表

序　号	货物种类	海关商品编号	货物名称	单　位
3（部分金属及制品）	钨	3824300010	混合的未烧结金属碳化钨（包括自身混合或与金属黏合剂混合的）	千克
	铂	7110199000	其他半制成铂	克
		7112921000	铂及包铂的废碎料（但含有其他贵金属除外）	克
		7112922001	铂含量在3%以上的其他含有铂及铂化合物的废碎料（但含有其他贵金属除外，主要用于回收铂）	克
		7112922090	其他含有铂及铂化合物的废碎料（但含有其他贵金属除外，主要用于回收铂）	克
		7111000000	以贱金属、银或金为底的包铂材料	克
		7115100000	金属丝布或格栅形状的铂催化剂	克
		2843900020	氯化铂	克
		2843900030	其他铂化合物	克
		2843900090	其他贵金属化合物，贵金属汞齐（不论是否已有化学定义）	克
	钯	7110210000	未锻造或粉末状钯	克
		7110291000	板、片状钯	克
		7110299000	其他半制成钯	克
	铑	7110310000	未锻造或粉末状铑	克
		7110391000	板、片状铑	克
		7110399000	其他半制成铑	克
	钌、铱、锇	7110410000	未锻造或粉末状铱、锇、钌	克
		7110491000	板、片状铱、锇、钌	克
		7110499000	其他半制成铱、锇、钌	克
	铁合金	7202210010	硅铁，含硅量＞55%，＜90%	千克
		7202210090	硅铁，含硅量＞90%	千克
		7202290010	硅铁，含硅量≥30%且不超过55%	千克
		7202290090	硅铁，含硅量＜30%	千克
		7202110000	锰铁，按重量计含碳量在2%以上	千克
		7202190000	锰铁，按重量计含碳量不超过2%	千克

续表

序 号	货物种类	海关商品编号	货物名称	单 位
3（部分金属及制品）	铁合金	7202300000	硅锰铁	千克
		7202410000	铬铁，按重量计含碳量在4%以上	千克
		7202490000	铬铁，按重量计含碳量不超过4%	千克
		7202500000	硅铬铁	千克
		7202600000	镍铁	千克
		7202801000	钨铁	千克
		7202802000	硅钨铁	千克
		7202910000	钛铁及硅钛铁	千克
		7202921000	按重量计含钒量在75%及以上钒铁	千克
		7202929000	其他钒铁	千克
		7202930010	铁钽铌合金（钽含量＜10%）	千克
		7202930090	其他铌铁	千克
		7202991100	钕铁硼合金速凝永磁片	千克
		7202991200	钕铁硼合金磁粉	千克
		7202991900	其他钕铁硼合金	千克
		7202999900	其他铁合金	千克
	镍	7501100000	镍锍	千克
		7501201000	镍湿法冶炼中间品	千克
		7501209000	其他氧化镍烧结物、镍的其他中间产品	千克
		7502101000	未锻轧非合金镍，按重量计镍、钴总量≥99.99%，但钴含量≤0.005%	千克
		7502109000	其他未锻轧非合金镍	千克
		7502200000	未锻轧镍合金	千克
		7503000000	镍废碎料	千克

续表

序　号	货物种类	海关商品编号	货物名称	单　位
3（部分金属及制品）	钽	8103201100	松装密度小于 2.2g/cm^3 的钽粉	千克
		8103201900	其他钽粉	千克
		8103209000	其他未锻轧钽，包括简单烧结而成的条、杆	千克
		8103300000	钽废碎料	千克
		8103909090	其他锻轧钽及其制品	千克
		8103901100	直径＜ 0.5mm 的钽丝	千克
		8103901900	其他钽丝	千克
	钴	8105201000	钴湿法冶炼中间品	千克
		8105202000	未锻轧钴	千克
		8105209001	钴锍及其他冶炼钴时所得的中间产品	千克
		8105209090	其他钴锍、未锻轧钴、粉末	千克
		8105300000	钴锍废碎料	千克
		8105900000	其他钴及制品	千克
		2827393000	氯化钴	千克
		2917112000	草酸钴	千克
		2836993000	碳酸钴	千克
		2822001000	四氧化三钴	千克
		2822009000	其他钴的氧化物及氢氧化物（包括商品氧化钴，但四氧化三钴除外）	千克
		2833299010	硫酸钴	千克
	锆	8109200090*	其他未锻轧锆；粉末	千克
		8109300000*	锆废碎料	千克
		8109900090*	其他锻轧锆及锆制品	千克
		2825600090*	二氧化锆	千克
	锰	8111001010	未锻轧锰废碎料	千克
		8111001090	未锻轧锰；粉末	千克
		8111009000	其他锰及制品	千克

续表

序　号	货物种类	海关商品编号	货物名称	单　位
3（部分金属及制品）	铍	8112120000*	未锻轧铍、铍粉末	千克
		8112130000*	铍废碎料	千克
		8112190000*	其他铍及其制品	千克
	铬	8112210000	未锻轧铬；铬粉末	千克
		8112220000	铬废碎料	千克
		8112290000	其他铬及其制品	千克
	锗	8112921010	未锻轧锗废碎料	千克
		8112921090	未锻轧的锗；锗粉末	千克
		8112991000	其他锗及其制品	千克
		2825600001	锗的氧化物	千克
	钒	8112922001	未锻轧、废碎料或粉末状的钒氮合金	千克
		8112992001	其他钒氮合金	千克
		8112922010	未锻轧的钒废碎料	千克
		8112922090	未锻轧的钒；钒粉末	千克
		8112992090	其他钒及其制品	千克
		2825301000	五氧化二钒	千克
		2825309000	其他钒的氧化物及氢氧化物	千克
	镓、铼、铌	8112924010	铌废碎料	千克
		8112924090	未锻轧的铌；粉末	千克
		8112929091	未锻轧的镓、铼废碎料	千克
		8112929099	未锻轧的镓、铼；粉末	千克
		8112994000	锻轧的铌及其制品	千克
		8112999090	锻轧的镓、铼及其制品	千克

续表

序　号	货物种类	海关商品编号	货物名称	单　位
4	汽车（包括成套散件）及其底盘	8701200000	半挂车用的公路牵引车	辆
		8702109100	30 座及以上仅装有压燃式活塞内燃发动机（柴油或半柴油发动机）的大型客车	辆
		8702109210	20 ≤座≤ 23 仅装有压燃式活塞内燃发动机（柴油或半柴油发动机）的客车	辆
		8702109290	24 ≤座≤ 29 仅装有压燃式活塞内燃发动机（柴油或半柴油发动机）的客车	辆
		8702109300	10 ≤座≤ 19 仅装有压燃式活塞内燃发动机（柴油或半柴油发动机）的客车	辆
		8702209100	30 座及以上同时装有压燃式活塞内燃发动机（柴油或半柴油发动机）及驱动电动机的大型客车（指装有柴油或半柴油发动机的 30 座及以上的客运车）	辆
		8702209210	20 ≤座≤ 23 同时装有压燃式活塞内燃发动机（柴油或半柴油发动机）及驱动电动机的客车	辆
		8702209290	24 ≤座≤ 29 同时装有压燃式活塞内燃发动机（柴油或半柴油发动机）及驱动电动机的客车	辆
		8702209300	10 ≤座≤ 19 同时装有压燃式活塞内燃发动机（柴油或半柴油发动机）及驱动电动机的客车	辆
		8702301000	30 座及以上同时装有点燃往复式活塞内燃发动机及驱动电动机的大型客车	辆
		8702302010	20 ≤座≤ 23 同时装有点燃往复式活塞内燃发动机及驱动电动机的客车	辆
		8702302090	24 ≤座≤ 29 同时装有点燃往复式活塞内燃发动机及驱动电动机的客车	辆
		8702303000	10 ≤座≤ 19 同时装有点燃往复式活塞内燃发动机及驱动电动机的客车	辆
		8702401000	30 座及以上仅装有驱动电动机的大型客车	辆
		8702402010	20 ≤座≤ 23 仅装有驱动电动机的客车	辆
		8702402090	24 ≤座≤ 29 仅装有驱动电动机的客车	辆
		8702403000	10 ≤座≤ 19 仅装有驱动电动机的客车	辆
		8702901000	30 座及以上大型客车（其他型，指装有其他发动机的 30 座及以上的客运车）	辆

续表

序　号	货物种类	海关商品编号	货物名称	单　位
4	汽车（包括成套散件）及其底	8702902001	20 ≤座≤ 23 装有非压燃式活塞内燃发动机的客车	辆
		8702902090	24 ≤座≤ 29 装有非压燃式活塞内燃发动机的客车	辆
		8702903000	10 ≤座≤ 19 装有非压燃式活塞内燃发动机的客车	辆
		8703213010	仅装有排量≤ 1 升的点燃往复式活塞内燃发动机的小轿车	辆
		8703213090	仅装有排量≤ 1 升的点燃往复式活塞内燃发动机小轿车的成套散件	辆
		8703214010	仅装有排量≤ 1 升的点燃往复式活塞内燃发动机的越野车（4 轮驱动）	辆
		8703214090	仅装有排量≤ 1 升的点燃往复式活塞内燃发动机的越野车（4 轮驱动）的成套散件	辆
		8703215010	仅装有排量≤ 1 升的点燃往复式活塞内燃发动机的小客车（9 座及以下）	辆
		8703215090	仅装有排量≤ 1 升的点燃往复式活塞内燃发动机的小客车的成套散件（9 座及以下）	辆
		8703219010	仅装有排量≤ 1 升的点燃往复式活塞内燃发动机的其他载人车辆	辆
		8703219090	仅装有排量≤ 1 升的点燃往复式活塞内燃发动机的其他载人车辆的成套散件	辆
		8703223010	仅装有 1 升＜排量≤ 1.5 升点燃往复式活塞内燃发动机小轿车	辆
		8703223090	仅装有 1 升＜排量≤ 1.5 升点燃往复式活塞内燃发动机小轿车的成套散件	辆
		8703224010	仅装有 1 升＜排量≤ 1.5 升点燃往复活塞内燃发动机四轮驱动越野车	辆
		8703224090	仅装有 1 升＜排量≤ 1.5 升点燃往复活塞内燃发动机四轮驱动越野车的成套散件	辆
		8703225010	仅装有 1 升＜排量≤ 1.5 升点燃往复式活塞内燃发动机小客车（≤ 9 座）	辆
		8703225090	仅装有 1 升＜排量≤ 1.5 升点燃往复式活塞内燃发动机小客车的成套散件（≤ 9 座）	辆
		8703229010	仅装有 1 升＜排量≤ 1.5 升点燃往复式活塞内燃发动机其他载人车辆	辆

续表

序　号	货物种类	海关商品编号	货物名称	单　位
4	汽车（包括成套散件）及其底	8703229090	仅装有1升＜排量≤1.5升点燃往复式活塞内燃发动机其他载人车的成套散件	辆
		8703234110	仅装有1.5升＜排量≤2升的点燃往复式活塞内燃发动机小轿车	辆
		8703234190	仅装有1.5升＜排量≤2升的点燃往复式活塞内燃发动机小轿车的成套散件	辆
		8703234210	仅装有1.5升＜排量≤2升的点燃往复式活塞内燃发动机越野车（4轮驱动）	辆
		8703234290	仅装有1.5升＜排量≤2升的点燃往复式活塞内燃发动机越野车的成套散件（4轮驱动）	辆
		8703234310	仅装有1.5升＜排量≤2升的点燃往复式活塞内燃发动机小客车（9座及以下）	辆
		8703234390	仅装有1.5升＜排量≤2升的点燃往复式活塞内燃发动机小客车的成套散件（9座及以下）	辆
		8703234910	仅装有1.5升＜排量≤2升的点燃往复式活塞内燃发动机的其他载人车辆	辆
		8703234990	仅装有1.5升＜排量≤2升的点燃往复式活塞内燃发动机的其他载人车辆的成套散件	辆
		8703235110	仅装有2升＜排量≤2.5升的点燃往复式活塞内燃发动机小轿车	辆
		8703235190	仅装有2升＜排量≤2.5升的点燃往复式活塞内燃发动机小轿车的成套散件	辆
		8703235210	仅装有2升＜排量≤2.5升的点燃往复式活塞内燃发动机越野车（4轮驱动）	辆
		8703235290	仅装有2升＜排量≤2.5升的点燃往复式活塞内燃发动机越野车的成套散件（4轮驱动）	辆
		8703235310	仅装有2升＜排量≤2.5升的点燃往复式活塞内燃发动机小客车（9座及以下）	辆
		8703235390	仅装有2升＜排量≤2.5升的点燃往复式活塞内燃发动机的小客车的成套散件（9座及以下）	辆
		8703235910	仅装有2升＜排量≤2.5升的点燃往复式活塞内燃发动机的其他载人车辆	辆

续表

序　号	货物种类	海关商品编号	货物名称	单　位
4	汽车（包括成套散件）及其底	8703235990	仅装有 2 升＜排量≤ 2.5 升的点燃往复式活塞内燃发动机的其他载人车辆的成套散件	辆
		8703236110	仅装有 2.5 升＜排量≤ 3 升的点燃往复式活塞内燃发动机小轿车	辆
		8703236190	仅装有 2.5 升＜排量≤ 3 升的点燃往复式活塞内燃发动机小轿车的成套散件	辆
		8703236210	仅装有 2.5 升＜排量≤ 3 升的点燃往复式活塞内燃发动机越野车（4 轮驱动）	辆
		8703236290	仅装有 2.5 升＜排量≤ 3 升的点燃往复式活塞内燃发动机越野车的成套散件（4 轮驱动）	辆
		8703236310	仅装有 2.5 升＜排量≤ 3 升的点燃往复式活塞内燃发动机小客车（9 座及以下）	辆
		8703236390	仅装有 2.5 升＜排量≤ 3 升的点燃往复式活塞内燃发动机小客车的成套散件（9 座及以下）	辆
		8703236910	仅装有 2.5 升＜排量≤ 3 升的点燃往复式活塞内燃发动机的其他载人车辆	辆
		8703236990	仅装有 2.5 升＜排量≤ 3 升的点燃往复式活塞内燃发动机的其他载人车辆的成套散件	辆
		8703241110	仅装有 3 升＜排量≤ 4 升的点燃往复式活塞内燃发动机小轿车	辆
		8703241190	仅装有 3 升＜排量≤ 4 升的点燃往复式活塞内燃发动机小轿车的成套散件	辆
		8703241210	仅装有 3 升＜排量≤ 4 升的点燃往复式活塞内燃发动机越野车（4 轮驱动）	辆
		8703241290	仅装有 3 升＜排量≤ 4 升的点燃往复式活塞内燃发动机越野车的成套散件（4 轮驱动）	辆
		8703241310	仅装有 3 升＜排量≤ 4 升的点燃往复式活塞内燃发动机的小客车（9 座及以下）	辆
		8703241390	仅装有 3 升＜排量≤ 4 升的点燃往复式活塞内燃发动机的小客车的成套散件（9 座及以下）	辆
		8703241910	仅装有 3 升＜排量≤ 4 升的点燃往复式活塞内燃发动机的其他载人车辆	辆

续表

序　号	货物种类	海关商品编号	货物名称	单　位
4	汽车（包括成套散件）及其底	8703241990	仅装有3升＜排量≤4升的点燃往复式活塞内燃发动机的其他载人车辆的成套散件	辆
		8703242110	仅装有排气量＞4升的点燃往复式活塞内燃发动机小轿车	辆
		8703242190	仅装有排气量＞4升的点燃往复式活塞内燃发动机小轿车的成套散件	辆
		8703242210	仅装有排气量＞4升的点燃往复式活塞内燃发动机越野车（4轮驱动）	辆
		8703242290	仅装有排气量＞4升的点燃往复式活塞内燃发动机越野车的成套散件（4轮驱动）	辆
		8703242310	仅装有排气量＞4升的点燃往复式活塞内燃发动机的小客车（9座及以下）	辆
		8703242390	仅装有排气量＞4升的点燃往复式活塞内燃发动机的小客车的成套散件（9座及以下）	辆
		8703242910	仅装有排气量＞4升的点燃往复式活塞内燃发动机的其他载人车辆	辆
		8703242990	仅装有排气量＞4升的点燃往复式活塞内燃发动机的其他载人车辆的成套散件	辆
		8703311110	仅装有排气量≤1升的压燃式活塞内燃发动机小轿车	辆
		8703311190	仅装有排气量≤1升的压燃式活塞内燃发动机小轿车的成套散件	辆
		8703311910	仅装有排气量≤1升的压燃式活塞内燃发动机的其他载人车辆	辆
		8703311990	仅装有排气量≤1升的压燃式活塞内燃发动机的其他载人车辆的成套散件	辆
		8703312110	仅装有1升＜排气量≤1.5升的压燃式活塞内燃发动机小轿车	辆
		8703312190	仅装有1升＜排气量≤1.5升的压燃式活塞内燃发动机小轿车的成套散件	辆
		8703312210	仅装有1升＜排气量≤1.5升的压燃式活塞内燃发动机越野车（4轮驱动）	辆

续表

序　号	货物种类	海关商品编号	货物名称	单　位
4	汽车（包括成套散件）及其底	8703312290	仅装有 1 升＜排气量≤ 1.5 升的压燃式活塞内燃发动机越野车的成套散件（4 轮驱动）	辆
		8703312310	仅装有 1 升＜排气量≤ 1.5 升的压燃式活塞内燃发动机小客车（9 座及以下）	辆
		8703312390	仅装有 1 升＜排气量≤ 1.5 升的压燃式活塞内燃发动机小客车的成套散件（9 座及以下）	辆
		8703312910	仅装有 1 升＜排气量≤ 1.5 升的压燃式活塞内燃发动机的其他载人车辆	辆
		8703312990	仅装有 1 升＜排气量≤ 1.5 升的装压燃式活塞内燃发动机的其他载人车辆的成套散件	辆
		8703321110	仅装有 1.5 升＜排量≤ 2 升的压燃式活塞内燃发动机小轿车	辆
		8703321190	仅装有 1.5 升＜排量≤ 2 升的压燃式活塞内燃发动机小轿车的成套散件	辆
		8703321210	仅装有 1.5 升＜排量≤ 2 升的压燃式活塞内燃发动机越野车（4 轮驱动）	辆
		8703321290	仅装有 1.5 升＜排量≤ 2 升的压燃式活塞内燃发动机越野车的成套散件（4 轮驱动）	辆
		8703321310	仅装有 1.5 升＜排量≤ 2 升的装压燃式活塞内燃发动机小客车（9 座及以下）	辆
		8703321390	仅装有 1.5 升＜排量≤ 2 升的压燃式活塞内燃发动机小客车的成套散件（9 座及以下）	辆
		8703321910	仅装有 1.5 升＜排量≤ 2 升的压燃式活塞内燃发动机的其他载人车辆	辆
		8703321990	仅装有 1.5 升＜排量≤ 2 升的压燃式活塞内燃发动机的其他载人车辆的成套散件	辆
		8703322110	仅装有 2 升＜排量≤ 2.5 升的压燃式活塞内燃发动机小轿车	辆
		8703322190	仅装有 2 升＜排量≤ 2.5 升的燃式活塞内燃发动机小轿车的成套散件	辆
		8703322210	仅装有 2 升＜排量≤ 2.5 升的燃式活塞内燃发动机越野车（4 轮驱动）	辆

续表

序　号	货物种类	海关商品编号	货物名称	单　位
4	汽车（包括成套散件）及其底	8703322290	仅装有 2 升＜排量≤ 2.5 升的燃式活塞内燃发动机越野车的成套散件（4 轮驱动）	辆
		8703322310	仅装有 2 升＜排量≤ 2.5 升的燃式活塞内燃发动机小客车（9 座及以下）	辆
		8703322390	仅装有 2 升＜排量≤ 2.5 升的压燃式活塞内燃发动机小客车的成套散件（9 座及以下）	辆
		8703322910	仅装有 2 升＜排量≤ 2.5 升的压燃式活塞内燃发动机的其他载人车辆	辆
		8703322990	仅装有 2 升＜排量≤ 2.5 升的压燃式活塞内燃发动机的其他载人车辆的成套散件	辆
		8703331110	仅装有 2.5 升＜排量≤ 3 升的压燃式活塞内燃发动机小轿车	辆
		8703331190	仅装有 2.5 升＜排量≤ 3 升的压燃式活塞内燃发动机小轿车的成套散件	辆
		8703331210	仅装有 2.5 升＜排量≤ 3 升的压燃式活塞内燃发动机越野车（4 轮驱动）	辆
		8703331290	仅装有 2.5 升＜排量≤ 3 升的压燃式活塞内燃发动机越野车的成套散件（4 轮驱动）	辆
		8703331310	仅装有 2.5 升＜排量≤ 3 升的压燃式活塞内燃发动机小客车（9 座及以下）	辆
		8703331390	仅装有 2.5 升＜排量≤ 3 升的压燃式活塞内燃发动机小客车的成套散件（9 座及以下）	辆
		8703331910	仅装有 2.5 升＜排量≤ 3 升的压燃式活塞内燃发动机的其他载人车辆	辆
		8703331990	仅装有 2.5 升＜排量≤ 3 升的压燃式活塞内燃发动机的其他载人车辆的成套散件	辆
		8703332110	仅装有 3 升＜排量≤ 4 升的压燃式活塞内燃发动机小轿车	辆
		8703332190	仅装有 3 升＜排量≤ 4 升的压燃式活塞内燃发动机小轿车的成套散件	辆
		8703332210	仅装有 3 升＜排量≤ 4 升的压燃式活塞内燃发动机越野车（4 轮驱动）	辆

续表

序　号	货物种类	海关商品编号	货物名称	单　位
4	汽车（包括成套散件）及其底	8703332290	仅装有 3 升＜排量≤ 4 升的压燃式活塞内燃发动机越野车的成套散件（4 轮驱动）	辆
		8703332310	仅装有 3 升＜排量≤ 4 升的压燃式活塞内燃发动机小客车（9 座及以下）	辆
		8703332390	仅装有 3 升＜排量≤ 4 升的压燃式活塞内燃发动机小客车的成套散件（9 座及以下）	辆
		8703332910	仅装有 3 升＜排量≤ 4 升的压燃式活塞内燃发动机的其他载人车辆	辆
		8703332990	仅装有 3 升＜排量≤ 4 升的压燃式活塞内燃发动机的其他载人车辆的成套散件	辆
		8703336110	仅装有排量＞ 4 升的压燃式活塞内燃发动机小轿车	辆
		8703336190	仅装有排量＞ 4 升的压燃式活塞内燃发动机小轿车的成套散件	辆
		8703336210	仅装有排量＞ 4 升的压燃式活塞内燃发动机越野车（4 轮驱动）	辆
		8703336290	仅装有排量＞ 4 升的压燃式活塞内燃发动机越野车的成套散件（4 轮驱动）	辆
		8703336310	仅装有排量＞ 4 升的压燃式活塞内燃发动机小客车（9 座及以下）	辆
		8703336390	仅装有排量＞ 4 升的压燃式活塞内燃发动机小客车的成套散件（9 座及以下）	辆
		8703336910	仅装有排量＞ 4 升的压燃式活塞内燃发动机其他载人车辆	辆
		8703336990	仅装有排量＞ 4 升的压燃式活塞内燃发动机其他载人车辆的成套散件	辆
		8703401110	同时装有点燃往复式活塞内燃发动机（排量≤ 1 升）及驱动电动机的小轿车（可通过接插外部电源进行充电的除外）	辆
		8703401190	同时装有点燃往复式活塞内燃发动机（排量≤ 1 升）及驱动电动机的小轿车的成套散件（可通过接插外部电源进行充电的除外）	辆

续表

序　号	货物种类	海关商品编号	货物名称	单　位
4	汽车（包括成套散件）及其底	8703401210	同时装有点燃往复式活塞内燃发动机（排量≤1升）及驱动电动机的越野车（4轮驱动）（可通过接插外部电源进行充电的除外）	辆
		8703401290	同时装有点燃往复式活塞内燃发动机（排量≤1升）及驱动电动机的越野车（4轮驱动）的成套散件（可通过接插外部电源进行充电的除外）	辆
		8703401310	同时装有点燃往复式活塞内燃发动机（排量≤1升）及驱动电动机的小客车（9座及以下，可通过接插外部电源进行充电的除外）	辆
		8703401390	同时装有点燃往复式活塞内燃发动机（排量≤1升）及驱动电动机的小客车的成套散件（9座及以下，可通过接插外部电源进行充电的除外）	辆
		8703401910	同时装有点燃往复式活塞内燃发动机（排量≤1升）及驱动电动机的其他载人车辆（可通过接插外部电源进行充电的除外）	辆
		8703401990	同时装有点燃往复式活塞内燃发动机（排量≤1升）及驱动电动机的其他载人车辆的成套散件（可通过接插外部电源进行充电的除外）	辆
		8703402110	同时装有点燃往复式活塞内燃发动机（1升＜排量≤1.5升）及驱动电动机的小轿车（可通过接插外部电源进行充电的除外）	辆
		8703402190	同时装有点燃往复式活塞内燃发动机（1升＜排量≤1.5升）及驱动电动机的小轿车的成套散件（可通过接插外部电源进行充电的除外）	辆
		8703402210	同时装有点燃往复式活塞内燃发动机（1升＜排量≤1.5升）及驱动电动机的四轮驱动越野车（可通过接插外部电源进行充电的除外）	辆
		8703402290	同时装有点燃往复式活塞内燃发动机（1升＜排量≤1.5升）及驱动电动机的四轮驱动越野车的成套散件（可通过接插外部电源进行充电的除外）	辆
		8703402310	同时装有点燃往复式活塞内燃发动机（1升＜排量≤1.5升）及驱动电动机的小客车（9座及以下，可通过接插外部电源进行充电的除外）	辆

续表

序　号	货物种类	海关商品编号	货物名称	单　位
4	汽车（包括成套散件）及其底	8703402390	同时装有点燃往复式活塞内燃发动机（1升＜排量≤1.5升）及驱动电动机的小客车的成套散件（9座及以下，可通过接插外部电源进行充电的除外）	辆
		8703402910	同时装有点燃往复式活塞内燃发动机（1升＜排量≤1.5升）及驱动电动机的其他载人车辆（可通过接插外部电源进行充电的除外）	辆
		8703402990	同时装有点燃往复式活塞内燃发动机（1升＜排量≤1.5升）及驱动电动机的其他载人车辆的成套散件（可通过接插外部电源进行充电的除外）	辆
		8703403110	同时装有点燃往复式活塞内燃发动机（1.5升＜排量≤2升）及驱动电动机的小轿车（可通过接插外部电源进行充电的除外）	辆
		8703403190	同时装有点燃往复式活塞内燃发动机（1.5升＜排量≤2升）及驱动电动机的小轿车的成套散件（可通过接插外部电源进行充电的除外）	辆
		8703403210	同时装有点燃往复式活塞内燃发动机（1.5升＜排量≤2升）及驱动电动机的四轮驱动越野车（可通过接插外部电源进行充电的除外）	辆
		8703403290	同时装有点燃往复式活塞内燃发动机（1.5升＜排量≤2升）及驱动电动机的四轮驱动越野车的成套散件（可通过接插外部电源进行充电的除外）	辆
		8703403310	同时装有点燃往复式活塞内燃发动机（1.5升＜排量≤2升）及驱动电动机的小客车（9座及以下，可通过接插外部电源进行充电的除外）	辆
		8703403390	同时装有点燃往复式活塞内燃发动机（1.5升＜排量≤2升）及驱动电动机的小客车的成套散件（9座及以下，可通过接插外部电源进行充电的除外）	辆
		8703403910	同时装有点燃往复式活塞内燃发动机（1.5升＜排量≤2升）及驱动电动机的其他载人车辆（可通过接插外部电源进行充电的除外）	辆
		8703403990	同时装有点燃往复式活塞内燃发动机（1.5升＜排量≤2升）及驱动电动机的其他载人车辆的成套散件（可通过接插外部电源进行充电的除外）	辆

续表

序　号	货物种类	海关商品编号	货物名称	单　位
4	汽车（包括成套散件）及其底	8703404110	同时装有点燃往复式活塞内燃发动机（2升＜排量≤2.5升）及驱动电动机的小轿车（可通过接插外部电源进行充电的除外）	辆
		8703404190	同时装有点燃往复式活塞内燃发动机（2升＜排量≤2.5升）及驱动电动机的小轿车的成套散件（可通过接插外部电源进行充电的除外）	辆
		8703404210	同时装有点燃往复式活塞内燃发动机（2升＜排量≤2.5升）及驱动电动机的四轮驱动越野车（可通过接插外部电源进行充电的除外）	辆
		8703404290	同时装有点燃往复式活塞内燃发动机（2升＜排量≤2.5升）及驱动电动机的四轮驱动越野车的成套散件（可通过接插外部电源进行充电的除外）	辆
		8703404310	同时装有点燃往复式活塞内燃发动机（2升＜排量≤2.5升）及驱动电动机的小客车（9座及以下，可通过接插外部电源进行充电的除外）	辆
		8703404390	同时装有点燃往复式活塞内燃发动机（2升＜排量≤2.5升）及驱动电动机的小客车的成套散件（9座及以下，可通过接插外部电源进行充电的除外）	辆
		8703404910	同时装有点燃往复式活塞内燃发动机（2升＜排量≤2.5升）及驱动电动机的其他载人车辆（可通过接插外部电源进行充电的除外）	辆
		8703404990	同时装有点燃往复式活塞内燃发动机（2升＜排量≤2.5升）及驱动电动机的其他载人车辆的成套散件（可通过接插外部电源进行充电的除外）	辆
		8703405110	同时装有点燃往复式活塞内燃发动机（2.5升＜排量≤3升）及驱动电动机的小轿车（可通过接插外部电源进行充电的除外）	辆
		8703405190	同时装有点燃往复式活塞内燃发动机（2.5升＜排量≤3升）及驱动电动机的小轿车的成套散件（可通过接插外部电源进行充电的除外）	辆
		8703405210	同时装有点燃往复式活塞内燃发动机（2.5升＜排量≤3升）及驱动电动机的四轮驱动越野车（可通过接插外部电源进行充电的除外）	辆

续表

序　号	货物种类	海关商品编号	货物名称	单　位
4	汽车（包括成套散件）及其底	8703405290	同时装有点燃往复式活塞内燃发动机（2.5 升＜排量≤3 升）及驱动电动机的四轮驱动越野车的成套散件（可通过接插外部电源进行充电的除外）	辆
		8703405310	同时装有点燃往复式活塞内燃发动机（2.5 升＜排量≤3 升）及驱动电动机的小客车（9 座及以下，可通过接插外部电源进行充电的除外）	辆
		8703405390	同时装有点燃往复式活塞内燃发动机（2.5 升＜排量≤3 升）及驱动电动机的小客车的成套散件（9 座及以下，可通过接插外部电源进行充电的除外）	辆
		8703405910	同时装有点燃往复式活塞内燃发动机（2.5 升＜排量≤3 升）及驱动电动机的其他载人车辆（可通过接插外部电源进行充电的除外）	辆
		8703405990	同时装有点燃往复式活塞内燃发动机（2.5 升＜排量≤3 升）及驱动电动机的其他载人车辆的成套散件（可通过接插外部电源进行充电的除外）	辆
		8703406110	同时装有点燃往复式活塞内燃发动机（3 升＜排量≤4 升）及驱动电动机的小轿车（可通过接插外部电源进行充电的除外）	辆
		8703406190	同时装有点燃往复式活塞内燃发动机（3 升＜排量≤4 升）及驱动电动机的小轿车的成套散件（可通过接插外部电源进行充电的除外）	辆
		8703406210	同时装有点燃往复式活塞内燃发动机（3 升＜排量≤4 升）及驱动电动机的四轮驱动越野车（可通过接插外部电源进行充电的除外）	辆
		8703406290	同时装有点燃往复式活塞内燃发动机（3 升＜排量≤4 升）及驱动电动机的四轮驱动越野车的成套散件（可通过接插外部电源进行充电的除外）	辆
		8703406310	同时装有点燃往复式活塞内燃发动机（3 升＜排量≤4 升）及驱动电动机的小客车（9 座及以下，可通过接插外部电源进行充电的除外）	辆
		8703406390	同时装有点燃往复式活塞内燃发动机（3 升＜排量≤4 升）及驱动电动机的小客车的成套散件（9 座及以下，可通过接插外部电源进行充电的除外）	辆

续表

序　号	货物种类	海关商品编号	货物名称	单　位
4	汽车（包括成套散件）及其底	8703406910	同时装有点燃往复式活塞内燃发动机（3升＜排量≤4升）及驱动电动机的其他载人车辆（可通过接插外部电源进行充电的除外）	辆
		8703406990	同时装有点燃往复式活塞内燃发动机（3升＜排量≤4升）及驱动电动机的其他载人车辆的成套散件（可通过接插外部电源进行充电的除外）	辆
		8703407110	同时装有点燃往复式活塞内燃发动机（排量＞4升）及驱动电动机的小轿车（可通过接插外部电源进行充电的除外）	辆
		8703407190	同时装有点燃往复式活塞内燃发动机（排量＞4升）及驱动电动机的小轿车的成套散件（可通过接插外部电源进行充电的除外）	辆
		8703407210	同时装有点燃往复式活塞内燃发动机（排量＞4升）及驱动电动机的四轮驱动越野车（可通过接插外部电源进行充电的除外）	辆
		8703407290	同时装有点燃往复式活塞内燃发动机（排量＞4升）及驱动电动机的四轮驱动越野车的成套散件（可通过接插外部电源进行充电的除外）	辆
		8703407310	同时装有点燃往复式活塞内燃发动机（排量＞4升）及驱动电动机的小客车（9座及以下，可通过接插外部电源进行充电的除外）	辆
		8703407390	同时装有点燃往复式活塞内燃发动机（排量＞4升）及驱动电动机的小客车的成套散件（9座及以下，可通过接插外部电源进行充电的除外）	辆
		8703407910	同时装有点燃往复式活塞内燃发动机（排量＞4升）及驱动电动机的其他载人车辆（可通过接插外部电源进行充电的除外）	辆
		8703407990	同时装有点燃往复式活塞内燃发动机（排量＞4升）及驱动电动机的其他载人车辆的成套散件（可通过接插外部电源进行充电的除外）	辆
		8703409010	其他同时装有点燃往复式活塞内燃发动机及驱动电动机的载人车辆（可通过接插外部电源进行充电的除外）	辆
		8703409090	其他同时装有点燃往复式活塞内燃发动机及驱动电动机的载人车辆的成套散件（可通过接插外部电源进行充电的除外）	辆

续表

序　号	货物种类	海关商品编号	货物名称	单　位
4	汽车（包括成套散件）及其底	8703501110	同时装有压燃式活塞内燃发动机（柴油或半柴油发动机，排量≤1升）及驱动电动机的小轿车（可通过接插外部电源进行充电的除外）	辆
		8703501190	同时装有压燃式活塞内燃发动机（柴油或半柴油发动机，排量≤1升）及驱动电动机的小轿车的成套散件（可通过接插外部电源进行充电的除外）	辆
		8703501910	同时装有压燃式活塞内燃发动机（柴油或半柴油发动机，排量≤1升）及驱动电动机的其他载人车辆（可通过接插外部电源进行充电的除外）	辆
		8703501990	同时装有压燃式活塞内燃发动机（柴油或半柴油发动机，排量≤1升）及驱动电动机的其他载人车辆的成套散件（可通过接插外部电源进行充电的除外）	辆
		8703502110	同时装有压燃式活塞内燃发动机（柴油或半柴油发动机，1升＜排量≤1.5升）及驱动电动机的小轿车（可通过接插外部电源进行充电的除外）	辆
		8703502190	同时装有压燃式活塞内燃发动机（柴油或半柴油发动机，1升＜排量≤1.5升）及驱动电动机的小轿车的成套散件（可通过接插外部电源进行充电的除外）	辆
		8703502210	同时装有压燃式活塞内燃发动机（柴油或半柴油发动机，1升＜排量≤1.5升）及驱动电动机的四轮驱动越野车（可通过接插外部电源进行充电的除外）	辆
		8703502290	同时装有压燃式活塞内燃发动机（柴油或半柴油发动机，1升＜排量≤1.5升）及驱动电动机的四轮驱动越野车的成套散件（可通过接插外部电源进行充电的除外）	辆
		8703502310	同时装有压燃式活塞内燃发动机（柴油或半柴油发动机，1升＜排量≤1.5升）及驱动电动机的小客车（9座及以下，可通过接插外部电源进行充电的除外）	辆
		8703502390	同时装有压燃式活塞内燃发动机（柴油或半柴油发动机，1升＜排量≤1.5升）及驱动电动机的小客车的成套散件（9座及以下，可通过接插外部电源进行充电的除外）	辆
		8703502910	同时装有压燃式活塞内燃发动机（柴油或半柴油发动机，1升＜排量≤1.5升）及驱动电动机的其他载人车辆（可通过接插外部电源进行充电的除外）	辆

续表

序　号	货物种类	海关商品编号	货物名称	单　位
4	汽车（包括成套散件）及其底	8703502990	同时装有压燃式活塞内燃发动机（柴油或半柴油发动机，1 升 < 排量≤ 1.5 升）及驱动电动机的其他载人车辆的成套散件（可通过接插外部电源进行充电的除外）	辆
		8703503110	同时装有压燃式活塞内燃发动机（柴油或半柴油发动机，1.5 升 < 排量≤ 2 升）及驱动电动机的小轿车（可通过接插外部电源进行充电的除外）	辆
		8703503190	同时装有压燃式活塞内燃发动机（柴油或半柴油发动机，1.5 升 < 排量≤ 2 升）及驱动电动机的小轿车的成套散件（可通过接插外部电源进行充电的除外）	辆
		8703503210	同时装有压燃式活塞内燃发动机（柴油或半柴油发动机，1.5 升 < 排量≤ 2 升）及驱动电动机的四轮驱动越野车（可通过接插外部电源进行充电的除外）	辆
		8703503290	同时装有压燃式活塞内燃发动机（柴油或半柴油发动机，1.5 升 < 排量≤ 2 升）及驱动电动机的四轮驱动越野车的成套散件（可通过接插外部电源进行充电的除外）	辆
		8703503310	同时装有压燃式活塞内燃发动机（柴油或半柴油发动机，1.5 升 < 排量≤ 2 升）及驱动电动机的小客车（9 座及以下，可通过接插外部电源进行充电的除外）	辆
		8703503390	同时装有压燃式活塞内燃发动机（柴油或半柴油发动机，1.5 升 < 排量≤ 2 升）及驱动电动机的小客车的成套散件（9 座及以下，可通过接插外部电源进行充电的除外）	辆
		8703503910	同时装有压燃式活塞内燃发动机（柴油或半柴油发动机，1.5 升 < 排量≤ 2 升）及驱动电动机的其他载人车辆（可通过接插外部电源进行充电的除外）	辆
		8703503990	同时装有压燃式活塞内燃发动机（柴油或半柴油发动机，1.5 升 < 排量≤ 2 升）及驱动电动机的其他载人车辆的成套散件（可通过接插外部电源进行充电的除外）	辆
		8703504110	同时装有压燃式活塞内燃发动机（柴油或半柴油发动机，2 升 < 排量≤ 2.5 升）及驱动电动机的小轿车（可通过接插外部电源进行充电的除外）	辆

续表

序　号	货物种类	海关商品编号	货物名称	单　位
4	汽车（包括成套散件）及其底	8703504190	同时装有压燃式活塞内燃发动机（柴油或半柴油发动机，2 升 < 排量≤ 2.5 升）及驱动电动机的小轿车的成套散件（可通过接插外部电源进行充电的除外）	辆
		8703504210	同时装有压燃式活塞内燃发动机（柴油或半柴油发动机，2 升 < 排量≤ 2.5 升）及驱动电动机的四轮驱动越野车（可通过接插外部电源进行充电的除外）	辆
		8703504290	同时装有压燃式活塞内燃发动机（柴油或半柴油发动机，2 升 < 排量≤ 2.5 升）及驱动电动机的四轮驱动越野车的成套散件（可通过接插外部电源进行充电的除外）	辆
		8703504310	同时装有压燃式活塞内燃发动机（柴油或半柴油发动机，2 升 < 排量≤ 2.5 升）及驱动电动机的小客车（9 座及以下，可通过接插外部电源进行充电的除外）	辆
		8703504390	同时装有压燃式活塞内燃发动机（柴油或半柴油发动机，2 升 < 排量≤ 2.5 升）及驱动电动机的小客车的成套散件（9 座及以下，可通过接插外部电源进行充电的除外）	辆
		8703504910	同时装有压燃式活塞内燃发动机（柴油或半柴油发动机，2 升 < 排量≤ 2.5 升）及驱动电动机的其他载人车辆（可通过接插外部电源进行充电的除外）	辆
		8703504990	同时装有压燃式活塞内燃发动机（柴油或半柴油发动机，2 升 < 排量≤ 2.5 升）及驱动电动机的其他载人车辆的成套散件（可通过接插外部电源进行充电的除外）	辆
		8703505110	同时装有压燃式活塞内燃发动机（柴油或半柴油发动机，2.5 升 < 排量≤ 3 升）及驱动电动机的小轿车（可通过接插外部电源进行充电的除外）	辆
		8703505190	同时装有压燃式活塞内燃发动机（柴油或半柴油发动机，2.5 升 < 排量≤ 3 升）及驱动电动机的小轿车的成套散件（可通过接插外部电源进行充电的除外）	辆
		8703505210	同时装有压燃式活塞内燃发动机（柴油或半柴油发动机，2.5 升 < 排量≤ 3 升）及驱动电动机的四轮驱动越野车（可通过接插外部电源进行充电的除外）	辆
		8703505290	同时装有压燃式活塞内燃发动机（柴油或半柴油发动机，2.5 升 < 排量≤ 3 升）及驱动电动机的四轮驱动越野车的成套散件（可通过接插外部电源进行充电的除外）	辆

续表

序 号	货物种类	海关商品编号	货物名称	单 位
4	汽车（包括成套散件）及其底	8703505310	同时装有压燃式活塞内燃发动机（柴油或半柴油发动机，2.5 升＜排量≤ 3 升）及驱动电动机的小客车（9 座及以下，可通过接插外部电源进行充电的除外）	辆
		8703505390	同时装有压燃式活塞内燃发动机（柴油或半柴油发动机，2.5 升＜排量≤ 3 升）及驱动电动机的小客车的成套散件（9 座及以下，可通过接插外部电源进行充电的除外）	辆
		8703505910	同时装有压燃式活塞内燃发动机（柴油或半柴油发动机，2.5 升＜排量≤ 3 升）及驱动电动机的其他载人车辆（可通过接插外部电源进行充电的除外）	辆
		8703505990	同时装有压燃式活塞内燃发动机（柴油或半柴油发动机，2.5 升＜排量≤ 3 升）及驱动电动机的其他载人车辆的成套散件（可通过接插外部电源进行充电的除外）	辆
		8703506110	同时装有压燃式活塞内燃发动机（柴油或半柴油发动机，3 升＜排量≤ 4 升）及驱动电动机的小轿车（可通过接插外部电源进行充电的除外）	辆
		8703506190	同时装有压燃式活塞内燃发动机（柴油或半柴油发动机，3 升＜排量≤ 4 升）及驱动电动机的小轿车的成套散件（可通过接插外部电源进行充电的除外）	辆
		8703506210	同时装有压燃式活塞内燃发动机（柴油或半柴油发动机，3 升＜排量≤ 4 升）及驱动电动机的四轮驱动越野车（可通过接插外部电源进行充电的除外）	辆
		8703506290	同时装有压燃式活塞内燃发动机（柴油或半柴油发动机，3 升＜排量≤ 4 升）及驱动电动机的四轮驱动越野车的成套散件（可通过接插外部电源进行充电的除外）	辆
		8703506310	同时装有压燃式活塞内燃发动机（柴油或半柴油发动机，3 升＜排量≤ 4 升）及驱动电动机的小客车（9 座及以下，可通过接插外部电源进行充电的除外）	辆
		8703506390	同时装有压燃式活塞内燃发动机（柴油或半柴油发动机，3 升＜排量≤ 4 升）及驱动电动机的小客车的成套散件（9 座及以下，可通过接插外部电源进行充电的除外）	辆

续表

序　号	货物种类	海关商品编号	货物名称	单　位
4	汽车（包括成套散件）及其底	8703506910	同时装有压燃式活塞内燃发动机（柴油或半柴油发动机，3 升＜排量≤ 4 升）及驱动电动机的其他载人车辆（可通过接插外部电源进行充电的除外）	辆
		8703506990	同时装有压燃式活塞内燃发动机（柴油或半柴油发动机，3 升＜排量≤ 4 升）及驱动电动机的其他载人车辆的成套散件（可通过接插外部电源进行充电的除外）	辆
		8703507110	同时装有压燃式活塞内燃发动机（柴油或半柴油发动机，排量＞ 4 升）及驱动电动机的小轿车（可通过接插外部电源进行充电的除外）	辆
		8703507190	同时装有压燃式活塞内燃发动机（柴油或半柴油发动机，排量＞ 4 升）及驱动电动机的小轿车的成套散件（可通过接插外部电源进行充电的除外）	辆
		8703507210	同时装有压燃式活塞内燃发动机（柴油或半柴油发动机，排量＞ 4 升）及驱动电动机的四轮驱动越野车（可通过接插外部电源进行充电的除外）	辆
		8703507290	同时装有压燃式活塞内燃发动机（柴油或半柴油发动机，排量＞ 4 升）及驱动电动机的四轮驱动越野车的成套散件（可通过接插外部电源进行充电的除外）	辆
		8703507310	同时装有压燃式活塞内燃发动机（柴油或半柴油发动机，排量＞ 4 升）及驱动电动机的小客车（9 座及以下，可通过接插外部电源进行充电的除外）	辆
		8703507390	同时装有压燃式活塞内燃发动机（柴油或半柴油发动机，排量＞ 4 升）及驱动电动机的小客车的成套散件（9 座及以下，可通过接插外部电源进行充电的除外）	辆
		8703507910	同时装有压燃式活塞内燃发动机（柴油或半柴油发动机，排量＞ 4 升）及驱动电动机的其他载人车辆（可通过接插外部电源进行充电的除外）	辆
		8703507990	同时装有压燃式活塞内燃发动机（柴油或半柴油发动机，排量＞ 4 升）及驱动电动机的其他载人车辆的成套散件（可通过接插外部电源进行充电的除外）	辆
		8703509010	其他同时装有压燃式活塞内燃发动机（柴油或半柴油发动机）及驱动电动机的载人车辆（可通过接插外部电源进行充电的除外）	辆

续表

序　号	货物种类	海关商品编号	货物名称	单　位
4	汽车（包括成套散件）及其底	8703509090	其他同时装有压燃式活塞内燃发动机（柴油或半柴油发动机）及驱动电动机的载人车辆的成套散件（可通过接插外部电源进行充电的除外）	辆
		8703600000	同时装有点燃往复式活塞内燃发动机及驱动电动机、可通过接插外部电源进行充电的其他载人车辆	辆
		8703700000	同时装有压燃活塞内燃发动机（柴油或半柴油发动机）及驱动电动机、可通过接插外部电源进行充电的其他载人车辆	辆
		8703900021	其他型排气量≤ 1 升的其他载人车辆	辆
		8703900022	其他型 1 升＜排气量≤ 1.5 升的其他载人车辆	辆
		8703900023	其他型 1.5 升＜排气量≤ 2 升的其他载人车辆	辆
		8703900024	其他型 2 升＜排气量≤ 2.5 升的其他载人车辆	辆
		8703900025	其他型 2.5 升＜排气量≤ 3 升的其他载人车辆	辆
		8703900026	其他型 3 升＜排气量≤ 4 升的其他载人车辆	辆
		8703900027	其他型排气量＞ 4 升的其他载人车辆	辆
		8704210000	柴油型其他小型货车（装有压燃式活塞内燃发动机，小型指车辆总重量≤ 5 吨）	辆
		8704223000	柴油型其他中型货车（装有压燃式活塞内燃发动机，中型指 5 吨＜车辆总重量＜ 14 吨）	辆
		8704224000	柴油型其他重型货车（装有压燃式活塞内燃发动机，重型指 14 吨≤车辆总重≤ 20 吨）	辆
		8704230010	固井水泥车、压裂车、混砂车、连续油管车、液氮泵车用底盘	辆
		8704230020	起重≥ 55 吨汽车起重机用底盘	辆
		8704230030	车辆总重量≥ 31 吨清障车专用底盘	辆
		8704230090	柴油型的其他超重型货车（装有压燃式活塞内燃发动机，超重型指车辆总重量＞ 20 吨）	辆
		8704310000	总重量≤ 5 吨的其他货车（汽油型，装有点燃式活塞内燃发动机）	辆
		8704323000	5 吨＜总重量≤ 8 吨的其他货车（汽油型，装有点燃式活塞内燃发动机）	辆

续表

序 号	货物种类	海关商品编号	货物名称	单 位
4	汽车（包括成套散件）及其底	8704324000	总重量＞ 8 吨的其他货车（汽油型，装有点燃式活塞内燃发动机）	辆
		8704900000	装有其他发动机的货车	辆
		8706002100	车辆总重量≥ 14 吨的货车底盘（装有发动机的）	台
		8706002200	车辆总重量＜ 14 吨的货车底盘（装有发动机的）	台
		8706003000	大型客车底盘（装有发动机的）	台
		8706009000	其他机动车辆底盘（装有发动机，编号 8701、8703 和 8705 所列车辆用）	台
5	摩托车（含全地形车）及其发动机、车架	8407310000	往复式活塞引擎（第 87 章所列车辆用的点燃往复式活塞发动机，排气量≤ 50 毫升）	台 / 千瓦
		8407320000	往复式活塞引擎（第 87 章所列车辆用的点燃往复式活塞发动机，50 毫升＜排气量≤ 250 毫升）	台 / 千瓦
		8714100010	摩托车架	千克
		8711100010	微马力摩托车及脚踏两用车（装有往复式活塞内燃发动机，微马力指排气量 50 毫升）	辆
		8711201000	小马力摩托车及脚踏两用车（装有往复式活塞内燃发动机，小马力指 50 毫升＜排气量≤ 100 毫升）	辆
		8711202000	小马力摩托车及脚踏两用车（装有往复式活塞内燃发动机，小马力指 100 毫升＜排气量≤ 125 毫升）	辆
		8711203000	小马力摩托车及脚踏两用车（装有往复式活塞内燃发动机，小马力指 125 毫升＜排气量≤ 150 毫升）	辆
		8711204000	小马力摩托车及脚踏两用车（装有往复式活塞内燃发动机，小马力指 150 毫升＜排气量≤ 200 毫升）	辆
		8711205010	小马力摩托车及脚踏两用车（装有往复式活塞内燃发动机，小马力指 200 毫升＜排气量＜ 250 毫升）	辆
		8711205090	小马力摩托车及脚踏两用车（装有往复式活塞内燃发动机，小马力指排气量 250 毫升）	辆
		8711301000	小马力摩托车及脚踏两用车（装有往复式活塞内燃发动机，小马力指 250 毫升＜排气量≤ 400 毫升）	辆
		8711302000	小马力摩托车及脚踏两用车（装有往复式活塞内燃发动机，小马力指 400 毫升＜排气量≤ 500 毫升）	辆

续表

序　号	货物种类	海关商品编号	货物名称	单　位
5	摩托车（含全地形车及其发动机、车架）	8711400000	摩托车及脚踏两用车（装有往复式活塞内燃发动机，500 ＜排气量≤ 800 毫升）	辆
		8711500000	摩托车及脚踏两用车（装有往复式活塞内燃发动机，排气量＞ 800 毫升）	辆
		8703101100	全地形车	辆
6	钼及钼制品	2613100000	已焙烧的钼矿砂及其精矿	千克
		2613900000	其他钼矿砂及其精矿	千克
		2825700000	钼的氧化物及氢氧化物	千克
		2841701000	钼酸铵	千克
		2841709000	其他钼酸盐	千克
		7202700000	钼铁	千克
		8102100000	钼粉	千克
		8102940000	未锻轧钼，包括简单烧结的条、杆	千克
		8102970000	钼废碎料	千克
		8102990000	钼制品	千克
7	柠檬酸	2918140000	柠檬酸	千克
		2918150000	柠檬酸盐及柠檬酸酯	千克
8	青霉素工业盐	2941109900	其他青霉素或衍生物及其盐（包括具有青霉烷酸结构和青霉素衍生物及其盐）	千克
9	维生素 C	2936270010	未混合的维生素 C 原粉（不论是否溶于溶剂）	千克
		2936270020	未混合的维生素C钙、维生素C钠（不论是否溶于溶剂）	千克
		2936270030	颗粒或包衣维生素 C（不论是否溶于溶剂）	千克
		2936270090	维生素 C 酯类及其他（不论是否溶于溶剂）	千克
10	硫酸二钠	2833110000	硫酸二钠	千克
11（牛肉）	冰鲜牛肉	0201100010	整头及半头鲜或冷藏的野牛肉	千克
		0201100090	其他整头及半头鲜或冷藏的牛肉	千克
		0201200010	鲜或冷藏的带骨野牛肉	千克
		0201200090	其他鲜或冷藏的带骨牛肉	千克
		0201300010	鲜或冷藏的去骨野牛肉	千克

续表

序　号	货物种类	海关商品编号	货物名称	单　位
11（牛肉）		0201300090	其他鲜或冷藏的去骨牛肉	千克
		0206100000	鲜或冷藏的牛杂碎	千克
	冻牛肉	0202100010	冻藏的整头及半头野牛肉	千克
		0202100090	其他冻藏的整头及半头牛肉	千克
		0202200010	冻藏的带骨野牛肉	千克
		0202200090	其他冻藏的带骨牛肉	千克
		0202300010	冻藏的去骨野牛肉	千克
		0202300090	其他冻藏的去骨牛肉	千克
		0206210000	冻牛舌	千克
		0206220000	冻牛肝	千克
		0206290000	其他冻牛杂碎	千克
12（猪肉）	冰鲜猪肉	0203111010	鲜或冷藏整头及半头野乳猪肉	千克
		0203111090	其他鲜或冷藏的整头及半头乳猪肉	千克
		0203119010	其他鲜或冷藏整头及半头野猪肉	千克
		0203119090	其他鲜或冷藏的整头及半头猪肉	千克
		0203120010	鲜或冷的带骨野猪前腿，后腿及肉块	千克
		0203120090	鲜或冷的带骨猪前腿、后腿及其肉块	千克
		0203190010	其他鲜或冷藏的野猪肉	千克
		0203190090	其他鲜或冷藏的猪肉	千克
		0206300000	鲜或冷藏的猪杂碎	千克
	冻猪肉	0203219010	其他冻整头及半头野猪肉	千克
		0203219090	其他冻整头及半头猪肉	千克
		0203220010	冻带骨野猪前腿、后腿及肉	千克
		0203220090	冻藏的带骨猪前腿、后腿及其肉块	千克
		0203290010	冻藏野猪其他肉	千克
		0203290090	其他冻藏猪肉	千克
		0206410000	冻猪肝	千克
		0206490000	其他冻猪杂碎	千克
		0203211010	冻整头及半头野乳猪肉	千克
		0203211090	冻整头及半头乳猪肉	千克

续表

序　号	货物种类	海关商品编号	货物名称	单　位
13（鸡肉）	冰鲜鸡肉	0207110000	鲜或冷藏的整只鸡	千克
		0207131100	鲜或冷的带骨的鸡块	千克
		0207131900	其他鲜或冷的鸡块	千克
		0207132100	鲜或冷的鸡翼（不包括翼尖）	千克
		0207132900	其他鲜或冷的鸡杂碎	千克
	冻鸡肉	0207120000	冻的整只鸡	千克
		0207141100	冻的带骨鸡块（包括鸡胸脯、鸡大腿等）	千克
		0207141900	冻的不带骨鸡块（包括鸡胸脯、鸡大腿等）	千克
		0207142100	冻的鸡翼（不包括翼尖）	千克
		0207142200	冻的鸡爪	千克
		0207142900	冻的其他食用鸡杂碎（包括鸡翼尖、鸡肝等）	千克
14	氟石（萤石）	2529210000	按重量计氟化钙含量在 97% 及以下	千克
		2529220000	按重量计氟化钙含量在 97% 以上	千克
15	焦炭	2704001000	焦炭或半焦炭（煤，褐煤或泥煤制成的，不论是否成型）	千克
16	碳化硅	2849200000	碳化硅	千克
		3824999910	粗制碳化硅（其中碳化硅含量大于 15%，按重量计）	千克
17	矾土	2508300000	耐火黏土（不论是否煅烧）（包括矾土、焦宝石及其他耐火黏土）	千克
		2606000000	铝矿砂及其精矿	千克
18	稀土	2530902000	其他稀土金属矿	千克
		2612200000	钍矿砂及其精矿	千克
		2805301100	钕（未相互混合或相互熔合）	千克
		2805301200	镝（未相互混合或相互熔合）	千克
		2805301300	铽（未相互混合或相互熔合）	千克
		2805301400	镧（未相互混合或相互熔合）	千克
		2805301510*	颗粒＜ 500μm 的铈及其合金（含量≥ 97%，不论球形，椭球体，雾化，片状，研碎金属燃料；未相互混合或相互熔合）	千克

续表

序　号	货物种类	海关商品编号	货物名称	单　位
18	稀土	2805301590	其他金属铈（未相互混合或相互熔合）	千克
		2805301600	金属镨（未相互混合或相互熔合）	千克
		2805301700	金属钇（未相互混合或相互熔合）	千克
		2805301900	其他稀土金属	千克
		2805302100	其他电池级的稀土金属、钪及钇	千克
		2805302900	其他稀土金属、钪及钇	千克
		2846101000	氧化铈	千克
		2846102000	氢氧化铈	千克
		2846103000	碳酸铈	千克
		2846109010	氰化铈	千克
		2846109090	铈的其他化合物	千克
		2846901100	氧化钇	千克
		2846901200	氧化镧	千克
		2846901300	氧化钕	千克
		2846901400	氧化铕	千克
		2846901500	氧化镝	千克
		2846901600	氧化铽	千克
		2846901700	氧化镨	千克
		2846901920	氧化铒	千克
		2846901930	氧化钆	千克
		2846901940	氧化钐	千克
		2846901970	氧化镱	千克
		2846901980	氧化钪	千克
		2846901991	灯用红粉	千克
		2846901992	按重量计中重稀土总含量≥ 30% 的其他氧化稀土（灯用红粉、氧化铈除外）	千克
		2846901999	其他氧化稀土（灯用红粉、氧化铈除外）	千克

续表

序　号	货物种类	海关商品编号	货物名称	单　位
18	稀土	2846902100	氯化铽	千克
		2846902200	氯化镝	千克
		2846902300	氯化镧	千克
		2846902400	氯化钕	千克
		2846902500	氯化镨	千克
		2846902600	氯化钇	千克
		2846902800	混合氯化稀土	千克
		2846902900	其他未混合氯化稀土	千克
		2846903100	氟化铽	千克
		2846903200	氟化镝	千克
		2846903300	氟化镧	千克
		2846903400	氟化钕	千克
		2846903500	氟化镨	千克
		2846903600	氟化钇	千克
		2846903900	其他氟化稀土	千克
		2846904100	碳酸镧	千克
		2846904200	碳酸铽	千克
		2846904300	碳酸镝	千克
		2846904400	碳酸钕	千克
		2846904500	碳酸镨	千克
		2846904600	碳酸钇	千克
		2846904810	按重量计中重稀土总含量≥ 30% 的混合碳酸稀土	千克
		2846904890	其他混合碳酸稀土	千克
		2846904900	其他未混合碳酸稀土	千克
		2846909100	镧的其他化合物	千克
		2846909200	钕的其他化合物	千克
		2846909300	铽的其他化合物	千克

续表

序　号	货物种类	海关商品编号	货物名称	单　位
18	稀土	2846909400	镝的其他化合物	千克
		2846909500	镨的其他化合物	千克
		2846909690	钇的其他化合物（LED 用荧光粉除外）	千克
		2846909910	按重量计中重稀土总含量≥ 30% 的稀土金属、钪的其他化合物（LED 用荧光粉、铈的化合物除外）	千克
		2846909990	其他稀土金属、钪的其他化合物（LED 用荧光粉、铈的化合物除外）	千克
		7202999110	按重量计中重稀土总含量≥ 30% 的铁合金（按重量计稀土元素总含量在 10% 以上）	千克
		7202999191	稀土硅铁合金（按重量计稀土元素总含量在 10% 以上）	千克
		7202999199	其他按重量计稀土元素总含量在 10% 以上的铁合金	千克
19	成品油	2710199100	润滑油，不含生物柴油	千克 / 升
		2710199200	润滑脂，不含生物柴油	千克 / 升
		2710199300	润滑油基础油，不含生物柴油	千克 / 升

国家发展改革委、商务部公布《2017 年农产品进口关税配额再分配公告》

【发布单位】国家发展改革委商务部

【发布日期】2017 年 8 月 11 日

根据《农产品进口关税配额管理暂行办法》，特制定《2017 年农产品进口关税配额再分配公告》，现予以公布。

2017 年农产品进口关税配额再分配公告

根据《农产品进口关税配额管理暂行办法》（商务部、国家发展和改革委员会令 2003 年第 4 号，以下简称《暂行办法》）、《2017 年粮食进口关税配额申领条件和分配原则》和《2017 年棉花进口关税配额申领条件和分配原则》（国家发展和改革委员会公告 2016 年第 23 号，以下简称《分配原则》）、《2017 年食糖进口关税配额申请和分配细则》（商务部公告

2016年第53号，以下简称《分配细则》）中的有关规定，现将2017年农产品进口关税配额再分配有关事项公告如下：

一、持有2017年小麦、玉米、大米、棉花、食糖进口关税配额的最终用户，当年未就全部配额数量签订进口合同，或已签订进口合同但预计年底前无法从始发港出运的，均应将其持有的关税配额量中未完成或不能完成的部分于9月15日前交还所在地的省（自治区、直辖市、计划单列市）发展改革委、商务主管部门。国家发展改革委、商务部将对交还的配额进行再分配。对最终用户9月15日前没有交还且年底前未充分使用的配额，国家发展改革委、商务部在分配下一年农产品进口关税配额时按比例相应扣减。

二、获得本公告第一条所列商品2017年进口关税配额并全部

使用完毕（需提供进口报关单复印件）的最终用户，以及符合《分配原则》《分配细则》中所列申请条件但在年初分配时未申请2017年进口关税配额的新用户，可以向所在地省（自治区、直辖市、计划单列市）发展改革委、商务主管部门提出农产品进口关税配额再分配申请。

三、申请者需在9月1日至15日以书面形式向所在地省（自治区、直辖市、计划单列市）发展改革委、商务主管部门递交关税配额再分配申请。相关商品申请格式见附件。

四、各省（自治区、直辖市、计划单列市）发展改革委、商务主管部门对申请者的申请进行受理后，于9月1日开始将符合条件的申请通过农产品进口关税配额计算机管理系统分别进行申报，并于9月20日前将申请按时间顺序汇总后，以书面形式分别上报国家发展改革委、商务部。

五、国家发展改革委、商务部按照网上申报的顺序对用户交回的配额进行再分配。10月1日前将关税配额再分配的结果通知到最终用户。

当符合条件的申请数量总和小于关税配额再分配量时，每个申请者的申请均可获得满足；当符合条件的申请数量总和大于关税配额再分配量时，按照《分配原则》《分配细则》中的有关规定进行再分配。

六、再分配关税配额的有效期等其他事项按照《暂行办法》《分配原则》《分配细则》执行。

七、小麦、玉米、大米、棉花进口关税配额的再分配，由国家发展改革委会同商务部以及各省（自治区、直辖市、计划单列市）发展改革委组织实施；食糖进口关税配额再分配，由商务部以及各省（自治区、直辖市、计划单列市）商务主管部门组织实施。

附件：

1. 2017年粮食进口关税配额再分配申请表
2. 2017年棉花进口关税配额再分配申请表
3. 2017年食糖进口关税配额再分配申请表

附件 1

2017 年粮食进口关税配额再分配申请表

<table>
<tr><td colspan="3">企业名称：</td><td rowspan="2">统一社会信用代码：</td></tr>
<tr><td colspan="3">企业注册地址：</td></tr>
<tr><td colspan="3">企业性质：□ 国有 □股份制 □民营 □外商投资</td><td>联系电话：</td></tr>
<tr><td>注册资本（万元）：</td><td colspan="2">2016 年纳税额（万元）：</td><td>2016 年底资产负债率：</td></tr>
<tr><td rowspan="2">申请农产品配额名称：</td><td colspan="2" rowspan="2">申请数量（吨）：</td><td>一般贸易：</td></tr>
<tr><td>加工贸易：</td></tr>
<tr><td>□ 2016 年有该农产品一般贸易进口实绩者</td><td colspan="2">□ 2016 年有该农产品加工贸易进口实绩者</td><td>□ 2016 年无该农产品进口实绩者</td></tr>
</table>

<table>
<tr><td colspan="4">以下由生产企业填写</td></tr>
<tr><td rowspan="10">企业生产经营情况</td><td rowspan="5">一般贸易</td><td colspan="2">□2016 年 □新企业</td></tr>
<tr><td>产品名称：</td><td>加工原料名称：</td></tr>
<tr><td>年生产能力（吨）：</td><td>年处理能力（吨）：</td></tr>
<tr><td>年实际产量（吨）：</td><td>年实际用量（吨）：</td></tr>
<tr><td colspan="2">该产品年销售额（万元）：</td></tr>
<tr><td rowspan="4">加工贸易</td><td colspan="2">□ 2016 年 □新企业</td></tr>
<tr><td>出口产品名称：</td><td>进口原料名称：</td></tr>
<tr><td>年加工能力（吨）：</td><td>年实际进口量（吨）：</td></tr>
<tr><td>年实际出口量（吨）：</td><td>年进口处理需求（吨）：</td></tr>
</table>

<table>
<tr><td colspan="2">以下由具有大米批发零售资格的粮食企业填写</td></tr>
<tr><td>2016 年大米贸易年销售额（万元）：</td><td>2017 年大米贸易完成销售额（万元）：</td></tr>
</table>

<table>
<tr><td colspan="4">以下由有进口实绩（不包括代理进口）的企业填写</td></tr>
<tr><td rowspan="7">企业实际进口情况</td><td></td><td>2016 年</td><td>2017 年</td></tr>
<tr><td rowspan="3">一般贸易配额</td><td>分配量（吨）：</td><td>分配量（吨）：</td></tr>
<tr><td>实际进口量（吨）：</td><td>已完成进口量（吨）：</td></tr>
<tr><td>调整期退回量（吨）：</td><td>调整期退回量（吨）：</td></tr>
<tr><td rowspan="3">加工贸易配额</td><td>分配量（吨）：</td><td>分配量（吨）：</td></tr>
<tr><td>实际进口量（吨）：</td><td>已完成进口量（吨）：</td></tr>
<tr><td>调整期退回量（吨）：</td><td>调整期退回量（吨）：</td></tr>
</table>

续表

本企业已阅知《2017年农产品进口关税配额再分配公告》相关内容，承诺保证符合国家规定的粮食进口关税配额申领条件，保证本申请表所填写的内容真实、准确、完整；获得粮食进口关税配额，保证按照国家有关法律、法规、规章开展粮食进口业务。如有违反本承诺的，愿意承担相应的法律责任，并接受联合惩戒。 申请企业（盖章）：　　　　企业法定代表人（签字）：

填表说明：1. 企业名称与统一社会信用代码必须一一对应，一码一申请。如暂未取得统一社会信用代码的，则填写企业税务登记号，并按企业税务登记号一号一申请。

2. "企业生产经营情况"：指企业2016年或2017年以申请进口的农产品（包括粉、粒）为主要原料加工产品实际生产经营情况，2016年的以截止到年底为准，2017年的以截止到2017年6月底为准。

3. 申请加工贸易的企业按照当地商务部门出具的加工贸易企业经营状况及生产能力证明，填写产品"年加工能力""年实际出口量"和原料"年进口处理需求"。

附件2

2017年棉花进口关税配额再分配申请表

<table>
<tr><td colspan="3">企业名称：</td><td rowspan="2">统一社会信用代码：</td></tr>
<tr><td colspan="3">企业注册地址：</td></tr>
<tr><td colspan="3">企业性质：□国有　□股份制　□民营　□外商投资</td><td>联系电话：</td></tr>
<tr><td>注册资本（万元）：</td><td colspan="2">2016年纳税额（万元）：</td><td>2016年底资产负债率：</td></tr>
<tr><td colspan="3" rowspan="2">棉花进口关税配额再分配申请数量（吨）：</td><td>一般贸易：</td></tr>
<tr><td>加工贸易：</td></tr>
<tr><td>□ 2016年有棉花一般贸易进口实绩者</td><td colspan="2">□ 2016年有棉花加工贸易进口实绩者</td><td>□ 2016年无棉花进口实绩者</td></tr>
<tr><td colspan="4">以下由生产企业填写</td></tr>
</table>

<table>
<tr><td rowspan="9">企业生产经营情况</td><td rowspan="5">一般贸易</td><td colspan="2">□ 2016年　□新企业</td></tr>
<tr><td>产品名称：</td><td>加工原料名称：</td></tr>
<tr><td>纺纱能力（万锭）：</td><td>年处理能力（吨）：</td></tr>
<tr><td>年实际产量（吨）：</td><td>年实际用量（吨）：</td></tr>
<tr><td colspan="2">该产品年销售额（万元）：</td></tr>
<tr><td rowspan="4">加工贸易</td><td colspan="2">□ 2016年　□新企业</td></tr>
<tr><td>出口产品名称：</td><td>进口原料名称：</td></tr>
<tr><td>纺纱能力（万锭）：</td><td>年实际进口量（吨）：</td></tr>
<tr><td>年实际出口量（吨）：</td><td>年进口处理需求（吨）：</td></tr>
</table>

续表

以下由有进口实绩（不包括代理进口）的企业填写

		2016 年	2017 年
企业实际进口情况	一般贸易配额	分配量（吨）：	分配量（吨）：
		实际进口量（吨）：	已完成进口量（吨）：
		调整期退回量（吨）：	调整期退回量（吨）：
	加工贸易配额	分配量（吨）：	分配量（吨）：
		实际进口量（吨）：	已完成进口量（吨）：
		调整期退回量（吨）：	调整期退回量（吨）：

本企业已阅知《2017 年农产品进口关税配额再分配公告》相关内容，承诺保证符合国家规定的棉花进口关税配额申领条件，保证本申请表所填写的内容真实、准确、完整；获得棉花进口关税配额，保证按照国家有关法律、法规、规章开展棉花进口业务。如有违反本承诺的，愿意承担相应的法律责任，并接受联合惩戒。

申请企业（盖章）： 企业法定代表人（签字）：

填表说明：

1. 企业名称与统一社会信用代码必须一一对应，一码一申请。如暂未取得统一社会信用代码的，则填写企业税务登记号，并按企业税务登记号一号一申请。

2. “企业生产经营情况”指企业 2016 年或 2017 年以棉花为主要原料加工产品实际生产经营情况，2016 年的以截止到年底为准，2017 年的以截止到 2017 年 6 月底为准。

3. 申请加工贸易的企业按照当地商务部门出具的加工贸易企业经营状况及生产能力证明，填写纺纱能力、产品“年实际出口量”和原料“年实际进口量”。

4. “纺纱能力”指环锭纺产能，气流纺和涡流纺分别按 1∶10 和 1∶20 的比例折算为环锭纺产能。

5. 企业实际进口情况包括使用中期调整再分配获得配额进口的情况。

附件 3

2017 年食糖进口关税配额再分配申请表

企业名称：

企业注册地址：

企业性质：□国有 □股份制 □民营 □外商投资

企业类型：□生产企业 □贸易企业

统一社会信用代码：

联系电话：

续表

<table>
<tr><td colspan="2">申请配额名称：</td><td>□ 2016 年有食糖一般贸易进口实绩者</td><td>□ 2016 年有食糖加工贸易进口实绩者</td><td colspan="2">□ 2016 年无食糖进口实绩者</td></tr>
<tr><td rowspan="2">一般贸易</td><td colspan="2">申请数量：</td><td rowspan="2">加工贸易</td><td colspan="2">申请数量：</td></tr>
<tr><td colspan="2">报关口岸：①②</td><td colspan="2">报关口岸：①②</td></tr>
<tr><td colspan="6">以下由生产企业填写</td></tr>
<tr><td colspan="2" rowspan="4">2016 年企业产品及生产能力</td><td colspan="2">产品名称：</td><td colspan="2"></td></tr>
<tr><td colspan="2">日产量（吨）：</td><td colspan="2">日食糖使用量（吨）：</td></tr>
<tr><td colspan="2">年产量（吨）：</td><td colspan="2">年食糖使用量（吨）：</td></tr>
<tr><td colspan="4">该产品年销售额（万元）：</td></tr>
<tr><td colspan="6">以下由有加工贸易进口实绩的企业填写</td></tr>
<tr><td rowspan="3">2016 年加工贸易配额</td><td colspan="2">申请到配额量（吨）：</td><td rowspan="3">2017 年加工贸易配额</td><td colspan="2">已申领到配额量（吨）：</td></tr>
<tr><td colspan="2">实际进口量（吨）：</td><td colspan="2">已完成进口量（吨）：</td></tr>
<tr><td colspan="2">调整期退回量（吨）：</td><td colspan="2">调整期退回量（吨）：</td></tr>
<tr><td colspan="6">以下由有一般贸易进口实绩的企业填写（不包括代理进口）</td></tr>
<tr><td rowspan="3">2016 年一般贸易配额</td><td colspan="2">分配量（吨）：</td><td rowspan="3">2017 年一般贸易配额</td><td colspan="2">分配量（吨）：</td></tr>
<tr><td colspan="2">实际进口量（吨）：</td><td colspan="2">已完成进口量（吨）：</td></tr>
<tr><td colspan="2">调整期退回量（吨）：</td><td colspan="2">调整期退回量（吨）：</td></tr>
<tr><td colspan="6">是否同意对外提供本企业基本信息和配额申领数量□是　　□否</td></tr>
</table>

本企业已阅知《2017 年农产品进口关税配额再分配公告》相关内容。本企业郑重承诺提交的食糖关税配额各项申报材料真实、准确、有效。获得食糖关税配额后，保证按照国家有关法律、法规、规章开展进口业务。如有违反本承诺，愿承担相关责任和后果。

申请企业（盖章）：　　　　　　　　　　企业法定代表人（签字）：

填表说明："企业产品及生产能力"指以食糖为主要原料生产的产品日产量及年产量、食糖日使用量及年使用量。

2017 年储备棉轮换有关安排的公告

【发布单位】国家发展改革委财政部
【发布文号】2016 年第 26 号
【发布日期】2016 年 11 月 22 日

按照国家发展改革委、财政部公告 2016 年第 9 号有关安排，根据当前棉花供需形势和市场运行态势，经研究决定，今年新棉上市期间（目前至明年 2 月底）不安排储备棉轮入，2017 年储备棉轮出销售将从 3 月 6 日开始，截止时间暂定为 8 月底，每日挂牌销售数量暂按 3 万吨安排。如一段时期内国内外市场价格出现明显快速上涨，储备棉竞价销售成交率一周有三日以上超过 70%，将适当加大日挂牌数量、延长轮出销售期限。

特此公告。

关于组织 2016/2017 年度国家储备棉轮出销售的公告

【发布单位】中国储备棉管理有限公司　全国棉花交易市场　中国纤维检验局
【发布文号】2017 年第 1 号
【发布日期】2017 年 3 月 1 日

各涉棉企业：

根据国家发展和改革委员会、财政部联合发布的《关于国家储备棉轮换有关安排的公告》（2016 年第 9 号）精神，全国棉花交易市场、中国储备棉管理有限公司分别制订了《2016/2017 年度国家储备棉轮出交易办法》（见附件 1）和《2016/2017 年度国家储备棉出库实施细则》（见附件 2）现予以公布。中国纤维检验局发布的《2015/2016 年度国家储备棉轮出公证检验实施办法》（见附件 3）继续延用。

特此公告。

附件：

1. 2016/2017 年度国家储备棉轮出交易办法
2. 2016/2017 年度国家储备棉出库实施细则
3. 2015/2016 年度国家储备棉轮出公证检验实施办法

附件 1

2016/2017 年度国家储备棉轮出交易办法

第一章　总则

第一条　为保证国家储备棉（以下简称“储备棉”）轮出交易按照“公开、公正、公平”的原则进行，根据《中华人民共和国合同法》及有关规定，制订本办法。

第二条　本办法适用于规范 2016/2017 年度储备棉轮出交易行为，全国棉花交易市场（以下简称“交易市场”）、买方、卖方和储备棉承储仓库等相关各方须遵守此办法。

第二章　交易地点和时间

第三条　储备棉轮出交易由国家有关部门委托交易市场组织实施。

第四条　轮出交易时间暂定为 2017 年 3 月 6 日至 2017 年 8 月 31 日期间的国家法定工作日。每日具体交易时间分为上午和下午各 1 节，即：上午交易节自 10:00 开始交易，10:30 开始 30 秒倒计时，11:00 开始 15 秒倒计时，直至闭市；下午交易节自 3:00 开始交易，3:30 开始 30 秒倒计时，4:00 开始 15 秒倒计时，直至闭市。如上午交易节至下午 3:00 仍未结束，则下午交易节于上午交易节结束后即开始。

第三章　交易资格

第五条　储备棉轮出交易的卖方为中国储备棉管理有限公司（以下简称“中储棉总公司”）。

参与储备棉轮出交易的买方为经国家工商行政管理部门登记注册的法人企业，资信状况良好，无不良经营记录。

参与轮出交易的买方应注册为交易市场交易商。如企业尚未成为交易市场交易商，须按照交易市场有关规定办理入市手续，交易市场相应开通交易权限。

第六条　交易商通过网络远程参与轮出交易。交易商应对其在交易市场的一切交易活动承担经济和法律责任。

第四章　交易方式

第七条　储备棉轮出通过竞卖交易方式销售。

竞卖交易是指拟销售的储备棉质量和数量等基础数据通过交易市场预先公布后挂牌报价，由符合资格的买方交易商（以下简称“买方”）自主加价，按价格优先、时间优先原则，以最高购买价成交，双方通过交易市场签订购销合同的交易方式。

第八条　竞卖交易实行倒计时制。即所有参与交易的买方对当日某一交易节内所有批次的储备棉在规定时间内不再提出任何新的报价，则该交易节全场结束竞价，自动成交。

第九条　标准级（3128B）储备棉的销售底价按国家有关部门规定的方式计算确定，非标准级储备棉的销售底价由交易市场按中国棉花协会公布的有关质量差价表计算确定。每日上市数量和实际批次储备棉的销售底价以届时公布的上市数据为准。

买方在销售底价基础上自主加价，每次最小加价幅度为 20 元 / 吨。

第十条　成交后，买方与中储棉总公司签订经国家工商行政管理部门登记备案的《国家储备棉购销合同》，交易市场见证。

第十一条　交易的计量单位为“吨”，计价单位为“元 / 吨”（含增值税）。

第五章　交易信息披露

第十二条　可上市交易的轮出储备棉的公证检验数据及时通过中国纤维检验局（以下简称“中纤局”）、中储棉总公司和交易市场网站上发布。

第十三条　储备棉轮出交易资源由国家有关部门委托中储棉总公司负责组织，由中纤局按照GB1103.1—2012《棉花第1部分：锯齿加工细绒棉》国家标准组织全面公证检验，每批储备棉的公证检验证书标示结果作为参与交易和成交结算货款的质量、重量依据。

第十四条　中储棉总公司最迟于上市交易前1个工作日前按照有关部门规定的格式向交易市场提供拟上市交易的储备棉生产年度、产地、存放仓库、质量、数量、上市日期等基础资料。

第十五条　交易市场最迟于上市交易前1个工作日对外公布拟上市交易的储备棉资料。

第十六条　交易市场通过官网（www.cnce.com）“2016/2017年度储备棉轮出”专栏免费提供交易实时行情服务。

第十七条　交易市场及时将成交情况报送国家有关部门和中储棉总公司。

第六章　保证金、货款收付和手续费

第十八条　参加储备棉轮出交易的买方须于交易前在交易市场指定账户存放不少于30万元的保证金。交易市场预存交易商的交易保证金实行专户管理，具体账户为：

收款单位：北京全国棉花交易市场集团有限公司

开户行：中国农业发展银行总行营业部

账　号：20399990010100000038471

或：

开户行：中国工商银行北京金融街支行营业室

账　号：0200216819200056225

或：

开户行：中国建设银行北京苏州桥支行

账　号：11001079800053005023

交易市场只接受本单位的汇款作为交易保证金。为确保保证金及时入账，请在汇款用途里注明交易商代码和储备棉保证金。

第十九条　交易过程中，买方如保证金不足，将暂停交易，直至补足为止。

第二十条　成交后，交易市场从买方预存保证金中根据成交数量按1000元/吨的标准暂扣其保证金作为履约保证金。

第二十一条　买方须于成交后3个工作日内签订《国家储备棉购销合同》，并于成交后5个工作日内将成交货款汇至中储棉总公司“储备棉结算专户”，否则视为买方违约，交易市场扣除相应合同违约金后，相关批次棉花重新上市交易。

为规范竞买行为，凡参与2016/2017年度储备棉竞买的企业如发生一次违约，则在扣除其违约保证金的基础上暂停竞买一周，如累计出现三次违约，则直接取消其本年度储备棉竞买资格。交易市场通过官网（www.cnce.com）“2016/2017年度储备棉轮出”专栏公布违约情况，接受公众监督。

为简化操作手续，买方通过在交易市场提供的《国家储备棉购销合同》上加盖电子印章的方式完成买方签订购销合同的手续，具体办理手续按交易市场有关规定程序执行。

为加快结算速度，减少资金在途时间，买方应按照合同金额汇款，并在汇款备注栏中标注成交合同号。

第二十二条　中储棉总公司在确认收到买方货款后2个工作日内向买方开具《储备棉出库单》，同时向承储仓库发出出库通知。买方凭《储备棉出库单》原件或中储棉总公司与买方约定的其他方式到承储仓库办理提货手续。

第二十三条　交易市场根据中储棉总公司的通知释放买方履约保证金，或将有关保证金扣为违约金。交易市场定期将违约金划转给中储棉总公司，由中储棉总公司上交中央财政。

第二十四条　交易市场按10元/吨（含税）向成交的买方收取交易手续费。中储棉总公司的交易手续费按有关政策规定执行。

第七章　交货及提货

第二十五条　除不可抗力外，买方应于有关批次《储备棉出库单》开具之日起10个工作日（含）内提货完毕，承储仓库应及时办理出库有关事宜，不得无故拒绝、拖延、阻扰。

买方逾期未提货的，相关棉花转作商品棉管理，具体由买方与承储仓库协商签订商品棉保管合同，并按双方协议执行。

第二十六条 应买方要求，承储仓库应在代办运输、申报车皮计划、搬倒、装运等方面提供必要协助。

第二十七条 储备棉交货和提货过程中，所有票据的合法性和有效性由提供方负责。

第二十八条 储备棉出库相关费用执行国家有关部门统一规定标准。除双方事先另有约定外，储备棉承储仓库不得额外收取任何费用，不得强行要求买方使用指定的运输工具。

第八章 质量重量保障和交易纠纷处理

第二十九条 买方如对购买的储备棉的质量和重量检验结果有异议，可以在《储备棉出库单》出具之日起的10个工作日内向交易市场提交复检申请，交易市场经初审符合申请条件的，及时转交中纤局并抄送中储棉总公司，中纤局指定复检机构按申请人申请项目进行复检；超出10个工作日，有关单位不接受复检申请。

公证检验的储备棉可接受公定重量、颜色级、轧工质量、长度、马克隆值、断裂比强度和长度整齐度指数的复检申请。

有关复检程序和结果反馈按照中纤局有关规定执行。

交易市场复检申请传真号码：010-88087278；联系电话：010-59338692。

第三十条 买方在提交复检申请的同时，需将复检费用预存在交易市场储备棉交易保证金账户，或保障买方在交易市场预存的可动用保证金数额足够支付复检费用。

复检费用标准为：只检验质量的，费用标准为43元/吨；只检验重量的，费用标准为37元/吨；同时检验质量和重量的，费用标准为80元/吨。

第三十一条 储备棉的质量复检结果中，颜色级、轧工质量、长度级、马克隆值级、断裂比强度级、长度整齐度指数中任意一项指标与原公证检验结果不一致的，买方可提出退货，如买方选择不退货，仍按原公证检验结果结算货款。

储备棉的重量复检结果与原公定重量检验结果差异在1%及以内的，按原公定重量检验结果结算货款；重量复检结果与原公定重量检验结果差异在1%以上的，买方可提出退货，如买方选择不退货，仍按原公定重量检验结果结算货款。

仓库配合复检发生的搬倒费用（40元/吨）由买方承担。如复检结果与原公证检验结果一致的，有关复检费用由买方承担，否则，买方交易商不承担复检费用。

质量复检结果与原公证检验结果是否一致的标准按中纤局发布的有关规定执行。

第三十二条 除非发生下列情形，已成交储备棉不予退货。

1. 经中纤局认定的掺杂使假；

2. 经中纤局复检认定质量或重量与原检验结果不一致的；

3. 棉包内部有污染、霉变现象。

轮出的储备棉如存在掺杂使假等严重质量问题，由中纤局按照《棉花质量监督管理条例》予以处理。

第三十三条 在买方购买的储备棉符合退货条件且买方选择退货的情况下，中储棉总公司按相关规定办理退货手续。

买方只能按成交时的整“捆”办理退货。

第三十四条 交易市场鼓励交易双方协商解决纠纷，协商不成的可向交易市场申请调解，协商或调解不成的，可以向合同签订地人民法院提起法律诉讼。

第九章 其他

第三十五条 买方可到中储棉总公司自行领取《储备棉出库单》（纸质）以及增值税专用发票，也可委托指定人员凭委托书到中储棉总公司办理有关单据和发票的领取手续。

第三十六条 在交易或提货过程中发现交易资料有误时，属于提供资料错误，由中储棉总公司负责；属于交易市场数据处理错误，由交易市场负责。因上述原因造成的退货，不作为买方违约处理。

第三十七条 承储仓库和买方的历史债务纠纷，不得与储备棉提货业务挂钩。

第三十八条 买方对所购买储备棉验收无异议后，向中储棉总公司申请开具增值税发票。

第三十九条 交易市场于轮出交易结束后及时向买卖双方交付各种费用清单和发票。

第十章 附则

第四十条 储备棉轮出交易期间，交易市场每日对外公布价格行情、成交量、成交单位、成交价格等信息。公布的价格行情主要包括最高价、最低价、加权平均价等。

第四十一条 根据有关部门规定，储备棉轮出交易过程通过各种媒体向社会公开，接受公众监督。交易市场咨询、举报电话：4008106850。

第四十二条 本办法由交易市场负责制订和解释。

第四十三条 本办法经国家有关部门批准后实施。

附件 2

2016/2017 年度国家储备棉出库实施细则

根据国家发改委和财政部联合发布的2016年第26号公告的有关要求，中国储备棉管理有限公司（以下简称“中储棉总公司”）制订2016/2017年度国家储备棉出库实施细则。

一、出库储备棉数量、结构和库点安排

本年度出库储备棉为2011—2013年度储备棉。出库储备棉结构和库点考虑出库公检情况，同时兼顾储备棉安全管理需要安排。

二、储备棉销售和提货流程

（一）储备棉销售方式。储备棉销售通过全国棉花交易市场（以下简称“交易市场”）公开竞价销售。

（二）数据的发布和传递。储备棉出库库点和储备棉相关检验数据通过中储棉总公司、中国纤维检验局、全国棉花交易市场对外发布。交易数据由中储棉总公司在交易的前一日向交易市场提供。交易闭市后交易市场将成交结果及时传中储棉总公司。

（三）签订合同。竞卖交易成交即《国家储备棉购销合同》(见附件一)生效。在成交后3个工作日内，买方应通过传真等方式办理盖章签字手续并经交易市场见证以完备合同形式，否则视为买方违约。

（四）货款结算。买方须于成交后5个工作日内将成交货款汇至中储棉总公司“储备棉结算专户”，账号为：

收款单位：中国储备棉管理有限公司

开户行：中国农业发展银行总行营业部

行　号：203100000027

账　号:203 9999 00101 00000 242801

中储棉总公司不接受承兑汇票。超过5个工作日未收到货款视同买方违约，中储棉总公司通知交易市场扣除相应保证金。为加快结算速度，减少资金在途时间，买方要按照合同金额汇款，并在汇款备注栏标注成交合同号。

（五）办理提货单。中储棉总公司确认资金到账后的2个工作日内开具《储备棉出库单》，《储备棉出库单》由中储棉总公司客服中心统一办理。中储棉总公司客服中心地址及联系方式：

地址：北京市海淀区紫竹院路116号嘉豪国际中心B座15层

邮编：100097

联系电话：010-58931136

传真号码：010-58931123

（六）提货要求。买方凭《储备棉出库单》原件或者电子验证码到相应承储单位办理提货手续。买方应于《储备棉出库单》开具之日起10个工作日（含）内提货，超过10个工作日（不含）未提货的，承储单位需转作商品棉保管，买方应及时与承储单位签订商品棉保管合同，明确保管、保险等相关责任及费用标准，有关费用由买方承担。转为商品棉后，棉花若发生保管及出库等问题与中储棉总公司无关。

应买方要求，承储单位应在代办运输、申报车皮计划、搬倒、装运等方面提供必要协助。储备棉出库费执行国家有关部门统一规定。除双方事先另有约定外，储备棉承储单位不得额外收取任何费用，不得强行要求买方使用指定的运输工具。提货批次中存在崩包、炸包情况的，买方与承储单位现场协商解决。储备棉提货过程中所有票据的合法性和有效性由提供方负责。

（七）释放交易保证金。

开具《储备棉出库单》或提供电子验证码后，中储棉总公司通知交易市场释放买方交易保证金。保证金已释放，如买方出现违约，中储棉总公司将从买方货款中扣除违约金。

（八）开具增值税专用发票。买方需提货完成并验收无误后，方可向中储棉总公司申请开具增值税专用发票。买方通过储备棉出库（自助）服务信息系统《开票申请》模块在线提交开具增值税专用发票申请，不接收纸质《开票申请》。

为提高开具发票速度，确保提供开票的相关资料准确无误，买方须通过储备棉出库（自助）服务信息系统在线填写《储备棉竞买企业基本信息备案表》（见附件二），并盖章传真至中储棉客户服务中心。

中储棉总公司财务部地址：北京市西城区华远街17号8层。电话：010-83326588。

储备棉出库（自助）服务信息系统网址：http://paochu.emiancang.com/。

（九）交易手续费。中储棉总公司根据有关规定，按照最终销售出库的数量支付交易手续费。

三、公证检验和质量纠纷处理

（一）储备棉出库公证检验

本年度出库的国产棉进行100%公检（质量指标包包检验、重量指标批批检验），质量和重量差异在允差范围内的按照重新公证检验结果销售。出库储备棉质量和重量以相关机构出具的证书为准。

出库公证检验由中国纤维检验局组织实施，相关细则按照《2016年出库国家储备棉公证检验实施办法》执行，相关承储单位要全力做好配合公正检验工作，确保储备棉出库任务顺利进行。

（二）质量重量纠纷处理

质量重量纠纷采用复检机制进行处理。买方按照《2016年国储棉出库公证检验实施办法》关于复检的有关规定，向交易市场提出申请，交易市场初审后转中纤局受理复检。

已经销售的储备棉除以下情况，一律不予退货。

1. 经中纤局认定属于掺杂使假。

2. 经中纤局复检质量或重量不相符的。

3. 棉包内部有污染、霉变情况。

鉴于储备棉按捆销售，发生以上情况退货时，仅接受整捆棉花全部退货，买方负责将退货棉花交回指定承储单位，经验收无误后方可退货。

在库复检和退货所发生的配合公检费、入库费按国家核定标准执行。退货棉花需保持包装完好，如需回包整理的，费用由买方承担。

四、信息发布和上报

中储棉总公司通过中国棉花网和中国棉花信息网发布每日上市数据、成交结果和相关公告，每周将出库情况汇总统计，连同存在的问题报有关部门。

五、其他事项

（一）此次出库储备棉按捆销售，每捆棉花具体情况以中储棉总公司通过中储棉总公司官网、中国棉花网、交易市场官网、中国棉花信息网公布的上市数据为准。

（二）买方须出具委托书，委托指定经办人员办理《储备棉出库单》以及增值税专用发票领取等手续。使用《储备棉出库单电子认证》服务的，按照有关规定执行。

（三）中储棉总公司委托中储棉花信息中心有限公司免费对《储备棉出库单》实行电子认证，买方可凭《储备棉出库单》验证码短信到相关仓库办理提货手续，也可凭中储棉总公司出具的纸质《储备棉出库单》原件到相关仓库办理提货手续。储备棉出库单电子认证服务详见中储棉花信息中心有限公司发布的《关于〈储备棉出库单〉电子认证服务有关事项的公告》。

（四）储备棉出库费为45元/吨（国家法定节假日出库费为60元/吨）。由于本年度储备棉提前进行出库公检，大部分储备棉压批堆码，装车出库时需倒垛。倒垛费最高不得超过40元/吨。以上费用由买方自行承担，提货前与相关承储单位结清。严禁承储单位超标准收费。

（五）各承储单位要进一步完善出库流程，接到中储棉总公司出库指令后，及时联系买方，合理安排出库时间，不得以任何理由延迟出库。如发生买方投诉或提起诉讼，将由故意拖延提货的承储企业承担相应责任。

（六）买方违约后，交易市场定期将违约金划转至中储棉总公司账户。本次储备棉竞卖结束后，由中储棉总公司统一上缴财政部。

（七）中储棉总公司投诉电话：4006602856，传真：010-58931123。买方企业也可登录储备棉出库（自助）服务信息系统《在线投诉与评价》模块进行投诉。

附件：1.《国家储备棉购销合同》

2.《储备棉竞买企业基本信息备案表》

国家储备棉购销合同

（2017年版）

出卖人：

合同编号：

签订地点：北京市西城区

买受人：

见证编号：

签订时间：　　年　月　日

第一条　根据《中华人民共和国合同法》及国家发展改革委、财政部公告2016年第26号，经双方协商一致，签订本合同。

第二条　数量、单价、承储仓库。

捆号	数量（吨）	单价　（元/吨）	金额（元）	承储仓库	备注
					提货需倒垛的，产生的费用由买方自行承担
人民币金额（大写）					

第三条　质量标准：按（GB1103.1—2012）《棉花锯齿加工细绒棉国家标准》《2015/2016 年度国家储备棉轮出公证检验实施办法》及有关规定执行。

第四条　验收办法：按相关检验机构出具的公证检验证书及有关公告规定验收。

第五条　交（提）货方式：本合同项下货物所有权自出卖人将《储备棉出库单》或电子验证码交付买受人时转移至买受人。买受人自提。出库费由买受人自理。

第六条　运输方式：买受人负责运输，费用及风险自理，出卖人可代办运输。

第七条　货款支付方式、期限及结算：买受人自交易成交后 5 个工作日内，按合同载明的金额和出卖人账号向出卖人支付货款。出卖人在收到货款后向买受人开具《储备棉出库单》或提供电子验证码。买受人对所购买棉花验收无异议，且提货完毕后，提出开票申请，出卖人开具增值税发票。

第八条　履约保证金：经双方认可同意，各自向全国棉花交易市场交纳履约保证金 1000 元 / 吨。如合同执行完毕，双方没有异议，由全国棉花交易市场退还各自的履约保证金。如一方有违约行为，按第九条规定，由全国棉花交易市场负责从违约方的履约保证金中扣除相应的金额给另一方。

第九条　违约责任：

（一）买受人未按合同第七条付款，超过合同规定付款期限之日起，出卖人有权单方解除合同，买受人应按未履行的合同数量按 1000 元 / 吨的标准向出卖人偿付违约金。违约金由出卖人上交国家财政。

（二）买受人已支付货款，出卖人未按合同交货，并未能及时纠正的，买受人有权单方解除合同。合同终止后，出卖人应于 10 个工作日内退还货款，并按中国人民银行同期存款利率标准，支付已预付货款的利息。

（三）买受人须于出卖人开具《储备棉出库单》或生成电子验证码之日起 10 个工作日内提货完毕。买受人 10 个工作日内未完成提货的，买受人应与承储仓库签订商品棉保管合同，全部仓库费用包括但不限于仓储费等及货物毁损灭失风险由买受人承担。

（四）因不可抗力不能执行本合同或需修改合同时，需经双方协商认可并报全国棉花交易市场备案或见证。

第十条　合同履行中发生争议可由当事人双方协商解决；协商不成，可报请全国棉花交易市场调解；协商或调解不成，当事人双方一致同意向出卖人所在地人民法院提起诉讼。

第十一条　《2016/2017 年度国家储备棉轮出交易办法》《2016/2017 年度国家储备棉出库实施细则》《2015/2016 年国家储备棉出库公证检验实施办法》及中国储备棉管理有限公司官方网站 (www.cncrc.com.cn) 或中国棉花网（www.cncotton.com）或全国棉花交易市场官网（www.cnce.com）或中国棉花信息网（www.cottonchina.org）适时发布的相关规定与本合同具有同等法律效力。如发生冲突的，以中国储备棉管理有限公司官方网站最新发布的相关规定为准。

第十二条　其他事项：

（一）买受人如对质量有异议，按《2015/2016 年国家储备棉出库公证检验实施办法》《2016/2017 年度国家储备棉轮出交易办法》《2016/2017 年度国家储备棉出库实施细则》和有关规定处理；

（二）出卖人交货是指出卖人在确认收到买受人货款后开具《储备棉出库单》或提供电子验证码，同时向承储仓库发出出库通知。承储仓库根据出库量情况及时安排合同项下货物出库；

（三）未尽事宜，双方协商解决。

第十三条　本合同一式三份，出卖人、买受人各一份，全国棉花交易市场见证一份。本合同由全国棉花交易市场给出唯一编号，并加盖全国棉花交易市场见证专用章。

出卖人（章）：	买受人（章）：
地址：	地址：
邮编：	邮编：
法定代表人：	法定代表人：
委托人：	委托人：
见证（章）：	
电话：	电话：

开户行：　　　　开户行：　　　　　　　　经办人：
行号：　　　　　　　　　　　　　　　　　税号：
账号：　　　　　账号：

附件 3

2015/2016 年度国家储备棉轮出公证检验实施办法

第一章　总则

第一条　为配合2015/2016年度国家储备棉（以下简称国储棉）轮出工作，做好轮出国储棉的公证检验，保障轮出国储棉质量和重量检验数据的真实性和准确性，根据《棉花质量监督管理条例》、国家有关部门发布的2015/2016年度国储棉轮出计划，制定本办法。

第二条　本办法适用于2015/2016年度轮出的国储棉公证检验。

第二章　组织管理及检验项目

第三条　中国纤维检验局（以下简称中纤局）负责轮出国储棉公证检验的管理工作，并依据2015/2016年度国储棉轮出计划，负责组织承担国储棉公证检验的专业纤维检验机构（以下简称承检机构）对轮出的国储棉实施公证检验。

承检机构由承担在仓库检验的机构（以下简称在库机构）和承担实验室检验的机构（以下简称公检实验室）组成。

第四条　检验依据及检验方式：依据《棉花第1部分：锯齿加工细绒棉》国家标准（GB 1103.1-2012）和中纤局发布的技术规范，承检机构对轮出的国储棉实施公证检验，逐批出具公检证书。

第五条　公证检验项目：国产棉检验公定重量、颜色级、轧工质量、长度、马克隆值、断裂比强度、长度整齐度指数；进口棉检验颜色级、轧工质量、长度、马克隆值、断裂比强度、长度整齐度指数。

第三章　工作职责

第六条　中纤局职责

（一）根据国家有关部门研究确定的2015/2016年度国储棉轮出工作职责分工和检验项目与要求，制定公证检验实施办法，组织承检机构做好相关准备。

（二）根据国家有关部门制定的2015/2016年度国储棉轮出计划及销售进度，以及中国储备棉管理有限公司（以下简称中储棉总公司）提供的国储棉存放地点及数量，及时下达公证检验任务并组织承检机构实施公证检验。

（三）负责向国家有关部门提供轮出国储棉公证检验进度和相关情况，并及时协调有关单位解决公证检验中的新问题、新情况。

（四）负责向中储棉总公司提供轮出国储棉公证检验结果的电子数据。

第七条　检验机构职责

（一）按照中纤局的管理要求，提前做好国储棉轮出公证检验各项准备工作。

（二）在库机构根据中纤局下达的检验任务，及时与承储仓库联系接洽，督促其落实配合公证检验所需的现场工作条件及搬倒设备，确定启动公证检验的时间；按时到库，负责现场核验轮出国储棉的实物、数量、垛位卡、批号、包号等信息与中储棉总公司提供的台账等报验信息是否一致；按照国家标准和检验操作规程对国产棉进行重量公证检验、报送电子数据，出具重量公检证书；分别按照对进口棉和国产棉的抽样比例要求，逐批抽取品质公证检验所需的样品并与公检实验室在仓库进行交接。

在库机构需配合承储仓库做好各项安全防范工作。

（三）公检实验室根据中纤局下达的公证检验任务，及时与在库机构做好衔接，确定在库机构开始工作时间；按时到仓库与在库机构进行样品交接，在符合要求的公检实验室完成品质公证检验，报送电子数据，出具品质公检证书。

第八条　中储棉总公司职责

（一）负责提供轮出国储棉的存放地点、数量、台账明细表及承储仓库联系方式等报验信息。

（二）负责通知承储仓库做好公证检验相关准备工作，并抄送中纤局等有关单位。

（三）负责协调承储仓库配备满足现场检验所需的工作场地及装卸、搬倒、称重等设备。

（四）协调承储仓库配合公检机构做好公证检验，保证公证检验进度。

第九条　承储仓库职责

（一）根据承储仓库实际条件，提供满足现场公证检验所需的装卸、搬倒、称重等设备和配合人员。称重等现场设备应在有效法定检定周期内。

（二）开辟专门的检验工作区域，对需要公证检验的国储棉进行拆垛整理，按检验需求逐批码放在检验区，配合承检机构做好公证检验。

（三）指定专人负责解决公证检验期间相关事宜。

（四）保障现场检验安全；负责现场取样棉包的回包、回垛整理等。

第四章　公证检验工作流程

第十条　拆捆整理：

承储仓库将待公证检验的国储棉进行拆捆整理，按批次码放到检验区域。原则上应以 4 层 8 包或 3 层 6 包为一个单元，码放时要露出棉包两侧的取样口。同一批棉花应码放在同一个工作面上。

在可以达到随机抽样的比例要求的前提下，进口棉可以不进行拆捆，在原棉垛抽样。抽样时仓库应提供必要的配合人员和设备。

在确保安全作业和检验工作质量的前提下，在库机构应与承储仓库配合，根据仓库实际情况优化流程，可以采取棉花下垛、过磅、取样穿插进行的方式进行检验。

第十一条　核验货物：

中纤局将中储棉公司提供的台账明细表下发承检机构，在库机构据此现场核验棉包实物、数量、垛位卡、批号、包号等信息与中储棉公司提供的台账等报验信息是否一致。有以下任一情况，该批棉花暂不检验，在库机构与承储仓库确认情况后，及时上报中纤局，中纤局协调中储棉总公司进行检查核实后，由中纤局和中储棉总公司分别将处理意见书面通知在库机构和承储仓库。

（一）批次棉包实物与报验信息不一致或存在人为调换迹象的，如：同一批次棉包唛头标示不一致、悬挂条码与唛头标识不符、改换包头、无验讫印章等现象；

（二）在库机构收到中纤局下发的台账信息中批次总包数与导出条码明细的批次总数不一致的；

（三）承储仓进行拆捆时，整理出的某批次实际包数未达到该批次报验包数，且缺失数量达到或超过报验包数 5% 的；

（四）因复包等原因出现白包数量占该批次总包数的比例达到或超过 5% 的；

（五）棉包出现严重污染、水渍，发现火烧、霉变等现象，或者有异味及包装不完整、严重崩包（炸包）等现象的。

第十二条　国产棉重量公证检验：

国产棉重量公证检验的项目包括毛重、皮重、净重、回潮率、含杂率、公定重量。

毛重检验由在库机构在承储仓库的配合下完成，相关记录填写在棉花衡重检验单上。

皮重检验的棉包皮重原则上采用入库检验的棉包皮重结果。必要时可在现场测试一个棉包。

回潮率检验执行现行有效的国家标准。遇有天气状况可能影响检验结果的，应暂停检验。

含杂率检验样品应当和品质检验样品同时抽取，依据《原棉含杂率试验方法》（GB/T 6499-2012）国家标准进行检验，填写棉花含杂率检验单。不得采取估验方式进行杂质检验。

在库机构应于每日将当日已完成批次的检验数据进行审核，审核后及时将相关电子数据报送至中纤局。数据一经上报，不得变更。

重量公证检验过程中的原始单据应与台账明细等报验材料装订成册，存档备查。

第十三条　取样：

所有样品抽取应当在称重之后进行。

在库机构依据棉花国家标准规定的取样方法及国家有关部门要求，进口棉按照 10% 的比例、国产棉按照 100% 比例对核验合格批次的国储棉逐批抽取品质检验样品，并抽取含杂率检验样品。

对于无法取到符合检验需求样品的棉包，可开包取样。但要避免对棉包包装的过度破坏，以减小对回垛及运输的影响。

第十四条　加盖验讫印章：

对取样的棉包应逐包加盖验讫印章，印章字迹应清晰可辨认。棉布包装的加盖在棉包包身和包头，塑料包装的棉包加盖在不干胶标签上。对无法加盖印章的棉包（如塑料材质包装），须标注便于辨认的标记。

印章内容包括验讫标志、检验机构代码和中储棉总公司英文缩写（CNCRC）。印章形状为圆形，直径 6cm。印章第一行内容是中储棉总公司英文缩写，第二行内容是检验机构代码，第三行内容是验讫标志。

第十五条　样品交接：

在库机构和公检实验室样品交接人员按照检验操作规程有关要求，逐批清点样品无误后，在样品交接单上签字确认，完成交接。

第十六条　品质公证检验：

依据棉花国家标准、相关技术规范和棉花颜色级、轧工质量实物标准等，公检实验室对抽取棉样进行品质公证检验，检验项目包括颜色级、轧工质量、长度、马克隆值、断裂比强度、长度整齐度指数。

品质公证检验执行中纤局制定发布的相关检验操作规程。

公检实验室应于每日将当日已完成批次的检验数据进行审核，审核后及时将电子数据报送中纤局。数据一经上报，不得变更。

第十七条　中纤局审核发送数据：

中纤局对承检机构上报的公证检验数据审核后，以电子数据形式发送至中储棉总公司。同时，中纤局将审核结果通知承检机构。

第十八条　出具公检证书：

在库机构和公检实验室分别根据中纤局通知的审核结果出具重量公检证书和品质公检证书。品质公检证书由公检实验室交予在库机构后，在库机构将品质公检证书与重量公检证书一并交予承储仓库，并与承储仓库办理证书交接手续。证书一式两联，一联由承储仓库留存，一联随货同行。

第十九条　交接公检证书时，相应批次的品质检验样品应随证书一同交接给承储仓库并办理交接手续，供承储仓库随货提供给购棉方（与中储棉总公司签署合同的买受人）。

第五章　复检规定

第二十条　购棉方应对所购国储棉质量、重量进行验收，对轮出国储棉中存在崩包、炸包问题的，应在提货时及时协调仓库予以解决。购棉方若对质量、重量有异议，且提供相关检验结果的，可在储备棉出库单开具后 10 个工作日内向全国棉花交易市场提交复检申请，全国棉花交易市场初审符合申请条件的交中纤局，中纤局指定复检机构，按申请人申请项目进行复检。

第二十一条　复检项目：2014/2015 年度公证检验的进口棉可接受颜色级、轧工质量、长度、马克隆值的复检申请；2015/2016 年度公证检验的进口棉可接受颜色级、轧工质量、长度、马克隆值、断裂比强度、长度整齐度指数的复检申请；2015/2016 年度公证检验的国产棉可接受公定重量、颜色级、轧工质量、长度、马克隆值、断裂比强度、长度整齐度指数的复检申请。

第二十二条　复检样品重新抽取，申请人应确保棉花按批次单独码放，件数完整、未经使用。

第二十三条　申请复检应当提交的材料：《国家储备棉（轮出）公证检验复检申请单》（附件 1）、购买合同复印件、储备棉出库单复印件、轮出国储棉公证检验证书复印件。复检所有申请材料应当加盖购棉方单位公章。

第二十四条　中纤局收到符合要求的复检申请资料后，出具《国家储备棉（轮出）公证检验复检受理通知书》（附件 2），向复检申请人告知复检机构或不予受理理由。

对超出规定时限的复检申请不予受理。

第二十五条　复检后由复检单位出具棉花国家公证检验复检证书，原公检证书作废。一次复检为终局检验。

第二十六条　根据复检允差值判定标准（附件 3），复检结果与原公证检验结果一致的，由复检申请方承担因复检发生的相关费用；复检结果与原公证检验结果不一致的，复检申请方不承担任何费用。

第六章　附则

第二十七条　对公证检验过程中发现质量违法问题线索的，停止公证检验，按照《棉花质量监督管理条例》予以处理。

第二十八条　中纤局接受各购棉企业、承储仓库以及涉棉行业的企业单位对检验机构的工作质量、工作作风等进行监督。中纤局监督举报电话：010-51006258，举报邮箱：jubao@cfi.gov.cn。

第二十九条　本办法由中国纤维检验局负责解释。

第三十条　本办法自发布之日起实施。

附件：1. 国家储备棉（轮出）公证检验复检申请单

2. 国家储备棉（轮出）公证检验复检受理通知书

3. 国家储备棉（轮出）公证检验复检允差判定标准

附件 3-1

国家储备棉（轮出）公证检验复检申请单

中国纤维检验局：

我公司竞拍购买的国家储备棉，经初步检验与公检结果不一致，特提出复检申请，请你局安排检验机构进行复检。

如复检结果与原验结果一致，我公司同意缴纳复检所需费用。

申请单位（加盖公章）		申请日期	
全国棉花交易市场初审意见		审核日期	
储备棉轮出提货仓库			
棉花现存放单位			
棉花现存放地址			
联系人及联系电话			
棉花是否未经使用、件数完整、按批次单独码放			

续表

序号	批号	产地	件数	公检证书编号	出证日期	申请复检项目
1						
2						
3						
4						

公检结果（附证书复印件）：

自检结果（附检验报告复印件）：

购棉企业质量验收过程、使用的仪器设备型号、仪器设备检定情况：

附件 3-2

国家储备棉（轮出）公证检验复检受理通知书

______________：

你单位提出的轮出国储棉公证检验复检申请（轮出国储棉公检证书编号：），经我局审核，□同意/□不同意受理。

对我局同意复检的申请，请你单位据此受理通知书及时联系复检机构，安排复检事宜。

特此通知。

附表：

（一）复检机构：___________（同意受理情况下填写）

联系人：___________

电　话：___________

（二）不予受理原因：___________（不同意受理情况下填写）

1	
2	
3	
4	

续表

5	

中国纤维检验局（复检受理章）
年　　月　　日

附件 3-3

国家储备棉（轮出）公证检验复检允差判定标准

项目	单位	允差值	判定标准
上半部平均长度	mm	±0.6	批次比对，平均长度在允差值范围内，判定为一致
长度整齐度指数	%	±1.5	批次比对，长度整齐度指数平均值在允差值范围内，判定为一致
断裂比强度	cN/tex	±1.5	批次比对，断裂比强度平均值在允差值范围内，判定为一致
马克隆值	—	±0.2	批次比对，马克隆值平均值在允差值范围内，判定为一致
颜色级	—	—	逐样比对，每批棉花颜色级相符率不低于 80%，判定为一致
轧工质量	好、中、差	—	逐样比对，每批棉花轧工质量相符率不低于 80%，判定为一致
公定重量	kg	±1%	复检公定重量与原公定重量相差在 ±1% 范围内，判定为一致

关于继续做好 2016/2017 年度储备棉轮出销售工作的公告

【发布单位】中国储备棉管理有限公司全国棉花交易市场
【发布日期】2017 年 8 月 9 日

各涉棉企业：

为保证接新前棉花供应稳定，合理引导市场预期，促进新旧年度棉花市场平稳有序过渡，经有关部门研究决定，2016/2017 年度储备棉轮出销售截止时间为 9 月 29 日。

特此公告。

关于 2016/2017 年度储备棉轮出有关事项的公告

【发布单位】中国储备棉管理有限公司全国棉花交易市场
【发布日期】2017 年 9 月 3 日

各涉棉企业：

为满足棉纺织企业用棉需要，规范储备棉轮出交易秩序，经有关部门研究决定，现将 2017 年 9 月 4 日至 9 月 29 日储备棉轮出有关事项公告如下：

一、期间储备棉轮出交易，只允许棉纺织企业参与竞买，停止非棉纺织企业参与竞买。如非棉纺织企业违规参与竞买，结果无效，并取消其本年度及今后年度参与储备棉轮出交易资格，有关信息将纳入全国信用信息共享平台，在“信用中国”网站公开。

二、棉纺织企业购买的储备棉，仅限于本企业自用（竞买企业与加工用棉企业的统一社会信用代码或税务登记号必须相同），不得转卖。否则一经发现，将取消其本年度及今后年度参与储备棉轮出交易资格，并将有关信息纳入全国信用信息共享平台，在“信用中国”网站公开。特此公告。

关于中储棉直属库提货的公告

【发布单位】中国储备棉管理有限公司全国棉花交易市场

【发布日期】2017 年 9 月 4 日

各储备棉竞买企业：

为腾出场地加快公检进度，确保储备棉轮出规范有序，自 9 月 5 日起，凡是竞拍存放于中储棉直属库储备棉的企业，必须在出库单开具后 10 个工作日内提货。逾期不提货的，将视为自动放弃合同履约。

特此公告。

第七部分

附　录

附录 1 国内主要涉棉机构通讯录

涉棉机构	通信地址	电话
国家发展和改革委员会经济贸易司	北京市西城区月坛南街 38 号	010-68502000
财政部经济建设司	北京市西城区三里河南三巷 3 号	010-68551114
商务部对外贸易司	北京市东长安街 2 号	010-65197420
农业部种植业司	北京市朝阳区农展馆南里 11 号	010-64193366
农业部农村经济研究中心	北京市西城区西四砖塔胡同 56 号	010-66115901
中国海关总署信息中心	北京市建国门内大街 6 号	010-65195623
国家统计局农村司	北京市西城区月坛南街 57 号	010-68783311
国家统计局工交司	北京市西城区月坛南街 57 号	010-68782859
中国农业发展银行	北京市西城区月坛北街甲 2 号	010-68081453
中国纤维检验局	北京市东城区安定门东大街 5 号	010-51106110
中国棉花协会	北京市复兴门内大街 45 号主楼 7 层	010-66053900
中国棉花协会棉花加工分会	北京市西直门南大街 2 号成铭大厦	010-66118607
中国棉纺织行业协会	北京市朝阳区东二环朝阳门北大街 18 号 7 层	010-85229649
中国纺织品进出口商会	北京市朝阳区潘家园南里 12 号楼	010-67739316
中国储备棉管理有限公司	北京市西城区华远街 17 号	010-58519365
中华棉花集团有限公司	北京市西城区宣武门外大街甲 1 号环球财讯中心 B 座 11-12 层	010-59338189
中棉工业有限责任公司	北京市西城区宣武门外大街甲 1 号环球财讯中心 B 座 6 层	010-59338976
中纺棉花进出口公司	北京市建国门内大街 19 号中纺大厦 7 层	010-85112255
国家棉花市场监测系统	北京市海淀区紫竹院路 116 号嘉豪国际中心 B 座 15 层	010-58931122
全国棉花交易市场	北京市西城区宣武门外大街甲 1 号环球财讯中心 B 座 15 层	010-88086850
郑州商品交易所	河南省郑州市未来路 69 号	0371-65610069
中国农科院棉花研究所	河南省安阳市开发区黄河大道 38 号	0372-2562200
安徽财经大学棉花工程研究所	安徽省蚌埠市宏业路 255 号	0552-3112124
合肥国家棉花交易中心	安徽省合肥市新站区胜利路光大国际广场 B 座 15 层	0551-2117788

附录 2　国内主要棉花纤维检验机构

单位名称	地址	电话
中国纤维检验局	北京市东城区安定门东大街 5 号	010-51106110
北京市纺织纤维检验所	北京市朝阳区朝阳北路 60 号	010-59796990
天津市纺织纤维检验所	天津市南开区科研西路 2 号增 6 号	022-60266979
河北省纤维检验局	河北省石家庄市中华南大街 537 号	0311-67568296
山西省纤维检验局	山西省太原市并州西街 51 号	0351-2024189
内蒙古自治区纤维检验局	内蒙古自治区呼和浩特市新城区内蒙古展览馆东路	0471-4963542
辽宁省纤维检验局	辽宁省沈阳市和平区永安北路 8 号	024-23894057
吉林省纤维检验处	吉林省长春市卫星路 7440 号	0431-85315584
黑龙江省纤维检验局	黑龙江省哈尔滨市香坊区珠江路 100 号	0451-82309475
上海市纤维检验所	上海市长乐路 1228 号	021-62495305
江苏省纤维检验所	江苏省江苏省南京市光华东街 3 号	025-84670512
浙江省纤维检验局	浙江省杭州市天目山路 222 号	0571-85123534
宁波市纤维检验所	浙江省宁波市江南路 1588 号 F 座	0574- 87326309
安徽省纤维检验局	安徽省合肥市包河工业园省质检中心园区内（延安路 13 号）	0551-63356467
福建省纤维检验局	福建省福州市仓山区照屿路 17 号	0591-83710801 0591-87893952
江西省纤维检验局	江西省南昌市高新技术开发区火炬大街 188 号	0791-8101480
山东省纤维检验局	山东省济南市经二路 343 号（济南二环北路 18 号）	0531-87911540
青岛市纺织纤维检验所	山东省青岛市延安三路 123 号	0532-83890032
河南省纤维检验局	河南省郑州市东明路北 17 号	0371-63297181
湖北省纤维检验局	湖北省武汉市武昌区公平路 8 号	027-88224867
湖南省纤维检验局	湖南省长沙市新建西路 41 号	0731-89967222
广州市纤维产品检测院	广东省广州市海珠区滨江中路草芳围 35-2 号	020-34402303
广西壮族自治区纤维检验所	广西南宁市新竹路 12 号	0771-5869795 0771-5843391
重庆市纤维检验局	重庆市渝北区高新园云杉北路 50 号	023-89232606
四川省纤维检验局	四川省成都市蜀都大道少城路 7 号（人民公园斜对面）	028-86639111

续表

贵州省纤维检验局	贵州省贵阳市云岩区头桥海马冲街 45 号	0851-6518084
云南省纤维检验所	云南省昆明市教场东路 21 号	0871-5191011
陕西省纤维检验局	陕西省西安市西八路尚平路 18 号	029-87444832
甘肃省纤维检验局	甘肃省兰州市金昌南路 208 号质检大楼	0931-8828553
青海省纤维检验局	青海省西宁市西关大街 31 号古城台青海质监大楼	0971-6111169
宁夏回族自治区纤维检验局	宁夏银川市兴庆区凤凰南街 193 号	0951-7860500
新疆维吾尔族自治区纤维检验局	新疆乌鲁木齐市新华南路 167 号	0991-2823582

附录 3　2016/2017 年度全国新体制棉花加工企业名录

（全国统计 987 家，时间截至 2017 年 8 月 31 日 24 点）

序号	棉花加工企业名称	序号	棉花加工企业名称
新疆维吾尔族自治区 626 家		25	新疆惠农棉业有限公司阿合其轧花厂
1	博尔塔拉蒙古自治州中亚有限责任公司	26	精河县诺森农业发展有限公司
2	博乐市聚鑫棉业有限责任公司	27	新疆惠农棉业有限公司棉种轧花厂
3	博尔塔拉蒙古自治州恒昌棉业有限责任公司	28	精河县托里二牧场棉业有限公司
4	博州亚东有限责任公司	29	精河县天顺祥棉花加工有限公司河西分公司
5	博乐市银博棉业有限责任公司	30	精河县康瑞棉花加工有限公司
6	博乐银丰棉花加工有限责任公司	31	精河县和丰棉业有限公司
7	博乐捷福棉业有限公司贝乡轧花厂	32	新疆贝正国合棉业有限公司曼福轧花厂
8	博乐市协力棉花加工有限责任公司	33	新疆贝正国合棉业有限公司托托轧花厂
9	博乐市康瑞棉花加工有限公司	34	精河县精棉棉业有限责任公司黑树窝子轧花厂
10	博尔塔拉蒙古自治州华棉棉业有限责任公司	35	精河县裕泰棉业有限公司
11	博尔塔拉蒙古自治州恒昌棉业有限责任公司套特轧花厂	36	精河县西域阳光纺织有限公司原料加工厂
12	博乐捷福棉业有限公司乌镇轧花厂	37	昌吉利华棉业有限责任公司昌吉市开发区轧花厂
13	博乐科纺棉花有限公司	38	新疆丰汇棉业有限公司
14	新疆金宏祥高科农业股份有限公司	39	昌吉一通工贸有限公司大西渠轧花厂
15	新疆贝正国合棉业有限公司贝正轧花厂	40	中棉集团昌吉市棉花有限公司老龙河轧花厂
16	精河县恒隆棉业有限公司	41	昌吉利华棉业有限责任公司昌吉市佃坝轧花厂
17	精河县泽汇纺织有限责任公司	42	昌吉市下巴湖棉花加工厂
18	精河县新棉织布有限公司原料加工厂	43	新疆中纺锦华棉业有限公司东戈壁棉花加工厂
19	精河县群品棉业有限公司	44	昌吉利华棉业有限责任公司昌吉市老龙河分公司
20	精河县托里棉花加工厂	45	呼图壁县万源棉业有限公司
21	新疆惠农棉业有限公司大河沿子轧花厂	46	呼图壁县宏昌棉业有限公司
22	新疆贝正国合棉业有限公司八家户轧花厂	47	新疆锦华二十里店棉业有限公司
23	精河县天顺祥棉花加工有限公司	48	新疆中纺锦华棉业有限公司大桥棉花加工厂
24	新疆贝正国合棉业有限公司南方轧花厂		

续表

序号	棉花加工企业名称	序号	棉花加工企业名称
49	呼图壁县红柳塘棉业有限公司	77	玛纳斯万盈棉业有限公司
50	呼图壁县隆祥轧花有限责任公司	78	玛纳斯县大漠棉业有限责任公司
51	呼图壁县嘉丰棉业有限公司	79	新疆宏祥棉业有限公司
52	呼图壁县天源棉业有限公司	80	玛纳斯县潮鑫棉业有限责任公司
53	新疆锦华祁家户棉业有限公司	81	哈密市奔达棉业有限公司
54	新疆锦华北戈壁棉业有限公司	82	哈密市锦渝棉业有限责任公司
55	呼图壁县云龙棉业有限公司	83	哈密市民乐农民专业合作社
56	呼图壁县天丰棉业有限公司	84	哈密市万隆棉花有限责任公司
57	呼图壁县隆华棉业有限公司	85	哈密市绵棉种植专业合作社
58	呼图壁县天鼎棉业有限公司	86	哈密市祥腾农副产品专业合作社
59	呼图壁县银瑞棉业有限责任公司	87	哈密双银棉业有限责任公司二堡棉花加工厂
60	呼图壁县东泉棉业有限公司	88	哈密协力棉业有限责任公司棉花加工厂
61	呼图壁县大丰棉业有限公司	89	哈密信合棉业股份有限公司
62	新疆万达棉业有限公司	90	哈密三达棉业有限责任公司
63	乌鲁木齐市米东区供销棉麻有限责任公司昌吉市农之鑫轧花厂	91	哈密双银棉业有限责任公司大泉湾棉花加工厂
		92	新疆利嘉棉业有限公司哈密市二堡镇轧花厂
64	吉木萨尔县庭州棉麻有限责任公司	93	哈密天云棉业有限公司
65	中棉集团玛纳斯棉业有限公司	94	哈密市良种棉加工厂
66	玛纳斯银天棉业有限公司乐土驿轧花厂	95	哈密市中发农产品专业合作社
67	玛纳斯县拓宏棉业有限责任公司	96	克拉玛依市独山子华银棉花产业有限责任公司
68	玛纳斯新众棉业有限责任公司	97	克拉玛依华扬棉业有限公司
69	新疆鑫棉科技发展有限责任公司六户地镇轧花厂	98	克拉玛依鑫达棉业有限公司
70	新疆广物棉业有限责任公司	99	克拉玛依市天地农牧实业有限公司棉花加工厂
71	玛纳斯银天棉业有限公司北五岔金仕达轧花厂	100	克拉玛依市小拐乡聚源机械化采棉农民专业合作社
72	玛纳斯银天棉业有限公司北五岔轧花厂	101	奎屯银锦棉业有限公司
73	玛纳斯县丰元棉花育种基地良种棉轧花厂	102	奎屯瑞丰轧花有限公司锦丰分公司
74	玛纳斯县丰棉棉业有限公司	103	奎屯利锦棉业有限公司
75	玛纳斯县沣泽棉业有限责任公司	104	奎屯金龙棉业有限责任公司
76	玛纳斯县兰桥棉业有限公司	105	奎屯聚丰棉业有限责任公司
		106	奎屯昌鑫棉业有限责任公司

续表

序号	棉花加工企业名称	序号	棉花加工企业名称
107	奎屯利丰棉业有限责任公司	135	沙湾县秦岭棉业有限责任公司
108	奎屯恒锦棉业有限公司	136	沙湾德盛棉业有限责任公司
109	奎屯林丰棉业有限责任公司	137	沙湾县康华工贸有限责任公司康华棉业分公司
110	奎屯起步达农业发展有限公司	138	沙湾利华棉业有限公司第七棉花加工厂
111	奎屯巨达农业科技发展有限公司	139	沙湾利华棉业有限公司第二棉花加工厂
112	新疆鲁创油脂有限公司	140	沙湾利华棉业有限公司第六棉花加工厂
113	伊犁哈萨克自治州伊欣棉业有限责任公司棉花油脂蛋白厂	141	沙湾利华棉业有限公司第五棉花加工厂
114	奎屯浩泰棉业有限公司	142	沙湾县棉花产业有限责任公司优质棉分公司
115	奎屯瑞丰轧花有限公司	143	沙湾利华棉业有限公司第四棉花加工厂
116	伊犁州奎屯银和棉业有限公司	144	新疆沙龙棉业有限责任公司柳毛湾分公司
117	奎屯世丰棉业有限公司	145	新疆天鹰鑫绿农业科技有限公司
118	新疆华纺纺织有限公司	146	沙湾县思远棉业有限责任公司
119	新疆奎屯云森纺织有限公司	147	沙湾县元一棉业有限责任公司
120	奎屯银雪棉业有限公司	148	沙湾县棉花产业有限责任公司秦棉分公司
121	奎屯康瑞棉花加工有限公司	149	中棉集团沙湾棉业有限公司
122	伊犁哈萨克自治州伊欣棉业有限责任公司奎屯棉花加工厂	150	沙湾县华瑞棉业有限责任公司
123	奎屯准噶尔棉业有限公司	151	沙湾县棉花产业有限责任公司荣棉分公司
124	奎屯康泰棉麻有限公司	152	沙湾县棉花产业有限责任公司兴棉分公司
125	新疆银汇棉纺织有限公司	153	沙湾县鑫达有限公司
126	奎屯叁强棉麻工贸有限公司	154	新疆宝地种业有限责任公司棉花加工厂
127	奎屯裕盛棉业有限公司	155	沙湾利华棉业有限公司第八棉花加工厂
128	奎屯银瑞棉花贸易有限公司	156	沙湾县元康棉业有限公司
129	和布克赛尔蒙古自治县新久棉业有限公司	157	沙湾县利华棉业有限公司
130	和布克赛尔县察和特开发区禹杰棉花加工厂	158	沙湾利华棉业有限公司第三棉花加工厂
131	和布克赛尔蒙古自治县华丰有限责任公司察和特棉花加工厂	159	沙湾县泰和棉业有限公司
		160	新疆太和龙瑞农业发展有限责任公司
		161	沙湾西部银富棉业有限公司
132	沙湾县康瑞棉花加工有限责任公司	162	托里县顺志棉业加工有限公司
133	沙湾县鑫盛祥棉业有限公司	163	托里县兵锦棉业有限公司
134	沙湾县银瑞丰农业发展有限公司	164	乌苏市锦鹏棉纺织有限公司宏发棉花加工厂

续表

序号	棉花加工企业名称	序号	棉花加工企业名称
165	乌苏市恒辉棉业有限责任公司	195	乌苏市光辉棉花加工有限责任公司新棉分公司
166	乌苏市骏腾工贸有限公司	196	乌苏市古尔图锦纺棉业有限责任公司
167	乌苏市昌和棉业有限公司	197	乌苏市新鑫棉业有限责任公司
168	乌苏市宏翔棉业有限公司	198	乌苏市康隆棉业有限责任公司
169	乌苏市新海棉业有限公司	199	乌苏市石桥银翔棉业有限责任公司
170	乌苏市天和祥瑞棉业有限公司	200	乌苏市皇宫银海棉业有限公司
171	乌苏市鑫胜棉业有限责任公司	201	乌苏市新棉创业棉业有限责任公司
172	乌苏市祥瑞棉业有限公司	202	乌苏市隆兴棉业有限责任公司
173	乌苏市锦和棉业有限公司	203	乌苏市立新棉花加工有限责任公司
174	新疆福日棉业有限公司一厂	204	乌苏市鼎瑞棉业有限责任公司
175	乌苏市光辉棉花加工有限责任公司	205	乌苏市康瑞棉花加工有限责任公司
176	乌苏市创锦棉业有限公司	206	乌苏市星亚棉花加工有限责任公司
177	乌苏市江华棉业有限责任公司	207	乌苏市新棉红星棉业有限责任公司
178	乌苏市哈图布呼农牧发展有限责任公司	208	乌苏市甘河子恒丰棉业有限公司
179	乌苏市汇通棉花加工厂	209	乌苏市创新棉业有限公司
180	乌苏市星光棉麻有限责任公司	210	乌苏市帛鑫棉业有限公司
181	乌苏市汇康棉业有限责任公司	211	乌苏市胜远棉业有限责任公司
182	乌苏市鑫丰益棉业有限公司第三棉花加工厂	212	乌苏市鑫丰益棉业有限公司
183	乌苏市昌茂纺织有限责任公司九间楼棉花加工厂	213	鄯善县新昱棉麻有限责任公司达浪坎棉花加工厂
184	乌苏市振兴棉花加工有限责任公司	214	鄯善县新昱棉麻有限责任公司新城棉花加工厂
185	乌苏市阿克其棉业有限公司	215	吐鲁番市大林棉业有限公司
186	乌苏市锦鹏棉纺织有限公司城镇棉花加工厂	216	吐鲁番同润棉业有限责任公司
187	乌苏市光辉棉花加工有限责任公司汇银分公司	217	吐鲁番市华泰棉业有限责任公司胜金乡棉花加工厂
188	乌苏市利达棉花加工有限责任公司	218	吐鲁番市华泰棉业有限责任公司艾丁湖乡棉花加工厂
189	乌苏市杨帅棉花加工有限责任公司		
190	乌苏市顺达棉业有限公司	219	托克逊县西域棉业有限责任公司
191	乌苏市光辉棉花加工有限责任公司隆兴分公司	220	托克逊县天马棉业有限责任公司
192	乌苏市锦和棉业有限公司西湖分公司	221	托克逊县工尚棉花加工有限责任公司
193	乌苏市百泉棉业有限责任公司	222	托克逊县天马棉业有限责任公司第一分公司
194	乌苏市锦泰棉花加工有限责任公司	223	托克逊县天马种子有限公司

续表

序号	棉花加工企业名称	序号	棉花加工企业名称
224	托克逊县银星棉业有限责任公司	252	阿克苏昌盛棉业有限责任公司
225	乌鲁木齐市米东区供销棉麻有限责任公司蒋家湾轧花厂	253	阿克苏新得利棉业有限公司
		254	新疆阿克苏市广联实业有限公司
226	乌鲁木齐市米东区供销棉麻有限责任公司昌吉市黎明轧花厂	255	阿克苏永兴棉业有限责任公司
227	乌鲁木齐市米东区供销棉麻有限责任公司昌吉市五十户轧花厂	256	阿克苏地区兴盛棉业有限责任公司
		257	温宿纵横棉业有限责任公司
228	奎屯华生棉业有限责任公司	258	阿克苏市纵横棉业有限责任公司
229	奎屯诚丰棉业有限公司	259	阿克苏地区永衡棉业有限责任公司
230	伊犁八棉锡达棉业有限公司	260	阿克苏地区供销社兴农合作农场棉花加工厂
231	阿克苏市同旺纺织有限责任公司棉花加工厂	261	阿克苏贝乐棉业有限公司
232	阿克苏地区金诚棉业有限责任公司	262	阿克苏地区百隆棉业有限责任公司
233	阿克苏地区天泉棉业有限责任公司	263	新和县佳利农业发展股份有限公司塔木托克拉克乡轧花厂
234	阿克苏地区友邦棉业有限责任公司		
235	阿克苏联发棉业有限公司	264	阿克苏地区天宇棉业有限责任公司
236	阿克苏地区金泰棉业有限责任公司	265	库车盛华棉业有限公司
237	阿克苏利华新创棉业有限公司二厂	266	阿克苏市潘氏棉业有限公司
238	阿克苏建光棉业有限责任公司	267	阿克苏鑫牛棉业有限公司
239	新疆阿克苏沧源棉业有限责任公司	268	阿克苏华鹰农业科技发展有限公司第二轧花厂
240	阿克苏地区腾达棉业有限责任公司	269	阿克苏地区金翔棉业有限责任公司
241	阿克苏地区宏丰棉业有限责任公司	270	新疆汇联棉花加工有限公司
242	阿克苏大海实业有限公司	271	库车利生棉业有限责任公司
243	新疆阿克苏天山种业有限责任公司良种棉加工一厂	272	阿克苏润德棉业有限公司
244	温宿县太自然棉业有限公司	273	阿克苏昌盛实业轧花有限公司
245	阿克苏天成棉业有限责任公司	274	阿克苏泰星棉业有限公司
246	阿克苏西部棉业有限责任公司	275	阿克苏永翔棉业有限责任公司
247	阿克苏立友棉业有限责任公司	276	中棉工业新疆棉业有限公司阿瓦提棉花加工厂
248	阿克苏恒信棉业有限公司	277	阿克苏市侨兴棉业有限责任公司
249	阿克苏地区友谊棉花加工有限责任公司	278	阿克苏利华新创棉业有限公司一厂
250	阿克苏市金田农场有限责任公司	279	阿克苏永华棉业有限责任公司
251	阿克苏久如棉业有限责任公司	280	新疆阿克苏天山种业有限责任公司良种棉加工三厂

续表

序号	棉花加工企业名称	序号	棉花加工企业名称
281	新疆得力棉业有限公司塔里木轧花厂	310	库车中棉棉业科技有限公司
282	新疆鑫隆棉业有限公司	311	库车县棉麻公司哈尼喀塔木轧花三厂
283	阿克苏金金棉业有限公司	312	库车县棉麻公司齐满轧花二厂
284	中棉集团阿瓦提县棉业有限公司	313	库车县龟兹种业公司比西巴格轧花厂
285	阿瓦提新新棉业有限责任公司乌鲁却勒棉花收购加工厂	314	库车县棉麻公司玉奇吾斯塘轧花五厂
286	新疆鲁泰丰收棉业有限责任公司第一加工厂	315	库车县棉麻公司阿拉哈格轧花七厂
287	阿瓦提银花棉业有限责任公司	316	库车县棉麻公司东城轧花九厂
288	阿瓦提禾源棉业有限公司	317	库车县天富棉业有限公司
289	阿瓦提县卡尔墩农场有限责任公司	318	库车县棉麻公司莫明特力克轧花十四厂
290	阿克苏溢达农业发展有限公司	319	库车县棉麻公司草湖轧花十二厂
291	阿瓦提县农科院丰元科技有限责任公司	320	库车县恒丰棉业有限责任公司
292	阿瓦提县天韵棉业有限责任公司	321	库车县纵横棉业有限责任公司
293	阿瓦提县棉麻公司阿依巴格乡棉花收购加工厂	322	库车银花棉业有限责任公司
294	中棉集团阿瓦提棉花产业化有限公司	323	库车县龟兹种业公司良种棉轧花厂
295	新疆嘉圣华棉业有限公司	324	库车县白泉棉业有限责任公司
296	新疆鲁泰丰收棉业有限责任公司第二加工厂	325	阿克苏英达雅军垦农场棉业有限公司
297	新疆华孚恒丰棉业有限公司棉花加工厂	326	库车新盛农牧有限责任公司轧花厂
298	阿瓦提县棉麻公司多浪棉花收购加工厂	327	新疆恺缌珈棉业有限责任公司
299	阿瓦提新新棉业有限责任公司塔木托拉克棉花收购加工厂	328	库车县棉麻公司轧花一厂
300	阿瓦提县新雅宏伟棉业有限公司	329	库车县金朋棉业有限责任公司轧花厂
301	柯坪县汇隆棉业有限责任公司	330	库车联发棉业有限公司
302	柯坪县金泰棉业有限公司	331	库车金鑫棉业有限公司
303	柯坪县海峰棉业有限责任公司	332	库车永翔棉业有限责任公司
304	柯坪县兴丰棉业有限责任公司	333	沙雅富力棉花有限责任公司托依堡轧花厂
305	库车县白金棉花油脂加工有限责任公司	334	沙雅利华棉业有限公司
306	库车县兴合棉花有限责任公司	335	沙雅新垦棉花有限责任公司
307	库车天润棉业有限公司	336	沙雅银花棉业有限责任公司
308	库车县白钻石棉花油脂加工有限责任公司	337	沙雅塔里木兴农棉花有限责任公司
309	库车县棉麻公司英叶轧花十一厂	338	沙雅富红棉业有限公司塔里木分厂
		339	新疆天玉丰收棉业有限公司

续表

序号	棉花加工企业名称	序号	棉花加工企业名称
340	沙雅国泰棉花有限公司	370	中棉集团新和棉业有限公司
341	沙雅益康棉业有限公司红旗轧花厂	371	新和县永红有限责任公司棉花加工厂
342	沙雅正大棉业有限责任公司	372	新疆桑塔木种业股份有限公司良种棉轧花厂
343	沙雅纵横棉花有限责任公司	373	新和金泰实业有限公司
344	沙雅县华瑞棉业有限责任公司	374	新疆益康集团有限责任公司轧花厂
345	新疆沙雅白云商贸有限责任公司努尔巴格轧花厂	375	新和县佳利农业发展股份有限公司玉其哈特乡轧花厂
346	新疆守信种业科技有限责任公司	376	新和县永红有限责任公司玉奇喀特乡棉花加工厂
347	新疆国泰棉业有限公司	377	新和银花棉业有限责任公司
348	阿克苏溢达棉业有限公司	378	新和县宏信棉业有限责任公司
349	沙雅银泰棉业有限公司	379	新和县宏信机采棉有限公司
350	新疆鸿力棉业有限公司海楼乡包孜墩轧花厂	380	博湖宝丰棉业有限责任公司博斯腾湖棉花收购加工厂
351	沙雅银鑫棉业公司洋塔霞轧花厂	381	博湖县桦峰棉业有限责任公司
352	沙雅银鑫棉业公司县城一厂	382	和静冠农棉业有限责任公司
353	沙雅恒洋棉业有限责任公司	383	新疆成岳棉花产业有限公司巴润哈尔莫墩镇轧花厂
354	沙雅塔里木润城农牧有限责任公司监狱轧花厂	384	和硕县利华棉业有限责任公司
355	沙雅新源棉业有限责任公司	385	库尔勒新丰普惠棉业有限责任公司一厂
356	沙雅益康棉业有限公司托依堡分公司	386	巴州国棉配送棉业有限公司
357	沙雅县利华创新棉业有限公司	387	巴州美华棉业有限责任公司普惠棉花加工厂
358	沙雅县利华创新棉业有限公司监狱棉花加工厂	388	库尔勒市良种棉轧花厂
359	新疆鸿力棉业有限公司盖孜库木轧花厂	389	库尔勒宝丰棉业有限责任公司
360	温宿县银丰棉业有限公司	390	库尔勒鑫福棉业有限责任公司
361	温宿银花棉业有限责任公司	391	新疆维吾尔族自治区国家农作物原种场库尔勒哈拉苏轧花厂
362	新疆金丰源种业股份有限公司良种棉加工二厂	392	巴州正圣棉业有限公司
363	新和益新棉业有限公司	393	新疆利华棉业股份有限公司第一棉花加工厂
364	温宿博嘉棉业有限责任公司	394	新疆银通棉业有限公司库尔勒轧花厂
365	温宿信泰棉业有限责任公司	395	巴州美华棉业有限责任公司托布力其棉花加工厂
366	温宿县银利棉业有限公司	396	库尔勒市银翔棉业有限公司
367	阿克苏大草原棉业有限公司	397	库尔勒顺盛棉业有限责任公司
368	新疆金丰源种业股份有限公司良种棉加工一厂		
369	阿克苏天玉种业有限公司原（良）种棉加工厂		

续表

序号	棉花加工企业名称	序号	棉花加工企业名称
398	新疆银通棉业有限公司哈拉玉宫轧花厂	427	轮台县银恒棉业有限公司
399	新疆国家棉花原原种繁殖基地库尔勒市阿瓦提乡轧花厂	428	轮台鸿泰种业有限公司原种棉轧花厂
		429	巴州鸿泰棉业有限公司轧花三厂
400	库尔勒包头湖棉花加工有限责任公司	430	新疆国欣种业有限公司
401	巴州万和棉业有限公司	431	且末县昆仑棉业有限责任公司棉花加工一厂
402	巴州亚中棉业有限公司迎宾路棉花收购加工厂	432	且末县新垦棉业有限责任公司
403	巴州冠农库尔楚棉业有限公司	433	且末县昆仑棉业有限责任公司棉花加工二厂
404	巴州恒熙棉业有限公司	434	且末县昆仑棉业有限责任公司棉花加工三厂
405	巴州浩鑫棉业有限公司轧花厂	435	巴州宏业统其克棉花加工有限公司
406	库尔勒旭鑫棉花加工有限责任公司	436	巴州天华种业有限责任公司
407	巴州德润商贸有限公司普惠棉花加工厂	437	巴州富德纺织有限责任公司
408	巴州德福农贸有限责任公司	438	尉犁县全俊棉业有限公司
409	新疆利华棉业股份有限公司第二棉花加工厂	439	巴州亿成棉业有限公司
410	新疆利华棉业股份有限公司第三棉花加工厂	440	中棉集团巴州棉业有限公司
411	库尔勒玖润棉业有限公司	441	巴州恒通棉业有限公司
412	巴州同庆丰棉业有限公司	442	新疆千棉棉业有限责任公司
413	新疆利华棉业股份有限公司第四棉花加工厂	443	尉犁县中良棉业有限责任公司
414	新疆利华棉业股份有限公司第五棉花加工厂	444	尉犁县罗布淖尔国有资产投资有限公司塔里木棉花收购站
415	库尔勒惠祥棉种有限公司		
416	新疆泰昌实业有限责任公司轧花厂	445	尉犁县诸旺农牧业有限公司
417	巴州宏益棉业有限公司轧花厂	446	尉犁县九九棉业有限公司
418	巴州尉杨棉业有限公司	447	尉犁泰富棉业有限公司
419	巴州鸿泰棉业有限公司轧花二厂	448	尉犁县瑞成棉业有限责任公司
420	轮台鸿泰种业有限公司草湖乡棉花收购站	449	巴州泰昌农业开发有限公司轧花厂
421	轮台县家家旺棉业有限责任公司	450	新疆承天种业科技股份有限公司
422	轮台县远江农工贸有限责任公司棉花加工厂	451	尉犁县瑞华棉业有限责任公司
423	轮台县塔河棉业有限责任公司	452	尉犁县棉麻公司琼库勒收购站
424	轮台县永盛棉花工贸有限责任公司	453	巴州孔雀棉业有限责任公司
425	巴州鸿泰棉业有限公司轧花一厂	454	巴州迈思创棉业有限公司
426	巴州鸿泰棉业有限公司轧花四厂	455	尉犁兴平棉业有限责任公司

续表

序号	棉花加工企业名称	序号	棉花加工企业名称
456	尉犁县林丰棉业有限公司	480	巴楚县鑫鹏棉业有限责任公司
457	巴州顺泰棉业有限责任公司	481	新疆润孚棉业有限公司
458	尉犁县中良棉业有限责任公司库尔勒分厂	482	新疆棉花产业（集团）巴楚棉业有限责任公司阿瓦提轧花厂
459	巴州百家惠纺织有限责任公司	483	巴楚县裕华棉业有限公司
460	巴州天盛棉业有限公司	484	巴楚县震华棉纺有限责任公司轧花厂
461	和田银丰棉业有限责任公司	485	巴楚县金谷棉业有限公司
462	和田天王纺织有限公司	486	巴楚县华联棉业有限责任公司
463	和田县种子经营中心斯玛瓦提良种棉加工厂	487	巴楚县泰昌棉业有限公司
464	和田县白金棉业有限公司	488	巴楚县冠农棉业有限责任公司
465	皮山县利兴棉业有限责任公司	489	巴楚县德昌棉业有限公司
466	新疆棉花产业（集团）巴楚棉业有限责任公司英吾斯坦轧花厂	490	巴楚县利鑫强棉业有限公司
467	巴楚县银信棉纺有限公司	491	新疆棉花产业集团伽师棉业有限公司卧里托呼拉克乡轧花厂
468	新疆棉花产业（集团）巴楚棉业有限责任公司恰瓦克轧花厂	492	喀什伽师金诚棉业有限公司
469	新疆棉花产业(集团)巴楚棉业有限责任公司唐巴扎轧花厂	493	新疆棉花产业集团伽师棉业有限公司玉代克力克乡轧花厂
470	新疆棉花产业(集团)巴楚棉业有限责任公司阿克萨克马热勒轧花厂	494	伽师县银丰棉花有限责任公司
471	新疆棉花产业(集团)巴楚棉业有限责任公司群库恰克轧花厂	495	新疆棉花产业集团伽师棉业有限公司县城轧花厂
472	新疆棉花产业(集团)巴楚棉业有限责任公司阿拉根轧花厂	496	新疆棉花产业集团伽师棉业有限公司和夏瓦提乡轧花厂
473	巴楚县良种轧花厂（有限公司）三厂	497	新疆棉花产业集团伽师棉业有限公司夏普吐勒乡轧花厂
474	巴楚县良种轧花厂（有限公司）	498	喀什广新纺织股份有限公司
475	巴楚县克拉克勤农牧有限责任公司	499	伽师新雅棉业有限公司
476	新疆棉花产业（集团）巴楚棉业有限责任公司下马力轧花厂	500	新疆棉花产业集团伽师棉业有限公司克孜勒苏乡轧花厂
477	新疆棉花产业（集团）巴楚棉业有限责任公司色力布亚轧花厂	501	伽师县中加棉业有限公司
478	巴楚县光大棉业有限责任公司	502	喀什实信棉业有限责任公司
479	巴楚县康顺棉业有限责任公司	503	喀什永泰现代农业开发有限公司
		504	喀什新粤纺织有限公司

续表

序号	棉花加工企业名称	序号	棉花加工企业名称
505	喀什亿顺农业开发有限责任公司	528	喀什牌楼农场有限责任公司轧花厂
506	新疆棉花产业（集团）麦盖提棉业有限责任公司尕孜库勒轧花厂	529	新疆棉花产业（集团）莎车棉业有限责任公司阿瓦提轧花厂
507	麦盖提县机采棉加工厂有限公司	530	新疆棉花产业（集团）莎车棉业有限责任公司艾力西湖轧花厂
508	麦盖提县博锦农业发展有限公司		
509	新疆棉花产业（集团）麦盖提棉业有限责任公司吐曼塔勒轧花厂	531	新疆棉花产业（集团）莎车棉业有限责任公司阿斯兰巴格轧花厂
510	新疆棉花产业（集团）麦盖提棉业有限责任公司希依提墩轧花厂	532	新疆棉花产业（集团）莎车棉业有限责任公司吾达力克轧花厂
511	新疆棉花产业（集团）麦盖提棉业有限责任公司央塔克轧花厂	533	新疆棉花产业（集团）莎车棉业有限责任公司依干其轧花厂
512	新疆棉花产业（集团）麦盖提棉业有限责任公司县城轧花厂	534	新疆棉花产业（集团）莎车棉业有限责任公司依什库力轧花厂
513	新疆棉花产业（集团）麦盖提棉业有限责任公司克孜勒阿瓦提轧花厂	535	新疆棉花产业（集团）莎车棉业有限责任公司荒地轧花厂
514	新疆棉花产业（集团）麦盖提棉业有限责任公司库尔玛轧花厂	536	新疆棉花产业（集团）莎车棉业有限责任公司再热甫夏提轧花厂
515	麦盖提基地军联棉业有限责任公司	537	莎车县新龙棉业有限责任公司
516	麦盖提良种棉业有限公司	538	莎车县叶尔羌棉业有限责任公司
517	麦盖提九九棉业有限公司	539	莎车县良种场轧花厂
518	喀什新花棉业有限公司	540	莎车县叶尔羌棉业有限责任公司二厂
519	喀什金盛棉业有限责任公司	541	新疆棉花产业（集团）莎车棉业有限责任公司阿拉买提轧花厂
520	麦盖提易丰棉业有限公司		
521	麦盖提县宏丰棉业有限公司	542	新疆棉花产业（集团）莎车棉业有限责任公司阿扎提巴格轧花厂
522	喀什星宇农业开发有限公司		
523	喀什中利农业开发有限公司	543	新疆棉花产业（集团）莎车棉业有限责任公司巴格阿瓦提轧花厂
524	伽师县皖新棉业有限责任公司		
525	麦盖提县浩丰实业有限公司	544	新疆棉花产业（集团）莎车棉业有限责任公司恰热克轧花厂
526	新疆棉花产业（集团）莎车棉业有限责任公司伯什坎轧花厂	545	莎车县中加棉业有限公司
527	新疆棉花产业集团英夏尔棉业有限公司牙甫泉镇轧花厂	546	莎车县叶尔羌叶河棉业有限责任公司
		547	莎车县昆仑棉业有限责任公司

续表

序号	棉花加工企业名称	序号	棉花加工企业名称
548	莎车县银絮棉业有限责任公司	571	阿克陶县昌隆棉业有限公司
549	喀什利明棉业有限公司	572	阿克陶县金泰棉业有限公司
550	疏勒县润丰棉业有限公司	573	阿克陶县盛丰棉业有限责任公司
551	新疆棉花产业集团英夏尔棉业有限公司阿拉甫乡轧花厂	574	阿克陶县鲁丰棉业有限责任公司
		575	阿克陶县奔达实业有限公司
552	新疆棉花产业（集团）叶城棉业有限责任公司江格勒斯轧花厂	576	新疆阿图什金泉商贸有限责任公司阿克陶县轧花厂
		577	阿克陶县新陆棉业有限公司
553	喀什丝绸棉业有限公司	578	克州宏健棉业有限责任公司
554	叶城县兵棉棉业有限公司	579	阿克陶县托塔依农场轧花厂
555	英吉沙县棉麻公司克孜勒加工厂	580	阿克陶县昌盛棉业有限责任公司
556	英吉沙县棉麻公司芒申加工厂	581	阿克陶县盛丰棉业有限责任公司第二轧花厂
557	新疆棉花产业集团岳普湖棉业有限公司下巴扎乡轧花厂	582	阿克陶县恒丰棉麻有限公司轧花厂
		583	克州富民棉业有限公司
558	喀什富新棉业有限公司	584	克州百川棉业有限责任公司
559	新疆棉花产业集团岳普湖棉业有限公司铁力木乡轧花厂	585	阿图什市海纳棉业有限公司
		586	中棉集团克州棉业有限公司
560	新疆棉花产业集团岳普湖棉业有限公司县城轧花厂	587	阿图什市供销合作社联合社棉麻公司
561	新疆棉花产业集团岳普湖棉业有限公司绿洲轧花厂	588	新疆生产建设兵团第二师永兴供销有限责任公司棉麻二分公司
562	岳普湖县良种棉轧花厂		
563	新疆棉花产业集团岳普湖棉业有限公司巴依瓦提轧花厂	589	巴州冠农棉业有限责任公司普惠轧花厂
		590	农二师群克棉业有限公司
564	新疆棉花产业集团泽普棉业有限公司阿克塔木乡轧花厂	591	尉犁银丰棉业有限公司
565	新疆棉花产业集团泽普棉业有限公司依玛乡轧花厂	592	巴州冠农十八团渠棉业有限责任公司
566	新疆棉花产业集团泽普棉业有限公司古鲁巴格乡轧花厂	593	新疆生产建设兵团农二师昆山棉业有限公司
		594	新疆生产建设兵团农二师银莱棉业有限公司
567	泽普县富强棉业有限责任公司	595	新疆生产建设兵团农二师卫东棉业有限公司
568	新疆棉花产业集团泽普棉业有限公司阿依库勒乡轧花厂	596	新疆生产建设兵团第二师万佳棉业有限责任公司
		597	新疆前海惠农生物科技股份有限公司
569	阿克陶县恒丰棉麻有限公司	598	新疆前海新农棉业股份有限公司
570	克州欣汇联实业有限公司	599	新疆前海益农棉业股份有限公司

续表

序号	棉花加工企业名称
600	新疆前海利农棉业股份有限公司
601	莎车县三得利棉业有限责任公司
602	奎屯创锦棉业有限公司
603	新疆博赛银丰棉业有限公司
604	新疆生产建设兵团农五师种棉加工厂
605	沙湾县新赛棉业有限责任公司
606	新疆新赛精纺有限公司
607	农五师师直棉花加工厂
608	麦盖提县邦顺棉业有限公司
609	克拉玛依市锦田棉业有限公司
610	呼图壁县锦源棉业有限责任公司
611	新疆明瑞棉业有限公司
612	奎屯顺裕棉业有限公司
613	新疆生产建设兵团第十三师立亨棉业有限公司
614	新疆生产建设兵团第十三师柳树泉农场绿柳棉花加工厂
615	新疆生产建设兵团第十三师红星三场棉花收购加工厂
616	哈密天宇农业科技发展有限责任公司棉花加工厂
617	新疆生产建设兵团第十三师天元供销（集团）有限公司棉花加工厂
618	和田金泰棉业有限公司
619	阿克苏地区天绒棉业有限责任公司
620	新疆生产建设兵团棉麻公司库尔勒轧花厂
621	伽师县兵棉棉业有限公司
622	昌吉金西域棉业有限责任公司玛纳斯县分公司
623	哈密市兵棉棉业有限公司
624	沙雅宏信棉花有限责任公司
625	奎屯惠民棉业有限公司
626	阿克苏锦阿棉业有限责任公司
建设兵团 143 家	
1	新疆生产建设兵团第一师十二团棉花加工厂
2	新疆生产建设兵团第一师十四团加工厂
3	新疆生产建设兵团第一师一团加工厂
4	新疆生产建设兵团第一师八团棉花加工厂
5	新疆生产建设兵团第一师三团粮油加工厂
6	新疆生产建设兵团第一师七团加工厂
7	新疆生产建设兵团第一师阿拉尔农场阿拉尔加工二厂
8	新疆生产建设兵团第一师十六团加工厂
9	新疆生产建设兵团第一师幸福农场棉业加工厂
10	新疆生产建设兵团第一师十三团幸福城加工厂
11	新疆生产建设兵团第一师六团加工厂
12	新疆塔里木河种业股份有限公司金银川分公司
13	新疆生产建设兵团第一师阿拉尔市十团加工厂
14	新疆生产建设兵团第一师二团加工厂
15	新疆生产建设兵团第一师十一团棉副产品加工厂
16	新疆生产建设兵团第一师十三团红桥加工厂
17	新疆生产建设兵团第一师阿拉尔农场阿拉尔加工一厂
18	新疆生产建设兵团第一师二团棉花加工二厂
19	新疆生产建设兵团第一师五团加工厂
20	新疆生产建设兵团第一师八团棉花加工二厂
21	新疆塔里木河种业股份有限公司阿拉尔分公司
22	新疆生产建设兵团农一师一团沙井子民族农场
23	新疆塔里木河种业股份有限公司阿拉尔良种繁育场
24	阿拉尔农一师棉麻鹏飞棉业有限责任公司
25	新疆生产建设兵团第二师二十九团棉花加工厂
26	新疆生产建设兵团第二师三十团棉花加工一分厂
27	新疆生产建设兵团第二师三十一团英库勒种子加工厂

续表

序号	棉花加工企业名称	序号	棉花加工企业名称
28	新疆生产建设兵团第二师三十四团轧花厂	58	新疆生产建设兵团第五师九十团
29	第二师三十五团加工厂	59	新疆生产建设兵团第五师九十一团轧花厂
30	第二师三十三团乌鲁克机采棉花加工厂	60	新疆生产建设兵团第五师八十二团联合加工厂
31	新疆生产建设兵团第二师三十一团加工厂	61	农五师八十四团保尔德轧花厂
32	第二师三十三团加工厂	62	新疆生产建设兵团第六师新湖农场三场轧花厂
33	巴州冠农棉业有限责任公司	63	新疆生产建设兵团第六师一〇三团轧花厂
34	新疆生产建设兵团第二师二十九团棉种加工厂	64	新疆生产建设兵团第六师芳草湖农场四场轧花厂
35	新疆生产建设兵团第二师三十团棉花加工二分厂	65	新疆生产建设兵团第六师一〇五团轧花厂
36	新疆生产建设兵团第二师三十一团卡拉加工厂	66	新疆生产建设兵团农业建设第六师一〇二团轧花厂
37	铁门关市丰润棉业有限公司	67	新疆生产建设兵团第六师新湖农场一场轧花厂
38	新疆生产建设兵团第二师三十一团机采棉加工厂	68	新疆昌吉枣园加工厂
39	图木舒克市四十四团中心团场齐干却勒加工厂	69	新疆生产建设兵团第六师芳草湖农场二场轧花厂
40	图木舒克市五十三团综合加工厂	70	新疆生产建设兵团第六师芳草湖农场六场轧花厂
41	图木舒克市五十团综合加工厂	71	第六师共青团农场综合加工厂
42	新疆生产建设兵团第三师四十二团加工厂	72	新疆生产建设兵团第六师新湖农场二场轧花厂
43	第三师四十五团综合加工一厂	73	新疆生产建设兵团第六师新湖农场六场轧花厂
44	新疆生产建设兵团伽师总场综合加工厂	74	新疆生产建设兵团第六师一〇六团加工厂
45	图木舒克市四十九团综合加工厂	75	新疆生产建设兵团第六师芳草湖农场一场轧花厂
46	第三师四十五团轧花二厂	76	新疆生产建设兵团第六师芳草湖农场三场轧花厂
47	图木舒克市五十一团综合加工厂	77	新疆生产建设兵团第六师芳草湖农场五场轧花厂
48	新疆丰达农业有限公司（轧花厂）	78	新疆芳草湖准噶尔棉业有限责任公司
49	新疆前海泽农棉业股份有限公司	79	新疆鹏飞棉业有限公司
50	霍城县六十三团综合加工厂	80	阜康市六运湖天山棉业有限公司
51	新疆生产建设兵团农四师六十四团加工厂	81	玛纳斯县旺隆农业开发有限公司
52	农四师六十七团棉花加工厂	82	玛纳斯县鑫裕棉业有限公司
53	新疆赛里木现代农业股份有限公司霍热分公司	83	新疆生产建设兵团第六师新湖农场七场轧花厂
54	新疆生产建设兵团第五师八十三团场轧花厂一分厂	84	新疆生产建设兵团第六师新湖农场四场轧花厂
55	新疆生产建设兵团农五师八十五团轧花厂	85	车排子农工商联合企业总公司加工厂
56	农五师八十六团综合加工厂	86	农七师柳沟总场加工厂
57	新疆生产建设兵团第五师八十九团	87	新疆锦棉棉业股份有限公司高泉棉花加工厂

续表

序号	棉花加工企业名称	序号	棉花加工企业名称
88	农七师前山总场综合加工厂	117	石河子新安农场第四加工厂
89	新疆生产建设兵团第七师棉麻公司	118	第八师一五O团加工一厂
90	农七师科克兰木总场加工厂	119	石河子市石城棉业有限责任公司
91	新疆华天种业有限公司	120	石河子市白杨月兴棉业有限公司
92	克拉玛依市共青镇农工商联合企业总公司加工厂	121	石河子开发区银祥棉业有限责任公司
93	新疆克拉玛依市五五农工商联合企业总公司棉花加工厂	122	石河子新安棉花加工厂
		123	石河子桃花农场加工总厂二分厂
94	新疆锦棉种业科技股份有限公司良种加工二厂	124	克拉玛依一三六团联合加工厂
95	新疆锦棉种业科技股份有限公司良种加工一厂	125	第八师石河子市一四八团三加工厂
96	农七师苏兴滩总场加工厂	126	第八师一五〇团加工三厂
97	奎屯农工商总场加工厂	127	新疆石河子八棉纺织有限公司
98	奎屯锦和棉业有限责任公司	128	石河子新安农场第二加工厂
99	石河子炮台农场炮台联合加工厂	129	石河子新安农场第三加工厂
100	第八师石河子市一四八团二加工厂	130	石河子市农丰良种棉脱棉加工有限公司
101	石河子总场泉水地加工厂	131	石河子市宏兴和棉业有限公司
102	新疆石大棉业有限责任公司	132	石河子开发区德威立业工贸有限责任公司基地轧花厂
103	石河子炮台农场东野联合加工厂		
104	石河子桃花农场加工总厂三分厂	133	石河子开发区华丰棉业有限责任公司
105	石河子桃花农场加工总厂一分厂	134	新疆银力棉业股份有限公司第一加工厂
106	石河子一三四团加工厂	135	石河子市都邦天云棉业有限公司
107	石河子北野农场加工厂	136	石河子市鸿福棉业有限公司
108	石河子新安农场第一加工厂	137	新疆生产建设兵团第十三师火箭农场粮棉油加工厂
109	新疆华侨农场联合加工厂	138	新疆生产建设兵团第十三师红星四场粮棉加工厂
110	石河子一四四团加工厂	139	新疆生产建设兵团第十三师红星二场粮棉加工厂
111	新疆石河子一四七团联合加工厂	140	新疆生产建设兵团第十三师红星一场粮棉加工厂
112	第八师石河子市一四八团一加工厂	141	新疆生产建设兵团第十三师黄田农场加工厂
113	第八师一四九团联合加工厂	142	新疆生产建设兵团第十三师红星二牧场棉花加工厂
114	第八师一四九团棉花加工二厂	143	和田县英阿瓦提棉业有限责任公司
115	第八师一五〇团加工二厂	**山东 110 家**	
116	石河子下野地农场沙门子镇加工厂	1	滨州市泽兴棉业有限公司

续表

序号	棉花加工企业名称	序号	棉花加工企业名称
2	山东省惠民县聚鑫棉业有限责任公司	32	武城县盛鑫棉业有限公司
3	邹平县三利纺织有限公司	33	武城县银恒棉业有限公司
4	博兴县嘉禾棉业有限公司	34	武城县兴宏棉花加工厂
5	山东省博兴县宏润棉业有限公司	35	武城县华源棉业有限公司
6	山东省博兴县德鑫棉业有限公司	36	武城县第九棉花加工厂
7	博兴县昌盛棉业有限公司	37	夏津县长顺棉业有限公司
8	山东省博兴县华茂棉业有限公司	38	武城县厚丰棉业有限公司
9	滨州鑫源棉花加工有限公司	39	夏津县旺盛皮棉经营有限公司
10	惠民县富国棉业有限公司	40	夏津县宏丰棉业有限公司
11	惠民县瑞银棉业有限公司	41	夏津县新时棉业有限公司
12	博兴县纳利达棉业有限公司	42	武城县龙翔棉业有限公司
13	滨州市沾化区三银棉业有限公司	43	乐陵市银海棉业有限公司
14	无棣德海纺织有限公司	44	武城县吉兴棉业有限公司
15	山东顺鑫棉业有限公司	45	武城县金亿棉业有限公司
16	巨野县立宇棉业有限公司	46	武城县鑫兴棉业有限公司
17	沾化恒盛棉业有限公司	47	广饶县华源工贸有限责任公司
18	无棣华胜棉业有限公司	48	利津县犇鑫棉籽油加工有限公司
19	山东省博兴县远洋棉业有限公司	49	利津中正纺织有限公司
20	无棣宏发棉业有限公司	50	东营市瑞丰油棉加工有限责任公司
21	邹平县东岳棉业有限公司	51	东营市富源棉业有限公司
22	武城县南洋棉花加工厂	52	东营市庚泰棉业有限公司
23	武城县海恒棉业有限公司	53	广饶县胜源工贸有限责任公司
24	武城县天宏棉业有限公司	54	东营市华茂棉花收购有限公司
25	武城县银兴棉花加工厂	55	利津县鲁翔棉油加工有限责任公司
26	武城县杨庄供销社棉花加工厂	56	利津县棉花良种加工服务站
27	夏津县新平棉业有限公司	57	广饶县华能油棉加工有限公司
28	武城县秀利棉业有限公司	58	广饶县天鑫棉业有限公司
29	德州新明棉业有限公司	59	广饶县广源工贸有限公司
30	武城县银海棉花加工厂	60	利津县瑞兴油棉加工有限责任公司
31	德州市银汇纺织原料有限公司	61	利津县宏鑫纺织有限公司

续表

序号	棉花加工企业名称	序号	棉花加工企业名称
62	东营市富华棉业有限公司	92	金乡县恒创棉业有限公司
63	广饶县天宇棉业有限公司	93	济宁市众鑫棉纺织品有限公司
64	巨野县锦源棉花加工有限公司	94	金乡县泰升棉业有限公司
65	单县锦棉棉业有限公司	95	金乡县华星棉业有限公司
66	巨野县恒和棉业有限公司	96	济宁市明源棉业有限公司
67	成武县鑫隆棉业有限公司	97	高唐县华泰棉业有限公司
68	成武县大田集供销专业合作社	98	临清市源丰棉业有限公司
69	成武县新鲁棉棉业有限公司	99	高唐县永恒棉业有限公司
70	巨野县国丰棉业有限公司	100	冠县冠星纺织有限责任公司
71	山东瑞星棉业有限公司	101	高唐县鑫洲棉业有限公司
72	成武县东仁棉业有限公司	102	高唐县瑞华棉业有限公司
73	巨野祥和棉业有限公司	103	高唐恒丰棉业有限公司
74	菏泽市国花棉业有限公司	104	临清市通泽棉业有限公司
75	巨野县鲁玉棉花加工有限公司	105	高唐县利源棉业有限公司
76	菏泽中泰棉业有限公司	106	高唐县创鑫棉业有限公司
77	成武县海韵棉业有限公司	107	高唐县庆丰棉绒加工有限公司
78	成武县晨翔棉业有限公司	108	高唐县欣佳棉业有限公司
79	巨野县宏兴棉业有限责任公司	109	高唐县恒瑞源棉业有限公司
80	巨野县鑫原棉花加工有限公司	110	寿光市新城棉业有限公司
81	山东鑫诚棉业有限公司	**河北 60 家**	
82	金乡县霍古商贸有限公司	1	保定硕丰农产股份有限公司
83	金乡县银海商贸有限公司	2	东光县金源棉业有限公司
84	金乡县银利农贸有限公司	3	东光县兴业棉业有限公司
85	金乡县恒昌商贸有限公司	4	吴桥县梁集镇银鑫棉花加工厂
86	金乡县众鑫商贸有限公司	5	吴桥县文勇农产品购销有限公司
87	鱼台县鑫盛棉花加工有限公司	6	东光县玉洁棉业有限公司
88	金乡县威哥农贸有限公司	7	河间市雪云农作物专业合作社
89	金乡县金昊源农贸有限公司	8	东光县银利棉业有限公司
90	金乡县宏大棉业有限公司	9	东光县东胜棉业有限公司
91	金乡县东方棉业有限公司	10	吴桥金兆农产品有限公司

续表

序号	棉花加工企业名称	序号	棉花加工企业名称
11	东光县骏源棉纺有限公司	41	威县裕华棉业有限责任公司
12	东光县全胜棉业有限公司	42	广宗县棉花加工厂
13	吴桥源兴棉业有限公司	43	威县全财棉业有限公司
14	东光县裕丰棉业有限公司	44	新河天颐棉业有限公司
15	吴桥县梁集镇龙腾棉花加工厂	45	广宗县顺兴棉业有限公司
16	东光县嘉汇棉业有限公司	46	威县腾达棉业有限责任公司
17	东光县华兴纺织有限责任公司宏业分公司	47	威县巨久棉业有限公司
18	邱县瑞丰棉花加工厂	48	威县聚力棉业有限公司
19	邱县永兴棉花加工厂	49	广宗县银海棉花加工厂
20	河北鑫强棉业有限公司	50	临西县恒生棉花加工厂
21	邱县和润棉业有限公司	51	威县国龙棉业有限公司
22	河北龙兴棉纺织印染有限公司	52	广宗县昌泰棉业有限公司
23	邱县雪绒棉花加工厂	53	威县西环棉业有限公司
24	河北银田种业有限公司第一分公司	54	威县西街棉业有限公司
25	衡水市冀州区宏远良棉有限责任公司	55	河北腾盛棉业有限责任公司
26	衡水市冀州区欧尚棉业有限公司	56	南宫市昌达棉业有限公司
27	衡水市三益农产品有限公司	57	广宗县东兴棉花加工厂
28	衡水市冀州区鹏鑫棉源有限责任公司	58	南宫市金源棉花有限公司
29	故城县裕通棉业有限公司	59	河北德博棉业有限公司
30	衡水市聚强棉业有限公司	60	广宗县荆寨棉花加工厂
31	河北九鼎棉业有限公司		**湖北 14 家**
32	衡水市冀州区鑫鼎棉业有限公司	1	黄梅县高华棉业有限责任公司
33	河北银雪棉业有限公司	2	黄冈和泰棉业有限公司
34	中棉集团南宫宏泰棉花有限公司	3	荆州市凌辉棉花加工有限公司
35	辛集市银瑞棉油厂	4	监利县鑫泰棉花工贸有限公司
36	唐山市瑞盛棉业有限公司	5	潜江市金城棉业有限公司
37	唐山市丰南鸿运棉花收购加工厂	6	潜江市巨发棉业有限公司
38	唐山市丰南区王兰庄镇兴海棉花收购加工厂	7	天门景天棉业有限公司渔薪分厂
39	唐山市丰南区隆昌棉业有限公司	8	武汉市盛发棉业有限公司
40	唐山市丰南区鑫硕棉业有限公司	9	湖北顺和棉业有限公司

续表

序号	棉花加工企业名称	序号	棉花加工企业名称
10	仙桃市银基棉业有限公司		**湖南 3 家**
11	仙桃市永强棉业有限责任公司	1	安乡云锦棉业有限公司
12	孝感市银棉商贸有限责任公司	2	南县常冠纺织原料有限公司
13	枝江市白银纺贸有限责任公司江南棉花收购加工厂	3	华容县惠农棉业有限责任公司
14	枝江银丰棉业有限公司		**江苏 8 家**
	甘肃 11 家	1	启东市通兴棉业有限公司
1	甘肃省国营小宛农场棉花公司	2	江苏华星轧花油脂有限公司
2	瓜州县常鸿棉业有限责任公司	3	东台市唐洋棉业有限公司
3	瓜州县广源农业开发有限责任公司	4	大丰市银利棉业有限公司
4	瓜州县长兴棉业有限责任公司	5	射阳德翔棉纺有限公司
5	敦煌市莫高棉业有限公司	6	大丰市同心棉业有限公司
6	敦煌市飞天棉业有限责任公司	7	盐城市大丰区华达棉业有限公司
7	金塔县金举棉业有限公司	8	江苏银都棉麻股份有限公司
8	敦煌富民棉业有限责任公司		**天津 5 家**
9	瓜州银地棉业有限公司	1	天津市嘉华棉业有限公司
10	瓜州县张氏农业综合开发有限责任公司	2	天津市宁河县福东棉业有限公司
11	瓜州县常捷棉业有限责任公司	3	天津市宁河县凤顺棉业有限公司
	安徽 4 家	4	天津市宁河县恒利棉业有限公司
1	宿松县松厦棉花有限公司	5	天津旺盛达棉业有限公司
2	安庆市清怡良种轧花有限责任公司		**江西 3 家**
3	无为县华龙棉业有限公司	1	江西彭泽大丰棉业有限公司
4	安徽省万友棉业有限公司	2	彭泽县太平棉业有限公司
		3	新余市渝水区隆华棉麻有限公司

图书在版编目（CIP）数据

中国棉花年鉴. 2016/2017/中储棉花信息中心有限公司编. —北京：中译出版社，2018.9

ISBN 978-7-5001-5774-8

I. ①中… II. ①中… III. ①棉花—作物经济—中国—2016-2017—年鉴 IV. ①F326.12-54

中国版本图书馆 CIP 数据核字（2018）第 213072 号

出版发行 / 中译出版社
地　　址 / 北京市西城区车公庄大街甲 4 号物华大厦 6 层
电　　话 / (010) 68359376　68359827（发行部）　68359719（编辑部）
邮　　编 / 100044
传　　真 / (010) 68357870
电子邮箱 / book@ctph.com.cn
网　　址 / http://www.ctph.com.cn

策划编辑 / 王博佳
责任编辑 / 王博佳
封面设计 / 佟香凝

排　　版 / 北京竹页文化传媒有限公司
印　　刷 / 北京玺诚印务有限公司
经　　销 / 新华书店

规　　格 / 880 毫米 ×1230 毫米　1/16
印　　张 / 19
版　　次 / 2018 年 9 月第一版
印　　次 / 2018 年 9 月第一次

ISBN 978-7-5001-5774-8　**定价：**480.00 元